Bodo Kühn
DAS WERK
MACHT DEN
MEISTER

Bodo Kühn

DAS WERK MACHT DEN MEISTER

Roman
um den Orgelbauer
Gottfried Silbermann

————

Evangelische
Verlagsanstalt
Berlin

Schrifttum der Pressestelle
der Evangelisch-Lutherischen Kirche in Thüringen

ISBN 3-374-00912-3

INHALT

ERSTES KAPITEL

„Wenn sich Mut vereint
mit guter Überlegung, hoher Kunstfertigkeit
und Fleiß, dann kann das Wagnis
nicht zum falschen Ehrgeiz werden."

———————

I

Unwillig zog der Kutscher die Zügel an, um Pferde und Wagen zum Stehen zu bringen. „Komischer Kauz!" knurrte er. Vor kaum einer halben Stunde erst hatte der Wanderer ihn angehalten, gebeten, ihn bis Frauenstein mitzunehmen, nun, einige hundert Schritte vor dem Tor, sprang der Mann wieder ab. Woher er gekommen war und welcher Profession er nachging, hatte er auch nicht gesagt. Mit dem Reden war er überhaupt sehr sparsam gewesen, dafür um so flinker mit den Augen, die er unentwegt über die Landschaft hatte schweifen lassen. Bei dem hing bestimmt nicht alles im Lot! Kopfschüttelnd setzte der Kutscher Pferde und Wagen wieder in Bewegung.

Der Wanderer schwang sich den Ranzen auf den Rükken, nahm den Knotenstock und die mit bunten Glasperlen bestickte Reisetasche auf. Langsam schritt er voran. Erwartungsvoll lag sein Blick auf dem Gewirr der Dächer, das sich, scheinbar von einem unsichtbaren Band gewaltsam zusammengehalten, aus dem Boden erhob. Ja, es war alles noch wie ehedem, wie vor zehn Jahren, als er die Stadt verlassen hatte. Da der Turm der Stadtkirche, da der kleinere des Rathauses! Auf dem Berg im Rücken der Stadt thronten noch protzig die Burg, um das Jahr 1200 angelegt, und daneben das Schloß, das nach seiner Vollendung 1588 der Burg den Rang abgelaufen hatte.

Über allem lag der Glanz des jungen, sonnigen Frühlings. Bald stand der Wanderer vor dem Freibergischen Tor. Es war weit geöffnet, nur eine hölzerne Schranke an der inneren Seite des Torhauses gebot den Eintretenden Halt, bis es einem Wächter gefiel, die Stange zu heben.

Der Wanderer verweilte aber noch ein wenig vor dem Tor. Sein Blick ruhte auf dem steinernen Relief über dem Eingang. Es zeigte das Symbol der Stadt: eine kniende Frau in langem Gewand, in der Rechten eine Blume haltend, die Linke auf angehäuftes Gestein gestützt. Über dem Ganzen prangte übergroß das Zeichen des Landesherrn, der Hut des Kurfürsten von Sachsen.

„Heiße mich doch willkommen, werte Frau!" murmelte der Wanderer, und er zwinkerte herausfordernd hinauf. Dann schüttelte er den Kopf. „Man könnte dich getrost mal waschen." Seit das Wappen über dem Eingang prangte – es mochten gut fünfzehn Jahre sein –, hatte sich ein dunkler Belag auf die Vorsprünge gelegt.

Nun durchschritt der Ankömmling das Torhaus. An der Schranke stand ein älterer, dicklicher Wächter, das Gesicht geschmückt mit einem gewaltigen Schnauzbart. Lange hatte er den Wanderer beobachtet. Nun, da dieser heran war, brach er in ein dröhnendes Gelächter aus, schlug vergnügt beide Fäuste auf die Schranke.

Der Ankömmling stutzte, dann lachte auch er. „Ach, schau an, der Matthias! Immer noch der Matthias! Bist ganz schön breit geworden! Und das Ding unter der Nase …! Fast hätt' ich dich nicht erkannt. Aber was amüsiert dich denn so?"

„Weil du wahrscheinlich ein – ein heimtückisches Indi – Individuum bist", japste der Wächter. „So hat's der Bauer gesagt, der – der vorhin durchs Tor kam. Ja, ein heimtückisches Individuum – hahaha! Und als ich dich dann beobachtet hab', da ging's mir gleich ein, daß dieses lange, knochige Gestell nur ein Silbermann sein kann. Du liebe Zeit, der Frieder! Der Frieder!" Und er stieß die Arme über die Schranke, packte den anderen an den Armen und schüttelte ihn mit aller Kraft.

„Laß nur ein Stücklein von mir übrig!", rief Gottfried Silbermann aus. „Ich kann mich noch gebrauchen. Robust bist du noch – wie vor zwanzig Jahren! Wachst du jetzt allein am Tor?"

Matthias wischte sich die Zeichen der Rührung aus

dem Gesicht. „O nein, mein Zweiter besorgt nur mal was Dringliches. Doch sag, wo kommst du her? Nur mal zur Visite hier, oder willst du für die Dauer bleiben?"

„Ich komme aus Frankreich. Geht's nach meinen Plänen, werd' ich bleiben – hier oder in der Nähe, auf jeden Fall im Sachsenland."

„Oh, aus Frankreich! Machst du hier in der Tischlerei? Darin hast du doch gelernt."

„Im Orgelbau, auch darin hab' ich gelernt. – Weißt du, wie es meinen Eltern geht?"

Matthias hob bedauernd die Schultern. „Viel weiß ich nicht zu sagen. Dein Vater soll kürzlich krank gewesen sein. Er ist ja wohl auch schon in die Siebzig."

„Grad siebzig. – Nun will ich aber eilen. Brauchst du mein Papier?"

„Ach geh! Hab' dir doch schon den Hintern versohlt, als du noch nicht mal deinen Namen richtig schreiben konntest. Weißt du noch, als du mit den andern Rotznasen die Tür der Wächterstube zugebunden hattest, so daß ich aus dem Fenster …?"

„Ja, ich weiß es noch. Dafür hab' ich dir dann die schönsten Äpfel aus unserm Garten gebracht."

Die Freibergische Gasse war eine der kürzesten der Stadt, sie wurde von nur fünf Häusern zu beiden Seiten gebildet. Rasch hatte Silbermann sie durchschritten. Eilig auch, ohne daß ihn jemand aufgehalten hätte, überquerte er den Marktplatz, dessen Gesicht vor allem das ansehnliche Rathaus und die in seiner Nachbarschaft aufragende Stadtkirche prägten. Die Fronveste, wie man das Amtsgefängnis mit der Marterstube nannte, stand auch noch. Seit er als Junge einige Male aus dem Haus Schreie Gepeinigter gehört, hatte er tunlichst einen Bogen um dieses steinerne Ungeheuer gemacht.

Nun befand er sich schon in der Hayngasse. Er verhielt den Schritt, blieb stehen. Schräg gegenüber stand das Haus, das er vor zehn Jahren verlassen hatte.

Nein, es hatte sich auch hier nichts verändert. Das feste, dunkle Balkenwerk des niedrigen Erdgeschosses und des ein wenig auskragenden Obergeschosses wie auch das helle Gefach verrieten eine beständige Pflege. Sogar die Jahreszahl über der Haustür, tief eingeschnitten in den Kopfbalken, war frisch mit weißer Farbe ausgemalt: 1686. Drei Jahre alt war er gewesen, als seine Familie aus Kleinbobritzsch unweit der Stadt nach hier verzog – vor vierundzwanzig Jahren. Der Vater hatte das Haus selbst gebaut.

Mit wenigen Schritten überquerte Gottfried die Gasse. Er hatte Glück, die Haustür ließ sich öffnen, sie war nicht verriegelt. In dem schmalen Flur war es ein wenig düster, nur durch das Fenster der Hoftür am anderen Ende des Flures fiel Licht herein. Alles fand er noch wie einst: rechts zwei Türen, links zwei Türen, im Hintergrund die schmale Treppe zum Obergeschoß. War auch alles noch so eingerichtet, führte die erste Tür rechts in die Wohnstube, die zweite in die Küche, links des Flures die erste Tür in die Schlafstube der Eltern, die zweite in die der Kinder. In die der Kinder! Vor vielen Jahren schon waren sie alle ausgeflogen.

Gottfried hielt inne in seiner Betrachtung. Die Küchentür am Fuße der Treppe wurde geöffnet, heraus trat eine kleine, hagere Frau. „Bitte?" fragte sie freundlich, ohne näher zu kommen. Es war die Mutter.

Mit Macht hielt Gottfried an sich. Er zog den Hut, verbeugte sich. „Gott zum Gruß! Habe ich die Ehre mit Madame Silbermann?"

Die Hände der Frau zuckten zur Brust. „Das ist doch – ist doch …!" Und sie eilte ihm entgegen, umfing ihn stürmisch mit beiden Armen. „Mein Junge! Mein Junge!"

Um ihr Haar zu küssen, mußte er sich niederbeugen. Es war nicht mehr so voll und dunkel wie vor zehn Jahren. Und noch hagerer war die Mutter geworden.

Sie schaute zu ihm auf, in ihren Augen standen Tränen. „Daß du wieder da bist, mein Junge! Ach, daß du wieder da bist! Wie wird Vater sich freuen!"

„Wie geht es ihm denn?" fragte Gottfried, während er ihr sanft über den Kopf strich. „Ich hörte, er sei krank gewesen. Matthias, der Torwächter, sagte es mir."

„Ach ja, die Gicht hatte ihn niedergeworfen. Es geht seitdem nicht mehr so recht mit der Arbeit. Er hilft Michael mit, am Tag ein paar Stunden nur, der ist Amtszimmermann seit einiger Zeit." Seufzend fügte sie hinzu: „Der Vater ist seitdem sehr – sehr ungeduldig." Plötzlich wurde sie geschäftig. „Doch was stehen wir noch hier herum! Komm in die Küche, du wirst Hunger haben." Rasch nahm sie seine Reisetasche auf und zog ihn energisch mit sich fort.

Auch in der Küche hatte sich kaum etwas verändert. Alles stand und hing noch an seinem alten Platz: der steinerne Herd mit dem breiten Abzug darüber, das große ausgepichte Wasserfaß daneben, das lange dreileistige Wandbrett mit dem Kupfergeschirr, die Anrichte, der Schrank für die Speisen und in der Mitte des Raumes der Tisch mit zwei Stühlen und zwei Schemeln – alles einst vom Vater selbst gefertigt.

Und auch das war geblieben: die liebenswürdig-resolute Art der Mutter, sich bei den Menschen ihrer Umgebung durchzusetzen. Das müsse so sein, hatte sie früher manchmal gesagt, weil sie sonst mit den Silbermanns „von Dickkopfs Gnaden" nicht zurechtkommen könne. Während sie sich am Herd zu schaffen machte, gebot sie Gottfried dieses und jenes: daß er sein „Habitchen" ausziehen und sich am Brunnen – dieser stand vor dem Fenster der Küche – waschen solle; daß er sein Gepäck hinüber in die Kinderkammer schaffen und sich dort „fertigmachen" möge; daß er mit dem Auspacken und Einräumen getrost schon beginnen, aber sogleich kommen solle, wenn sie ihn zum Essen rufe, und manch anderes mehr.

Eine Stunde später saß er in der Küche, um das Mittagessen einzunehmen. Krautsuppe, mit Speck geschmelzt, gab es, ein Körbchen mit kleinen Handbroten stand neben der Schüssel. Es war eines seiner Lieblingsgerichte.

Die Mutter setzte sich zu ihm an den Tisch. „Nun mußt du mir aber erzählen, mein Junge", bat sie. „Erst du, dann ich. Ich bin ja so neugierig, wie es dir ergangen ist. Vor allem …" Sie unterbrach sich. Die Haustür hatte geklappt, und schwere, doch eilige Schritte näherten sich der Tür. „Das ist Vater!" sagte freudig die Frau.

Ja, es war der Vater. Er riß die Tür auf, blieb stehen. Mit großen, wäßrigen Augen blickte er zum Tisch. „Es ist wahr – es ist wirklich wahr – er ist's!" stieß er hervor. „Frieder! Mein Junge!" Mit vorgestreckten Armen eilte er auf Gottfried zu, der sich erhoben hatte und ihm einige Schritte entgegengegangen war.

Stumm lagen sich die Männer in den Armen. Der Vater war nicht einen Zoll kleiner als er. Doch die Zeichen des Alters fielen deutlich genug ins Auge: Er ging ein wenig gebeugt, das halblange Haupthaar und der breite, gestutzte Bart waren grau, fast silberweiß geworden, die Falten in dem hageren Gesicht zahlreicher und tiefer.

Der Vater drückte Gottfried plötzlich um Armeslänge zurück, musterte ihn vom Kopf bis zu den Füßen. „Hm", brummte er schließlich zufrieden. „Groß, knochig, fest, wie es sich für einen Silbermann gehört, aber ein Pfündlein Fett könnte gut noch drauf. Hast dich wohl kurzgehalten in der Fremde, wie?"

Lachend verneinte Gottfried. „Das hatte ich – gottlob – nicht nötig. Aber das viele Reisen – es ist beschwerlich. Und das Essen in den Wirtschaften ist nicht das beste."

„Du hättest bei Andreas in Straßburg bleiben sollen."

Die Mutter schaltete sich ein: „Aber wollt ihr euch

nicht setzen? Da läßt sich's besser reden. Und deine Suppe, mein Junge!"

„Dann habt ihr also meinen Brief erhalten, in dem ich schrieb, daß ich Andreas verlassen hätte", stellte Gottfried fest.

„Selten genug hast du uns geschrieben, du ungetreuer Sohn", schalt der Vater, doch er tat es mit wenig Ernst. „Acht Briefe in zehn Jahren – ist das eine Art? Hätte nicht Anna Maria in ihren Briefen manchmal einiges über dich berichtet ..."

„Ach, ihr wißt doch, daß mir das Schreiben ein Greuel ist. Nehmt's als Zeichen, daß es mir unter der fürsorglichen Hand von Andreas' Weib nicht schlecht erging. Sie ist ein liebenswerter Mensch. Oft hat sie den Wunsch geäußert, euch kennenzulernen."

„Ja, schön wär's", sagte die Mutter lebhaft. „Wir haben sie schon ein paarmal eingeladen. Sie uns auch. Aber in unsrem Alter können wir doch nicht mehr reisen. Mit Kindern ist's wohl noch nichts bei Andreas?"

„Ich weiß nicht, wie's jetzt darum steht, bin ja nun schon an die zwei Jahre nicht mehr bei ihm."

Der Vater warf ein: „Ja eben! Aus deinem letzten Brief sind wir nicht recht klug geworden, ich meine, was darin über dein Verhältnis zu Andreas steht. Erst lobst du ihn als einen der besten Meister seines Fachs, der sich im ganzen Elsaß eines guten Rufs erfreue, dann erklärst du aber, du seiest gezwungen gewesen, ihn zu verlassen. Das reimt sich doch nicht recht."

„Auch für euch wird sich das Versehen reimen, wenn ihr die näheren Umstände wißt. Seht, es gibt Menschen, die ihre Kunst beherrschen und Vorzügliches leisten, die aber doch ein zu enges Herz besitzen, wenn's ums Geschäftliche geht, selbst dem Allernächsten gegenüber. Ein solcher Mensch ist leider mein Bruder Andreas."

„Oh!" entfuhr es den Eltern wie aus einem Munde. Der Vater forderte: „Das mußt du uns aber näher erklären.

In deinen Briefen hast du nichts dergleichen erwähnt."

„Das hätte doch niemandem gedient. – Ich war ein recht guter Tischler, das wißt ihr, und in der Musik hatten mir Kantor Nietzsche und Rektor Leipoldt auch einiges beigebracht. Ich kam also nicht mit leeren Händen zu Andreas, dachte so wie ihr, daß nun bei ihm eine ordentliche Lehrzeit als Orgelbauer für mich beginnen werde. Andreas ließ mich aber nicht mal als Tischlergeselle arbeiten, als Schreinerlehrling mußte ich anfangen, für drei Jahre, und er gab mir in all den Jahren nicht einen Groschen Lohn. Das Geschäft könne es nicht tragen, sagte er. Aber daß er noch während meiner Schreinerlehrzeit für einige Jahre nach Paris fuhr, um dort bei Thierry zu arbeiten, und mir die Führung seiner Werkstatt in Straßburg übertrug – das konnte das Geschäft tragen. Ich habe ihm in dieser Zeit manchen Nutzen gebracht, gesehen hat er ihn kaum. Ja, ich erlernte die Kunst des Orgelbauens gründlich, aber nicht, weil Andreas sie mir von sich aus beigebracht hätte, sondern weil ich sie ihm von den Fingern abguckte, sie an halbfertigen und fertigen Stücken nachprobierte, ihn fragte und fragte bis zum Überdruß. Mein Bruder behinderte mich dabei nicht, das könnte ich nicht sagen, aber ein guter Lehrmeister war er nicht. Sein Verdienst war's nicht, daß ich's schaffte. Und in dieser Zeit verlangte er von mir auch das Versprechen, daß ich später in keinem der Orte, wo er sich aufhalten wolle, eine Arbeit aufnehmen würde. Das konnte aber im ganzen Elsaß sein. So was war üblich und ist's auch heute noch, drum ging ich darauf ein. Doch das Versprechen, das er mir zum Ausgleich gab, nämlich daß ich nach dem Ende der Lehrzeit mit den gleichen Rechten wie er neben ihm im Geschäft stehen würde, hat er dann nicht ernst genommen. Ein einziges Mal nur ließ er mich einen Kontrakt mit unterschreiben, es war der für die Orgel in Sankt Nikolaus zu Straßburg. Dieses Werk hab' ich noch gemeinsam mit ihm vollendet, dann bin ich gegangen. Ich sollte wenigstens noch für zwei andre Werke bleiben, doch ich war so verärgert, daß ich mich nicht darauf einließ. Für mich stand ja doch nur in Aussicht, im Schatten meines Bruders zu schaffen. Konnt' ich da anders handeln? Zwei Jahre etwa bin ich dann in Frankreich unterwegs gewesen, hab' an mehreren Orten Orgeln repariert, auch an einigen neuen mitgebaut. Freilich, auch da hab' ich im Schatten andrer gestanden, doch ich konnte mir die Orte, wo ich schaffen wollte, selber aussuchen, auch die Konditionen, brauchte keine Rücksicht mehr zu nehmen auf verwandtschaftliche Pflichten. – So war es."

Die Mutter blickte betreten zu Boden, der Vater machte nur „hmhm!"

„Doch keine Sorge!" fuhr Gottfried fort. „Das hab' ich nur euch berichtet, niemand weiter wird's erfahren. Allen, die es wissen wollen, werd' ich nur sagen, ich hätte die Kunst des Orgelbauens bei meinem Bruder Andreas zu Straßburg erlernt, das ist ja wahr; er sei ein Meister von gutem Ruf, das ist auch wahr. Wir sind zudem in Frieden voneinander geschieden. Noch ein übriges hab' ich getan: Beim Weggang hab' ich ihm versprochen, in Kontrakte, die ich vielleicht mal mit Gesellen und Lehrlingen abschließen würde, die Bedingung aufzunehmen, daß sie in Straßburg, im ganzen Elsaß, nie in ihrem Leben eine eigne Werkstatt aufmachen würden. – Seid ihr nun wieder versöhnt?"

„Ach ja", seufzte die Mutter. „Es wär' auch nicht gut gewesen, hättet ihr euch im Bösen getrennt."

Der Vater ging nicht darauf ein. Er fragte: „Was willst du aber nun hier unternehmen? Als Besucher nur bist du doch sicher nicht gekommen. Für Orgelbaugeschäfte ist Frauenstein aber nicht der rechte Ort."

„Dessen bin ich mir bewußt, mein Plan sieht dergleichen auch nicht vor. Ein Orgelbauer braucht einen größeren Platz. Doch laßt mich später davon sprechen, jetzt seid ihr erst mal an der Reihe. Wie ist es euch ergangen?"

Da war allerlei zu erzählen: daß der Vater wegen Gicht und Atemnot vor drei Jahren schon den Amtszimmermann und die eigene Werkstatt aufgegeben habe; daß die drei Geschwister sich noch an ihren alten Orten befänden und sich samt ihren Kindern einer gesegneten Gesundheit erfreuten; daß freilich inzwischen auch mancher gute Bekannte in die Ewigkeit abberufen worden sei, Gottfrieds Paten zum Beispiel und auch der von ihm so geschätzte Kantor Nietzsche. "Übrigens", fuhr der Vater fort, "dein Bruder Michael ist böse auf dich. Er hat dir auch mal geschrieben, von dir aber keine Antwort erhalten."

"Ich weiß", gab Gottfried zu, "aber deswegen muß er mir nicht böse sein. Er hat doch einst selbst vergeblich versucht, Schreibfeder und Hand bei mir in ein ordentliches Verhältnis zu bringen."

"Ja, und als du heut durch die Freibergische Gasse kamst, bist du an seinem Haus vorbeigegangen, ohne auch nur einen Gruß durch die Tür zu rufen."

"Nach so langer Wanderzeit wollt' ich auf dem schnellsten Weg nach Hause gelangen. Es wär' ganz gewiß nicht beim Gruß durch die Tür geblieben. Und daß du Michael in der Werkstatt hilfst, war mir ja nicht bekannt. Aber woher weiß er, daß ich angekommen bin?"

"Der alte Matthias vom Freibergischen Tor hat es George zugesteckt, als dieser sich dort herumtrieb. George hat es uns dann gleich in der Werkstatt hinterbracht. Du mußt Michael als ersten mit besuchen, Gottfried, er wartet. Und seine Jungen, der George und der Michel, sind neugierig auf ihren weitgereisten Onkel."

"Ja, ich werde es tun." Ein wenig nachdenklich setzte

er hinzu: „George! Als ich Frauenstein verließ, war er an die drei Jahre alt – der stillste, doch der klügste aller kleinen ‚Silbermänner‘."

„Ist er auch heute noch." Sich auf den Tisch stützend, erhob sich der Vater mit Mühe. Wie es schien, verbiß er sich einen heftigen Schmerz. Auf Gottfrieds erstauntes „Nanu?" erklärte er: „Das ist nur, wenn ich lange gesessen hab'. Ansonsten geht's noch ganz gut. – Ich muß mich ein bissel bewegen."

„Du schonst dich ja auch nicht", schalt die Mutter. „Hast es doch gar nicht nötig, dich noch mit Zimmerwerk herumzuplagen. Ach, Junge, wie red' ich den ganzen Tag und …"

„Papperlapapp!" Mit einer harten Handbewegung tat der Vater diesen Einwand ab. „Sich auf die faule Haut zu legen ist immer noch Zeit. Michael braucht mich, das weißt du genau. – Ja, aber was willst du nun beginnen, mein Junge?"

„Orgeln bauen – in Leipzig, in Freiberg, überall im Land, wo sich mir Gelegenheit bietet. Von hier, von Frauenstein aus soll nur meine erste Bewerbung gehen. Ist es euch recht, richte ich mir für den Anfang hier eine Schreib- und Zeichenstube ein."

Nachdenklich nickte der Vater. „Hm, gern. Doch die Werkstatt, die Gesellen? Sie brauchst du auch, wenn Aufträge kommen. Und um alles aufzubauen und zu halten, bedarf es eines guten Kapitals."

„Ich hab' mir einiges gespart. Die Werkstatt richte ich in dem Ort ein, in dem für mein Geschäft der beste Platz ist."

„Du sagst alles so – so sicher", warf die Mutter ein wenig zweifelnd ein. „Hast du wirklich schon Aufträge in Aussicht? Du hast von Leipzig gesprochen und von Freiberg, als könntest du dort mit der Arbeit schon beginnen, dann wieder von einer ersten Bewerbung. Das ist doch nichts Gewisses."

„Gewisses – Gewisses! Was gibt's schon Gewisses,

Mutter! Will man was erreichen, muß man auch was wagen. Ich wage was, das weiß ich, doch nicht völlig ins Ungewisse hinein. Seht, die Dinge liegen so:

In Frankreich hatte ich erfahren, daß die alte Orgel der Universitätskirche Sankt Pauli in Leipzig gründlich repariert werden soll, weiter, daß man in Freiberg nunmehr ernstlich daran denke, dem Dom ein neues Instrument zu geben. Das wär' doch für dich das Rechte, dachte ich mir. Nach vielen Jahren Fremde wieder in der Heimat schaffen ... Ich schrieb auf gut Glück an Johann Kuhnau, den Thomaskantor in Leipzig, der ja auch Direktor der Universitätsmusik ist. Er kannte Andreas aus der Zeit, da dieser noch bei Meister Casparini schaffte. Ausführlich schrieb ich, daß ich die Kunst des Orgelbauens bei Andreas erlernt und mir darin auch anderwärts noch allerlei Erfahrung angeeignet hätte. Eine Anzahl guter Atteste stünden mir zur Hand. Ob es wohl mit dem Instrument in Sankt Pauli so sei, wie man mir zugetragen habe, und ob er wisse, wie die Dinge in Freiberg lägen, ich würde mich gern um die Aufträge bewerben.

Nach kurzer Zeit schon kam von Kuhnau eine Antwort, wie ich sie in solcher Deutlichkeit nicht erwartet hatte: Ich solle mich sofort auf den Weg machen und zu ihm kommen. Die Aussichten seien nicht übel, doch fürs erste sei ein Gespräch mit mir vonnöten, es eile. Ich machte mich denn auch sofort auf den Weg, so daß meine Quartierleute und mein Meister glaubten, ich müsse wegen einer dummen Sache flüchten. Vielleicht glauben sie's noch heute, denn ich hatte mir nicht mal Zeit genommen, ihnen alles zu erklären, ihnen nur gesagt, ich hätt' eine gute Chance wahrzunehmen.

So reiste ich nach Leipzig zu Kuhnau. Ohne viel Federlesens nahm er mich in Dingen der Musik, der Mechanik, der Physik und der Mathematik, wie sie in der Kunst des Orgelbauens unumgänglich sind, in die

Zange. Ich kam mir vor wie ein blutjunger Kandidat vor dem gestrengsten aller Examinatoren. Dann verlangte er meine französischen Atteste, studierte sie genau. Zum Schluß schlug er mich kräftig an den Arm – zur Schulter kam er nicht recht hoch – und sagte freundlich: ,Ja, es scheint Zweck zu haben! Von meiner Seite aus ist Euch Sankt Pauli sicher. Ich muß freilich noch vor dem Professoren-Konzilium in der Sache reden. Es hat sich bereits der hiesige Meister Johann Scheibe beworben. Mir gefällt es gar nicht, wie er es anpacken will, aber die Herren wägen eben alles peinlich. Die Hauptsache ist, Ihr kommt jetzt erst einmal ins Gespräch. Ich lasse Euch zum rechten Zeitpunkt rufen. Morgen reist Ihr gleich nach Freiberg und findet Euch beim Superintendenten Doktor Christian Lehmann ein, ich gebe Euch ein Schreiben mit.' Das ungefähr sagte der Thomaskantor. Er bot mir auch Quartier für die Nacht.

Der Superintendent in Freiberg war erst ein bissel mißtrauisch, doch als er Kuhnaus Schreiben gelesen hatte, wurde er sehr freundlich. Ja, ich käme noch zur rechten Zeit. Zwar hätten sich schon einige Bewerber für die neue Orgel gemeldet, doch eine Auswahl von Dispositionen und Anschlägen könne nichts schaden. Dann sagte er noch: ,Nach dem, was mir Johann Kuhnau geschrieben hat, zweifle ich nicht an Eurer Kunst, und ich habe nicht übel Lust, mich auf Euch festzulegen. Doch ich muß eines zu bedenken geben: Es soll für den Dom ein großes Werk sein, würdig dem alten mit seinen tausendeinhundertachtundneunzig Pfeifen; Burkhard Dinstlinger erbaute es Anno 1502. Ein solches Werk zu schaffen – dazu gehören nicht nur Begeisterung und hohe Kunst, sondern auch Beharrlichkeit und eine gute Werkstatt. Seid Ihr Euch sicher, dieses aufbringen zu können? Ihr habt ein solches Werk noch nicht gebaut.' Na ja, als er mir das so deutlich vorhielt, hab' ich freilich einen Augenblick gezögert, aber dann hab' ich gesagt: ‚Ich würde es nicht wagen, wäre ich mir nicht völlig sicher. Ich möchte den Ort sehen, wo das Werk zu stehen kommt.'

Lehmann führte mich sogleich in den Dom. Dort trafen wir Georg Mentzer, den alten Organisten. Er probte grad auf der zweiten Orgel, die der Dom noch besitzt, einer kleineren, sie ist noch nicht verrottet wie die große. Die Herren zeigten mir nun dieses große, völlig unbrauchbar gewordene Werk, erklärten mir dieses und jenes. Am Schluß sagte der Superintendent: ‚Nun haben wir Euch ins Bild gesetzt, es steht Euch frei, es aus eigenem noch zu ergänzen.' Das hab' ich auch getan. Ich machte eine Raumaufnahme, sah mir die Örtlichkeit gründlich an. Geduldig ließen mich die Herren gewähren. Dann sagte ich zu ihnen: ‚Nimmt man den Umbau der Empore vor, wie man es im Sinne hat, wird hier Platz sein für ein Werk mit gut und gerne einundvierzig Stimmen und zweitausendfünfhundert Pfeifen. Es kann ein Werk werden, wie es so weit und breit noch nicht zu finden ist, würdig dem Ruhm dieses Hauses und der Stadt. Die genaue Disposition kann schon in wenigen Wochen fertig sein.'

Die Herren machten große Augen. ‚Habt Ihr aber Mut!' sagte der Superintendent. ‚An ein so großes Instrument haben wir nicht gedacht. Doch es wäre zu überlegen. Also dann bewerbt Euch! Wir empfehlen dem Rat, Eure Disposition noch abzuwarten. Aber bis Ende Juni müssen die Unterlagen fertig sein. Wie ich die Herren kenne, rufen sie sie dann in kurzer Frist ab. Um den Prospekt braucht Ihr Euch nicht zu kümmern, den wird ein anderer entwerfen; sicher läßt dieser bald von sich hören.'

So war es. Nun sagt, wage ich da was völlig ins Ungewisse hinein? Doch wohl nicht. Ich hab' Ursache zu guten Hoffnungen für Leipzig wie auch für Freiberg. Aber anfangen muß ich erst mal mit einer Bewerbung.“

Der Vater war an das Fenster getreten. Sein Blick lag sinnend auf dem kleinen Werkstattgebäude jenseits des Hofes, in dem er bis vor drei Jahren gearbeitet hatte. Er sagte nichts. Auch die Mutter schwieg, sie mied Gottfrieds Blick, schaute nur einmal verstohlen zu ihrem Mann hin. Aus ihrem Gesicht sprach Sorge.

Betroffen gewahrte es Gottfried. „Ja, habt ihr denn noch immer Bedenken?" stieß er hervor. „Freut ihr euch nicht mit mir? Es sind Leute von Ruf, die mir Vertrauen schenken!"

„Dessen freue ich mich, ja, dessen freue ich mich wirklich", sagte der Vater, den anderen den Rücken zugewandt. „Und dennoch! Siehe, Frieder, auch ich hab' einst ein gutes Handwerk angefangen und bin zu einigem Wohlstand gekommen. Aber ich hab' bescheiden begonnen, um erst meine Kraft zu erproben, damit ich nicht mich selbst und meine Auftraggeber enttäuschte. Mit Häuslein begann ich, nicht mit Schlössern. Du willst aber mit einem Schloß beginnen. Ein Werk, wie es weit und breit noch nicht zu finden ist! Mit zweitausendfünfhundert Pfeifen! Du liebe Zeit! Du greifst zu hoch für den Anfang. Begeisterung und große Kunst – gut! Mut und Beharrlichkeit – das ist unsre Art! Doch auch Erfahrung ist nötig, mein Junge, solide Erfahrung, und die muß wachsen vom Kleinen hin zum Großen. Ein junges Baumstämmlein kann nicht gleich die stärkste Krone tragen, und sei es noch so fest und gesund. Hast du das genügend bedacht? Laß dir raten: Fang auch du mit Häuslein an, dann erst baue Häuser, dann erst wage dich an Schlösser! Sonst kann's passieren, daß unter deinem Mut die Balken brechen und dein Wagnis nichts andres gewesen wäre als der falsche Ehrgeiz eines Stümpers."

Rasch warf die Mutter ein: „Ja, Vater hat recht. Ich fürchte auch, du übernimmst dich."

„Aber ich bin doch kein junges Baumstämmlein mehr!"

entgegnete Gottfried heftig. „Sind zehn Jahre der Lehre und Erfahrung nichts? Ich fange doch nicht an, ich setze fort, nur an einem andern Ort. Das, was du Häuslein nennst, Vater, hab' ich längst hinter mir. Und ich meine: Wenn sich Mut vereint mit guter Überlegung, hoher Kunstfertigkeit und Fleiß, kann das Wagnis nie zum falschen Ehrgeiz werden. Glaubt ihr, ein Johann Kuhnau würde sich einen Baumeister nehmen, dem er nicht vertrauen könnte, und ihn weiterempfehlen?"

Lange verharrte der Vater bewegungslos und stumm. Er hatte die Hände auf die Fensterbank gestützt, hielt den Kopf gesenkt. Die anderen wußten, was er jetzt sagen würde, war für ihn endgültig. Langsam wandte er sich um. „Na gut, du mußt es wissen, ihr müßt es wissen, der Thomaskantor und du, habt ja miteinander gesprochen." Nun schritt er auf seinen Sohn zu. Ihm die Hand auf die Schulter legend, fuhr er fort: „Ich hab' meine Meinung gesagt, auch dein Einwand hat sie nicht geändert. Doch ich will dich nicht durch weiteres Abreden behindern. Fühlst du die rechte Kraft in dir, so fang an in Gottes Namen. Mit mir, mit uns kannst du immer rechnen."

2

In der Stadt schien es sich schnell herumgesprochen zu haben, daß Gottfried Silbermann zurückgekehrt war. Schon am Vormittag des nächsten Tages stellten sich Besucher ein. Unter ihnen befand sich Meister Daniel Übermann, der Tischler, bei dem Gottfried dieses Handwerk erlernt hatte. Schnell kam er auf sein Anliegen zu sprechen: Gottfried möge doch bei ihm die Arbeit wieder aufnehmen, er habe in den vergangenen zehn Jahren keinen geschickteren Gesellen gehabt als ihn. Silbermann bedankte sich für das Lob, schlug aber seine Bitte ab. Er sei nun Orgelbauer und habe entsprechende Pläne.

Auch Kirchenvorsteher Johann Greif kam, ein langer, hagerer, würdiger Herr. Mit großer Anteilnahme erkundigte er sich nach Gottfrieds Plänen. Doch dieser brauchte nicht viel zu erzählen, das tat für ihn die Mutter, und sie berichtete mit einigem Stolz. Als der Vorsteher alles wußte und seine guten Wünsche für ein glückliches Beginnen ausgesprochen hatte, entledigte er sich noch eines Auftrags: „Auch der Herr Pfarrer freut sich sehr, daß du zurückgekommen bist, Frieder. Er läßt bestellen, du mögest doch bald, möglichst noch heute, zu ihm kommen. Er will mit dir etwas bereden."

„Der Pfarrer?" fragte Gottfried erstaunt. „Und so eilig? Worum geht es denn?"

Greif hob bedauernd die Schultern, lächelte aber listig. „Ich kann nicht darüber reden. Der Herr Pfarrer hat sich vorbehalten, es dir selbst zu sagen."

„Selbst zu sagen!" knurrte Silbermann. „Derlei Geheimnistuerei mag ich nicht. Geh' ich zu einem Gespräch, so will ich mich vorbereiten können."

Die Mutter versuchte ihn zu begütigen. „Der Herr Pfarrer wird seine Gründe haben, Frieder, und diese sind doch wohl nur freundlicher Art."

„O ja, sie sind freundlicher Art", bestätigte Greif. „Welchen Zeitpunkt kann ich dem Herrn Pfarrer nennen?"

„Dann meinetwegen am Nachmittag um sechs, ich hab' heut noch einiges zu tun", entgegnete Gottfried kurz angebunden. „Aber ich bin pünktlich da."

Kaum war Greif gegangen, tadelte die Mutter: „Höflich warst du nicht, mein Junge. Der Vorsteher nimmt den Eindruck mit, du folgst dem Ruf nur widerwillig."

„So ist's doch auch! Hat man mich vielleicht höflich gebeten? Nein! Bestellt hat man mich, ohne Angabe des Zwecks – wie einen Buben, dem man einen Auftrag geben will."

„Bist du aber empfindlich geworden! Der Herr Pfarrer hat das Recht, zu bestellen, und daran hat sich noch niemand gestoßen."

Gottfried lachte sarkastisch auf und strich der Mutter oberflächlich über das Haar. „Ach ja, die kleine Welt hier! Ich muß mich erst wieder an sie gewöhnen. Am Nachmittag werde ich höflicher sein. – Nun flüchte ich aber, sonst wird es nichts mit meinem Besuch bei Michael."

Der Name Michael gehörte zum Beständigsten in der Familie seit mehreren Generationen. Ein Onkel des Vaters trug ihn schon, dann wurde er dem Vater gegeben, dieser vererbte ihn weiter an seinen ältesten Sohn, und dieser gab ihn ebenfalls weiter an seinen ältesten Sohn, der war anderthalb Jahre älter als sein Bruder George. Der erste Träger des Namens hatte längst das Zeitliche gesegnet. Um die drei lebenden Michaels voneinander unterscheiden zu können, hatte sich Mutter Silbermann nach der Geburt des dritten Michaels eine einfache Regelung ausgedacht: Der Vater blieb der „Vater", dessen Sohn wurde „Michael" genannt, dessen Sohn aber „Michel". So war es denn auch Brauch geblieben.

Im Zimmermannshaus in der Freibergischen Gasse wurde Gottfried herzlich begrüßt. Jeder tat das auf seine Weise. Michael, siebzehn Jahre älter als er und eine Handbreit kleiner, dafür aber stämmiger und auch ein wenig robuster, packte ihn an den Schultern und schüttelte ihn. „Hätt'st du dich heut nicht eingefunden, wärst du für mich verschollen", erklärte er mit Nachdruck. Christina, seine Frau, nahm sich in seiner Nähe aus wie ein schlankes schüchternes Blümlein neben einem bemoosten knorrigen Baumstumpf. Während sie Gottfried die Hand reichte, sagte sie: „Ich freue mich, daß du wieder da bist." Aus dem Leuchten ihrer großen blauen Augen ersah Gottfried, daß es auch wirklich so war. Michel und George taten erst ein wenig scheu, wurden aber schnell rege, als der Onkel jedem von ihnen einen guten Silbergroschen schenkte.

„Der Vater ist an meiner Stelle hinauf ins Schloß gegangen, da sind ein paar angefaulte Balken zusammengebrochen", erklärte Michael auf Gottfrieds Frage. „Er wollte, daß ich dich hier mit erwarte."

Christina trug einen weißen Wecken auf, und Michael holte eine große Kanne Lößnitzer herbei. Die Jungen durften am Becher der Mutter nur einmal nippen. Schnell verging die Zeit beim Fragen und Erzählen, und manches wurde lebendig, was sich in den vergangenen zehn Jahren während Gottfrieds Zeit in Frankreich und auch im Städtchen zugetragen hatte.

Vielleicht wäre des Erzählens noch lange kein Ende gewesen, hätte Michael nicht ein Thema aufgeworfen, das Gottfried empfindlich berührte. Der Bruder fragte: „Und ans Heiraten hast du noch nicht gedacht? Du bist nun schon siebenundzwanzig, da …" Erschrocken hielt er inne.

Gottfried war zurückgefahren, sein erst fröhliches Gesicht erstarrt. „Nein!" stieß er hervor. „Nie!"

„He!" entfuhr es dem Zimmermann. „Das hört sich an, als hätten dir schon ein paar Weiber das Fell über die Ohren gezogen."

„Aber Michael!" mahnte Christina mit einem Blick auf die Jungen. Als wollte sie sich für ihren Mann entschuldigen, bat sie den Schwager: „Nimm's nicht nach seinem Wort, er ist manchmal so – so sehr deutlich."

„Schon gut!" sagte Gottfried ernst. „Er kann ja nicht wissen, daß – –. Ich hab' einen erzwungenen Verzicht zu überwinden, laß dir das genügen, Michael, und frag mich nicht wieder danach. – Nun muß ich aber gehen." Er erhob sich. Christinas Bitte, zum Mittagsmahl zu bleiben, schlug er ab. „Die Mutter hat sich doch nun auf mich eingerichtet", erklärte er. „Habt Dank! Wir sehen uns ja nun des öfteren."

George drängte sich an ihn heran und fragte: „Onkel, kann ich mal zusehen, wenn du eine Orgel baust?"

„Ich hätt' nichts dagegen. Aber da brauchtest du viel Zeit – bei einer kleinen Orgel immerhin fast ein Jahr. Und du müßtest wohl auch mit mir reisen. In der Werkstatt werden nur die Teile gebaut, aufgesetzt wird das Instrument erst dort, wo es stehen soll, und das kann weit von hier entfernt sein."

„Na, daraus wird wohl nichts", erklärte Michael lachend. „Der Knirps reisen und die Schule versäumen, das wäre mir das Rechte! – Also dann ein gutes Beginnen, Bruder, und nichts für ungut! Grüß die Mutter!"

Die Uhr der Stadtkirche schlug zwölf, das Mittagsläuten begann. Über den Marktplatz eilten Menschen nach Hause. Gottfried nickte diesem zu und jenem, den er noch kannte. Manche blickten ihn erstaunt an, grüßten dann freundlich oder auch gleichgültig zurück.

Plötzlich fühlte er sich am Rücken unsanft berührt. Mit einer harten Bemerkung auf den Lippen wandte er sich um, und da sah er einen Mann, der gerade seinen Gehstock zurückzog. Unter einer etwas vernachlässigten Lockenperücke blickten graue Augen vorwurfsvoll zu ihm auf. Auf dem breiten, kantigen Gesicht lag Strenge.

Gottfried verschluckte eine Bemerkung zur rechten Zeit. „Der Herr Rektor Leipoldt!" rief er aus. „Aber das freut ..."

„Mich aber nicht", unterbrach ihn der andere grob. „Da läuft nun dieser Mensch einen geschlagenen Tag in der Stadt herum und hat es noch nicht für nötig befunden, seinen alten Lehrer zu besuchen! Soll mich das erfreuen? Wäre es nicht auf dem Marktplatz, ich würde dich übers Knie legen und – na ja, wie dazumal!"

Plötzlich brach er in ein lautes Lachen aus und schlug Gottfried mit der Hand kräftig an den Arm. „Jetzt schaust du aus wie ein Erstling in der Schule, der seinen neuen Schreibstift zerbrochen hat. Also sei begrüßt, Lausbub, und nimm mir den Überfall nicht übel." Er ergriff Silbermanns Hand und schüttelte sie.

Nun mußte auch Gottfried lachen. „Ich freue mich, Euch noch bei alter Kraft zu sehen, Herr Rektor. Eure Rechte – allen Respekt! Ja, so wie dazumal!"

„Ach ja, alte Kraft!" seufzte Leipoldt. „Sie wird arg strapaziert. Noch immer muß ich den Organisten machen – soeben komme ich von der Probe –, und die Kantorei habe ich auch oft noch zu versehen. Seitdem der gute Nietzsche das Zeitliche gesegnet hat, ist keiner da, der das Amt für längere Zeit betreut. Oft hilft mir Stadtmusikus Schubert, aber an mir bleibt schließlich doch alles hängen. – Nun muß ich aber eilen. Bei Pfarrer Weber sehen wir uns also am Nachmittag wieder."

Schon hatte Leipoldt sich abgewandt, da bat Gottfried: „Noch auf einen Augenblick, Herr Rektor. – Ihr werdet auch bei Pfarrer Weber sein? Worum geht es eigentlich dabei?"

„Hat es dir der Pfarrer nicht bestellen lassen?"

„Er ließ mir sagen, er wolle es mir selbst eröffnen."

Wieder lachte Leipoldt. „Das ist ganz nach seiner Art! Doch lassen wir ihm das Vergnügen! Komme pünktlich, ich bin gegen fünf Uhr dort."

Kopfschüttelnd blickte Gottfried ihm nach. Mit welcher Selbstverständlichkeit auch dieser Mann über ihn verfügte – als bestelle er ihn wie einst zum Kalkantendienst in die Kirche!

Nach dem Mittagsmahl begann Gottfried die Kinderkammer aus- und umzuräumen, um sich eine Schreib- und Zeichenstube einzurichten. Den Kleiderschrank beließ er am alten Platz, mit dem reichen Schnitzwerk an den Ecken und Türen war er ein Schmuck für den Raum. Die in der Kammer befindlichen Betten schaffte er in einen leeren Raum im oberen Stockwerk. An ihre

Stelle kam ein zweiter Schrank, in dem er Bücher, Zeichenpapier, einen Kasten Zeichenstifte, die fertigen Zeichnungen, Zirkel, Lineale und anderes Arbeitsgerät unterzubringen gedachte. An die Außenwand, zwischen die nahe beieinanderliegenden Fenster, stellte er den Arbeitstisch. Der Vater hatte ihm noch zwei gepolsterte Lehnstühle überlassen, die seit einigen Jahren unbenutzt im Obergeschoß standen. Ein kleiner Tisch zum Ablegen und vier einfache Stühle an der Innenwand des Raumes machten die übrige Einrichtung aus. In einem kleinen Raum im Oberstock richtete er seine Schlafstube ein. Bei diesen Arbeiten war ihm die Mutter zur Hand gegangen. Sie hatte auch, bevor er einzuräumen begann, die Fußböden mit feinem Sand gescheuert.

Nun saß er im Lehnstuhl vor dem noch leeren Arbeitstisch, die Mutter neben dem Tisch im anderen Lehnstuhl. Sein Blick war durch das weitgeöffnete Fenster geschweift und ruhte auf dem Nachbarhaus jenseits des Hofes, dessen Rückwand wilder Wein fast ganz bedeckte. Auf seinem Gesicht lag ein versonnenes Lächeln.

„Nun kann es beginnen", sagte er nach geraumer Zeit leise, wie zu sich selbst. „Leipzig – Freiberg – große Werke, und ich kann an ihnen schaffen nach meinem Sinn, brauch' nicht mehr nach fremder Meister Gewohnheiten zu handeln. Nach meinem Sinn, Mutter! Weißt du, was das heißt?"

„Ich kann es mir denken, mein Junge. Doch du wirst viel Kraft brauchen. Es ist schwerer, nur nach eignem Sinn zu schaffen und damit die Verantwortung zu tragen, als nach Weisung und Gewohnheit andrer zu handeln."

„Ja, ich weiß es. Doch das Ziel rechtfertigt eine solche Last. Sieh doch meinen Bruder Andreas! Was war er bei Casparini? Ein geschickter Geselle, dem sein Meister schwierige Reparaturen anvertraute – mehr nicht.

Mehr war er auch nicht bei Meister Rinck im Elsaß. Doch als dieser starb, so daß er sein Werk in der Neuen Kirche zu Straßburg nicht mehr vollenden konnte und ein andrer Meister sich zum Schaden des Werkes vergeblich daran versuchte, da schwang Andreas sich in die Höhe. Er brachte das Werk so vorzüglich in Ordnung, daß er sich rasch die Gunst der Männer des Rates erwarb, selbst die des mächtigen Praetors Klinglin. Dabei schaffte er nicht mehr nach andrer Weisung und Gewohnheit, er tat es nach eignem Sinn in eigner Werkstatt und wurde ein hochgeachteter Meister. Wär' er nicht bereit gewesen, die Last der Verantwortung zu tragen, so hätt' er dieses Ziel nicht erreicht."

Sinnend nickte die Mutter. „Ja, so ist's wohl! Dennoch: Gar mancher ist bereit, die Last zu tragen und kommt doch nicht zum Ziel, sie ist zu schwer für ihn."

„Dann ist er nur zum Mittelmaß geboren, Mutter, oder er hat Unglück, oder es trifft beides auf ihn zu. – Doch bleiben wir bei uns! Ich werde nachher Materialien kaufen, um dann morgen mit der Arbeit zu beginnen."

„Vergiß nicht den Besuch beim Herrn Pfarrer!"

„Nein, ich vergesse ihn nicht."

Die Mutter erhob sich. „Zieh dich getrost um, Frieder. Ich wische nur noch die Schränke aus." –

Bis zur Pfarrei war es nicht weit, gleich hinter der Stadtkirche befand sie sich. Webers Haushälterin führte Silbermann in das Arbeitszimmer. Dort erwarteten ihn nicht nur Pfarrer Weber und Rektor Leipoldt, auch Kirchenvorsteher Greif war zugegen. Sie standen hinter einem Tisch. Wie es schien, hatten sie sich mit einigen Papieren beschäftigt.

Pfarrer Weber war ein kleiner, dicklicher, doch flinker Herr mit rosigem Gesicht, auf dem immer ein freundliches Lächeln lag. Er eilte auf Silbermann zu, ihn herzlich begrüßend. „Ein Mann ist er geworden, unser

Gottfried, ein reifer Mann!" stellte er schließlich fest. „Wirklich, ihr Herren, ihr habt nicht übertrieben. Wenn seine Kunst auch so reif ist, kann unsere Kirchfahrt wohl zufrieden sein."

„Wieso?" fragte Silbermann erstaunt.

„Ach, setzen wir uns doch!" schlug Pfarrer Weber vor. „Da läßt es sich viel besser reden, und eine Flasche Roter gleich am Anfang wird uns wohl auch nicht schaden." Von einem kleinen Ecktisch holte er Flasche und Gläser herbei und schenkte ein. „Auf ein gutes Beginnen, Gottfried!" sagte er, das Glas erhebend. „Es möge Gottes Segen ruhen auf deinem Werk!"

Zurückhaltend tat Silbermann Bescheid.

„Wir freuen uns ganz ungemein, einen Sohn unsrer Stadt nun als Orgelbauer hier zu wissen", fuhr der Pfarrer lebhaft fort. „Das erleichtert uns vieles. Für uns ist das so wichtig, daß ich dir unser Anliegen selbst eröffnen wollte. Du warst von der Bestellung nicht erbaut …?"

„Mit Verlaub – nein."

„Nun, vielleicht bringst du Verständnis auf, wenn du weißt, worum es geht. Kurz: Du sollst die Orgel unsrer Stadtkirche reparieren, und das ist ein fester Auftrag, es bedarf keiner Bewerbung."

„Oh!" stieß Silbermann überrascht hervor. „Ich soll …?"

„Ja, das ist unser Wunsch. Siehe, ehe du nach Frauenstein zurückkehrtest, waren wir drauf und dran, einen fremden Meister zu bitten, sich unsrer Orgel anzunehmen. Es geht vor allem um die Bälge; tritt der Kalkant sie, stöhnen sie wie ein paar vom Podagra geplagte Greise. Wir wollen sie erneuern und umsetzen lassen. Auch am Pfeifenwerk ist wohl einiges zu tun. Nun stelle dir vor, du bist zurückgekehrt, und wir holen zur Reparatur einen Fremden! Was würdest du, was würden wohl die Leute sagen? Doch ganz gewiß, daß wir kein Vertrauen zu dir hätten, nicht wahr?"

„Das – das würde wohl so sein. Dennoch: Ihr habt mich so überrascht, hochwürdiger Herr, daß ich noch gar nicht …"

„Du sagst also zu?"

„Von Herzen gern würde ich das tun. Der erste feste Auftrag in der Heimat, und auch noch für die Heimatstadt selbst – wer wollte sich das entgehen lassen! Aber das bringt meine Pläne durcheinander. Durch den Herrn Vorsteher wißt Ihr doch sicher um sie. Einen dritten Auftrag schaffe ich nicht."

Die anderen lächelten. „Wir haben uns schon gedacht, daß du solche Bedenken äußern würdest", erklärte Greif. „Wir verstehen sie auch. Drei solcher Aufträge kann auch ein Meister mit einer größeren Werkstatt nicht zu gleicher Zeit schaffen, wenn er eine ordentliche Arbeit leisten will. Doch wir haben alles gründlich überlegt. Der Herr Pfarrer wird es dir erklären."

Sogleich begann Christian Weber: „Du brauchst keine Sorge zu haben, Gottfried. Es gibt diesen Weg: Du stellst erst deine Bewerbung und Disposition für Freiberg fertig und reichst sie ein. Nach den Erfahrungen wird es Monate dauern, ehe die Entscheidung fällt. Gräbner in Dresden legte schon vor sechs Jahren den Herren Räten in Freiberg seine Bewerbung vor und wartet heute noch auf die Entscheidung. Und Leipzig? Der gute Kuhnau macht es immer eilig, ich kenne ihn zur Genüge. Seit Jahren drängt er seine Herren Professoren. Doch zu viele haben in diesen Dingen zu bestimmen, und jeder nimmt sich wichtig genug, um mit seinem Ja zu zögern. Du wirst es erleben, Gottfried, wirst lange Wartezeit haben. Und diese nutzt du für die Reparatur unsrer Orgel. Du kannst es ohne Bedenken wagen."

„Da bin ich aber nicht ganz sicher. In Leipzig und Freiberg beschäftigt man sich, wie ich weiß, jetzt ernstlich mit den Dingen, eben weil man schon so lange gewartet hat. Was dann? Ich müßte bei einem meiner Auftraggeber wortbrüchig werden, und das wäre meinem Renommee doch ganz gewiß nicht dienlich."

„Zwar wäre es ein Wunder, wenn man sich jetzt dort schnell entscheiden würde, doch wir haben auch schon diesen Fall bedacht", entgegnete Pfarrer Weber. „Eine Wartezeit gibt es immer, denn jede Bewerbung wird erst besprochen, abgewogen, mit andren verglichen – und das jeweils von mehreren Stellen. Auch im günstigen Fall vergehen dabei etliche Wochen, wenn nicht gar Monate. In dieser Zeit kannst du mit der Reparatur unsres Instrumentes beginnen. Ruft man dich wirklich ab, ehe du hier fertig bist, unterbrichst du die Arbeit, bis du die andre vollendet hast. Wir wären dir darum nicht gram. Für die Orgel spränge dann unser Chor gemeinsam mit der Stadtmusik ein. Diesen Fall hätten wir nicht zum erstenmal. Als Christian Gräbner im Jahr 1678 unser Instrument erneuerte, stand es, die vorangegangene Ruhezeit mit eingerechnet, fast drei Jahre still, später auch noch einige Male. Du siehst, Gottfried, es ist alles gut bedacht, in Bedrängnis werden wir dich nicht kommen lassen."

Silbermann überlegte einige Zeit, dann sagte er entschlossen: „Gut, steht es so, übernehme ich den Auftrag. Die Konditionen nenne ich, wenn ich mir die Orgel gründlich angesehen habe."

„Bravo – bravissimo!" rief Rektor Leipoldt aus, dabei in die Hände klatschend. „Gut bedacht und rasch entschlossen – das ist eine rechte Art! Erlaubt, Herr Pfarrer, daß ich die Gläser fülle."

Und wieder tranken sie sich zu, fröhlicher und vertrauter als am Anfang.

„Dann also auf, ihr Herren, an die Arbeit!" gebot Silbermann, kaum daß er das Glas auf den Tisch zurückgestellt hatte. „Sehen wir uns doch mein erstes Opfer gleich mal an!"

„Wie – was, jetzt gleich?" entfuhr es den Männern.

„Warum denn nicht? Zum ersten sind wir schon zusammen, zum zweiten könnten mir die Herren ihre Wünsche gleich an Ort und Stelle sagen, zum dritten möchte ich die Arbeit kennen, die auf mich wartet, auch wenn ich sie noch nicht beginnen kann. Die erste Untersuchung wird ohnehin nur oberflächlich sein, genau sehe ich mir das Instrument dann später an."

„Na ja, warum auch nicht", knurrte Leipoldt. „Wenn wir uns schon mit dir eingelassen haben ..."

3

Im Silbermannhaus herrschte ein reges Treiben. Vater und Mutter, wegen des Auftrags für die Stadtkirche stolz auf ihren „Orgelmacher", hatten begonnen, das Werkstattgebäude auszuräumen. Es müsse für die neue Profession, die in das Haus einziehe, würdig hergerichtet werden, sagten sie. Der Orgelbauer sei nun einmal von besserem Stand als der Zimmerer. Gottfried hatte sich redlich bemüht, sie von ihrem Vorhaben abzubringen. Es sei doch gar nicht sicher, daß er die Werkstatt brauche, schon in den nächsten Tagen oder Wochen könne man ihn nach Leipzig rufen. Und wenn er sie brauche, sei das erst in einigen Wochen der Fall, wenn er seine Bewerbung für Freiberg fertiggestellt habe. Es brauche doch nicht überstürzt zu werden. Das Zureden hatte aber nichts geholfen, nicht einmal die Drohung, er werde die Bewerbung liegenlassen und mit ausräumen helfen, er könne doch nicht zusehen, wie sie sich plagten.

„Das wäre unklug und unvernünftig", hatte der Vater nachdrücklich erklärt. „Eine ordentliche Werkstatt ist der feste Grund, auf dem alles andre gedeiht. Sie muß stehen, ehe du sie brauchst. Beginnst du sie erst einzurichten, wenn du sie brauchst, erleidet deine Arbeit Verzug. Ein solcher kostet aber Geld, unnütz Geld, und Ärger dazu. Außerdem paßt's Michael jetzt am besten. Er und Michel schaffen's schon allein. Nun setz dich an deine Kalkulationen und laß mich gefälligst gewähren!"

Als die Mutter dann noch sagte, es sei Vaters Stolz, ihm auf solche Weise zu helfen, und ein weiterer Einwand würde ihn verletzen, hatte Gottfried nachgegeben.

Nun saß er schon einige Tage über den Berechnungen für die Freiberger Orgel. Zahlreiche große und kleine Blätter bedeckten den Tisch. Sie waren zumeist mit Zahlen und Notizen versehen, einzelne auch mit rohen Skizzen. Gar manche hatte Gottfried schon wieder verworfen, durchgestrichen. Unter dem Tisch häufte sich das zerknüllte Papier.

Neben sich hatte Silbermann ein Merkbuch liegen, darin waren die Maße des Dominneren vermerkt, dessen bauliche Gestaltung, die hauptsächlichsten Teile der Ausstattung und die akustischen Bedingungen. Alles das bestimmte die Möglichkeiten und die Grenzen für sein Werk.

Welch großer Raum zwischen Orgelempore und Deckenbogen stand zur Verfügung, um das Werk aufzunehmen – in der Höhe, in der Breite und auch in der Tiefe! Ein Raum für ein Gehäuse mit zweitausendfünfhundert Pfeifen! Das war großartig – zu großartig für den Anfang, da er, der junge Meister, die exakte Berechnung noch nicht durch die Erfahrung in solch gewaltigen Werken zu ergänzen vermochte. In mancher Stunde spürte er Beklemmung. Er hatte alles im geistigen Bild, doch nicht in allem stimmten die Forderungen von Raum, Maßen des Gehäuses und dessen Einrichtung mit diesem Bild überein.

Aus der Beklemmung wurde zeitweise Unsicherheit. Und da begann es in ihm zu höhnen, erst ganz im Untergrund, dann aber deutlicher: Großmaul Schlösserbauer, gib's nur auf! Zu mehr als einem Häuslein, vielleicht noch einem Haus, reicht's bei dir ja doch nicht!

Da schlug er stöhnend die Faust auf den Tisch, lehnte sich zurück und schloß für eine Weile die Augen.

Das Schwerste aber war in diesen Tagen, vor den Eltern zu verbergen, was ihn bewegte.

Verbissen begann er erneut zu rechnen, teilte er neu auf, ordnete er neu ein. Doch es dauerte noch einige Tage, ehe er die Lösung fand.

Es war später Nachmittag, müde, erschöpft erhob er sich. Durch den Flur trat er in den Hof hinaus. Die breite Tür der Werkstatt war weit geöffnet, Hammerschläge schallten heraus. Der Vater versah die Wände mit Brettern.

Gottfried trat ein, blickte um sich. Eine saubere Arbeit! Fast fugenlos fügten sich die gehobelten Bretter aneinander. „Für eine Wohnstube könnt's nicht besser sein", sagte er anerkennend.

Der Vater hämmerte weiter. „Schön, daß du's mal bemerkst!" knurrte er.

„Ich hatte Schwierigkeiten und konnte mich in den letzten Tagen um nichts andres kümmern", erklärte Gottfried. „Aber jetzt bin ich über den Berg."

„Das ist erfreulich."

Gottfried trat an den Vater heran und legte ihm die Hand auf die Schulter. „Du meinst es gut mit mir, Vater, hab Dank dafür."

„Hmhm", machte der Alte, ohne die Arbeit zu unterbrechen. Nach einer Weile sagte er: „Ich bin jetzt auch über den Berg. Morgen werd' ich wieder bei Michael beginnen. Für die Einrichtung und das Werkzeug sorgst du wohl selbst, du weißt besser als ich, was nötig ist. Mein Werkzeug liegt nebenan in dem Verschlag, nimm, was du davon gebrauchen kannst."

„Danke, gern. Du hast nun lange hier geschafft, Vater, für mich, hast Verdienstausfall bei Michael. Ich will dir dafür …" Jäh unterbrach er sich.

Der Alte hatte sich aufgerichtet und den Hammer hart auf die Fensterbank geschlagen. „Nun geh!" fuhr er den Sohn an. „Und komm mir gefälligst auf solche Weise nicht wieder! Du scheinst in der Fremde vergessen zu haben, wie so was bei den Silbermanns gehalten wird."

Gottfried mußte lächeln. Das war der Vater, wie er ihn von früher her kannte! Nein, von seiner alten Kraft und Art hatte der nicht viel verloren. „Es ist gut", sagte er, den Vater begütigend auf die Schulter klopfend. „Und wenn ich später noch mal ein Anliegen habe, dann wende ich mich auch wieder an dich."

„Das gehört sich doch wohl so, Herr Orgelmacher. Und nun verschwinde, du störst mich nur!"

Herr Orgelmacher! Nannte ihn der Vater so, hatte er ihm nichts nachgetragen. Befriedigt verließ Gottfried die Werkstatt.

Aus dem offenen Fenster der Küche hörte er Mutters Stimme, es klang auch eine Kinderstimme auf. Er trat an das Fenster. Ja, er hatte richtig gehört. Am Tisch saß George, vor sich einen Becher, in den die Mutter Milch goß.

Schon hatte der Junge ihn entdeckt. „Ich will dich besuchen, Onkel", rief er ihm zu, „ich muß dich was fragen."

„Es ist recht. Komm zu mir in die Stube!"

Mutter Silbermann mahnte den Jungen: „Aber erst trink aus! Und nicht zu hastig! Der Onkel nimmt sich Zeit für dich." Kaum hatte sich Gottfried am Arbeitstisch niedergelassen, trat George auch schon ein. Während er sich in dem Raum umschaute, näherte er sich dem Tisch. „Ich sehe doch gar nichts, Onkel", sagte er ein wenig enttäuscht.

„Was wolltest du denn sehen?"

„Na, etwas von der Orgel. Mama hat gesagt, du baust eine Orgel für unsre Kirche."

„Ich repariere die Orgel nur, mein Junge, konnte aber damit noch nicht beginnen, weil ich erst eine andre Arbeit fertigmachen muß. Setz dich doch!"

„Für die Freiberger?"

„Ja, für die Freiberger. Der Bau einer Orgel beginnt ja nicht gleich mit Hobel und Säge, sondern mit der Arbeit am Zeichentisch. Man muß erst berechnen und zeichnen, was man baut."

Nachdenklich blickte George auf die vielen Blätter mit Zahlen und Skizzen. „Papa macht auch oft Zeichnungen", sagte er nach einer Weile, „und er bringt's auch Michel bei. – Kann ich manchmal zusehen, wenn du unsre Orgel reparierst? Da brauche ich doch nicht zu reisen, und die Schule versäume ich auch nicht." Stolz fügte er hinzu: „Ich bin ja auch schon Kalkant, und unsre Bälge sind schwer zu treten."

„Ich weiß es, und ich habe nichts dagegen, wenn du manchmal zuschaust. Wenn es soweit ist, gebe ich dir Bescheid."

George nickte eifrig. „Darauf freue ich mich. Michel hat gesagt, wir hätten die älteste Orgel im Land, viele hundert Jahre wäre sie schon alt. Ich bin neugierig, wie sie innen aussieht."

„Aber nein, da irrt sich Michel", erwiderte Gottfried lachend. „Die Frauensteiner Orgel ist nicht älter als – als –, na, es sind hundertsechsundzwanzig Jahre, 1584 wurde sie erbaut. Es gibt noch viel ältere Instrumente, das große in Freiberg zum Beispiel, das aus dem Jahre 1502 stammt."

„Es ist doch schwer, ein so großes Ding zu bauen, nicht wahr?"

„Nun, leicht ist es nicht, viele geschickte Hände sind da nötig. Der Meister braucht in seiner Werkstatt und an dem Ort, wo das Instrument aufgesetzt werden soll, einige Gesellen, beim Aufsetzen aber noch weitere Handwerksleute und auch Künstler, die nicht zur Werkstatt gehören: Zimmerer, Tischler, Drechsler, Schmied, Schlosser, Bildhauer, Maler und noch andre."

Georges Augen waren größer und größer geworden.

„Oooch, das sind aber viele!" stieß er hervor. „Du hast doch aber gar keine Gesellen und auch keine Werkstatt. Da kannst du doch gar nicht bauen."

„Wenn ich mit der Arbeit richtig beginne, schaffe ich mir alles an. Die Reparatur an der hiesigen Orgel bringe ich sicher noch allein zuwege."

Da rutschte George von seinem Platz und erklärte wichtig: „Ich helfe dir dann, Onkel, ich will ja auch mal Orgelmacher werden."

„Das ist schön vor dir, aber dabei haben deine Eltern das erste Wort zu reden. Wenn du aus der Schule bist, sprechen wir noch mal darüber."

Schnell sagte George: „Ich werde Papa gleich mal fragen." Und schon eilte er zur Tür.

„Grüß schön!" rief ihm Gottfried nach.

Welch ein eifriger Bursche! Nun ja, er ging ins dreizehnte Jahr, da war sein Wunsch nach einer Profession schon ernst zu nehmen. Und sagten seine Eltern ja – warum eigentlich nicht? Der erste Lehrling bei Meister Gottfried Silbermann! Und aus der eigenen Familie!

Aus der eigenen Familie! In Silbermanns Brust kam Beklemmung auf, sie wuchs zum Hals hin als drückender Schmerz. Er hatte einmal nach der eigenen Familie gestrebt. Wären damals nicht Menschen dazwischengetreten, deren Borniertheit und Starrsinn alles zerstörten ...

O Margarete, hätten dein Vater, deine Mutter nur ein winziges Stücklein deines guten Herzens in der Brust gehabt statt des Steines, nur ein Fünkchen deiner Sanftmut statt der grausamen Härte – wie wären wir glücklich geworden! Sie hätten dich nicht eine ehrlose Verkommene geheißen, nur weil du mich liebtest, und mich nicht einen sittenlosen Vaganten, nur weil ich dich liebte und mit dir an einem anderen Ort ein Leben für uns ohne Bevormundung, ohne ständige Einrede beginnen wollte. Sie hätten mich nicht vor die Tür gejagt wie einen räudigen Hund und dich nicht in das

Kloster gesteckt, das wie zum Hohn noch deinen Namen trägt.

Man sagt, die Zeit heile jede innere Wunde. Das ist
nicht wahr, nein, das ist nicht wahr! Wenn vier Jahre es
nicht zuwege bringen, gibt es auch in der ferneren Zeit
keine Heilung. Vielleicht, daß sich eine Haut über die
Wunde zieht und sie nach außen hin verbirgt, dennoch
bleibt sie – als Narbe, die zerrt und schmerzt, wenn
Umstände einmal daran rühren.

Eine eigene Familie – nein – nie! Es gibt keinen Menschen, der an Margaretes Stelle treten könnte …

Doch was später? Was, wenn er einmal seinen Erden-
lauf vollendet haben würde? Wer würde die Werkstatt
übernehmen, die Kunst fortführen in seinem Namen?
Doch nur jemand, der ihm nahestand, der nach dieser
Kunst strebte, dem er sie von Grund auf und auf lange
Zeit hin ganz nach seiner Art vermittelt haben würde.
Wann aber würde sie anklopfen, diese Hoffnung, und
sagen: Hier bin ich, was du voraussetzen mußt, das
bringe ich mit, nun forme mich nach deinem Sinn!?
Würde sie wohl überhaupt einmal …?

Da lag ihm eine junge, helle Stimme im Ohr: Ich helfe
dir dann, Onkel, ich will ja auch mal Orgelmacher werden.

Er atmete tief. Könnte er, George, diese Hoffnung
sein?

4

Der Vater saß in der Schreibstube am Arbeitstisch. Er
hielt einen Brief in der Hand, den Gottfried ihm übergeben hatte. Und er las:

„Lieber junger Meister! Ich schreibe diese Nachricht in
Eile. In einer Stunde reise ich nach Meißen, wo ich län-
ger als eine Woche bleiben werde. Doch vorher will ich
Euch wissen lassen, wie es inzwischen mit den Dingen

um das Sankt-Pauli-Instrument geworden ist. Gestern trat das Professoren-Konzilium zusammen, und es beschloß neben anderem, die Reparatur zurückzustellen, weil noch nicht genügend Geld vorhanden sei. Meine Einwände und die einiger Herren nützten nichts, die Mehrheit berief sich auf die seit langem herrschende Teuerung. So kam es zu dem genannten Beschluß. Die Besichtigung des alten Werkes soll erst im November erfolgen, vielleicht auch zu Anfang des kommenden Jahres. Zu dieser unguten Nachricht kann ich aber eine gute fügen: Die Herren haben sich für Euch entschieden, der Auftrag zur Prüfung des Werks ist Euch sicher, nur eben erst für später. Ihr werdet dann zur rechten Zeit anher bestellt.

In Meißen werde ich auch mit Doktor Immanuel Lehmann aus Freiberg, dem Vetter des Superintendenten Doktor Christian Lehmann, zusammentreffen. Er ist Arzt und ein vortrefflicher Orgelkenner, auch Ratsmann mit einigem Einfluß. Ich werde ihn bitten, den Boden für Eure Bewerbung um den Neubau im Dom mit vorzubereiten. Übrigens hat mir sein Vetter geschrieben, Ihr habet den Eindruck gemacht, daß der Neubau bei Euch in guten Händen liegen würde. Es käme nun sehr auf die Exaktheit Eurer Bewerbung an. Auch das sollt Ihr zum Trost und Ansporn wissen. Sicher lasse ich bald wieder von mir hören.

Johann Kuhnau"

Bedächtig legte der Vater das Blatt auf den Tisch. Nach einer Weile sagte er: „Tja, mit solchen Verzögerungen ist nun mal zu rechnen. Es ist wirklich eine elende Zeit, und da dreht auch die Universität jeden Taler dreimal um, eh' sie ihn ausgibt."

„Ach, elende Zeit! Teuerung!" Hart winkte Gottfried ab. „Überall ist eine elende Zeit, überall Teuerung – und doch baut man überall Instrumente oder repariert! Und ausgerechnet die hochberühmte Universität in der hochberühmten Stadt Leipzig kann sich eine Reparatur nicht leisten! Das soll man mir doch nicht erzählen! Da hat jemand seine Finger drin, jemand, der mir den Auftrag verderben will."

„Das kannst du doch jetzt nicht mehr sagen, Junge, da du den festen Auftrag hast, Kuhnau würde es wohl sonst nicht schreiben. – Ich glaub's den Leuten aufs Wort. Du warst lange außer Landes, Frieder, hast nicht erlebt, was sich bei uns begeben hat. Da war der Krieg, besieht man's recht, geht er heut noch um. Unser starker August steht mit den Dänen und Russen gegen die Schweden. Der Herr Kurfürst läßt sich seinen Königsthron in Polen was kosten, aber er bezahlt es nicht, das bezahlen wir; er läßt sich sein gutes Leben was kosten, doch auch das müssen wir bezahlen; er läßt sich seinen Kunstsinn was kosten, aber auch das bezahlen nur wir; er läßt sich ..."

„Ja – ja!" unterbrach ihn Gottfried ärgerlich. „Ich weiß indessen auch, daß durch seinen Kunstsinn viele Künstler, Handwerksleute und Zubringer ein gutes Brot gefunden haben."

„Das haben sie aber vorher selber schon bezahlt. Seit unser hoher Herr vor – vor dreieinhalb Jahren von den Schweden gezwungen worden ist, mit ihnen Frieden zu schließen, ist der Preis für gutes Holz um die Hälfte gestiegen, für gewöhnliches einheimisches Holz um ein Dritteil, für Eisen um ein Dritteil. Ich nenne bloß einiges Material in meiner Profession, das auch du in deiner Kunst brauchst. Der Preis für Werkzeuge liegt ebenfalls um vieles höher als vor einigen Jahren. Es ist schon so, Junge, du hast alles vorher zu bezahlen, was du gutes Brot heißt, denn du kannst beim Anschlag die Mehrausgaben nur zum Teil berechnen, weil du dem Kunden sonst zu teuer wirst. Vielleicht war's in Frankreich anders, ich weiß es nicht, aber bei uns ist's nun mal so. O ja, ich glaub's, daß die Teuerung auch der Universität zu schaffen macht. Aber in diesem Fall hast du Glück, der Auftrag ist dir zugesagt."

„Und wenn es sich die Herren wieder anders überlegen?"

„Das glaub' ich nicht. Wie's scheint, hat der gute Kuhnau ihr Wort und du das seine. – Doch wir reden und reden, und jeden Augenblick kann Rektor Leipoldt hier sein." Der Vater erhob sich mit einiger Mühe. „Hast du Bouteille und Becher bereit?"

„Ja, doch es wird noch eine Weile dauern, eh' er kommt. Er hat gesagt, er werde nach der Probe hier sein, und die beendet er, spielt er am Nachmittag, meist gegen fünf." Rektor Leipoldt hatte aber die Probe früher beendet als gewohnt. Als Silbermann die Schreibstube verließ, betrat der Rektor schon das Haus. Der Alte führte ihn zu Gottfried, zog sich aber gleich wieder zurück.

Die Männer begrüßten sich herzlich. Während Leipoldt seinen Gehstock auf das Abstelltischchen legte, bekannte er: „Die Neugier hat mich getrieben, junger Meister, in der Tat, die Neugier. Wenn ich daran denke, daß ich dir einst den Hintern verbleute und du heute respektable Orgelwerke baust, dann kommt mir das gar komisch vor. Aber das ist nun mal der Lauf der Dinge: Aus Lausbuben werden ehrbare Meister, und wir Alten müssen sie bestaunen. – Also dann lasse mich mal staunen, Gottfried! Ich sehe auf dem Tisch eine dicke Mappe liegen. Da steckt gewiß das ganze Freiberger Orgelwerk drin."

„Ja, Berechnungen, einige Zeichnungen und die Disposition. Genug Arbeit und Mühe hat mich das gekostet – über manche Woche hin. Einiges habe ich auch verworfen, neugefaßt. Nun ist's aber doch fast abgeschlossen. Ich habe bereits an den Rat geschrieben, daß ich jederzeit dort vorsprechen könne. – Belieben einen Becher Frauensteiner, Herr Rektor?"

„Ach ja, einen Becher Frauensteiner! Gewiß eine Wohltat bei dieser sommerlichen Hitze. – Du erlaubst?" Er nahm die Perücke ab und legte sie auf einen Stuhl. Oberflächlich strich er sich sein halblanges, schütteres Haar zurecht.

Indessen hatte Gottfried die Becher gefüllt. Freundlich tranken sie sich zu. Dann ließen sie sich am Arbeitstisch nieder.

„Soso, das ist also das Ergebnis!" sagte Leipoldt, und er schlug ohne Umschweife die Mappe auf. Blatt für Blatt nahm er sich vor. Als Silbermann erklären wollte, wehrte er ab. Lange las, betrachtete, durchdachte er. „Du meine Güte!" seufzte er schließlich. „Welch eine Arbeit! Welch ein gewaltiges Ding! Zweitausendfünfhundertfünfunddreißig Pfeifen! Und auch ein Oberwerk! So was hat man in dieser Gegend noch nicht gesehen. Da ist ja die hiesige Orgel ein Zwerglein dagegen. Alle Achtung, junger Meister! Wie du das ausgedacht hast! Aber eines verstehe ich nicht: Du hast kein Rückpositiv vorgesehen."

„An seine Stelle ist doch das Oberwerk getreten."

„Und warum so? Das Rückpositiv hat sich doch immer bewährt."

„Das mag sein, es entspricht jedoch nicht mehr der Forderung der Zeit. Ursprünglich wollte ich's auch hier verwenden, dann bin ich aber davon abgekommen. Und just in meine Überlegung hinein kam die Nachricht aus Freiberg, die mir sagte, daß man dort ganz ähnlich denkt. Man habe ein Modell gefertigt, das auf ein Rückpositiv verzichte, und man frage an, ob ich mich wohl damit befreunden könne. Ich habe mit Vergnügen ja gesagt. Künftig werde ich das Rückpositiv überhaupt nicht mehr verwenden."

Wie im Schmerz verzog der Rektor das Gesicht. „Gottfried, Junge, was machst du da!" rief er vorwurfsvoll aus. „Damit stülpst du doch alte gute Erfahrung um! Sieh, eine Orgel im kleinen an der Brüstung der Empore – welch eine reizvolle Wirkung für das Auge des Beschauers! Und erst für das Ohr! Die Varianten des Klanges durch den räumlichen Kontrast! Sie geben den hohen Obertonregistern eine so feurige und – und – ich möchte fast sagen prickelnde Wirkung. Welchen Nutzen kann der Organist aus diesen akustischen Besonderheiten ziehen! Und wie sehr begünstigt die kurze Traktur des Positivo a tergo ein fliegendes, geschwindes, virtuoses Spiel! Das sind doch bewährte Dinge, Gottfried, die kannst du doch nicht einfach auf den Schutthaufen werfen. Ich verstehe dich nicht, verstehe die Freiberger nicht. Was ist denn bloß in euch gefahren!"

„Jedes Ding zu seiner Zeit, dann muß es Neuem weichen. So will es nun mal das natürliche Drängen zum Besseren hin. Seht …"

„Aber was du da tust, ist doch nicht Ausdruck eines solchen natürlichen Drängens!" warf Leipoldt heftig ein. „Du tust einfach einen scharfen Schnitt. Am selben Objekt disponierst du erst so, dann auf einmal wieder so, das hast du selbst gesagt. Das ist doch nicht ein festes Prinzip, welches auf die Erfahrung baut, das ist ein – ein klägliches Experimentieren."

„Ja, es ist ein scharfer Schnitt, doch nur, was meine eigne Arbeit angeht. Ihr irrt, wenn Ihr sagt, es sei nicht ein Prinzip, welches auf die Erfahrung baue. Es gibt da schon Erfahrung über Jahrzehnte hin, nur ich fange jetzt an, sie zu nutzen. Schon um 1680 hat Meister Förner eine Orgel ohne Rückpositiv gebaut, die der Augustusburg zu Weißenfels. Und wie hat man es aufgenommen? Diese Bauweise ist bald zum Vorrecht einer fürstlichen Kapelle geworden. Nun frage ich Euch: Muß das Neue, Bessere einer fürstlichen Kapelle vorbehalten bleiben? Haben nicht alle Instrumente, gleich ob in einer Dorfkirche, einer Stadtkirche, in einem Dom oder in einer fürstlichen Kapelle, den gleichen Dienst zu erweisen?"

„Ja – ja, mein Freund, doch wenn die alte Bauweise sich zu diesem Zweck bewährt hat, warum zu einer andern greifen? Um sie zu üben, nur weil sie neu ist? Damit dient man doch nicht der Sache. Hat eine herkömmliche Art sich als gut erwiesen, strebt man doch gar nicht nach dem, was du das Neue, Bessere nennst."

„Solange man die neue Art nicht kennt. Und da kommen wir zum Speziellen, Herr Rektor. Es ist doch ein alter Mangel, daß das Rückpositiv an der Brüstung der Empore den Blick aus dem Kirchenraum zum Prospekt der Orgel stark behindert, ja oft gar verschandelt. Pardon, vielleicht habe ich jetzt ein wenig übertrieben. Aber es ist doch so: Der schönste Prospekt wirkt in vielen Fällen als mindere, in den Hintergrund gedrängte Zutat zum Rückpositiv. Es soll vorgekommen sein, daß Bildhauer und Maler sich geweigert haben, Prospekte zu schmücken, weil die Orgelbauer und ihre Auftraggeber Rückpositive vorgesehen hatten; ihre Arbeit wäre zum großen Teil nutzlos geworden. Und da haben sie recht. Weiter: Der Organist sitzt zwischen zwei Kästen, den Blicken der Gemeinde verborgen; auch das wird mehr und mehr als Mangel empfunden. Weiter: Beim Registrieren hat der Organist große Unbequemlichkeiten auf sich zu nehmen, weil er nach hinten greifen muß, um die Manubrien zu ziehen. Das allein sind doch gewichtige Gründe, um auf das Rückpositiv zu verzichten. Es gäbe noch manche anzuführen. Daß ein Organist trotzdem ein angenehmes und geschwindes Spiel zuwege bringen kann, ist eben Sache des Orgelbauers, seines Geschickes, seiner Kunst."

Leipoldt rümpfte die Nase, kratzte sich am Kopf. Wie es schien, fand er nicht mehr die rechte Kraft zur Widerrede. Schließlich klagte er: „Ach, ihr jungen Leute denkt eben immer, ihr müßtet durchaus neue Schuhe haben, um ordentlich durch die Zeit zu marschieren. Ich bin aber mit meinen alten recht zufrieden, wenn sie auch ein wenig undicht sind und knarren. Und wenn du sie flickst, dann nimm ein wenig Rücksicht auf meine Gehgewohnheit." Mit einem Blick und einer flüchtigen Handbewegung zur Mappe hin fuhr er fort: „Da stecken noch weitere Überraschungen drinnen, und die imponieren mir. Könntest du beim Reparieren meiner Schuhe davon nicht etwas mit verwenden?"

„So einfach ist das nicht, Herr Rektor", erklärte Silbermann lachend. „Ich müßte sie ganz auseinandernehmen und von Grund auf neu zusammenflicken. Da könnte das alte Leder brechen. Sicher würden es dann teure Schuhe."

„Ach ja, wir sind ein armes Städtchen! Stünden wir auf Silber wie die in Freiberg, würde ich für eine neue Orgel reden. Mich packt der Ehrgeiz, wenn ich das hier sehe."

Ein wenig unwillig öffnete Leipoldt den Hemdkragen. „Hach, diese Wärme! Mitte Juni schon! Wie sehr wird uns der Durst wohl erst im Hochsommer plagen!"

Gottfried erhob sich schmunzelnd. Vom Abstelltischchen holte er Flasche und Becher.

„Du bist ja selbst daran schuld, du Lausbub!" erklärte Leipoldt. „Warum hast du auch mit mir gestritten!" Er trank den Becher in einem Zuge leer. Nun klopfte er mit dem Zeigefinger auf die Mappe. „Übrigens habe ich hier keinen Entwurf für den Prospekt gefunden. Du hast wohl damit nichts zu schaffen?"

„Nein. Die Freiberger wollen einem der Ihren den Auftrag geben, dem, der auch das Modell gefertigt hat. Elias Lindner heißt er."

„Lindner? Elias Lindner? Das ist doch der Sohn des Mittagspredigers im Dom. Nicht übel! Da hast du einen guten und verträglichen Mann. Er war Schüler von Kuhnau in Leipzig, hat wohl auch die Rechte und das Bauwesen studiert. Wenn der alte Mentzer aufhört, soll er sein Nachfolger werden."

„Dann wird Lindner seine eigne Orgel mit bauen."

„Ja, so etwas ist immer von Vorteil. Wenn es nur erst soweit wäre! Ich würde mich für dich freuen, Gottfried. Aber bis dahin? Hat Leipzig sich schon gemeldet?"

„Ich habe Nachricht. Kuhnau schrieb mir, ich hätte den Auftrag fest, die Reparatur sei aber bis zum Herbst zurückgestellt worden."

„Aha!" Der Rektor lachte sarkastisch. „Was haben wir dir schon vor Wochen gesagt? Die Herren werden sich Zeit nehmen. Da hast du es!"

„Es sei wegen des Geldes."

„Meinetwegen auch so! Ich bedauere es nicht im geringsten, bin Egoist, denke, daß du dich nun um unsre Orgel kümmern kannst."

„Als ich Kuhnaus Brief gelesen hatte, kam auch mir das in den Sinn."

„Großartig!" Leipoldt erhob sich. „Das muß ich gleich dem Herrn Pfarrer und dem Bürgermeister hinterbringen. Wann wirst du beginnen?"

„Ich sehe mir übermorgen das Instrument genauer an. Vor allem muß ich wissen, wie es im Inneren beschaffen ist. Steht's da so wie mit den Bälgen – na! Wenn schon eine Reparatur, dann gründlich, meine ich."

„Einverstanden! Ich werde mit dabeisein."

Sie vereinbarten, sich am Nachmittag um drei Uhr in der Kirche zu treffen.

5

Mit Rektor Leipoldt hatten sich auch Pfarrer Weber und Vorsteher Greif in der Kirche eingefunden. „Um gleich an Ort und Stelle über alles zu sprechen, vor allem über die Kosten", hatte Greif sein Erscheinen begründet.

Silbermann war das recht, da brauchte er das Ergebnis seiner Untersuchung nicht ein paarmal darzulegen.

Wie beim erstenmal vor mehreren Wochen beschlich ihn ein eigenartiges Gefühl, als sie zur Orgelempore hinaufstiegen. Erinnerungen aus der Schulzeit drängten sich heran. Wie oft hatte er als Kalkant die Bälge der Orgel mit getreten und wie oft neben dem Spielschrank des Instrumentes gestanden, die sicheren Läufe und Griffe von Leipoldts Fingern, dessen Beinarbeit auf dem Pedal bewundert! Wie oft hatte der Organist ihn auch probieren lassen! An dieser Orgel hatte sich einst sein Sehnen entzündet, selbst einmal ein solches Instrument zu bauen.

„Nun heran, junger Meister!" sagte Pfarrer Weber in seine Gedanken hinein. „Nun zeige uns die Krankheiten des Werkes! Ich hoffe, es sind derer nicht allzu viele."

Vorsteher Greif schränkte gleich noch weiter ein: „Die erste Untersuchung hat ergeben, daß es vor allem an den Bälgen liegt. So sagtest du doch, nicht wahr, Gottfried? Würden sie nun beledert und versetzt, wäre vieles gewonnen. Vielleicht kommen wir damit im wesentlichen aus?"

„Ich sagte, daß die Bälge völlig erneuert werden müßten und ich mich erst endgültig festlegen könne, wenn ich mir das Innere der Orgel angesehen hätte", erklärte Silbermann. „Gebt ihr mir freie Hand?"

„Aber ja – aber ja", schaltete Leipoldt sich ungeduldig ein. „Es muß doch getan werden, was nötig ist, nicht wahr, Herr Pfarrer?"

Ohne Zögern stimmte Weber zu. „Unbedingt! Es soll ja alles wieder gut in Ordnung kommen."

„Bitte mich recht zu verstehen", sagte Greif pikiert. „Ich bin auch für eine gründliche Reparatur, aber es muß wirklich nur getan werden, was nötig ist, das haben wir den Dörfern der Kirchfahrt versprochen. Wenn wir es bei der Erneuerung der Bälge belassen ..."

„Aber warten wir doch erst einmal das Ergebnis ab, Herr Greif", unterbrach ihn der Pfarrer ärgerlich. „Wir können doch dann –, aber was machst du denn da, Gottfried?"

Silbermann hatte seine Jacke vom Nagel genommen und war dabei, sie wieder anzuziehen. „Ich schlage vor, die Herren einigen sich erst und geben mir dann Nachricht", erklärte er nicht eben freundlich. „Doch sie mögen von Anfang an wissen, halbe Sache ist nicht meine Art."

„Aber nein – aber nein!" rief der Pfarrer erschrocken aus. „Das ist ein Mißverständnis, die Reparatur ist doch längst beschlossene Sache. Komm, schau dir das Instrument an, du hast den Auftrag fest – so oder so."

„Ihr gebt mir also wirkich freie Hand?"

Weber und Leipoldt nickten heftig, nur zögernd Vorsteher Greif.

Da hängte Silbermann die Jacke wieder an den Nagel, zog sich einen leinenen Kittel an und bedeckte mit einer Staubkappe den Kopf. Nachdem er eine Laterne angezündet hatte, öffnete er die kleine Tür des Orgelgehäuses. „Es wird einige Zeit dauern", sagte er, ehe er den dunklen Raum betrat. „Ich bitte die Herren, sich in Geduld zu fassen."

Sie richteten sich denn auch auf ein längeres Warten ein, setzten sich in einiger Entfernung von dem Orgelgehäuse auf die Schemel, deren eine Reihe an der Wand standen. Eine Weile lauschten sie stumm der Geräusche, die aus dem Gehäuse drangen. Sie hörten den Orgelbauer klopfen und kratzen, manchmal auch husten, niesen und schimpfen, und wenn sie glaubten, er kröche endlich aus dem Gehäuse, begannen die Geräusche an einer anderen Stelle von neuem.

Als es einmal einige Zeit still war, verließ Leipoldt die Geduld. Er trat an das Gehäuse heran und rief durch die Tür: „Lebst du eigentlich noch, Gottfried?"

Ein Pusten und Knurren war die Antwort. Der Rektor zuckte die Schultern und blickte die anderen ratlos an. Dann setzte er sich wieder.

„Er scheint zornig zu sein", sagte der Pfarrer besorgt. „Vielleicht hat er viel Unerfreuliches gefunden."

Es dauerte noch einige Zeit, ehe Silbermann aus dem Gehäuse trat. Die Männer erschraken über sein Aussehen. Vom Kopf bis zu den Füßen war er mit Staub und Spinnweben bedeckt.

„Du meine Güte!" rief Weber aus. „Da drinnen muß es ja aussehen wie – wie ..."

„... in einer verdreckten Rumpelkammer, mit Verlaub", unterbrach ihn Silbermann grimmig. Während er sich der Kappe und des Kittels entledigte und den Schmutz von den Händen wischte, fuhr er fort: „Auf einem solchen Ding noch zum Lobpreis des Herrn zu spielen ist Gotteslästerung. Ich bewundere Euch, Herr Rektor, daß Ihr darauf noch was zuwege gebracht habt."

„Ich spiele vorsichtig, benutze nicht –, aber das habe ich dir ja schon gesagt."

„Freilich, aber wie es da drinnen aussieht, konnte ich nur ahnen. Das Werk ist in einem miserablen Zustand. An zahlreichen Pfeifen sitzt der Salpeter, viele sind geflickt, andre haben Löcher. Die Windladen weisen Risse auf, der Zenker hat damals schlechtes Holz genommen, und Schelmenlöcher hat er auch angebracht, auch auf den Pfeifenstöcken. Das Leder ist morsch, ach, alles, das ganze Regierwerk, ist in einem scheußlichen Zustand. Und verdreckt! Verdreckt, ihr Herren! Mich wundert, daß nicht noch mehr Pfeifen ..."

„Hör auf, hör auf!" rief der Pfarrer aus, das Gesicht wie im Schmerz verziehend. „Das ist ja schauerlich! Ich begreife das nicht. Christian Gräbner hatte doch das Instrument gründlich repariert."

„Das ist immerhin schon zweiunddreißig Jahre her. Und gründlich? Mir scheint, er habe wirklich nur das Allernötigste getan." Mit einem spöttischen Seitenblick auf Greif fuhr er fort: „Vielleicht hatte die Kirchfahrt es damals schon verlangt. Kurz, ihr Herren, mit einer Reparatur ist hier nichts mehr zu tun, es wäre vergeudete Kraft und Zeit, verschwendetes Material. Ein neues Instrument muß her!"

Die Männer griffen hinter sich, suchten ihre Plätze.
Entgeistert starrten sie auf Silbermann.
Pfarrer Weber hauchte: „Ein – ein neues …?"
Greif strich sich fassungslos über die Stirn. „Das ist –
ist doch unmöglich, ganz unmöglich! Das hieße doch
Schulden machen."
„Hast du dich vielleicht nicht doch geirrt, Gottfried?"
fragte Leipoldt vorsichtig. „Ich meine, ist's denn wirklich so schlimm?"
„Die Herren können sich ja überzeugen. In zwei bis
drei Jahren wird das Instrument völlig versagen. Wirklich, eine Reparatur wäre zwecklos."
„Nein, ein neues Instrument kann die Kirchfahrt sich
nicht leisten", erklärte Weber. „Es wäre zwecklos, diesen Gedanken auch nur zur Debatte zu stellen. Da –
da müssen wir verzichten."
„Verzichten", wiederholte Vorsteher Greif nachdrücklich.
„Und wenn es einen Ausweg gäbe?"
„Einen Ausweg?" Greif lachte hart auf. „Den möchte
ich wissen! Da bliebe doch nur die Reparatur, und eine
solche hast du selbst abgelehnt."
„Allerdings. Immerhin könnte man nach einer dritten
Möglichkeit suchen. – Wenn die Herren die Güte hätten, im Pfarrhaus auf mich zu warten … Ich möchte
mir in Ruhe etwas überlegen."
Sie erhoben sich bedrückt. „Was gibt's da wohl noch zu
überlegen!" murrte Greif. „Das ist doch Zeitverschwen-
dung!"
„Aber hören wir uns doch erst mal den jungen Meister
an!" schlug Rektor Leipoldt vor. „Meint Ihr nicht auch,
Herr Pfarrer?"
„Ich wüßte auch nicht, was es da noch zu überlegen
gäbe. Doch meinetwegen, hören wir ihn uns an!"
Schweigend verließen sie die Kirche.
Nach anderthalb Stunden fand sich Silbermann im
Pfarrhaus ein. Diesmal erhoben sich die Männer nicht

von ihren Plätzen, waren sie nicht so freundlich wie beim erstenmal.

Greif hatte, kaum daß sie unter sich waren, die Befürchtung geäußert, der Orgelbauer habe sich in seinem Urteil über den Zustand des Instrumentes wohl zu sehr vom Geschäftlichen leiten lassen; die Silbermanns seien in dieser Hinsicht ja alle sehr tüchtig. Daß der Rektor aus dem Instrument bisher noch so viel habe herausholen können, zeige, daß es nicht so verrottet sei, wie der junge Meister es dargestellt habe. Zwar hatten Leipoldt und Weber sich gegen diese Befürchtung gewandt und bemerkt, die Silbermanns gehörten eh und je zu den redlichsten der Handwerksleute, es war aber von Greifs Bedenken doch etwas in ihnen haftengeblieben. Die Aussicht, die Kirchfahrt durch den Bau einer neuen Orgel in Schulden zu stürzen, bedrückte sie sehr.

Mit einem knappen „Bitte …!" deutete Weber auf den freien Stuhl am Tisch.

Silbermann blickte erstaunt von einem zum anderen. Ein wenig spöttisch sagte er: „Mit Verlaub, ihr Herren, mir ist, als säße ich vor einem geistlichen Gericht. Wessen klagt man mich denn an?"

„Aber – aber!" wehrte Pfarrer Weber ab. „Warum denn gleich so boshaft! Uns drückt die Sorge um das Instrument, das mußt du verstehen."

„Euch drückt noch mehr, ich sehe es doch. Bevor ich meinen Vorschlag unterbreite, will ich Gewißheit haben: Sind die Herren der Meinung, mein Urteil über die Orgel sei nicht gerecht?"

Sie räusperten sich, blickten sich verstohlen an. Herr Greif hatte einen roten Kopf bekommen.

„Wie kannst du so fragen!" sagte der Pfarrer vorwurfsvoll. „Wir halten dein Urteil für gerecht."

„Und wir sind begierig, deinen Vorschlag zu hören", ergänzte Rektor Leipoldt eifrig.

„Na, dann soll es gelten! Also hört! Ich baue für die

Kirchfahrt eine Orgel, die nicht ganz so groß ist wie die gegenwärtige, doch von bester Güte! Sie wird einen Wert von siebenhundert bis achthundert Talern haben ..."

„Achthundert Taler!" stöhnte Greif. „Das ist doch gar nicht aufzubringen!"

„Vielleicht haben der Herr Vorsteher die Güte, mich nicht zu unterbrechen. Ich habe den Wert der Orgel genannt, nicht die Kosten für die Kirchfahrt. – Der Kirche zuliebe und meiner Vaterstadt zu Ehren verzichte ich auf jeglichen Gewinn, sogar auf eignen Lohn, wenn Stadt und Kirchfahrt für mich die Kost, für zwei Gesellen Lohn und Kost bezahlen und die nötigen Materialien auf eigne Rechnung beschaffen. Das Ebenholz und das Elfenbein für die Klaviatur gebe ich obendrein noch ohne Berechnung dazu, gebe auch eine Gewähr von zwei Jahren, in welcher Zeit ich Pflege und kleinere Reparaturen vornehme, ohne sie der Kirchfahrt zu berechnen. Die Kosten für das neue Werk würden dann nur etwa dreihundertfünfzig Taler betragen. – Das ist mein Vorschlag."

Die Augen der Männer waren größer und größer geworden, verblüfft blickten sie sich an. „Das ist ja ...", hauchte Weber. „Ja, gibt's denn – gibt's denn so was heutzutage noch?" stotterte Leipoldt. Vorsteher Greif hatte sich zuerst gefaßt. „Dreihundertfünfzig Taler etwa?" wiederholte er schnell. „Wäre diese Summe als verbindlich zu nehmen? Ich meine, wäre dann nicht noch mit einer Nachforderung zu rechnen, wie – wie es manchmal geübt wird? Und es bliebe auch fest bei der Gewährszeit?"

Mit einer heftigen Armbewegung räumte Pfarrer Weber Greifs Bedenken beiseite, er ließ auch Silbermann zur Antwort keine Zeit. Ein wenig pathetisch rief er aus: „Großartig – großartig, junger Meister! Wir nehmen an! Euch gebührt der Dank der Stadt, der ganzen Kirchfahrt. Eine neue Orgel bester Güte für dreihundertfünfzig Taler! Wann hat es das je bei uns gegeben! Wo gibt's das überhaupt in einer Zeit, da man nach übermäßigen Gewinnen strebt! Ich glaube, da bedarf es keiner weiteren Beratung. Gottfried, sehr gern nehmen wir den Vorschlag an, und wir bitten dich, recht bald mit der Arbeit zu beginnen. So ist es doch, meine Herren, nicht wahr?"

„Freilich – freilich!" stimmte Leipoldt zu. Auf seinem sonst so strengen Gesicht lag ein versonnenes Lächeln. „Wenn ich daran denke – eine neue Orgel, eine neue! Das wünschte ich mir schon, als ich an der unsrigen die Register zum erstenmal zog."

„Ich bin ja gar nicht dagegen", versicherte Vorsteher Greif. „Verstehe mich, Gottfried, ich habe die Verantwortung für die geldlichen Dinge und muß die Summe beschaffen. Auch dreihundertfünfzig Taler sind viel für uns, wir werden sie neben der Kollekte nur durch Spenden aufbringen können. Darum war meine Vorsicht größer als die Freude über deinen Vorschlag. Es ist ein schätzenswerter Vorschlag. Ich stimme ihm ohne jegliche Bedenken zu."

Silbermann verbiß sich eine Bemerkung. In die Runde blickend, fragte er: „Es gilt also?"

„Es gilt!" bestätigten die anderen. Die Abmachung wurde mit einem Händedruck besiegelt. Pfarrer Weber bat noch: „Es wäre uns recht, würdest du uns Entwurf und Disposition zu Beginn der Arbeit erklären." Er holte Flasche und Gläser herbei, um, wie er sagte, „dem großen Augenblick noch den rechten Glanz zu geben".

6

Schon am frühen Vormittag besuchte Gottfried seinen einstigen Meister, den Tischler Daniel Übermann. Dessen Werkstatt befand sich hinter dem Fronhaus. Es war eine große Werkstatt, vier Gesellen standen hier gewöhnlich in Lohn.

Als Gottfried durch eine unverschlossene Zaunpforte den kleinen Hof betrat, in dessen Hintergrund sich das Wohnhaus mit der Werkstatt erhob, traf er Übermann dabei an, wie dieser mit einem Gesellen breite Leisten über Kreuz an einen Bretterstapel nagelte. Die Männer wandten ihm fast den Rücken zu, bemerkten ihn nicht. Die beiden nahmen sich aus wie Riese und Zwerg. Der graubärtige Übermann war um mehr als einen Kopf größer als der Geselle und auch um vieles breiter.

„Ihr vernagelt ja alles, scheint dem Handwerk Valet zu sagen", sprach Silbermann den Meister an.

Jäh wandten sich die Männer um. Sie blickten finster drein.

„Ach, der Orgelbauer!" sagte Übermann, erleichtert, wie es schien. Mit dem Handrücken wischte er sich den Schweiß von der Stirn. Grimmig fuhr er fort: „Ja, ich sag' dem Handwerk Valet – jedenfalls für einige Zeit. Im Schuldturm werd' ich's wohl kaum brauchen."

„Wie – was?" stieß Silbermann erstaunt hervor. „Im Schuldturm? Ihr?"

Übermann winkte ab. „Wir dachten schon, es sei einer vom Gericht gekommen, mich zu holen. Ich muß mich nämlich heut noch stellen." Achtlos warf er den Hammer auf den Bretterstapel. Dem Gesellen gebot er: „Gehst einstweilen zum Klauer, hilfst ihm das Werkzeug zusammenpacken! – Setzen wir uns, Frieder! Ich will dir's erzählen. In der Stadt geht's ohnehin bald um." Seufzend ließ er sich auf ein Balkenstück nieder. „Ach, Zeiten sind das, Frieder! Sei froh, daß du nein gesagt hast, als ich dich neulich holen wollte!"

„Aber was ist denn passiert?"

„Bankrott, Frieder, innerhalb fünf Wochen bankrott! Gelt, da schüttelst du den Kopf! Vor sieben Wochen noch hatt' ich an Außenständen mehr als an Schulden, da war keine Gefahr. Innerhalb zwei Wochen sind mir aber vier meiner größten Außenstände ausgefallen. Die feinen Kunden haben sich verduftet, ins Ausland, zwei von ihnen, wie ich weiß, nach Preußen. Und alle sind verschuldet bis zum Schornstein 'nauf, das hatt' ich aber vorher nicht gewußt. Auch andre Lieferanten sind davon betroffen, das hat sie aufgescheucht. Und da sind meine Gläubiger gekommen: Innerhalb einer Woche zahlen oder Gericht. Dreißig Taler hab' ich schaffen können, Außenstände und Geborgtes, für dieses liegt mein Werkzeug zum Pfand. Mit vierzig Talern bin ich in Schuld geblieben, die Gläubiger haben's vor Gericht gebracht. Na, wen das einmal in den Klauen hat! Ich kriegte einen Termin gesetzt, drei Tage. Vierzig Taler schaffen oder Schuldturm! Gestern war der letzte Tag. Noch zehn Taler hab' ich aufgebracht, dreißig bin ich im Rest geblieben, dazu noch die Kosten, und nicht einen Groschen hab' ich mehr. Also muß ich mich stellen! Meine Frau hat's vor ein paar Tagen hingeworfen. So ist das, mein Lieber! Der Übermann im Schuldturm! Mein Lebtag hab' ich das Ding nur von außen gesehen. Und eine kranke Frau dazu!"

„Das ist ja kaum zu glauben! Hat Euch denn keiner Eurer Verwandten geholfen?"

„Verwandte!" stieß der Tischler verbittert hervor. „Meinen Bruder bin ich angegangen, mir auf meinen Anteil am Haus vierzig oder fünfzig Taler zu borgen; es ist gemeinsames Erbe und gehört drei Geschwistern. Weißt du, was er mir gesagt hat? Für leichtfertiges Schuldenmachen gäb' er nicht einen Groschen her, ich sei an meinem Unglück selber schuld, hätt' keine so großen Außenstände leiden dürfen. Und ich solle mir ja nicht einfallen lassen, meinen Anteil am Haus einem Fremden als Pfand zu verschreiben. Nach dem Testament habe das Haus als Ganzes in der Familie zu bleiben. Ja, das hat er gesagt! Verwandte – ha! Die lassen einen auf dem Mist verkommen!"

„Ihr wärt also mit vierzig bis fünfzig Talern hingekommen?"

„Ja, freilich. Das hätte mir schon ganz gut weitergeholfen."

„Und Euer Sohn, der Konrad, und die drei Gesellen?"

„Ihn und den Daniel hab' ich auswärts untergebracht. Die beiden andern müssen auf Wanderschaft gehen. Arme Luder! Sie dachten, sie hätten's hinter sich und säßen fest bei mir. Ich hatte ja auch gut zu tun, sogar oben im Schloß. Deswegen wollt' ich dich ja kürzlich zu mir holen."

Nachdenklich nickte Silbermann. Die Überraschung hatte er längst überwunden, nun rechnete und schätzte er.

Den Tischler aber drängte die Zeit. Er schlug beide Hände auf die Knie und sagte: „Na, da will ich weitermachen! Pfand sichern, sonst hängen sie mir noch einen Pfandbetrug an."

„Einen Augenblick!" forderte Gottfried. Er packte Übermann am Arm, hielt ihn zurück. „Ihr wollt, wie's scheint, gar nicht wissen, warum ich zu Euch gekommen bin."

„Warum? Na, um mich zu besuchen. Schön, daß du mich nicht vergessen hast. Die Umstände freilich ... Nicht mal einen Becher Dünnbier kann ich dir bieten."

„Ach, was tut's! Ich will Euch was bieten – ich Euch. Bin mit einem Auftrag gekommen."

Da lachte Übermann hart auf. „Im Schuldturm kann ich keinen Auftrag gebrauchen. Außerdem hab' ich mein Werkzeug schon verpfändet."

„Noch habt Ihr's in der Hand! Wie heißen denn Eure beiden Gesellen, und wie alt sind sie?"

„Bruno Ahnert und Hans Klauer, vierundzwanzig Jahre einer wie der andre. Doch was soll das alles?"

„Gebt acht, Meister! Ich hab' den Auftrag, für die hiesige Stadtkirche eine neue Orgel zu bauen, nicht groß, aber immerhin … Dazu brauch' ich Tischler, Holz und Werkzeug, das meines Vaters reicht bei weitem nicht aus. Also mach' ich Euch diesen Vorschlag: Ihr liefert Holz für Gehäuse und etliche Pfeifen. Menge, Güte und Maße legen wir noch fest. Ihr borgt mir auch einen Teil Eures eisernen Werkzeugs, stellt außerdem her, was ich noch brauche, zum Beispiel Hobelbank, Schraubzwingen, Pfeifenformen nach den von mir gegebenen Maßen, Gießrahmen für das Pfeifenblech, Holzhämmer, überhaupt alles, was in der Hauptsache aus Holz zu fertigen ist. Damit fangt Ihr schon morgen an. Die Orgel abzureißen, dort aufzuräumen und das Material zu sortieren dauert einige Zeit, da bringt Ihr inzwischen von dem Werkzeug schon allerhand zuwege. Ich nehme auch, wenn sie wollen, Eure beiden Gesellen in Lohn, wohnen können sie ja vorerst weiter bei Euch. Einer kann Euch vorläufig mit helfen, der andre geht mir beim Abreißen zur Hand, später brauche ich beide. Ihr aber schafft dann am Gehäuse. Das ist die eine Seite. Die andre sieht so aus: Ihr kriegt von mir noch heute sechzig Taler Vorschuß auf das, was Ihr an Werkzeug ausborgt und auch fertigt, aufs Holz und auf die Arbeit an der Orgel. Das Mehr rechnen wir später auf. In der Zwischenzeit könnt Ihr ja auch noch für andre schaffen. – Ich denk', da wär' uns beiden geholfen."

Übermann hatte den Worten gelauscht, als höre er eine spannende, doch unwirkliche Geschichte. Um seinen Mund zuckte es. Zögernd wandte er das Gesicht dem Orgelbauer zu. „Das – das ist doch gar nicht zu glauben", murmelte er.

„Freilich ist's zu glauben!" Gottfried hielt ihm die Rechte hin. „Macht kein unnütz Drum und Dran, schlagt ein! Glaubt nicht, daß ich Euch was schenke. Für mich ist's der bequemste Weg, das erspart mir viel Sucherei und Lauferei. Also?"

Da packte der Tischler stumm Silbermanns Rechte und drückte sie fest. Schnaufend sprang er auf, eilte zum Bretterstapel, ergriff den Hammer und schlug mit wilder Kraft die Leisten wieder ab.

Als er sich erschöpft umwandte, sah er die beiden Gesellen vor sich stehen. Ängstlich beobachteten sie ihn. „So – so!" japste er. „Nun ist's endlich 'raus! Von wegen Schuldturm – Wanderschaft! Nun unterhaltet euch gefälligst mit dem Mann dort und sagt ihm ein Dankeschön! Ich – ich muß es erst noch recht begreifen." Den Hammer schwingend, stürmte er zur Werkstatt hin.

Silbermanns Unterredung mit den Gesellen dauerte nur einige Minuten. Freudig sagten sie ihm zu, bei ihm in den Dienst zu treten.

Nach einer Stunde schon fand Silbermann sich wieder bei dem Tischler ein. Er brachte sechzig Taler mit, und sie führten ein langes Gespräch.

Am Nachmittag suchte er noch andere Meister auf: einen Schlosser, einen Gerber, einen Schmied und einen Seifensieder, zuletzt sprach er noch bei einem Holzbildhauer vor. Es waren Leute, deren Hilfe er beim Bau der Orgel brauchte. Und jeder sagte freudig zu. So war für das Werk ein guter Anfang geschaffen.

Als Gottfried nach Hause kam, übergab ihm die Mutter sogleich einen Brief. „Ein reitender Bote hatte ihn gebracht – aus Freiberg", sagte sie aufgeregt. „Aus Freiberg! Vielleicht vom Rat? Ich kann das Siegel nicht erkennen. – So mach ihn doch auf! Lies vor!"

„Warum so eilig, Mutter? Auf gute Nachricht kann man sich nicht lang' genug freuen, eine schlechte indessen hat immer Zeit." Bedächtig brach Gottfried das Siegel und faltete den Bogen auseinander. Es waren nur wenige Zeilen. „Hör zu, Mutter! Es könnte was Gutes bedeuten." Laut las er vor: „Geschätzter Meister! Der Rat hat beschlossen, Euch, das neue Orgelwerk betreffend, anzuhören. Ihr werdet gebeten, Euch mit schriftlicher Bewerbung, mit Berechnungen und Beschreibungen am 24.Juni des Nachmittags in der Kanzlei des Bürgermeisters einzufinden. Seyfried, Stadtkämmerer" Gottfried reichte der Mutter das Blatt. „Was sagst du nun?"

„Das ist ja schon ein halber Auftrag!" jubelte die Frau. „Du wirst gebeten! Nicht wahr, das ist doch fast ein halber Auftrag?"

„Ich hab' schon gesagt, es könnte was Gutes bedeuten. Vielleicht haben sie mich in die engste Wahl gezogen. Im allgemeinen fordert man nur die Bewerbung an, nicht auch gleich den Bewerber. Am 24.Juni! Das ist ja Ende nächster Woche!"

Als der Vater am späten Nachmittag von Michael zurückgekommen, den Brief gelesen hatte, schlug er Gottfried auf die Schulter und sagte lachend: „Na, die Sache rückt ja besser, als wir dachten. Nun spute dich mal mit der hiesigen Orgel, sonst kommst du in eine arge Bredouille!"

„Noch habe ich den Auftrag nicht, noch geht's um die Bewerbung. Und es ist möglich, daß die Herren trotz der Eile, die sie an den Tag legen, längere Bedenkzeit brauchen. Also rechnen wir am besten nicht so weit in die Ferne."

„Aber du muß in die Ferne rechnen, Junge!" mahnte der Vater. „Der Auftrag in Leipzig steht ja auch noch an."

„Das ist doch nur eine Reparatur, nach der Erfahrung in wenigen Monaten geschafft. Zudem haben mir die Frauensteiner Luft gegeben, ich kann hier jederzeit die Arbeit unterbrechen. Also keine unnütze Sorge!"

Der Vater zuckte die Schultern. „Wenn du dir so sicher bist ..."

Am Abend kam Michael, sie hatten gerade die Mahlzeit beendet. Er war mißmutig. „Wärst du in Frankreich geblieben, hätt' ich keine Malaisen", knurrte er.

„Du hast George ganz schön einen Floh ins Ohr gesetzt – und Christina auch. Die lassen mir einfach
keine Ruhe."
Gottfried schmunzelte. „Und wie hast du dich entschieden?"
„Entschieden – ha! Soll der Hausspruch nicht schief
hängen, muß ich doch meinen Segen geben."
„Recht so!" lobte der Vater. „Du weißt, Mutter und ich
haben uns da rausgehalten, aber im stillen haben wir's
uns so gewünscht. Zimmerleute gibt's die Menge, Orgelmacher aber nicht. Beim Frieder ist der Junge ganz
bestimmt in guten Händen."
„Du wirst's nicht bereuen, Michael", sagte Gottfried
nur.
„Das möchte wohl auch sein. Ich geb' dir aber noch
eines zu bedenken: Lehrzeit ist eine harte Zeit. Wird
dem Lehrbuben da was geschenkt, fehlt's ihm später sicher. Ich meine nicht nur die Kunstfertigkeit, auch die
Zucht und die Courage, später mal im Leben seinen
Mann zu stehen. George ist ein bissel still, zu still
manchmal, er hat's von seiner Mutter. Vielleicht hast
du viel Mühe, aus ihm einen rechten Kerl zu machen."
„Er wird bei mir zuerst ein Lehrbub sein mit allen harten Pflichten, es wird ihm nichts geschenkt, Verwandt-
schaft zählt da nicht. Doch bedenke, die Stillen sind
nicht immer auch die Weichen, oft sind sie zielbewußt
und zäh und stehen fest auf ihrem Platz – freilich eben
ohne lauten Aufwand. Ist's nicht auch bei Christina so?
Warum soll's da bei George nicht sein? Was ihm an
Lebhaftigkeit fehlt, gibt er doch an Vigilanz und ra-
schem Blick ums Doppelte drauf. Lassen wir den Jungen getrost erst mal gewähren! Lust und Liebe bringt
er mit, mit der Kunstfertigkeit und Lebenserfahrung
wächst dann sicher auch das andre. Ich geb' auch in
dieser Hinsicht acht, das will ich dir versprechen."
Michael seufzte. „Na, meinetwegen! Leicht ist's mir

weiß Gott nicht gefallen. Schon der Michel springt ab
von der Zimmerei, der will nächstes Jahr ins Tischlern
gehn. Nun auch noch George! Das muß ich erst ver-
dauen."

Da klopfte ihm der Vater auf die Schulter und sagte
tröstend: „Wir sind doch auch nicht in der Art geblieben, Großer, vom Bauer, wie's die Alten waren, ist bei
uns ja kaum noch was da. Es ist nun mal so: Die Jungen
fliegen aus dem Nest und setzen sich auf einen andern
Ast und fragen nicht danach, ob's ein Ast vom eignen
Baum ist. Warum auch nicht, wenn's ihnen darauf besser gefällt."

7

Mit Ahnerts Hilfe trug Silbermann die alte Orgel ab. Er
hatte den Gesellen ausgewählt, weil dieser ruhiger war
und kräftiger als Klauer. Noch bevor er seine Bewerbung in Freiberg vorlegen würde, wollte er diese Arbeit hinter sich haben. Der Vater hatte begonnen, die
Werkstatt einzurichten, er baute Regale und half Übermann beim Fertigen des Werkzeugs.

Oft stellte sich George ein, am Nachmittag an der Baustatt oder am frühen Abend im Haus. Mit Eifer schaute
und hörte er zu. Für ihn nahm Gottfried sich immer
Zeit, für andere war er nur selten zu sprechen.

Mit vielen guten Wünschen der Eltern versehen und
einem neuen Lederfutteral unter dem Arm bestieg Silbermann am 24. Juni den Wagen einer Extrapost nach
Freiberg. Die Mitreisenden kannte er nicht, es waren
wohl Stadtfremde, die hier übernachtet hatten. Keiner
kümmerte sich um den anderen. Das kam ihm zupasse,
er konnte sich zurückziehen in die Gedanken und Erwartungen, die ihn bewegten. Erst waren sie zuversichtlich und froh. Aber dann kam Beklemmung in ihm
auf, ein Gefühl, das aus dem Bewußtsein erwächst, vor

einem entscheidenden Schritt zu stehen, dessen Ausgang und Erfolg nicht allein in den eigenen Händen liegt. Großes braucht Raum, vor allem in den Köpfen derer, die ihn geben sollen. Was er sich ausgedacht, was er berechnet hatte, war so groß, daß es wohl über die Erfahrung jener hinausging, die mit ihm sprechen wollten. Würden sie alles recht begreifen? Und wenn sie es begriffen, könnten nicht zu guter Letzt noch kommerzielle Bedenken Einfluß nehmen auf ihre Entscheidung? Bedenken, wie sie auch den Entschluß des Professoren-Konziliums in Leipzig mitbestimmt hatten?

Diese Zweifel! Er spürte sie wie einen Stein in der Brust. Sein Blick lag auf der im Grün des jungen Sommers erblühenden Landschaft, doch er nahm deren Schönheit nicht wahr.

Durch das Erbische Tor fuhr die Postkutsche in die alte Bergstadt ein. Geruhsam holperte sie zum Obermarkt hin. Es war nur eine kurze Strecke, doch Silbermann dünkte sie unendlich lang. Als erster stieg er aus dem Gefährt, eilig, um nicht noch angesprochen zu werden.

Nur flüchtig blickte er über den langgezogenen Platz, einmal auch zu den Türmen von Sankt Petri hinauf, die eine Reihe Wohnhäuser weit überragten und von denen es hieß, daß sie den schönsten Blick böten über die Stadt und die Umgebung. Dann schritt er ohne weiteren Verzug zum Rathaus hin, dessen auffälligstes Merkmal der weit hervorstehende viereckige, in der ersten Hälfte des 15. Jahrhunderts erbaute Turm war. Schlicht sah ansonsten das Rathaus aus, verglichen mit den reichgeschmückten Bürgerhäusern in der Nachbarschaft; ein Vorteil noch, daß man 1578 der Fassade einen schönen Erker angefügt hatte.

In diesem Hause residierte also Martin Albert, kurfürstlich-sächsischer Rat, Kreissteuereinnehmer und Bürgermeister in Vertretung des schon seit geraumer

Zeit erkrankten Bürgermeisters Horn. In seinem fülligen Körper vereine sich Kraft mit gerechter Strenge und Menschenfreundlichkeit – so hatte Rektor Leipoldt zu Silbermann gesagt. Mochte diese Vereinigung sich auch in seiner Sache bewähren!

Silbermann betrat durch den rundbogigen Eingang, über dessen Scheitel eine übergroße Grubenlampe hing, das Rathaus. „Ihr werdet gebeten, Euch in der Kanzlei des Herrn Bürgermeisters einzufinden", hieß es in des Stadtkämmerers Schreiben. Einen Ratsbediensteten, dem er im großen Flur begegnete, fragte er nach dem Weg zur Kanzlei. „Im ersten Stockwerk rechter Hand die vorletzte Tür", wurde ihm zur Antwort. Dort klopfte er an. Ein dünnes „Herein!" gebot ihm einzutreten. Es war ein großer, ziemlich niedriger Raum mit zwei Fenstern. An jedem Fenster stand ein Pult, und an diesen saßen Schreiber auf hohen Hockern.

„Ihr wünscht?" fragte der ältere ein wenig mürrisch.

„Ich bin Gottfried Silbermann aus Frauenstein. Man hat mich bestellt."

Der Alte wurde freundlich. „Ah ja, ich weiß." Er rutschte sogleich von dem Hocker und schob einen Stuhl heran. „Bitte, setzt Euch, Meister Silbermann! Es wird eine kleine Weile dauern, da ich die Herren erst rufen lassen muß." Dem anderen Schreiber gebot er: „Peter, schicke den Boten!" Er selbst begab sich in das Nebenzimmer, kehrte erst nach einigen Minuten zurück. „Eine kleine Weile, bitte", wiederholte er.

Es wurde eine große Weile. Silbermann tat sie wohl. Sie gab ihm Zeit, seine Gedanken zu ordnen. Die Schreiber beachteten ihn nicht, sie kratzten emsig mit den Federn über das Papier. Er hörte vom Flur her in längeren Abständen Schritte, sie verhallten stets an der gleichen Stelle, stets klappte eine Tür mit demselben Geräusch.

Eine Stunde mochte vergangen sein, da trat ein jüngerer Mann ein, schlank, von einfachem, doch gepflegtem

Äußeren. Alles an ihm war dunkel: der lange Rock, die Kniehose, die Strümpfe, das glatte, im Genick mit einem Band zusammengehaltene Haar, die großen, klugen Augen. „Herr Silbermann?" fragte er mit heller, angenehmer Stimme.

Gottfried erhob sich. „Der bin ich", entgegnete er, und unbewußt verbeugte er sich leicht vor dieser achtunggebietenden Erscheinung. Dabei war der Mann sicher nur wenige Jahre älter als er.

„Ich bin Elias Lindner", stellte sich der andere vor, „und habe das Vergnügen, Euch zu den Herren zu führen, die Euch anhören wollen." Lächelnd fügte er hinzu: „Ich bin nämlich der Jüngste in dieser Runde. – Ich freue mich, Euch kennenzulernen, Meister Silbermann." Er streckte ihm die Hand entgegen, und dieser drückte sie kräftig. Es war eine schlanke, aber feste Hand. „Nun bitte ich Euch, mir zu folgen. Die Herren erwarten Euch im Kleinen Beratungszimmer. Einer von ihnen – es ist Superintendent Doktor Lehmann, der Euch schon kennt – stellt Euch den anderen vor."

Es bedurfte nur weniger Schritte, um zu dem Raum zu gelangen, er lag beinahe der Kanzlei gegenüber. Trotz seiner dunklen Täfelung bis in halbe Höhe und der dunklen Balkendecke wirkte er freundlich. Die blausamtenen Vorhänge an beiden Fenstern waren zurückgezogen, die Fenster weit geöffnet.

Auch die fünf Herren, die in einer Gruppe am Ende des langen Tisches standen, blickten freundlich drein. Der schwarzgekleidete Hagere mit der silbergrauen Perücke kam gleich auf Silbermann zu, es war der Superintendent. „Willkommen, junger Meister", rief er freudig aus. „Kommt heran!" Er nahm ihn ohne Umschweife am Arm und führte ihn zu der Gruppe. „Der guten Worte über Euch habe ich vor diesen Herren schon genug gewechselt. Jetzt hört, mit wem Ihr sprechen werdet!"

Nun stellte Lehmann vor: „Der Herr Rat und Bürgermeister Albert, der in dankenswerter Weise die Sache des Orgelbaues ganz zu der seinen macht. – – Der Herr Domkantor Beyer, in der Kirchenmusik sachverständig und schöpferisch, wie nur wenige in der Umgebung. – – Der Herr Doktor Immanuel Lehmann, Medikus und Orgelkenner von hohem Rang, dazu Ratsmann und der werteste aller meiner Vettern. – – Der Herr Stadtkämmerer Seyfried, reich mit den Künsten der Juristerei versehen und personifizierte Sparsamkeit. – – Ja, und den Herrn Lindner kennt Ihr schon. Er wird einmal das Amt des Domorganisten übernehmen, wenn unser guter alter Mentzer nicht mehr die rechte Kraft besitzt. Herr Lindner ist in der Architektonik und in der Kunst des Zeichnens zu Hause wie in der Mathematik und der Musik. Er wird mit dem Erbauer des neuen Orgelwerkes eng zusammenarbeiten, weil er auch den Auftrag hat, das Gehäuse und dessen Schmuck zu entwerfen. Ich bin als Vertreter des Geistlichen Einkommens dabei. Die Herren Doktor Lehmann, Beyer und Lindner fungieren als Sachverständige. – – So, Meister, das sind die Herren, die Euch hören wollen. Der Herr Bürgermeister wird die Rede führen."

Vor jedem hatte Silbermann sich gemessen verbeugt, zu jedem „Ich freue mich" gesprochen. Ein jeder hatte ihm freundlich die Hand gedrückt, nur der Kämmerer gab sich zurückhaltend, sein Gesicht ließ Sorge erkennen.

Ohne Umschweife begann Martin Albert die Handlung. „Setzen wir uns also!" sagte er. Mit rascher, dennoch würdiger Bewegung begab er sich an seinen Platz am Tisch. Er setzte sich in einen gepolsterten Lehnsessel, dessen Wuchtigkeit und reiche Zier den Rang seines Inhabers zu erkennen gaben. Die anderen ließen sich an der gleichen Seite des Tisches nieder, nur Elias Lindner nicht, der sich an eine Stirnseite setzte. So fügte es sich, daß Silbermann seinen Platz an der anderen Längsseite des Tisches einnahm, dem Bürgermeister gegenüber, zu dessen Linken der Kämmerer, zur Rechten der Superintendent saßen. Vor jedem lag Papier mit einem Schreibstift.

„Die Herren wissen, worum es geht, kommen wir also gleich zur Sache", begann Martin Albert das Gespräch. „Habt Ihr Euch gut vorbereitet, Herr Silbermann?"

„Das habe ich, Herr Bürgermeister, und ich danke Euch und den Herren für diese Gelegenheit. Hier sind meine Pläne und Berechnungen." Silbermann zog die Verschlußkapsel von dem Lederfutteral, entnahm diesem die Papiere. „Darf ich sie Euch überreichen?"

Lächelnd wehrte Albert ab. „Setzt sie bei den Herren in Umlauf! Ich verstehe von diesen Dingen nicht viel. Gebt mir einen Überblick über Kosten und Konditionen!"

Zwar schob Silbermann ihm nur eines der beschriebenen Blätter zu, doch er erklärte dabei: „Pardon, Herr Bürgermeister, ob Kosten und Konditionen gerecht sind, ist nur zu erkennen, wenn man das Berechnete kennt. Erlaubt Ihr, daß ich Euch wenigstens im großen über dieses berichte?"

Die Männer, die Pläne schon vor sich und mit deren Studium beginnend, schauten sich verstohlen an. Lindner schmunzelte verhalten, der Kämmerer schüttelte mißbilligend den Kopf. Albert rümpfte zwar für einen Augenblick die fleischige Nase, ging aber gleichmütig auf den Vorschlag ein: „Na, dann berichtet mir! Aber bitte wirklich nur im großen!"

„Ich habe an ein Instrument gedacht, wie man es in Größe und Güte hierzulande noch nicht kennt. Nur ein solches ist, so meine ich, dem weiten Ruf dieser Stadt und ihres altberühmten Gotteshauses würdig. Das Instrument soll außer dem Hauptwerk, dem Brust- und dem Pedalwerk noch ein Oberwerk besitzen anstelle des Rückpositivs. Der Anregung dazu aus diesem

Kreis bin ich mit Vergnügen gefolgt, denn sie deckt sich völlig mit meinen Überlegungen.

Das Werk soll drei Manuale haben, einundvierzig Stimmen und zweitausendfünfhundertfünfunddreißig klingende Pfeifen, zum größten Teil aus gutem Zinn und Metall gemacht, nicht viele aus Holz. Die Untertasten der Manuale sind von schwarzem Ebenholz, die Obertasten von Elfenbein. Die Spielart soll leicht sein wie bei einem Klavichord. Das Pfeifenwerk intoniere ich so, daß alles sofort anspricht, sowohl in der Tiefe als auch in der Höhe. Das Hauptmanual soll einen gravitätischen Klang bekommen, das Oberwerk scharf und etwas spitzig, die Brust recht delikat und lieblich. Die Disposition ist auf die Größe der Kirche eingerichtet, so wird das Werk auch von gutem Effekt sein, wenn die ganze Gemeinde versammelt ist und sich zum Gesang erhebt.

Die Bälge mache ich nicht nach alter Art, bei der man sie treten muß, was stets ein häßliches Gepolter und Schwanken verursacht, sondern so, daß man sie bequem ziehen kann mit Riemen und Seilen. Das hat noch den Vorzug, daß die Kalkanten sich nicht mehr über Gebühr anzustrengen brauchen. Sechs Bälge …"

„Danke, danke!" unterbrach ihn Albert ein wenig ungeduldig. „Derlei Einzelheiten sind sicher aus Euren Papieren zu erfahren. Wie es scheint, habt Ihr Euch Großes und auch Neues vorgenommen. Meint Ihr, unser Dom sei der rechte Ort, um dieses zu erproben?"

„Es ist hier nichts mehr zu erproben, alles steht bereits auf gutem Grund."

„Soso! Die Herren Sachverständigen werden sich dazu noch äußern. Nun zu den Kosten und Bedingungen! – Wo ist das Blatt?"

Der Kämmerer hatte es am Anfang schon an sich genommen, gab es nun an den Bürgermeister zurück, mit dem Schreibstift auf eine bestimmte Stelle tippend.

Aufmerksam las Albert. Seine Brauen zogen sich ein wenig zusammen, er schüttelte den Kopf. „Mon Dieu! Eintausendzweihundert Taler nur für Lohn! Dazu freie Kost und freies Logiament! Und die Materialien hat der Rat zu liefern! Das – das ist enorm! Sagt, habt Ihr Euch da nicht geirrt?"

„Nein, Herr Bürgermeister. Bedenkt bitte, es ist ein großes Werk, es wird von bester Güte sein. Zwei Jahre muß ich daran bauen, und das mit drei Gesellen. Wollte ein Meister für ein solches Werk einen minderen Preis berechnen, müßte er beim Bauen betrügen. Beachtet auch, daß die Zahlung in Raten vorgesehen ist."

„Dennoch – dennoch! Der hohe Preis erschwert die Sache ziemlich. Doch mögen nun erst die Herren Sachverständigen reden! Weil es gerade um die Kosten geht – bitte, Herr Seyfried!"

Der Kämmerer kam mit vorgefaßter Meinung. Zu rasch ergriff er das Wort, und im Eifer überschlug sich seine dünne Stimme. „Für uns zu groß, so meine ich, und darum auch zu teuer. Das könnte die Stadt ja gar nicht schaffen. Verlangt die Mehrheit im Rat wirklich ein neues Instrument, so darf es nur dem Umfang des alten entsprechen. Dieses war ein vorzügliches Werk, hat lange genug seinen Zweck erfüllt. Man sollte indessen zuallererst prüfen, ob dem Übel nicht doch mit einer gründlichen Reparatur abgeholfen werden kann."

Da fuhr Silbermann dazwischen: „Mit Verlaub, Herr Kämmerer, das Werk hat nach vorliegenden Berichten bereits den Unmut sachverständiger Leute erregt, als noch keiner der hier Anwesenden lebte. Schon vor etwa neunzig Jahren hat Gottfried Fritsche das Werk wegen dessen allzu großer Mängel nur notdürftig reparieren können, nicht anders erging es dem Meister Weindt vor fünfzig Jahren. Da besteht doch heute erst recht keine Aussicht, es erfolgreich instand zu setzen."

„Genauso ist es!" warf Superintendent Lehmann ein.

„Eben diese Bedenken ließen das Geistliche Einkommen zu dem Schluß gelangen, daß es nicht angängig ist, erst mit einem kostspieligen und doch nutzlosen Probieren zu beginnen. Ich verstehe Euch nicht, Herr Kämmerer, das Thema Reparatur ist doch längst abgetan. Wir sind uns seit vielen Monaten einig, daß ein neues Instrument her muß."

„Dann aber bitte ein kleineres, ihr Herren, auf jeden Fall ein kleineres! Bedenkt doch die Kosten! Seht, Herr Bürgermeister, was bei diesem Anschlag allein an Materialien vorgesehen ist!" Seyfried raffte ein Blatt vom Tisch, stieß erregt den Finger darauf. „Das alte Werk gibt einiges für den Neubau her, trotzdem sind noch zu beschaffen: 20 Zentner Zinn, 18 Zentner Blei, 100 Schaffelle, 300 eichene Rahmenschenkel für die Windladen, 150 tännene Dielen, 50 eichene Dielen, 36 Ellen Barchent zum Gießen der Pfeifenblätter – et cetera – et cetera. Du meine Güte! Das alles kostet Hunderte von Talern! Dazu der enorm hohe Lohn! Dazu Werkstatträume mit Logiament und auch Kost für den Meister und seine Leute!"

„Und die Leistungen der Zubringer, Handwerker und Künstler!" ergänzte Silbermann ironisch. „Ja, glaubt Ihr denn, Herr Kämmerer, ein Orgelwerk werde aus Zaunpfählen und Brunnenröhren errichtet? Ich war der Meinung, eine Stadt dieses Ranges …"

„Bleiben wir doch sachlich, Meister!" mahnte Martin Albert ernst. „Der Herr Kämmerer hat die Pflicht, seinen Standpunkt darzulegen. In seinen Händen zum meisten werden später diese Dinge liegen. Auch ich muß bekennen, die Kosten liegen höher als erwartet. – Ihr sprecht also endgültig gegen diese Bewerbung, Herr Seyfried?"

„Ja – ohne Vorbehalt und Einschränkung!" Sehr bestimmt und mit einem zornigen Blick zu Silbermann hin hatte es der Kämmerer gesagt.

„Nun gut! Hören wir die Herren Sachverständigen!

Oder, Herr Superintendent, beliebt Ihr Euch vorher zu äußern?"

Der Kämmerer hob, Aufmerksamkeit erheischend, rasch die Hand. „Pardon, ihr Herren! Es ist nicht Usus, daß ein Bewerber der Beratung der Sachverständigen beiwohnt. Ich meine, wir ließen das auch in diesem Falle gelten."

„Ah ja!" stimmte Martin Albert zu. „Wenn Ihr die Güte hättet, Meister, in der Kanzlei auf das Ergebnis zu warten ... Wir rufen Euch ab."

Nur mit Mühe seinen Unmut verbergend, erhob sich Gottfried Silbermann. Er begab sich aber nicht in die Kanzlei, sondern wartete in dem langen, düsteren Gang, schritt hier erregt auf und ab. Er brauchte Bewegung, sonst wäre ihm das Warten unerträglich geworden. Da war es ja, was er befürchtet hatte: Man sah nicht das Große, man klammerte sich an das Kommerzielle. Ließen sich auch die Sachverständigen so leiten ... Heiß kam es in ihm hoch, zornig stieß er mit dem Fuß an ein flaches eisernes Gestell, das an der Wand stand. Es trug das alte Symbol der Stadt, einen schreitenden schwarzen Löwen auf goldenem Schild. Darunter war noch ein Zeichen angebracht: zwei Berghämmer, die sich kreuzten.

„Ach Ihr seid es!" hörte Silbermann sich angesprochen. Es war der alte Schreiber aus der Kanzlei. „Ich dachte, es habe sich ein Spaziergänger hierher verirrt."

„Verirrt, ja verirrt!" gab Silbermann ungehalten zurück. Der Schreiber rümpfte die Nase und verschwand wieder in der Kanzlei.

Des Meisters Geduld wurde auf eine harte Probe gestellt. Eine gute Stunde mußte er warten, ehe sich die Tür des Beratungszimmers auftat. Elias Lindner trat heraus. „Bitte Meister", sagte er freundlich, doch nichts war aus seiner Geste zu entnehmen, was auf einen guten Ausgang hätte deuten können.

Noch einmal hörte Silbermann: „Bitte, Meister!" Martin

Albert hatte es gesagt, er wies auf einen Platz ihm gegenüber. „Machen wir es kurz!" fuhr er fort. „Dieses Gremium hat beschlossen, Eure Bewerbung der Ratsversammlung mit der Empfehlung vorzulegen, ihr den Zuschlag zu geben, ihr in allen Punkten zuzustimmen. Der
Rat wird sich in nächster Zeit damit befassen. Steht das
Ergebnis fest, hört Ihr sogleich von uns. Ist es ein Ergebnis im Sinne unseres Vorschlags, steht einem Kontrakt
mit Euch nichts mehr im Wege. Die Herren Sachverständigen wünschen noch eine Unterredung mit Euch wegen
der Disposition der Stimmen und dergleichen, es bedarf
ihrer Ansicht nach noch etwas der Erläuterung. Das kann
ja gleich noch hier geschehen. Dazu werden aber der
Herr Kämmerer und ich nicht gebraucht." Er erhob sich,
schritt um den Tisch und reichte Silbermann die Hand.
„Ich freue mich, Meister, freue mich wirklich." „Ich
danke Euch, Herr Bürgermeister." Befangen noch von
der Freude über die Wende, die die Sache genommen
hatte, verbeugte sich Silbermann.
Der Kämmerer hatte inzwischen still das Zimmer verlassen.

8

Die Arbeiten für die Orgel in Frauenstein schritten in
den folgenden Wochen gut voran. Während Silbermann vormittags mit Ahnerts Hilfe die Empore her-
richtete, auch einmal bei Daniel Übermann nach dem
Rechten sah, arbeitete er nachmittags an dem Entwurf
und an der Disposition. Da gab es keine Schwierigkeiten, es ging ja nur um ein kleineres Instrument, etwa
mit sechshundertfünfzig Pfeifen, und Vorbilder waren
ihm aus Frankreich in Erinnerung.
Anfang Juli legte er Pfarrer Weber den Entwurf vor.
Auch Rektor Leipoldt hatte sich zu dieser Unterredung
eingefunden.

„Du hast dich gesputet, junger Meister, das sei dir hoch angerechnet", lobte der Rektor. „Nimmt die weitere Arbeit einen so guten Verlauf, können wir wohl zufrieden sein."

„Es kommt auf die Entscheidung in Freiberg an", versuchte Gottfried den Eifer Leipoldts ein wenig zu zügeln. „Wir hatten doch vereinbart, daß ich die Arbeit hier unterbreche, wenn ..."

„Aber selbstverständlich", fiel der Pfarrer mit einer großmütigen Geste ein. „Das kleinere Werk darf den Ablauf des großen nicht behindern." Listig lächelnd fügte er hinzu: „Die Erfahrung läßt mich dir indessen raten, dich getrost auf eine geraume Zeit für die Arbeit an unserer Orgel einzurichten."

Silbermann zog die Stirn kraus. Des Pfarrers Art zu unken, wenn es um das Projekt in Freiberg ging, war ihm nun bald zuwider. Doch er versagte sich die Antwort, sie wäre nicht eben freundlich ausgefallen. Behend entrollte er die Pläne und begann mit seinem Vortrag. Zunächst erläuterte er die Disposition. Dabei wies er auf einige Besonderheiten hin, so, daß er das Werk im Kammerton halte, daß er es mit einer Quintaden 8 Fuß versehe, daß es zwar nur eine dreifache Mixtur besitze, dagegen Quinte $1\frac{1}{2}$ Fuß und Sifflöt 1 Fuß vorhanden seien. Auf Einzelaliquoten sei er besonders bedacht, das möge auch das Register Cornet zeigen, das präzise in seine Einzelstimmen auseinandergelegt sei. Schließlich ließ er sich zum Mechanismus aus, zum Material, zur äußeren Gestalt des Gehäuses. Ja, den Prospekt habe er selbst entworfen, Bildhauer Tanner werde den Schmuck noch detaillieren und nach Rücksprache mit ihm anfertigen.

Seine Zuhörer waren zufrieden. „Großartig!" sagte Leipoldt und rieb sich vergnügt die Hände. „Bewundernswert, wie du auch das Kleine hin zum Großen führst! Herr Pfarrer, wenn ich daran denke, daß ich ..."

„Ja, ich weiß: ... daß Ihr an einer neuen, einer solchen

Orgel sitzen werdet, dann geht Euch das Herz auf. Mir auch, mein Freund. Alle Achtung, junger Meister! Und dennoch! Ich muß an Herrn Greifs Sorgen denken. Du hast sehr viel Zinn vorgesehen. Was kostet heute der Zentner?"

„Vierundzwanzig Taler, und das ist nicht mal das allerbeste", entgegnete Silbermann unbekümmert.

„Gehen wir da nicht über die Kosten hinaus, die du uns genannt hast?"

„Nein. Doch laßt das meine Sorge sein, Hochwürden. Ich verwende noch einiges von den alten Pfeifen, Zinn und auch Blei, soweit es nicht verrottet ist. Wirklich, Ihr braucht keine Bedenken zu haben."

„Meinetwegen. An mir soll es nicht liegen. Wann wirst du mit der Arbeit beginnen?"

„Es bedarf noch der Anlieferung einigen Werkzeugs durch Meister Übermann. Ich denke, das wird im Laufe dieser Woche geschehen. Bis dahin leiste ich aber noch einige Vorarbeit."

Es nahm auch alles einen guten Lauf. Das Material, das die Stadt noch zu liefern hatte, traf pünktlich ein: Zinn aus Geising, Blei aus Freiberg, Eichenholz aus Erbisdorf, dieses von Silbermann selbst ausgesucht, da es für die Windeinrichtung bestimmt war und deshalb von besonderer Güte sein mußte. Pünktlich auch, genau nach den vorgeschriebenen Maßen, lieferte Übermann die tannenen Bretter für die aus Holz vorgesehenen Pfeifen. Da Übermann mit den weiteren Zulieferungen alleine fertig werden konnte, hatte Gottfried auch Klauer, den zweiten Gesellen, in seine Werkstatt übernommen. Klauer und Ahnert zeigten ein so großes Geschick, daß Silbermann beschloß, sie später als Gesellen zu behalten, sofern sie und Übermann damit einverstanden wären. Nichts behinderte den Fortgang der Arbeit.

Silbermann wäre zufrieden gewesen, hätte ihn nicht die Sorge um das Freiberger Projekt zunehmend bedrückt. Von vier bis fünf Wochen Wartezeit hatte Doktor Immanuel Lehmann seinerzeit gesprochen, doch nun war bereits der September gekommen, und noch immer ließ ihn der Rat auf Nachricht warten. Und dabei hatte er schon nach Ablauf von sechs Wochen Lehmann brieflich gebeten, er möge doch so gefällig sein, sich beim Bürgermeister nach dem Stand der Dinge zu erkundigen. Auf diesen Brief war noch keine Antwort gekommen.

„Groß Ding will eben Weile haben", hatten ihn die Eltern oft zu trösten versucht. Doch seit er sie unwillig angefahren: „Ach, geht, damit kann man ja jede Schlamperei begründen!", schwiegen sie bedrückt. Eines Tages ließ er sie wissen: „Noch eine Woche wart' ich, dann werd' ich den Herren Auge in Auge sagen, was Anstand und Gepflogenheit auch heute noch bedeuten."

Silbermann brauchte aber keine Woche mehr zu warten.

Er befand sich gerade in der Werkstatt, wollte damit beginnen, Kanzellenschiede einzubauen. Ahnert und Klauer schauten und hörten ihm zu. In gewohnter Weise erklärte er ihnen anhand einer Zeichnung jedes Detail einer Windlade, deren Funktion und Bedeutung fürs Ganze. Sie würden, bevor sie die ersten Handgriffe taten, das Gehörte wiederholen.

Dazu kam es aber nicht. Die Tür wurde geöffnet, die Mutter schaute herein. Aufgeregt rief sie: „Frieder, komm doch mal schnell, ein Herr will dich sprechen – aus Freiberg."

„Aus Freiberg!" wiederholte er knurrig. „Führ ihn in meine Stube!" Rasch nahm er die Lederschürze ab. „Guckt euch noch mal die Zeichnung an!" gebot er den Gesellen.

Als er seine Stube betrat, sah er den Besucher in der Mitte des Raumes stehen, die großen Zeichnungen an der Wand betrachtend. „Ah, der Herr Lindner!" stieß

er überrascht hervor; er hatte irgendeinen namenlosen
Boten des Rates erwartet. Mit ausgestreckter Rechten
schritt er auf den Besucher zu.

„Ehe Ihr Euren Zorn über mich entladet, lieber Meister, will ich Euch sagen, daß Eure Sache gut steht", erklärte Lindner. „Ihr seid doch zornig, nicht wahr?"

„Ja, ich bin es – oder war es doch bis zu diesem Augenblick. Ich empfand es als ungehörig, mich so lange auf
Nachricht warten zu lassen. Doch setzen wir uns!"

„Mit Recht, durchaus mit Recht! Genauso äußerte sich
auch Doktor Immanuel Lehmann, an den Ihr geschrieben habt. Er wagte keine Antwort, hätte Euch nur vertrösten können, und das hätte Euch unter Umständen
die Hoffnung geraubt. Er bat mich, es Euch so zu sagen. Es gab leider Schwierigkeiten."

„Was meine Bewerbung angeht?"

„Ja. Kämmerer Seyfried hat viele Freunde im Rat, und
diese plädierten zu unserer Überraschung wieder für
eine Reparatur. Als sie damit nicht durchkamen, verlangten sie, einem namhaften Meister den Zuschlag zu
geben, anstatt Euch, dem unbekannten jungen, bei
dem die Erfahrung für ein so großes Werk gar nicht
vorauszusetzen sei. Bürgermeister Albert hatte die Ab-
stimmung auf geschickte Weise einige Male verscho-
ben, weil die Gefahr bestand, daß sich eine Mehrheit
gegen Eure Bewerbung fände. Inzwischen wirkten Immanuel Lehmann und sein Vetter, der Superintendent,
unter den Ratsleuten für Euren Vorschlag, und – nun
ja, auch Domkantor Beyer und ich haben einiges getan.
Anfang dieser Woche fiel die Entscheidung: Eure Bewerbung hat eine klare Mehrheit gefunden."

Erleichtert atmete Silbermann auf. „Dann habe ich
Euch und denen, die mir halfen, sehr zu danken."

„Da gibt es nichts zu danken, lieber Meister. Wir Be-
fürworter waren nur nüchtern genug, uns über die bestehenden finanziellen Schwierigkeiten und sonstigen
Bedenken hinweg für das Beste und für die Zukunft

Vielversprechendste einzusetzen. Der Weg zum Kontrakt wäre nun frei, wenn Ihr noch helfen würdet, die Vorbehalte einiger Herren auszuräumen." Da Silbermann nur erstaunt und fragend aufblickte, fuhr Elias Lindner gleich fort: „Ergänzt Euren Vorschlag! Einige Herren stoßen sich noch daran, daß der Rat die Kosten der Verpflegung für Euch und Eure Leute für die Dauer der Arbeit an der Orgel tragen soll. Das sei zu unbestimmt und könne ins Unermeßliche führen, sagen sie. Übernehmt die Kosten selbst und nennt dafür ein angemessenes Mehr zu den eintausendzweihundert Talern!"

„So ist es aber nicht Brauch."

„Es räumt aber letzte Schwierigkeiten aus dem Weg, und daran muß doch auch Euch gelegen sein. Wie wir Seyfried kennen, wird er nach schwachen Punkten suchen, um solche Schwierigkeiten noch zu finden. Darum raten wir Euch auch, die Zahlungsweise unter Einschluß der genannten Summe neu zu fassen. Einige der Herren haben moniert, daß die Auszahlung von zweihundert bis dreihundert Talern bei Abschluß des Kontrakts zu hoch sei. Könntet Ihr sie niedriger bemessen und dafür ..."

„Aber das ist doch eine Schikane!" fuhr Silbermann auf. „Sollen ich und meine Leute während der Bauzeit vielleicht von Holzmehl und Zinnspänen leben?"

„... und dafür einige angemessene Raten einfügen vom Beginn der Arbeit an, so wären diese Vorbehalte aus dem Weg geräumt", ergänzte Lindner gleichmütig seinen Vorschlag. „Ihr hättet zwischendurch immer wieder neue Mittel zur Verfügung. Legtet Ihr diese Ergänzung dem Herrn Bürgermeister schon in den nächsten Tagen vor, wäre das Eurer Sache sehr dienlich. Der Kontrakt könnte dann Anfang Oktober abgeschlossen werden. – So, das wäre das Anliegen der Euch wohlwollenden Herren. Es ist eine dringliche Empfehlung. Im übrigen weiß außer diesen Herren niemand, daß ich

Euch besuchte, um mit Euch darüber zu sprechen. Das sollte auch so bleiben."

Noch trommelte Silbermann nervös mit den Fingern auf dem Tisch, doch seine Miene hellte sich mehr und mehr auf. Schließlich sagte er: „Ich habe verstanden. Euch und den Herren weiß ich Dank. Verzeiht, daß ich Euch vorhin unterbrach. Mein Zorn galt denen, die derlei Schwierigkeiten machen."

„So habe ich es auch genommen. Ihr werdet also dem Herrn Bürgermeister in den nächsten Tagen schreiben?"

„Ja. Doch sagt, habt Ihr Euch extra wegen dieser Sache nach Frauenstein bemüht?"

Nun, nach beendeter Mission, schien Lindner es eilig zu haben. Während er sich erhob, erklärte er: „Und wäre es so, es hätte sich gelohnt. Ich befinde mich auf der Reise nach Schmiedeberg. So bot sich eine günstige Gelegenheit, Euch aufzusuchen; wir hätten Euch sonst nach Freiberg bitten müssen."

„Und ich bitte Euch, zum Mittagsmahl zu bleiben."

Freundlich lehnte Lindner ab. „Seid herzlich bedankt, Meister, doch ich muß weiter, mein Wagen wartet vor dem Rathaus." Während er zur Tür schritt, sagte er: „Wegen des Kontraktes erhaltet Ihr noch Nachricht."

Silbermann bat ihn, allen ihm wohlwollenden Herren Dank zu sagen und ihnen Grüße zu bestellen.

9

„Geht auf zwei Tage zu Meister Übermann!" gebot Silbermann seinen Gesellen. „Zwar wird er Gehäuse und Bälgekammer schon zugeschnitten haben, doch helft ihm beim Transport des Holzwerks in die Kirche; das wäre ohnehin notwendig geworden. Sagt ihm, ich hätte noch mit meiner Freiberger Sache zu tun."

Silbermann beriet mit der Mutter, was wohl unter den

gegenwärtigen Verhältnissen an Kostgeld für einen Gesellen in der Woche exakt anzusetzen sei. Sie kamen auf einen Betrag von knapp einem Taler. „Bei mehreren in einer Küche wird es aber billiger", sagte die Mutter. „Da kannst du drei rechnen für vier!" Das traf es genau, denn er würde in Freiberg mit drei Leuten arbeiten müssen. Die Magd, die er dann für den Haushalt brauchte, war aus seinem eigenen Verdienst zu versorgen. Dreimal Kost also für zwei Jahre ergab einen Betrag von dreihundertzwölf Talern. Davon war einiges abzustreichen für die Tage, da die Gesellen Urlaub nahmen, an den Feiertagen etwa. Mit dreihundert Talern käme er sicher ohne Einbuße aus. Dieser Betrag hielt wohl auch einer Nachprüfung durch den knickrigen Stadtkämmerer stand.

So nannte Silbermann in seinem neuen Vorschlag einen Betrag von tausendfünfhundert Talern, er verzichtete dafür auf die Beköstigung für sich und seine Leute durch den Rat. Die Anzahlung bei Abschluß des Kontraktes bemaß er auf hundert Taler, dafür forderte er weitere hundert bei Beginn der Arbeit, vierhundert in Raten bis zum Abschluß der Arbeit, die restlichen neunhundert Taler, wenn das Werk fertig „und vor gut und tüchtig erkannt" worden sei.

Eingedenk der Worte Elias Lindners: „Wie ich Seyfried kenne, wird er nach schwachen Punkten suchen, um solche Schwierigkeiten noch zu finden", durchdachte Silbermann noch einmal den ganzen Voranschlag. Er fand jedoch keine weitere Position, die neu zu kalkulieren wäre. Dagegen wies er auf einige wichtige Einzelheiten hin, die ihm geeignet erschienen, die Vorzüge seiner Disposition heller ins Licht zu rücken.

Vom Vater hatte er erfahren, daß Michael in den nächsten Tagen in einer amtlichen Sache nach Freiberg fahren würde. Darum begab er sich gleich zu ihm, um ihn zu bitten, seinen Brief beim Bürgermeister zu besorgen. Er traf aber nur Christina und die beiden Jungen an, sie saßen in der Küche bei der Abendmahlzeit.

„Michael ist zu Gevatter Schindtler gegangen, der hat Geburtstag, und da wird es wohl spät", sagte die Frau, als Gottfried sein Anliegen vorgebracht hatte. „Den Brief wird er aber sicher gern besorgen." Freundlich lud sie ein: „Setz dich doch, Frieder! Kannst mithalten, wenn du Hafergrütze magst."

„Süß?"

„Ja. Sonst würden die Schlingel doch die Nase rümpfen." Michel bemerkte: „Sie schmeckt nämlich sonst nach Stroh, und wir sind doch keine Pferde."

„Ganz recht!" stimmte Silbermann lachend zu. „Ungesüßte Hafergrütze schmeckt abscheulich. Davor hab' ich mich auch gedrückt, wo ich nur konnte. – Ich halt' mit, Christina, doch nur für einen Teller, ich muß noch was besorgen."

Nachdenklich schaute George ihm zu. Plötzlich sagte der Junge: „Gelt, Onkel, es dauert doch ein paar Monate, eh' du die Pfeifen einer neuen Orgel gestimmt hast? Michel glaubt's nicht, er denkt, das kann man in ein paar Tagen machen."

„O nein, Michel, in ein paar Tagen schafft man das auch bei einer kleinen Orgel nicht. Ein gewissenhafter Orgelbauer wird in einer Woche nicht mehr als hundertdreißig bis hundertvierzig Pfeifen stimmen und intonieren. Für das hiesige Instrument – und das ist ein kleines – habe ich sechshundertfünfzig Pfeifen vorgesehen. Wie viele Wochen brauche ich da?"

„Fünf oder sechs", entgegnete Michel nach kurzem Besinnen. Als er bemerkte, daß sein Bruder ihn triumphierend anblickte, fügte er hinzu: „Aber da ist ja noch eine andre Arbeit dabei, Onkel, Du hast noch gesagt: in – in …"

„Intonieren, ganz recht! Das ist eine Verrichtung für sich, aber sie wird gleichzeitig mit dem Stimmen ausgeführt. Der Unterschied zwischen beiden – doch das werdet ihr nicht verstehen, das ist ein bissel schwierig."

„Ich weiß es auch nicht", bekannte Christina. „Erklär uns das nur mal!"

„Na gut! Also gebt acht! Beim Stimmen einer Pfeife geht's um die Tonschönheit, den rechten Klangcharakter und das schnelle Ansprechen der Pfeife. Verstanden?"

Christina nickte zögernd. „Da muß der Orgelbauer ein besonders gutes musikalisches Gehör haben."

„Das reicht fürs Intonieren nicht aus, denn dieses ist schwieriger als das Stimmen. Der Meister muß dazu noch einen ausgeprägten Sinn für Klangschönheit haben und die Fähigkleit, Obertöne zu hören. Und ein feines Fingerspitzengefühl! Gar nicht so einfach, nicht wahr?"

„Ach ja", seufzte Christina. „Aber ich kann mir gar nicht denken, was das gute Hören mit dem Fingerspitzengefühl zu tun hat."

„Das braucht er, um das Intoniereisen ordentlich handhaben zu können. Es ist das wichtigste Werkzeug des Orgelbauers bei dieser Verrichtung. Damit korrigiert er das Stimmzeug der Pfeife. Aber das ist eine Wissenschaft für sich. Wir unterhalten uns später mal darüber, jetzt muß ich gehen."

George kündigte an: „Ich komm' morgen wieder zu dir, Onkel."

„Das paßt gut. Ich baue grad eine Windlade. – Hab Dank, Schwägerin, deine Grütze war vortrefflich." Gottfried erhob sich. „Grüß Michael! Er soll meinen Brief nicht vergessen. Bei Bürgermeister Albert abgeben – nur bei ihm! Ich muß sicher sein, daß er gleich in die richtigen Hände kommt."

Christina begleitete ihn bis zur Haustür. Dort angekommen, fragte sie besorgt: „Sag, Frieder, wird's George einmal schaffen? Wenn ich das höre: intonieren – Obertöne vernehmen – feines Fingerspitzengefühl und so, dann ... Das muß man doch in sich haben, das kann man doch nicht einfach erlernen. Meinst du wirklich, daß der Junge das mal ..."

„Freilich, das muß man in sich haben. Wie sich's bei George herausstellen wird, kann ich noch nicht sagen. Aber soviel hab' ich bis jetzt erkannt: Der Junge besitzt ein gutes musikalisches Gehör und eine geschickte Hand, er ist auch lernbegierig. Und das ist für den Anfang erst mal das Wichtigste. Wirklich, ich setze große Hoffnungen in ihn."

„Da bin ich beruhigt", sagte sie erleichtert.

Silbermann schritt über den Marktplatz zur Kirche hin. Zwar begann es schon zu dämmern, doch in der Kirche würde es noch hell genug sein, um zu sehen, was Daniel Übermann inzwischen an zugeschnittenem Holz für das Gehäuse und die Bälgekammer herangeschafft und in welcher Weise er es gelagert hatte. Gerade wollte er den Schlüssel für die Nebenpforte aus der Tasche ziehen, da wurde die Tür von innen geöffnet. Heraus trat ein gar lustig anmutendes Paar: der lange, hagere Vorsteher Greif und der kleine, rundliche Bürgermeister Mäcke.

„Ah, unser junger Orgelmacher!" sagte Mäcke freundlich. „Auch auf dem Weg, den Stand der Dinge zu erkunden? Du wirst zufrieden sein. Meister Übermann hat schon fleißig eingelagert. Akkurate Ware, sage ich dir! Über seine Bretter könnte man ohne Hosenboden rutschen, man zöge sich kein Splitterchen ein – hahaha. Und wie steht's bei dir? In den nächsten Tagen wollte ich dich mal besuchen."

„Das würde mich freuen, Herr Bürgermeister."

„Wann, glaubst du wohl, wirst du das Werk vollendet haben?"

„Gegen Ende des Winters, wenn nicht etwas Unvorhergesehenes mich zu einer Pause zwingt."

Vorsteher Greif warf rasch ein: „Der Herr Bürgermeister wollte sich vergewissern, daß Kirche und Stadt alles tun, um das Werk zu fördern. Du kannst doch bestätigen, daß es so ist?"

Silbermann mußte lächeln. Der Vorsteher wollte sich für den Fall des Unvorhergesehenen den Rücken decken, vielleicht zwickte ihn auch ein wenig das Gewissen. Vorsichtig entgegnete darum der Meister: „Laufen die Dinge weiter so wie bisher, bin ich zufrieden."

„Die Stadt ist dir zu großem Dank verpflichtet, Gottfried", sagte Mäcke. „Irgendwie wird sie sich schon erkenntlich zeigen."

„Ach, was soll das, Herr Bürgermeister! Eine gute Tat darf nicht nach Erkenntlichkeit fragen, sonst verliert sie ihren Sinn. – Doch nun erlaubt, ihr Herren!" Er nickte den Männern freundlich zu und durchschritt die Pforte.

10

Man schrieb den 8. Oktober 1710. Wieder reiste Gottfried Silbermann mit einer Extrapost nach Freiberg – diesmal frohen Mutes und in beruhigender Gewißheit, wie sie ein Mensch empfindet, der sich nach langer Irrfahrt seinem Ziele nahe weiß.

Ja, er war seinem Ziele nahe, das Papier in der Tasche machte es ihm immer wieder bewußt. „Ihr werdet ersucht, Euch den 8. Oktober am Nachmittag zum Abschluß des Kontraktes anher einzufinden." Das stand in dem Brief, den er vor wenigen Tagen vom Rat der Stadt erhalten hatte. Ein erfreulich klares Wort!

Auf dem Obermarkt angekommen, begab sich Silbermann gleich ins Rathaus. Wieder ließ er sich durch den alten Schreiber bei Bürgermeister Albert melden, und wieder mußte er eine Weile warten, ehe er vorgelassen wurde.

Diesmal ging das Gespräch im Amtszimmer des Bürgermeisters vor sich. In einer Ecke stand ein runder

Tisch mit einer Anzahl hochlehniger Sessel. Dort saß schon Kämmerer Seyfried, geschäftig in einer Akte blätternd.

„Gott zum Gruß, Meister!" empfing ihn Martin Albert freundlich, ihm einige Schritte entgegengehend. „Ich freue mich über den günstigen Ausgang der Sache. Was wir heute tun, bedarf wohl keiner Debatte mehr, auch Euer nachgereichter Vorschlag hat unsre Zustimmung gefunden. Die beiden Exemplare des Kontraktes sind schon vorbereitet, lest sie gründlich durch. Bitte …!"

Seyfried erhob sich halb und reichte Silbermann flüchtig die Hand, ohne ihn dabei anzublicken. Mit den Worten „Wenn es beliebt!" schob er ihm eine dünne Mappe zu.

Da las denn der Meister, daß er sich verpflichte, ein neues Orgelwerk kunstmäßig zu verfertigen gemäß den vorgezeigten und übergebenen Unterlagen. Er verpflichte sich auch, mit den Materialien, die ihm zur Verfertigung des Werkes anvertraut würden, aufrichtig umzugehen und darauf zu achten, daß davon nichts mutwillig verdorben oder entwendet werde. Als Erbauungs- und Lieferzeit war angegeben: von Weihnachten 1710 an binnen zwei Jahren.

Die Kontrahenten versprachen, die zur Verfertigung des Orgelwerkes benötigten Materialien zur Verfügung zu stellen, ihm im sogenannten Regimentshaus freies Logiament zu geben für ihn, Gesellen und Gesinde, für alle ihre Arbeit, Mühe und Verrichtungen, wie auch für Kost, Lager und alles andere Bedürfnis eintausendfünfhundert Taler zu den von ihm angegebenen Bedingungen zu zahlen. Im übrigen verpflichteten sie sich, das Gehäuse für die Orgel wie auch die zu dessen Ausstaffierung und Befestigung benötigten Bildhauer-, Maler-, Tischler- und Schlosserarbeiten sowie den Umbau des Orgelchores auf ihre Kosten fertigen zu lassen.

Silbermann unterschrieb nicht gleich. „Warum eigentlich Erbauungszeit ausgerechnet von Weihnachten ab, Herr Bürgermeister? Es ist ein ungewöhnlicher Zeitpunkt."

„Wir wissen, daß Ihr noch mit dem Frauensteiner Werk beschäftigt seid. Deshalb haben wir davon abgesehen, den Beginn der Arbeit auf den Zeitpunkt des Kontraktabschlusses festzusetzen."

„Dafür weiß ich Euch Dank. Es gilt!" Silbermann unterschrieb die beiden Exemplare des Vertrages, seinem Namen fügte er die Bezeichnung „Orgel-Macher" hinzu.

Nun unterzeichnete auch Martin Albert. „So wäre denn die langwierige Sache endlich zu einem guten Abschluß gelangt", sagte er, während er Silbermann ein Exemplar überreichte. Ein wenig feierlich fügte er hinzu: „Möge unsre Zusammenarbeit weiter fruchtbar sein! Möge Euch das Werk gut gelingen!"

„Ich werde mein Bestes geben, Herr Bürgermeister."

„Dessen bin ich gewiß. Kontraktgemäß erhaltet Ihr nun die erste Rate von hundert Talern. Bitte, Herr Seyfried."

Der Kämmerer stellte ein gefülltes Ledersäckchen auf den Tisch, legte eine vorbereitete Quittung dazu. „Bitte nachzuzählen und zu unterzeichnen." Kaum hatte Silbermann unterschrieben, fuhr er fort: „Ich schlage Euch vor, Ihr zieht Mitte Dezember nach Freiberg ins Regimentshaus um. Bis dahin haben wir das Haus in einen guten Stand versetzt."

„So sehr eilt das nicht, Herr Kämmerer. Bei Schnee und Kälte umzuziehen, wäre ein Unding. Ich warte damit bis März des nächsten Jahres. Ihr habt also gut Zeit. Inzwischen werde ich …"

„Nach dem Kontrakt seid Ihr aber gehalten, zu Weihnachten mit der Arbeit für das Werk zu beginnen, und das kann nur in Freiberg sein. Ihr erwartet doch nicht, daß wir das Material erst nach Frauenstein senden?"

„O nein, das erwarte ich nicht, auch das wäre ein Unding. Seht, die Arbeit für das Orgelwerk beginnt nicht mit dem Bearbeiten des Materials, sondern mit Berechnungen und ..."

„Diese habt Ihr bereits an uns eingereicht", unterbrach ihn Seyfried ungeduldig. „Und weitere sind Euch wohl schon zur Hand."

Silbermanns Brauen zogen sich drohend zusammen. Grollend entgegnete er: „Herr Kämmerer, Eure Einwände setzen mich in Erstaunen. Sollten sie darauf hinausgehen, mir ..."

„Es ist meines Amtes, dafür zu sorgen, daß der Kontrakt von Anfang an wortgetreu erfüllt wird. Beginnt Ihr erst im März mit der Arbeit, gibt es einen enormen Verzug."

„Herr Bürgermeister, ich bitte dafür zu sorgen, daß Herr Seyfried mich meine Erläuterungen ungestört vornehmen läßt."

Jäh erhob sich der Kämmerer. „Ich halte mich an das Wort des Kontraktes, und dieses ist klar. Für mich bedarf es deshalb keiner Erläuterung mehr. Erlaubt, Herr Bürgermeister." Ohne eine Antwort abzuwarten, eilte er zur Tür.

Martin Albert rief ihn nicht zurück. „Verübelt es ihm nicht, Meister. Er hat es noch nicht überwunden, daß man seinen Sparsamkeitssinn verletzte und dazu noch Euch als einem in so großen Werken Unerfahrenen – wie er meint – vor altrenommierten Bewerbern den Zuschlag gab. Auch ich muß bekennen, daß ich nicht recht weiß, wie Ihr es zuwege bringen wollt, mit dem Bau des Werkes Weihnachten zu beginnen, wenn Ihr erst im März umzieht. Ihr habt doch in Frauenstein das Material nicht zur Hand, und die Vorarbeit ist schon geleistet."

„Soweit es meine Arbeit im Rahmen der Bewerbung angeht, Herr Bürgermeister. Mit der Vorbereitung der Details sowohl für mich als auch für die Zubringer aber mußte ich warten, bis ich den Auftrag, den Kontrakt, fest in den Händen hatte, was heute erst geschehen ist. Ihr werdet verstehen, daß ich nicht das Risiko auf mich nehmen konnte, eine solche Riesenarbeit ins Ungewisse hinein vorzunehmen. Mit dieser Arbeit muß ich zum Termin beginnen. Das kann ich aber in Frauenstein erledigen, dazu brauche ich nicht im Winter umzuziehen. Die Sorge, daß ich den Kontrakt verletze, ist also unbegründet."

„So haben wir es allerdings nicht gesehen. Wir waren in der Tat der Meinung, daß Ihr alles fix und fertig vorliegen haben würdet. Daß Ihr ein Risiko sehen mußtet, daran haben wir nicht gedacht. Der Rat hätte Euch zu Beginn der Arbeit hier ersucht, die Unterlagen an die von ihm zu beauftragenden Handwerker und Lieferanten abzuliefern. Kommt Ihr denn mit dem Termin zurecht, wenn Ihr erst Weihnachten mit dieser Arbeit beginnt?"

„Ich komme damit zurecht. Voraussetzung ist freilich, daß das für meine Werkstatt bestimmte Material gemäß meiner dem Rat schon übergebenen Spezifikation – vor allem das Zinn, Blei und Wismut – schnell zur Hand ist, wenn ich umgezogen bin, daß auch dessen Güte gewährleistet ist."

„Ich werde Herrn Seyfried daran erinnern."

„Zeit, es zu besorgen, ist genug vorhanden. Eine weitere Voraussetzung ist, daß die Abriß- und Umbauarbeiten an der Orgelempore zeitgerecht vor sich gehen. – Glaubt Ihr, Herr Bürgermeister, daß die Gegner des Projektes für die Dauer Ruhe halten werden? Herrn Seyfrieds Art vorhin hat mir zu denken gegeben."

Leichthin winkte Albert ab. „Aus seiner Art braucht Ihr nicht auf eine Rührigkeit dieser Leute gegen das Projekt oder gar gegen Euch zu schließen, Meister. Seit ihrer Niederlage in der Ratsversammlung ist es bei ihnen still geworden. Freilich, das Mißtrauen gegen Eure Kunstfertigkeit ist bei einzelnen noch wach, wie ich aus Gesprächen weiß. Einer von ihnen ist eben auch Herr Seyfried. Ich bin jedoch gewiß, daß Ihr sie eines Bessern belehren werdet."

„Das werde ich tun."

Als der Meister das Rathaus verlassen wollte, hielt ihn ein junger Mann an; er war einfach, aber sauber gekleidet, trug das Haar kurz geschnitten wie ein Page. „Pardon! Herr Silbermann?" erkundigte er sich freundlich.

„Der bin ich."

„Ich heiße Johann Krauße. Herr Elias Lindner hat mir aufgetragen, Euch zu bitten, zu ihm in den Dom zu kommen, dort zeichnet er."

Silbermann nickte ihm dankend zu.

II

Warum man dem Dom ein so schlichtes Aussehen gegeben habe, wollten immer wieder Besucher der Stadt in den „freien Bergen" wissen. Das winzige Türmchen auf der Giebelspitze des Langhauses sei eine gar zu geringe Zier, und das, was man an der Westseite des Hauses als Türme bezeichne, seien doch nichts weiter als Stümpfe. Weil der Dom damals nicht fertig geworden sei, wurde ihnen zur Antwort, damals, vor zweihundert Jahren, zu Anfang des 16. Jahrhunderts. Vielleicht habe das Geld nicht gereicht, um die Türme über die Höhe des Langhauses hinauszuführen. Man möge berücksichtigen, daß die Kirche von Sankt Marien – so habe das Gotteshaus geheißen, ehe es 1480 zum Dom erhoben worden sei – bei dem großen Stadtbrand von 1484 schwerste Schäden davongetragen habe, so daß das Langhaus vollkommen neu erbaut werden mußte. Nur das Chor aus der Zeit Ende des 14. Jahrhunderts sei damals erhalten geblieben.

Aber das Innere des Doms biete viel Sehenswertes. Da sei die „Goldene Pforte" aus dem 13. Jahrhundert, ein gewaltiges Bildhauerkunstwerk aus Stein, mit überaus reichem, geheimnisvollem, in seiner Bedeutung noch nicht enträtseltem Figurenwerk, es habe die Brandzeiten gut überstanden. Da sei, aus weißem Tonstein gemeißelt, die eigentümliche Tulpenkanzel aus dem Anfang des 16. Jahrhunderts mit dem am Fuße sitzenden Bergbauheiligen Daniel und dem die Leiter tragenden Knappen. Der Volksmund nenne sie auch „Teufelskanzel", weil 1538 auf ihr ein Pfarrer plötzlich zu Tode gekommen sei. Fast daneben befinde sich die Bergmannskanzel von 1638, die, wie es schiene, ein stehender Bergmann auf dem Haupte trage. Wieso absonderlich? Es sei doch die Kirche einer alten Bergstadt, und die Menschen sähen von jeher das Wesen ihres Schaffens auch gern lebendig in geweihter Stätte dargestellt. Noch manches andere an Kunst aus Stein und aus Holz könne das Auge hier bewundern, zum Beispiel Grabdenkmäler von hochgestellten Persönlichkeiten und die aus Eiche geschnitzte Kreuzigungsgruppe aus alter Zeit, die schon ihrer großen Maße wegen Aufmerksamkeit verdiene. Freilich, ganz früher, vor der Reformation, habe noch mehr an kunstvollem Holzwerk in der Kirche gestanden, an den Säulen zum Beispiel überlebensgroße Gestalten der Apostel, der klugen und törichten Jungfrauen, doch nach der Reformation habe man sie von ihren Plätzen genommen und in die sogenannte Götzenkammer gesperrt, wo sie sich noch immer befänden. Immerhin – zum andachtsvollen Beschauen und Bedenken gäbe es in dieser Kirche noch genug Gelegenheit. Auch das hohe Netzgewölbe mit den es tragenden schlanken Steinpfeilern sei sehenswert. Man werde leicht erkennen, daß es sich um eine Hallenkirche handele, denn das Langhaus sei von den Seitenschiffen kaum getrennt.

Gottfried Silbermann nahm sich nicht die Muße, die Domkirche näher zu betrachten. Er kannte sie aus seiner Jugendzeit, und erst vor einigen Monaten, anläß-

lich der Raumaufnahme, hatte er sie besichtigt. Durch
den Haupteingang trat er in die sich zwischen den beiden Turmstümpfen befindliche Vorhalle ein. Die Türen links und rechts, die zu den Emporentreppen führten, waren verschlossen, die geradeaus zum Schiff aber
war weit geöffnet. Kühle und der Geruch, der lange
eingesperrtem Stein und Holz eigen ist, schlugen ihm
entgegen. In dem breiten Gang zwischen den Bankrei-
hen standen – das Gesicht zur Westwand hingewandt
– zwei Männer. Der kleinere, jüngere war Elias Lindner. In der Linken hielt er eine Zeichenmappe, mit der
Rechten beschrieb er, dem anderen etwas erklärend,
zur Empore hinauf imaginäre Figuren. Dieser andere
war Superintendent Doktor Christian Lehmann.
Die Männer hatten den Eintretenden gleich wahrge-
nommen. Lindner unterbrach seine Tätigkeit und
winkte ihm zu. „Ist alles gut gegangen?" fragte Lindner,
kaum daß sie sich begrüßt hatten. „Ich meine, ist der
Kontrakt unterzeichnet?"
„Ja, er ist unterzeichnet."
Da legte Lehmann beide Hände auf Silbermanns Schultern und sagte feierlich: „Dem Herrn sei Dank! Es ruhe
sein Segen auf Eurem Werk, lieber Meister! Er gebe
Euch Kraft, das Große in der rechten Weise zu vollbringen, so wie er uns die Kraft gab, alle Widerwärtigkeiten aus dem Weg zu räumen."
„Ich sage Euch noch einmal Dank, hochwürdiger Herr,
und verspreche Euch, mein Bestes zu geben."
Lehmann nickte bedeutungsvoll. „Ich vertraue Euch,
sonst hätte ich mich nicht für Euch entschieden. Wann
werdet Ihr mit der Arbeit beginnen?"
„Dem Kontrakt gemäß Weihnachten dieses Jahres." Silbermann legte das Nähere dar, so wie er es dem Bürgermeister erläutert hatte. Über Seyfrieds Verhalten
äußerte er sich nicht.
Der Superintendent war zufrieden. Mit einigen freundlichen Worten verabschiedete er sich.

Als sie allein waren, sagte Lindner: „So wie der Herr Superintendent hatte auch ich Sorge, daß im letzten Augenblick noch Schwierigkeiten eintreten könnten. Deshalb bat ich Euch durch Johann Krauße zu mir. Ich wollte das Ergebnis aus Eurem Munde hören."

„Seid Ihr mit diesem jungen Mann befreundet?"

„Ja. Er ist Stuhlschreiber in der Stadtkämmerei, Untergebener des Herrn Seyfried, aber nicht dessen Parteigänger. Ich fördere seinen Nebenverdienst. Er gibt noch Unterricht in Schreiben und Rechnen, um sein kärgliches Einkommen ein wenig aufzubessern. – Nun will ich Euch noch etwas zeigen." Lindner schlug seine Mappe auf, zog aus einer Anzahl Zeichnungen eine hervor und überreichte sie dem Meister. Es war der Entwurf eines Orgelprospektes.

„Für …?" Silbermann deutete flüchtig zur Empore hinauf.

„Ja, für das neue Instrument. Es ist der dritte, allerdings auch noch grobe Entwurf. Mir geht es hier zunächst um das architektonische Ganze. Der Prospekt soll den mittleren Teil der Wand, noch über die beiden Pfeiler links und rechts hinausragend, einnehmen, also die Seite des Haupteingangs beherrschen. Oben soll er das Gewölbe berühren. Das ist doch auch in Eurem Sinn?"

„Aber ja!" stimmte Silbermann eifrig zu. „Es ist doch gut Platz, das Werk derart in die Höhe zu führen."

„Die ersten Entwürfe fertigte ich bereits, ehe ich Eure Bewerbung zu Gesicht bekam. Ich wollte es von Anfang an ohne Rückpositiv probieren und baute auch ein entsprechendes Modell. Als ich mir dann die Eurer Bewerbung beigegebenen Pläne vornahm, sah ich sofort, daß Ihr meiner Empfehlung nachgekommen wart. Ihr hattet erkannt, worauf es mir ankam: ein Oberwerk gewissermaßen als Kronpositiv auf das oben von Balkenwerk abgeschlossene Mittelstück aufzusetzen, das Ganze also in die Höhe zu führen. Ihr hattet es mir leicht gemacht, ich brauchte nicht viel zu ändern, um den überraschend großen Maßen Eurer Disposition gerecht zu werden."

„Die Gemeinsamkeit unserer Auffassung freut mich, Herr Lindner. Doch sagt, sollen die Pedaltürme zu beiden Seiten des Mittelstücks wirklich so wenig hervortreten, oder erscheint das in der Zeichnung nur so?"

„Der scharfe Blick des Meisters entdeckt doch gleich etwas Wesentliches! In der Tat, ich will absehen von der üblicherweise stark hervortretenden Form dieser Türme, sie sollen sich hier nur als zurückhaltend vorgewölbte Felder zeigen. Auch auf Spitztürme verzichte ich, wie Ihr seht. Mir liegt daran, den Prospekt in die würdevolle und ernste Gesamtarchitektur des Hauses harmonisch einzufügen. Meister Schnitgers Manier zum Beispiel oder gar die süddeutsche würden hier nicht passen."

Silbermann war Lindners Überlegungen mit Skepsis gefolgt. Nach einer Weile sagte er: „Gewiß, die sehr lebendige Art Schnitgers oder gar der süddeutsche Prunk wären hier nicht angebracht, doch wird das alles hier –", er tippte mit dem Finger auf die Zeichnung, „– nicht gar zu flach und nüchtern wirken? Wir verzichten ohnehin schon auf räumliche Tiefe."

„Ich setze aber doch noch Schmuck auf, Meister, in der Zeichnung ist er nur angedeutet. Dadurch werden Fläche, Flanken und Oberbau lebendiger. Ernst und Würde möchte ich auf alle Fälle wahren."

Silbermann schaute zur alten Orgel hinauf, ließ den Blick von dort prüfend durch das hohe Schiff, über dessen Ausstattung schweifen. Dann sagte er: „So mag es angehen. Entwerft Ihr auch die neue Chorempore?"

Lindner nickte eifrig. „Ehe heute der Superintendent kam, habe ich an Ort und Stelle schon die Maße genommen und die erste zeichnerische Vorarbeit geleistet. Ich will sie Euch nicht zeigen, denn sie besagt noch nicht sehr viel. Doch meine Gedanken sollt Ihr wissen: Die Empore wird nach Osten bedeutend erweitert und eine dreimal nach innen geschwungene Balustrade besitzen. Von hier, vom Schiff aus gesehen, ergibt das ein harmonisches Gegenstück zu Eurer Orgel – zu dem dreimal nach vorn geschwungenen oberen Abschluß der Pedaltürme und des Mittelstücks." Mit dem Finger fuhr er auf der Zeichnung diesen Bogen nach.

„Prächtig, ganz prächtig!" lobte Silbermann.

„Der Rat wünscht von mir auch eine Liste jener Handwerker und Künstler, die sowohl für den Bau der Empore als auch des Orgelgehäuses und der Bälgekammer in Betracht kommen könnten. Wer die Bauführung übernehmen wird, hat der Rat allerdings noch nicht entschieden. – Wann gedenkt Ihr umzuziehen?"

„Wohl Ende März. Bis dahin bereite ich vielerlei vor: Aufstellungen für das notwendige Zubehör, Detailzeichnungen für Kleinteile, die beispielsweise der Drechsler, der Schmied und der Gießer liefern müssen, und dergleichen mehr. Ich sende alles an den Rat – noch ehe ich nach Freiberg umziehe. Ich bin ja gehalten, zu Weihnachten mit der Arbeit zu beginnen."

„Nehmt es ja genau!" sagte Lindner, in gemachtem Ernst mit dem Finger drohend. „Doch kommt Ihr da mit Eurem Werk in Frauenstein zurecht?"

„Ich bin zuversichtlich, hoffe, daß ich Mitte Januar beginnen kann, es zu stimmen und zu intonieren. An der Vorarbeit für das hiesige Werk kann ich nebenher ohne Schwierigkeit schaffen."

Sie unterhielten sich noch eine Weile, dann brach Silbermann auf. Lindner versprach ihm, ihn über alles zu unterrichten, was sich an Wesentlichem in der Sache noch ergeben werde. „Und die Unterlagen Eurer Vorarbeit schickt am besten an Bürgermeister Albert persönlich", schlug er vor.

12

Der Herbst hatte sich freundlich angelassen, hell und warm war er bis weit in den Oktober hinein. Das hatte auch Silbermanns Arbeit in der Kirche und in der Werkstatt gefördert. Die Bälgekammer samt den beiden Bälgen stand im wesentlichen fertig da.

Als der Meister sich an einem Nachmittag wieder an der Baustelle einfand, taten Daniel Übermann und Ahnert gerade die letzten Hammerschläge für den Windkanal, der von der Bälgekammer aus bis zum Anschluß an die künftigen Windkästen führte.

„Habt ihr gut gemacht!" lobte Silbermann, nachdem er die Arbeit geprüft hatte. „Nun können wir gleich noch den Grundriß fürs Gehäuse deutlicher markieren." Nach den Weisungen des Bauplanes gingen sie mit einer langen Meßlatte und Kreide an die Arbeit.

Erst am Abend kam Gottfried nach Hause, er hatte noch einige Zulieferer besucht, um das Kleinzeug abzurufen, das sie zum Bau des Gehäuses brauchten.

Der Vater empfing ihn gleich mit einer wichtigen Nachricht: „Am Nachmittag war ein Bote da aus Leipzig. Kantor Kuhnau hat ihn geschickt. Du sollst am 20. November dort sein."

„Ah! Also doch im November! Ich hab' geglaubt, die Sache zöge sich weiter in die Länge."

Da sagte der Vater ernst: „Vielleicht hast du mit dem Freiberger Termin zu Weihnachten doch einen Fehler gemacht, hättest einen späteren Zeitpunkt aushandeln müssen. Wie willst du denn das schaffen? Gut, Frauenstein kannst du unterbrechen, aber Freiberg und Leipzig hast du dennoch auf einmal."

„Ich werde nicht gleich im November beginnen. Erst ist das Werk nur zu prüfen, dann ist der Anschlag zu machen, dann erst wird der Termin beschlossen. Ich lass' mich nicht darauf ein, im Winter dort mit der Arbeit anzufangen. Dann bedenke: Es ist doch nur eine Reparatur."

„Aber Freiberg bleibt, und du hast erlebt, wie sehr sie dich drängen. Da fehlt dir doch jeder Tag."

„Zwei Jahre sind eine gute Zeit, wo ich dazu die Vorarbeit bereits in den nächsten Tagen beginne. Da kann ich in Leipzig schon ein paar Wochen zwischendurch riskieren."

Seufzend schüttelte der Vater den Kopf. „Ein paar Wochen – ich weiß nicht, ich weiß nicht ... Du hast schon mal von Monaten gesprochen."

Doch auch über diesen Einwand ging Gottfried leicht hinweg. Den Alten auf die Schulter klopfend, sagte er: „Mit Tatkraft und Klugheit ist vieles zu schaffen. Laß mich getrost gewähren, Vater, ich finde schon den richtigen Weg."

Was sich dann in den Novembertagen in Leipzig begab, hatten weder die Eltern noch Gottfried vorausgesehen, auch der Universitäts-Musikdirektor und Thomaskantor Kuhnau und das Professoren-Konzilium hatten nicht damit gerechnet.

Daß die Besichtigung der Pauliner-Orgel nicht einen glatten Weg nehme, dachten sich die Eltern erst, als Gottfried nach fünf Tagen noch nicht zurückgekommen war. Ihre Sorge wuchs ständig. Sie wurde nicht geringer, als Gottfried sich endlich am Abend des neunten Tages wieder einfand, im Gegenteil, fast kam es zu einem Zerwürfnis.

„Was ich da mit der Pauliner-Orgel vorgefunden hab', ist nichts weiter als ein Haufen verkommenen Metalls, geplatzten und verzogenen Holzes", begann Gottfried zu berichten. „Die Stimmen taugen samt und sonders nichts, die Pfeifen klingen heiser und spröde, viele haben Löcher, sind notdürftig mit Blei geflickt, um manche hat man sogar Reifen gelegt. Der Salpeter hat die meisten angefressen, vor allem ihre Füße. Ach, der Ibach! Er hat von Anfang an so viele Fehler in das Werk gebaut, daß die beiden Compensius, die es dann fertigstellten, kaum noch was ausrichten konnten. Und nur wenig älter als achtzig Jahre ist das Werk! Kein Wunder, daß die Leute sagen, es sei verflucht, der Teufel sitze drin. Eine ganze Teufelsfamilie sitzt da drin! Dreimal hab' ich es untersucht, dann hab' ich abgelehnt, es zu reparieren. Es käme ja doch nur ein übles Flickwerk raus. Kuhnau und die Herren Professoren waren schockiert. Dann ist der Kantor mal mit mir ins Gehäuse gekrochen, na, und da hat er's endlich eingesehen."

„Recht so!" stimmte der Vater zu. „Flickwerk ist immer eine üble Sache, kann gar leicht das Renommee verderben. Ich bin froh, daß du's aufgegeben hast."

„O nein, aufgegeben hab' ich's nicht. Ein neues Werk hab' ich ihnen angeboten, ein größeres, der Reputation des Ortes angemessen. Der Anschlag ist schon in ihren Händen, den hab' ich gleich im Quartier gemacht. Ich meine, sie kämen besser weg, wenn sie …"

„Was – was hast du da gemacht?" fuhr der Vater dazwischen. „Ein neues Werk? Jetzt ein neues Werk? Wo du noch nicht mal mit dem Freiberger angefangen hast? Ja, wie hast du dir denn das gedacht?"

„Es würde gehen, ich hab' mir das genau überlegt. Wenn ich …"

„Das ist Strebsucht!" rief der Vater zornig aus. „Das geht doch über eines Menschen Kraft und führt zur Schluderei! Du ruinierst dich und deinen Namen, noch eh' du ihn gewonnen hast!"

Gottfried begehrte auf: „Ach, was redest du da! Es kommt doch darauf an, wie ich es packe. Nach dem alten Zopf geht's freilich nicht, so etwa, daß jeder Geselle nacheinander an allem seine Hände hat – am Holz, am Metall, am Zusammenbau. Ganz anders teile ich das ein. Ein jeder kriegt sein bestimmtes Gebiet, eines, das ihm am besten liegt. Da geht die Arbeit bald rasch von der Hand und bleibt doch präzis. So leistet er um vieles mehr und …"

„Das ist doch Narretei! Erst mußt du mal die Leute finden, dann mußt du sie anlernen für das bestimmte Gebiet, dann mußt du erst probieren, ob das alles richtig
einschlägt – und dabei läuft dir die Zeit davon mit
sämtlichen Terminen. Du hast doch noch keine ausge-
baute Werkstatt, noch keinen alten Stamm erfahrener
Gesellen. Du mußt doch in Freiberg noch arbeiten
nach dem, was du alten Zopf heißt, wenn du auch nur
mit diesem einen Werk termingerecht zu Rande kommen willst. Sieh das doch ein!"
„Vater hat recht, Frieder!" sagte die Mutter beküm-
mert. „Mach die Sache rückgängig oder sieh zu, daß du
sie verschieben kannst. Wenn du in Freiberg mit der
Arbeit fertig bist …"
Da stieß Gottfried erregt hervor: „Ach, wie eng ihr
doch denkt! Stets nach dem alten Trott! Jedes Wagnis
ist euch fremd. So kann man aber nichts Großes gewinnen." Und er stürmte hinaus.
„Auch das Wagnis braucht Vernunft!" schrie der Vater
ihm nach. Stöhnend setzte er sich. „Das muß man sich
nun sagen lassen – von seinem eignen Sohn! – – Er
will zu hoch hinaus, und dabei fehlt ihm noch der Boden. Das schafft er nicht, das kann er gar nicht schaffen."
„Ich hoffe noch, daß er den Auftrag nicht erhält."
Gequält lachte der Alte auf. „Ja, soweit sind wir nun!
… daß er den Auftrag nicht erhält."
Vater und Sohn gingen sich lange Zeit aus dem Weg.
Es dauerte Wochen, ehe sie wieder ins alte Verhältnis
kamen. Daß es überhaupt geschah, war der Mutter zu
verdanken, die sich unablässig darum bemühte. Von
der Pauliner-Orgel sprachen sie jedoch nicht mehr. Es
gab auch keinen Anlaß dazu, denn weder Johann Kuhnau noch das Professoren-Konzilium ließen in diesen
Wochen etwas von sich hören.

13

Das neue Jahr hatte mit viel Schnee und heftigem Frost begonnen. Es war, als wollte es die Menschen entgelten lassen, daß sie bis in den Dezember hinein an Wohltaten der Natur mehr empfangen hatten, als der Jahreszeit gemäß war.

Das Orgelgehäuse in der Frauensteiner Kirche stand. Auch der Bildhauer hatte seine Arbeit getan. Silbermann und seine Gesellen waren dabei, die Windeinrichtung und das Eingebäude einzubringen, es würden dann die Pfeifen folgen.

Meister Übermanns Hauptarbeit war getan. Er putzte und hobelte noch an diesem und jenem – an der Balustrade der Empore, am Fußboden, an den Gestellen der Bälge, fettete auch das Leder der Bälge noch einmal ein.

Es wurde frühzeitig dunkel an der Baustatt. Nur mit Hilfe zahlreicher Laternen konnten sie die Arbeit fortführen bis zum späten Nachmittag.

Wieder einmal – es war der siebente Tag des Jahres 1711 – stellte sich Pfarrer Weber ein, diesmal in Begleitung von Vorsteher Greif. Silbermann und seine Gesellen standen vor einem Holzkohlebecken, hielten die klammen Hände darüber.

„Ach ja, der Frost zwickt gar zu sehr", klagte der Pfarrer, sich den Pelz fester um den Körper ziehend. „Erstaunlich, daß ihr es hier noch aushalten könnt."

„Wir haben euch was mitgebracht – zum inneren Erwärmen", sagte der Vorsteher rasch, und er zog aus den Taschen seines Umhangs zwei Flaschen hervor. Ihm lag daran, die Männer bei guter Laune zu halten, damit das Werk keine Unterbrechung erfahre.

Silbermann nickte dankend. „Stellt sie dort an die Säule! Wir haben erst vor einer Stunde eingeheizt." An der Säule standen schon zwei Flaschen.

Klauer nahm dem Vorsteher die Mühe ab, brachte die

bauchigen Gefäße an den rechten Ort. „Ist schon eine gute Schmiere", sagte er grinsend. Mit dem Mundwerk war er immer voraus.

„Trotzdem – trotzdem!" Der Meister zog die Stirn in Falten. „Hält's an, werden wir wohl unterbrechen müssen. Das Gefühl geht mit der Zeit aus den Händen, und da leidet die Akkuratesse."

„Wie wär's mit einem zweiten Kohlebecken – im Gehäuse?" fragte Greif.

Mitleidig, fast spöttisch, lächelte Silbermann. Doch ehe er antworten konnte, sagte Pfarrer Weber: „Tu nur nach Gutdünken, Gottfried! Lieber ein kleiner Verzug als kranke Meister und Gesellen." Er blickte zum Gehäuse hin, dessen Bretter in der Dämmerung matt leuchteten. „Mit dem Bisherigen bist du doch zufrieden?"

„Ja, wir sind gut im Geschick. Grad bauen wir die kleineren Pfeifen ein."

„Prächtig – prächtig! Ist noch irgend etwas zu bestellen?"

Silbermann verneinte. „Es wäre noch der Maler, doch das hat Zeit. Sorgt aber für einen guten Kalkanten. Der Junge muß kräftig sein, ernst und geduldig. Er wird für vier, fünf Wochen die Bälge treten müssen, wenn ich stimme und intoniere."

„Rektor Leipoldt hat sich eines solchen schon versichert. Es ist der Sohn des Hufschmieds Ihle."

„Hat er ihm auch eine Entlohnung zugesagt?"

Da fragte Vorsteher Greif erstaunt: „Eine Entlohnung? Für den Jungen? Aber es ist doch gewöhnlicher Kirchendienst."

„Harte Arbeit ist's, Herr Vorsteher, und eine solche fordert ihren Lohn, ob sie nun ein Junge leistet oder ein Erwachsener. Stellt Euch nur mal eine Woche auf die Tritte und stampft! Ich setze drei bis vier Taler an."

Herr Greif preßte die Lippen zusammen und wandte

sich ab. Er ging ohne Gruß. Pfarrer Weber schloß sich ihm gleich an, doch er nickte erst den Männern freundlich zu.

Der Frost wurde härter, die Männer mußten die Arbeit an der Orgel wirklich unterbrechen. Gottfried schickte die Gesellen zu Meister Übermann, sie sollten diesem helfen, die Formen für die großen Freiberger Pfeifen und noch einiges Werkzeug fertigzustellen. Silbermann selbst zeichnete und rechnete für das Freiberger Werk. Es ging um Details für jene Meister, die als Zubringer mit an dem Werk zu schaffen haben würden. Manchmal stellte sich George ein und schaute aufmerksam zu. Rechnete Silbermann nicht gerade, erklärte er dem Jungen die Funktion einzelner Teile, hielt ihn auch zu Versuchen an, einfachere Skizzen nachzuzeichnen. Er freute sich über Georges Eifer. In den vergangenen Wochen hatte er ihn der Kälte wegen immer wieder nach Hause geschickt, wenn er in der Kirche bei der Arbeit zuschauen wollte.

Anfang Februar sandte Silbermann die seit Weihnachten angefertigten Zeichnungen und Aufstellungen an Bürgermeister Martin Albert in Freiberg und bat ihn, die Unterlagen den vom Rat vorgesehenen Meistern und Händlern zustellen zu lassen.

In diesen Tagen sprach Silbermann auch mit Übermann über die Gesellen. Ob er sie mit ihm nach Freiberg ziehen lassen wolle, fragte er ihn.

Der Tischler winkte gleichmütig ab. „Das ist doch wohl längst beschlossene Sache. Du hast ja schon halbe Orgelbauer aus ihnen gemacht. Glauben sie, sie seien unter sich, reden sie von nichts anderm. Vielleicht hol' ich meinen Konrad und den David zurück, ich komm' ja nun wieder ganz gut zuwege."

Mit einem Verzug von zwölf Tagen begann Gottfried wieder die Arbeit an der Orgel. Zwei Arbeitstage machte er zu einem, und die Gesellen wollten mithalten – gegen seinen Willen. „Bei mehr als elf Stunden

wird's zur Schinderei", erklärte er, „das kann ich nicht
leiden."

Klauer lachte keck und sagte: „Beim Meister wird's
doch aber auch zur Schinderei, und er leidet's dennoch."

„Fragen wir doch mal den Obermeister der Orgelbauer
drum!" schlug Ahnert vor.

Weit und breit gab es keinen Obermeister der Orgelbauer. Silbermann schnaufte und drohte in gemachtem
Ernst den Gesellen mit der Faust. „Ihr Schwerenöter!"
fuhr er sie an. „Wie könnt ihr euch gegen euren Meister stellen!" Es klang aber mehr Freude heraus als
Zorn.

So blieb es denn dabei: Die Gesellen hielten aus wie
der Meister. Zwei Wochen später begab sich Silbermann zu Rektor Leipoldt und bat ihn, ihm nun den
Kalkanten zu schicken, er wolle mit dem Stimmen und
Intonieren beginnen.

Als er an diesem Abend nach Hause kam, fand er auf
dem Küchentisch einen Brief vor. Dabei lag ein Zettel,
auf dem geschrieben stand: „Wir sind zu Michael gegangen. Deine Mahlzeit steht auf dem Herd." Das Siegel auf dem Brief zeigte die Initialen Johann Kuhnaus.

Hastig faltete Gottfried den Bogen auseinander. Und er
las:

„Lieber Meister! Ich bin tief betrübt, Euch eine ungute
Nachricht senden zu müssen: Die hochwerte Professo-
renschaft hat unlängst beschlossen, wohl ein neues Orgelwerk für Sankt Pauli bauen zu lassen, den Auftrag
jedoch dem hiesigen Meister Johann Scheibe zu überschreiben. Man hatte auch bei ihm eine Offerte einge-
holt, und diese stellte sich um vierundsiebzig Taler billiger als die Eure. Glaubt nicht, ich hätte diesem Lauf
der Dinge tatenlos zugesehen. Ich hielt den Herren
vor, die Summe, die Ihr nanntet, sei nur ein grober
Schätzpreis gewesen, und Ihr würdet auf Anfordern si-

cher genauer kalkulieren. Ich wies auch darauf hin, daß vierundsiebzig Taler bei einem so großen und in Aussicht stehenden guten Werk nur von geringer Bedeutung seien. Doch es ergab sich keine Mehrheit für Euch. Indessen war die Mehrheit der Ansicht: zum einen sei Sparsamkeit ein wichtiges Gebot, zum anderen sei der Ruhm, für Sankt Pauli ein neues Werk zu schaffen, mit Vorzug einem einheimischen Meister zuzubilligen, der dazu bereits Ruf und Namen besitze. Ihr wißt, daß ich Euer Vorhaben mit Skepsis aufgenommen hatte, dennoch setzte ich Vertrauen in Eure Kraft, es neben dem großen Werk in Freiberg glücklich zu schaffen. Um so ärger traf mich die Entscheidung des Konziliums. Ich vermag Euch nicht zu trösten, Euch jetzt auch keine andere Gelegenheit zu geben. Es wäre mir indessen eine Genugtuung, wenn Ihr an Eurem Werk in Freiberg zeigen würdet, daß es für die hiesige Stadt der Messen, der Musik und der Wissenschaft würdig und verdienstvoll gewesen wäre, Euch den Vorzug zu geben.

Seid meiner stetigen Anteilnahme an Eurer Arbeit gewiß.   Johann Kuhnau"

Bedächtig, als traue er der Festigkeit des Schemels nicht, setzte sich Gottfried. Er legte den Brief auf den Tisch, las ihn ein zweites und ein drittes Mal. Dann krümmte er die Finger, die den Bogen hielten, und zog diesen, ihn langsam zerknüllend, in die Faust.

Nein, er hatte im stillen nicht mehr mit dem Auftrag gerechnet, war im Laufe der Monate des Glaubens geworden, die sparsame Universität zu Leipzig habe von einem Orgelneubau abgesehen, wolle das alte Werk von einem anderen Meister doch noch einmal zusammenflicken lassen. Und nun …

Er hatte den Anstoß gegeben – ein anderer durfte aufnehmen und vollenden. Zwischen ihnen beiden standen vierundsiebzig Taler, Ruf und Name. Gequält lachte Silbermann auf. Ruf und Name! Freilich, damit

konnte er nicht prangen – noch nicht. „*Noch* nicht!"
schrie er und schleuderte den kleinen Papierballen hin
zum Herd. Dann murmelte er: „Du wirst Genugtuung
haben, Kantor Kuhnau."

Als die Eltern zurückkamen, saß Gottfried noch immer
sinnend am Tisch. Nur flüchtig blickte er auf. „Ihr
braucht euch wegen des Leipziger Auftrags nicht mehr
zu sorgen", sagte er ruhig. „Ich war den Herren nur
würdig für eine Reparatur." Langsam erhob er sich und
ging hinaus.

14

„Den hochedlen, hochweisen Rat erlaube ich mir untertänigst daran zu erinnern, daß ich zu Ende des Mo-
nats März, den 31., mit Werkstatt und zwei Gesellen das
mir zugesagte Quartier in dem sogenannten Regimentshaus zu beziehen gedenke. Ich bitte den Rat,
sich darum zu sorgen, daß die Räume für das Logiament, für Werkstatt und das Lager sich in einem diesem Zwecke entsprechenden guten Stand befinden.
Zugleich erlaube ich mir, untertänigst daran zu erinnern, daß die vereinbarten Konditionen besagen, bei
Beginn der Arbeit dortselbst hundert Taler an mich zu
zahlen …"

Gottfried hatte schon zwei Wochen lang in der Frauensteiner Kirche Pfeifen gestimmt und intoniert, als er
diesen Brief an den Rat zu Freiberg schrieb. Auch Elias
Lindner kündigte er sein Kommen an, und er fügte die
Bitte hinzu, sich doch nach einer Haushälterin für ihn
umzusehen, die im Kochen und Flicken gut bewandert
sei und genug Courage besitze, mit drei, später auch
mehr Männern fertig zu werden. Der Meister nahm
diese Ankündigung erst vor, als er den weiteren Verlauf der Arbeit an dem Frauensteiner Instrument verläßlich zu überblicken und deren Abschluß sicher zu

bestimmen vermochte. Zweihundertsechzig Pfeifen waren das Ergebnis von zwei Wochen fleißigen Schaffens, für die übrigen dreihundertneunzig würde er also noch drei Wochen brauchen. Er hatte dann noch wenige Tage Zeit, um den Umzug nach Freiberg vorzubereiten.

Mit dem Sohn des Hufschmieds Ihle hatte Rektor Leipoldt einen guten Kalkanten ausgewählt. Der Junge war aufgeweckt, kräftig, willig und geduldig. Schnell hatte er begriffen, worum es ging. Stets hielt er die Bälge in der rechten Höhe, um dem Meister genügend Wind zu geben, stets ging er schnell auf die Signale des Meisters ein, wenn der Druck zu senken war.

Oft stellte sich George ein, manchmal mit seinem Bruder Michel. Silbermann schickte sie in die Bälgekammer zum Kalkanten. „Dort könnt ihr ein bissel helfen. Hier kann ich euch jetzt nicht gebrauchen." Nur einmal ließ er sie in das Gehäuse eintreten, um ihnen die hier untergebrachten Teile der Orgel zu zeigen und ihnen am Stück zu erklären, was es mit dem Intonieren auf sich habe.

Alle anderen Besucher wies er ab. Als Bürgermeister Mäcke und Pfarrer Weber sich wieder einmal einfanden, um sich nach dem Stand der Arbeit zu erkundigen, sagte er nur: „Die Herren brauchen sich nicht mehr zu bemühen, ich gebe zum rechten Zeitpunkt Bescheid."

Zu Anfang der letzten Märzwoche war dieser Zeitpunkt gekommen. Gottfried hatte allen, die es anging, persönlich Nachricht gegeben. Zum Tag der Abnahme fanden sie sich denn auch alle ein: Bürgermeister Mäcke, Pfarrer Weber, Diakon Schulze, der sein Amt erst vor einigen Wochen angetreten hatte, Rektor Leipoldt, Vorsteher Greif, Meister Übermann, Ahnert und Klauer.

Erwartungsvoll standen sie vor dem Spielschrank, bereit, zunächst eine Rede aus dem Munde des Erbauers zu hören, in der es vor allem um Zahlen, Daten und was sonst noch zu einer Rechenschaft gehörte, gehen würde. Es gab aber keine Rede. Silbermann sagte nur: „Es ist in unserm Handwerk gute Sitte, daß der Meister sein Werk nach Vollendung dem Auftraggeber vorführt und es vor diesem erprobt, noch ehe es examiniert und öffentlich geweiht wird. Da indessen das Erproben mehr dem Ohr als dem Auge dient, so schlage ich in diesem Falle vor, daß ein in der Kunst des Orgelspiels um vieles geübterer als der Erbauer das Werk erklingen läßt." Mit einer einladenden Handbewegung zum Spielschrank hin fuhr er fort: „Ich bitte meinen einstigen Lehrer, dem ich auch im Musikalischen so viel verdanke, Herrn Rektor Leipoldt. Er wird ja das Werk nach der Prüfung und öffentlichen Weihe in seine Hände nehmen."

Fast hätten die anderen Beifall geklatscht. Leipoldts Gesicht strahlte vor Freude und Rührung. Zu Gottfried aufblickend, sagte er bewegt: „Du hast mir schon als Schulbub manche Überraschung bereitet, auch gute, diese aber – diese aber ist die schönste."

„So hatte ich es mir gedacht, Herr Rektor."

Leipoldt trat an den Spieltisch heran, setzte sich ein wenig feierlich. Prüfend schweifte sein Blick über die Registerknöpfe. Er zog an diesem, zog an jenem, schob sie zurück und zog erneut. Schließlich stieß er beide Hände auf die Tasten und ließ eine Improvisation erklingen, deren Variationen alles einschlossen, was auf der Skala vom Sanften und Getragenen bis zum hellsten Jubel aus dem Instrument herauszuholen war. Und immer wieder variierte er das gewählte Thema in bewundernswerter Vielfalt, gesammelt, manchmal erregt, dann wieder in sich versunken – es schien, als habe er seine Umgebung vergessen. Es dauerte geraume Zeit, ehe er nach einem anhaltenden Akkord die Finger von den Tasten, die Füße vom Pedal hob. Für einen Augenblick schloß er die Augen. „Unbeschreiblich – unbeschreiblich!" murmelte er. Langsam erhob er sich, stellte sich neben den Spielschrank und sprach in die Stille hinein: „Ihr Herren, was wir soeben an klanglicher Schönheit gehört, an weicher Fülle, an silberreiner Helle, an – an – ach, mir fehlen die Worte, das gab es noch nicht in unserer Stadt, keine Laudation könnte es treffen. Ich – ich bin stolz auf dich, Gottfried Silbermann, auf dich, meinen einstigen Schüler, bin stolz auf dein Werk. Dank dir und denen, die dir dabei halfen!" Er trat an Silbermann heran und umfaßte mit beiden Händen dessen Rechte.

Es gab keine Lobrede weiter, keiner der Männer wußte Leipoldts Worten etwas hinzuzufügen. Ergriffen drückten sie dem Meister die Hand.

Bei jedem nickte er nur „danke". Vor seinem einstigen Lehrer aber verbeugte er sich achtungsvoll. Dann sagte er: „Nun muß ich aber etwas bekennen: Ganz fertig ist das Instrument noch nicht, ich muß noch einiges putzen. Zu diesem Zweck werde ich in den nächsten Wochen von Freiberg herüberkommen. Bis zur Examination und Weihe wird alles längst erledigt sein."

„Gut – gut!" ließ Bürgermeister Mäcke sich vernehmen, und er tat den Hinweis mit einer leichten Handbewegung ab. „Ich muß sagen, mich hat das alles tief berührt. Nach einem solchen Begebnis können wir nicht einfach auseinandergehen." Er lud sie alle ein, mit ihm in die Ratsschenke zu kommen. Dort, im Hinterzimmer, seien sie ungestört, und es könne noch manches gesagt werden, was hier unter dem Eindruck des Gehörten unausgesprochen geblieben sei.

Herr Greif blickte Pfarrer Weber fragend an. Dieser nickte vergnügt. „Keine Sorge!" raunte er dem Vorsteher zu. „Die Kirchfahrt braucht es nicht zu bezahlen."

„In der Gesellschaft ist's mir zu nobel, das ist nichts für unsereins", sagte Klauer leise zu Ahnert, und auch dieser rümpfte die Nase. Sie wollten die Kirche als letzte verlassen, um dann unauffällig hinter dem Gebäude zu verschwinden.

Daniel Übermann hatte es jedoch bemerkt. „Nun macht aber keine Faxen!" fuhr er sie mit verhaltener Stimme an. „Das geht euch an wie mich, verstanden? Als es ans Frieren ging, seid ihr ja auch dabei gewesen."

Es war spät, als die fröhlich gewordene Gesellschaft die Ratsschenke wieder verließ. Der Nachtwächter blies gerade die zwölfte Stunde an.

ZWEITES KAPITEL

„Ein hoher Maßstab ist immer unbequem,
auch für den, der ihn an sich selbst gebraucht,
das ist eine alte Weisheit.
Am höchsten steht die Güte des Werkes,
und danach muß ich handeln.“

———

Viele Freiberger nannten das große Gebäude mit den starken Mauern und den beiden Dachfensterreihen am Schloßplatz „Regimentshaus", andere „Reiterwache". Der Grund dafür war, daß es in der Vergangenheit verschiedenen Zwecken gedient hatte. 1551 war es in die Stadtgerichtsbarkeit gekommen, 1613 in ein Wachhaus umgewandelt worden. Obgleich die Stadt es später wiederholt anderen Bedürfnissen dienstbar gemacht hatte, waren im Volksmund die alten Namen geblieben, auch in der Ratsverwaltung sprach man allgemein vom „Regimentshaus". Es lag im Domviertel in der unteren Stadt und hatte ein gewichtiges Gegenüber: das kurfürstliche Schloß Freudenstein, dessen Gebäude sich im Viereck erhoben, einen großen Hof umschließend. Man sagte, das Schloß habe seinen Anfang im 12. Jahrhundert, und dieser Anfang sei von Markgraf Otto geschaffen worden. Ständig wohnte hier nur der Bettmeister – der Verwalter – mit einigen Bediensteten und Wächtern, stets bereit, ranghohe Mitglieder des königlich-kurfürstlichen Hofes in Dresden oder dessen Gäste zu empfangen.

Das Regimentshaus war ein langer, tiefer Bau, auf dessen Erdgeschoß zwei Stockwerke ruhten, ein jedes mit sieben Fenstern nach dem Schloßplatz zu versehen. Das Erdgeschoß besaß auf dieser Seite nur sechs Fenster, anstelle des dritten, von links her gezählt, befand sich der Haupteingang, das war eine Toreinfahrt mit eingebauter Haustür.

Der mit Steinplatten ausgelegte Flur war geräumig, aber düster, nur durch das Fenster der Ausgangstür zum Hof hin erhielt er Licht. Neben dieser Tür wand sich in halber Drehung eine breite Treppe zum ersten Stockwerk hinauf. Vom Flur links ab führten zwei Türen in diesen Teil des Erdgeschosses, rechts ab, etwa in der Mitte, zog sich dagegen ein Gang bis zur Giebelwand hin, der dort durch ein Fenster Licht empfing. Er gewährte Zugang zu den fünf Räumen in diesem Bereich des Erdgeschosses. Drei lagen links, nach der Hofseite zu, zwei rechts mit den Fenstern zum Schloßplatz hin; zu dem vorderen Raum führte noch vom Flur aus eine Tür.

Am Nachmittag des 31. März 1711 hielten vor diesem Haus zwei vierspännige Frachtwagen. Ihr Inhalt blieb den Blicken Neugieriger zunächst noch verborgen, denn über die Bogen des Gestänges waren Planen gezogen.

Die Männer, die bisher neben den Kutschern auf den Böcken gesessen hatten und soeben absprangen, waren Gottfried Silbermann und seine Gesellen – der Meister vom ersten Wagen, die anderen vom zweiten. Sie reckten und streckten sich, schüttelten die Beine.

Klauer schnaubte. „Wie ein saurer Kohlkopf im Faß komm' ich mir vor. Dieses Schütteln und Rütteln …"

„Aber, aber!" mahnte Silbermann. „Das war doch fast eine Spazierfahrt. Seht, wie schön der Tag geworden ist! Dichter Nebel oben in Frauenstein – und hier grüßt uns ein blanker Himmel! Ist das nicht ein gutes Omen, ein schönes Willkommen?"

„Das will ich meinen", tönte es vom Haustor her. „Nehmt noch unser Willkommen hinzu!" Elias Lindner hatte es ausgerufen, neben ihm stand Johann Krauße, der Schreiber der Stadtkämmerei. Sie eilten auf den Meister zu, schüttelten ihm herzlich die Hand, begrüßten auch die Gesellen.

„Wir warten hier schon seit zwei Stunden auf Euch", sagte Lindner. „Inzwischen haben wir noch einmal alles inspiziert. Die Euch zugedachten Räume – Erdgeschoß und erstes Stockwerk – sind in Ordnung, sie stehen zum Einzug bereit."

Fröhlich erwiderte der Meister: „Ich danke Euch. Mir scheint, Ihr habet Euch selbst darum bemüht?"

„Dankt vor allem Johann Krauße, er …"

„Und dem Kämmerer", fiel der Schreiber dem Freund ins Wort, dabei huschte ein spöttisches Lächeln über sein Gesicht. „Er meinte, man müsse Euch alle Bequemlichkeiten bieten, auf daß Ihr das Werk gut vollbringen könntet. Und er läßt Euch bestellen: Es wäre ihm eine große Freude, wenn einer Eurer ersten Besuche ihm gelten würde."

Trocken entgegnete Silbermann: „Ich will's als Zeichen deuten, daß sich sein Sinn gewandelt hat. – Doch beginnen wir! Ich sehe mir erst mal die Räume an, um für alles gleich den rechten Platz zu erkunden. Die Herren begleiten mich doch?"

„Das ist sogar unsere – meine Pflicht", erklärte Krauße. „Der Kämmerer hat mich angewiesen, Euch die Räume ordnungsgemäß zu übergeben."

Da trat einer der Fuhrleute an Silbermann heran. „Können wir denn nicht gleich mit dem Abladen beginnen? Wir wollen heut noch im Handelshof Rückfracht übernehmen."

„Ihr seid aber Schelme!" erwiderte der Meister unwillig. „Hab' ich nicht Wagen und Fuhrleute für den ganzen Tag gemietet? Und nicht auch schon die Übernachtung bezahlt?" Ohne den Mann weiter zu beachten, rief er den Gesellen zu: „Bereitet einstweilen alles zum Abladen vor!" Er wandte sich ab und betrat, gefolgt von Lindner und Krauße, das Haus.

Der Schreiber übernahm die Führung. Er begann bei den beiden großen Räumen links des Flures. „Sie sind als Lager für die Materialien und die fertigen Instrumententeile gedacht", erläuterte er, „freilich nicht für das rohe Holz, dieses lagert dann in der Scheune im Hof." Der erste Raum rechts des Flures war als Schreib- und Zeichenstube vorgesehen. Die weiteren vier Räume gehörten ebenfalls zur Werkstatt.

Silbermann fand alles in gutem Zustand. Die Wände waren frisch getüncht und die Holzfußböden gescheuert, das Glas der Fenster glänzte. „Sieht es auch in den

Wohnräumen so aus, ist wohl kaum was auszusetzen", sagte er zufrieden.

Das erste Stockwerk war durch einen Gang geteilt, der von einer Giebelseite des Hauses zur anderen verlief. An jedem Ende befand sich ein Fenster, und in jeden der Räume zu beiden Seiten des Ganges führte eine Tür.

Am Ausgang der Treppe blieb Krauße stehen. „Wir haben auch hier die Räume herrichten lassen." In den links verlaufenden größeren Teil des Ganges deutend, fuhr er fort: „Als Wohnung für Euch und Eure Leute haben wir diesen Bereich des Stockwerkes vorgesehen, weil dort die Küche liegt und sich außerdem darunter die Werkstatt befindet, so daß ihr im Winter wärmer wohnt. Sehen wir uns zunächst die Räume an, die für Euch selbst bestimmt sind! Sie liegen alle nach dem Schloßplatz zu." Es waren, vom Ende des Ganges her gesehen, eine Schlafstube, eine Wohnstube und ein kleinerer, jetzt leerer Raum, der verschiedenen Zwecken dienen konnte.

Zu dem im Vertrag mit dem Rat der Stadt ausbedungenen freien Logiament gehörte die Ausstattung mit den notwendigsten Möbeln. Auch diese Bedingung hatte man erfüllt.

In der Schlafstube befanden sich ein „einmänniges" Bett, gefüllt mit frischem Stroh, daneben ein Stuhl, weiterhin ein breiter Schrank, eine Kommode und ein kleiner Tisch, auf dem eine Waschschüssel stand, dahinter hing ein hoher Spiegel an der Wand.

Die Wohnstube war bedeutend größer. Ein Kamin mit einem schmuckreichen schmiedeeisernen Gitter und eine bis zur Höhe der Fensterbank reichende dunkle Holztäfelung bestimmten das Gesicht dieses Raumes. Hier habe einst der Hauptmann der Wache gewohnt, berichtete Krauße. Ein mit Schnitzwerk reich versehener doppeltüriger Schrank, ein Sofa, ein Tisch mit vier Stühlen und eine eiserne Truhe machten die Ausstattung aus.

„Ich nehme an, Ihr ergänzt die Einrichtung noch nach Eurem Geschmack", sagte Krauße. „Seid Ihr zufrieden?"

„Durchaus", entgegnete Silbermann ohne Zögern.

Die Küche lag, wie die übrigen Räume, nach der Hofseite zu, sie war mit allem versehen, was zum festen Bestand gehörte: einem steinernen Herd mit einem mächtigen Abzug darüber, einem Vorratsschrank, einer Anrichte, einem langen Geschirrbord und einem Bock für die Eimer. In der Mitte des Raumes stand ein Tisch mit zwei Bänken. Es fehlte nur das Geschirr.

„Die Kammer der Haushälterin befindet sich neben der Küche, das ist für sie am bequemsten", erklärte Krauße. „Für die Einrichtung hat Herr Lindner gesorgt."

„Herr Lindner?" wiederholte Silbermann, diesen erstaunt anblickend.

Lächelnd nickte der Organist. „Ich erkläre Euch noch alles, Meister."

Es war zu sehen, daß sich jemand besonders fürsorglich um die Einrichtung der Kammer gekümmert hatte. Die „einmännige" Schlafstatt war bereits mit einem Federbett versehen, die Schüssel auf dem Waschbock mit Wasser. Auf dem Tischchen standen ein großer Nähkasten und ein zweiarmiger Messingleuchter. Das Schmuckstück der Kammer aber war ein buntbemalter Kleiderschrank.

„Nicht übel", sagte Silbermann. „Ist das Frauenzimmer selbst so proper ..."

Zum Quartier für die Gesellen war der angrenzende Raum bestimmt. Hier standen zwei „zweimännige" Betten, auch schon mit Stroh gefüllt, und ein Tisch mit vier Stühlen. Ein langer Waschbock, vier einfache, doch verschließbare Truhen und eine Reihe hölzerner Kleiderhaken an der Wand waren das übrige Mobiliar.

„Weil der Raum groß ist, haben wir ihn gleich für vier Gesellen eingerichtet, es könnten hier auch sechs untergebracht werden", erläuterte der Schreiber. „Das ist Euch doch recht?"

„Gewiß. Schon Anfang Mai erwarte ich Zuwachs. Doch sagt, wäre hier nicht ein Ofen zu setzen? Der Raum ist, so scheint mir, im Winter recht kalt. Daß eine couragierte Haushälterin am Abend noch vier Gesellen in der Küche zum Aufwärmen leidet, kann ich mir nicht denken. Und nach der Mahlzeit sind die Leute doch auch nicht gleich ins Bett zu schicken."

„Das wäre möglich. Genügt es für den Herbst?"

Silbermann war einverstanden. „Mehr habe ich nicht einzuwenden. Ich bin sehr zufrieden. Bin ich erst eingerichtet, werde ich die Herren für einen Abend zu mir bitten."

„Keine Umstände, Meister!" sagte Krauße. „Was wir taten, war doch selbstverständlich. – Ich muß Euch noch die Schlüssel für Haus und Räume übergeben, der Bund hängt am Haustor. Übrigens, ein großer Abstellraum befindet sich vorn an der Treppe, so daß der Weg zum Boden sich erübrigt. Das zweite Stockwerk bleibt unbewohnt, dort ist alles das untergebracht, was wir aus dem Erdgeschoß und dem ersten Stock entfernten. Und noch dieses ist zu sagen: Der Brunnen befindet sich im Hof, rechter Hand, und Brennholz ist in der Scheune aufgeschichtet. An diese angebaut ist auch der gewisse Ort."

Noch einmal bedankte sich der Meister. Nun wandte er sich an Elias Lindner: „Ja, und was den Hausgeist angeht ... Ich freue mich, daß Eure Bemühungen erfolgreich waren. Doch mit der Dame hat es, wie es scheint, eine besondere Bewandtnis?"

„So ist es. Sie heißt Anna Magdalene Poltermann, ist achtundzwanzig Jahre alt und eine entfernte Verwandte von mir. Bis vor einem halben Jahr stand sie beim Amtmann in Rochlitz im Dienst, sehr zu dessen Zufriedenheit. Er glaubte sie dennoch entlassen zu müssen, weil sie seinen Sohn blessierte, der ..."

„Oh, da haben wir ja manches zu erwarten."

„Das hat ihr schon viel Kummer bereitet. Der junge Mann war des Nachts in ihre Kammer eingedrungen und wollte sich an ihr vergehen. Sie erwehrte sich seiner aber kräftig. Er fiel unglücklich mit dem Kopf an den Tisch und blieb ohnmächtig liegen. Nachweislich traf sie keine Schuld, dennoch fand sie keine Stellung wieder. Als Ihr mich batet, Euch einen Hausgeist zu besorgen, sah ich für sie eine Möglichkeit, aber auch für Euch, denn sie ist in allen Dingen des Haushalts gut erfahren."

„Und resolut dazu", bemerkte Krauße lachend.

„Und damit sie Euch schon von der ersten Stunde an zu Diensten sei, haben wir gleich ihre Kammer eingerichtet, Eure Erlaubnis vorausgesetzt. Ursprünglich war sie dagegen. Sie wisse ja gar nicht, ob Ihr sie nehmt, bei einer solchen ‚Vergangenheit', wie sie verbittert sagte. Nun wartet sie bei mir zu Hause auf Euren Ruf."

„Soso. Na, wenn Ihr sie empfehlt … Schickt sie getrost zu mir! – Doch nun will ich mit dem Abladen beginnen, meine Leute werden schon ungeduldig sein."

Da bat Elias Lindner: „Noch auf einen Augenblick, Herr Silbermann. Wir haben mit dem Abbruch des alten Instruments im Dom begonnen. Zimmermeister Adam Haupt führt die Arbeit aus, er wird auch Empore und Bälgekammer bauen, auch das Gehäuse, soweit es nicht Sache des Tischlers ist. Er läßt Euch bitten, Euch möglichst bald an der Baustatt einzufinden, vor allem wegen des alten Materials, das er sortieren und gleich in rechter Weise lagern will. Ihr wollt doch einiges davon verwenden."

„Gut, gut! Der Mann scheint Umsicht zu besitzen."

„Auch dieses zu Eurer Kenntnis: Man hat mir die Bauleitung übertragen, kurzfristig, erst in diesen Tagen."

„Ausgezeichnet! Da liegt ja alles in den besten Händen."

2

Die Gesellen und die Fuhrleute hatten die Planen von den Wagen gezogen und warteten auf weitere Weisung. Einige Neugierige standen in der Nähe.

„Zuerst die Federbetten, den Hausrat und die persönlichen Dinge!" gebot der Meister. „Ins erste Stockwerk! Dort weise ich euch ein."

So kamen Packen um Packen, Kiste um Kiste gleich an den rechten Ort. Da auch die Fuhrleute fleißig halfen, ging alles zügig vonstatten.

Als Klauer die letzte Kiste mit dem Hausrat in der Küche niedersetzte, hörte er eine kräftige Frauenstimme hinter sich: „Mehr Obacht, Geselle! Es könnte Zerbrechliches drinnen sein."

Verdutzt ließ er die Kiste vollends nieder und wandte sich rach um. In der Tür stand ein junges Weib von untersetzter Gestalt, um das breite, ein wenig mürrisch wirkende Gesicht ein Schaltuch gebunden, unter dem blondes Haar hervorlugte. „Was hat Sie denn hier zu suchen!" fuhr er sie an.

„Führe mich zu deinem Meister!" forderte sie. „Er weiß von meinem Kommen. – Starre mich nicht so an, beeile dich!"

„Oje!" seufzte der Geselle verhalten.

Er brauchte die Frau nicht zum Meister zu führen, denn dieser trat gerade aus seiner Stube.

„Anna Magdalene Poltermann?" sprach Silbermann sie an.

Sie knickste leicht. „Zu dienen, Meister, sofern Ihr dieser seid."

„Der bin ich." Kurze Zeit schaute er prüfend auf sie herab, dann reichte er ihr die Hand. „Machen wir jetzt keine Umstände weiter! Ich nehme Sie in meinen Dienst. Kümmere Sie sich gleich um die Küche und bereite Sie dann eine Mahlzeit vor, das Nötige befindet sich in irgendeiner Kiste. Alles andere bereden wir am Abend."

„Danke, Meister. Sagt ‚du‘ zu mir und einfach ‚Anna‘!"
Silbermann nickte ihr zu und begab sich hinab zu den
Wagen.

Sie begannen das zweite Fuhrwerk zu entladen, es
hatte das Werkzeug, und was sonst noch zur Werkstatt
gehörte, gebracht. Auch in den unteren Räumen wies
Silbermann die Leute ein. Was zur Bearbeitung des rohen Holzes und Metalls gehörte, kam in die drei nach
der Hofseite zu gelegenen Räume. Den Raum neben
der Schreib- und Zeichenstube rechts des Ganges sah
Silbermann zur Feinbearbeitung und zum Fertigmachen der Instrumententeile vor. Es war der größte aller
Räume in diesem Bereich.

Als die Dämmerung begann, waren die Männer mit
dem Abladen fertig. Silbermann drückte den beiden
Fuhrleuten einige Groschen in die Hand. „Fürs gute
Mitmachen", sagte er. „Könnt eurem Alten berichten,
daß alles gut geklappt hat."

Noch einmal ging er mit den Gesellen durch die
Räume. „Na, was sagt ihr dazu?" fragte er zum
Schluß.

„Nicht übel", entgegnete Ahnert. „So groß hatt' ich's
mir nicht vorgestellt. Unser Zeug sieht darinnen ein
bissel verloren aus."

„Da kommt noch manches hinzu – hier wie auch oben
im Quartier. Was sollt' ich es in Frauenstein kaufen, da
ich es hier bequemer kriege. Doch Schluß für heut!
Morgen vormittag mach' ich erst dringende Besuche,
ihr packt einstweilen aus und sortiert. Eines bitt' ich
mir von vornherein aus: Vertragt euch mit dem neuen
Frauenzimmer! Sie wird für euch sorgen wie für mich,
und das wird nicht immer leicht für sie sein. Geht ihr
in manchen Dingen mit zur Hand!"

Klauer seufzte. „Ach ja, das Frauenzimmer! Ich glaub',
wir haben uns was Schlimmes eingehandelt."

„Wieso? Sie scheint adrett und auch gewandt zu sein."

„Aber die scharfe Zunge, Meister!"

Lachend schlug ihn der Meister auf die Schulter. „Du bist ja auch nicht grad aufs Maul gefallen. Wir werden aber sicher mit ihr fertig. Was ihr für den Haushalt tut, das sag' ich noch. Nun kümmert euch erst mal um eure Stube!"

Die Gesellen machten große Augen, als sie ihre Stube betraten. In der beginnenden Dämmerung nahmen sie es gerade noch wahr: Die Betten waren hergerichtet, auf dem Waschbock in der Ecke stand ein gefüllter Bottich, neben dem Bock ein Holzeimer, an der Wand hing ein Spiegel, Ranzen und Kleidersäcke lagen auspackbereit auf den Truhen.

Ahnert grinste vergnügt. „Ich meine, man müßt' es doch mit ihr halten."

Klauer zuckte nur die Schultern.

Auch der Meister war überrascht. Bis auf die beiden Reisetaschen war alles ausgepackt und lag oder hing am rechten Ort. Die Taschen standen in der Wohnstube vor dem Schrank. Silbermann nickte zufrieden.

Er begab sich in die Küche. Zwei Laternen erhellten notdürftig den Raum. Hier sah es freilich noch nicht so ordentlich aus. Das Geschirr stand auf der Anrichte. Was er an Lebensmitteln mitgebracht hatte, lag auf dem Tisch. In der Ecke neben dem Fenster türmten sich die leeren Kisten.

Anna werkte am Herd, goß gerade einen zähflüssen Brei in einen Tiegel. „Eierkuchen! In einer halben Stunde ist's soweit", sagte sie, ohne aufzublicken. „Ist doch recht?"

„Ja, und wir essen stets gemeinsam in der Küche."

„Auch Ihr mit?"

„Warum denn nicht? Es sei denn, es ist ein besserer Gast im Haus."

„Wie's beliebt."

An diesem Abend führte der Meister mit Anna noch ein längeres Gespräch. Er hatte sie aber erst zu sich in die Wohnstube gerufen, als er mit dem Einräumen fertig war. Sie mußte ihm über ihre bisherige Tätigkeit berichten, und da erfuhr er, daß sie vor zehn Jahren als Küchenmagd am Hof in Dresden angefangen hatte. Freimütig erzählte sie, was ihr nach vierjähriger Tätigkeit als Haushälterin beim Amtmann in Rochlitz geschehen war. Silbermann ging nicht darauf ein. Er legte ihr dar, was er von ihr erwarte und was sie von ihm erwarten könne. Besonderes Gewicht lege er auf ein gutes Einvernehmen mit den Gesellen. Schwerere Hausarbeit, zum Beispiel Holz und Wasser holen, würde abwechselnd von den Gesellen verrichtet, aber das müsse stets zu Feierabend erledigt werden.

Anna war mit allem einverstanden.

„Also dann auf ein gutes Miteinander!" sagte der Meister zum Schluß und erhob sich. Dabei schob er ihr zwei Taler zu. „Als Voraus auf den Lohn", erklärte er.

Zum erstenmal huschte ein Lächeln über ihr Gesicht. Dankend nickte sie. Und eilig, als habe sie viel Zeit versäumt, verließ sie die Stube.

Silbermann trat gemächlich ans Fenster, öffnete die Flügel weit. Kühle Luft schlug ihm entgegen, sie roch nach feuchtem Laub und aufbrechender Erde. Aus dem Dunkel schimmerten matte Lichter. Jene, die näher standen, kamen vom Schloß, über einige von ihnen huschten manchmal Schatten.

Die Konturen des Nachtbildes der Stadt zeichneten sich gegen den helleren Himmel deutlich ab. Hier verweilte sein Blick ein wenig. Die flimmernde und schimmernde Fülle dort oben verwirrte ihn aber, die grenzenlose Tiefe, in die diese Fülle gebettet lag, stimmte ihn demütig und sehnsüchtig zugleich.

Er senkte den Kopf. Sehnsucht nach dem Unfaßbaren, die sich treiben ließ, war nicht seine Sache. Was der fromme Sinn an fruchtbarer Kraft für sich und das Werk darin fand – das allein mochte wirken.

Der Vater hatte am Morgen, als es ans Abschiednehmen ging, Ähnliches gesagt: „Die Silbermanns haben's von jeher so gehalten: Den Segen, den sie für ihrer Hände Arbeit brauchen, erträumen sie nicht, sie verdienen sich ihn."

Überhaupt, wie rührend fürsorglich ihn doch die Eltern mit guten Ratschlägen versehen hatten! Er war sich vorgekommen wie ein unerfahrener Jüngling, der zum erstenmal in die weite Welt entlassen wurde. Wie rührend waren auch die anderen gewesen! Rektor Leipoldt hatte die Fuhrwerke am Martplatz abgepaßt und ihm mahnend zugerufen: „Daß du uns ja nicht vergißt! Denke an die Orgelweihe im Juli!" Und Bruder Michael war mit der ganzen Familie bis zum Tor mitgegangen. „Wenn Michael keine Zeit hat, bringe ich im Mai George zu dir", hatte Christina gesagt.

Christina! Welch ein prachtvolles Weib! Wie eine duftende, still und unbekümmert blühende Blume aus dem Garten ihres Vaters!

Im Dunkel schimmerte ein heller Fleck, nahm Formen, Züge an – ein feines, blasses Gesicht mit unendlich traurigen Augen. Über das dunkle Haar senkte sich langsam, aber unerbittlich die Haube einer Nonne.

Silbermann schloß die Augen. Nach einer Weile trat er seufzend zurück und drückte die Fensterflügel zu.

3

Am frühen Morgen begab sich der Meister in den Dom.

Von der Orgelempore herab hallten menschliche Stimmen und Arbeitsgeräusche. Die Balustrade der Empore war entfernt. Es führte ein Gerüst mit einer starken Leiter hinauf. Auch das Orgelgehäuse war eingerüstet. Ja, man hatte mit dem Abbau des alten Werkes begonnen. Schon war das Schmuckwerk verschwunden, waren auch Peifen aus dem Prospekt genommen worden.

Silbermann stieg die Leiter hinauf. Er hatte noch nicht die Füße auf den Boden der Empore gesetzt, da kam schon ein stämmiger Mann auf ihn zu. Das von einem gestutzten grauen Vollbart umrahmte Gesicht verhieß nichts Gutes. „Was will Er hier!" herrschte der Mann ihn mit derber Stimme an. „Fremde haben hier nichts zu suchen. Ab – aber schnell!"

„Ganz recht, Fremde haben hier nichts zu suchen", entgegnete Silbermann schmunzelnd. Der Mann gefiel ihm, der war nach seiner Art. „Doch ich bin der Hofmarschall Seiner Königlichen Majestät und darum kein Fremder. Meister Adam Haupt, wie?"

„Ach, der Herr Hofmarschall! Gesellen, kommt mal her und schaut euch ein solches Ding an! Und dann bugsiert ihn rasch die Leiter wieder 'nunter!"

Zwei junge Leute traten heran, kräftig wie der Meister. Sie grinsten, krempelten tatenfroh die Hemdsärmel höher.

Gottfried lachte belustigt auf. „Nun ja, Hofmarschall bin ich nicht, aber zum Hoforgelbauer wird's vielleicht einmal reichen. Hoforgelbauer Silbermann – wäre auch nicht schlecht, nicht wahr?"

Verdutzt blickten sie drein. „Silbermann? Gottfried Silbermann?" stieß Adam Haupt hervor.

„So steht's im Taufregister. Meine Schuld ist's nicht."

Da hielt ihm der Zimmermeister die Rechte entgegen. „Pardon, das konnt' ich nicht wissen. Wo Ihr dazu noch solch dummes Zeug geredet habt! Andauernd plagen uns Neugierig mit den einfältigsten Bewerbchen. – Also Ihr seid Gottfried Silbermann! Na, es wird auch Zeit, daß wir mal über alles reden." Er schob die verstaubte Kappe zurecht und wischte mit beiden Händen über die Lederschürze.

Sie sprachen denn auch über alles Notwendige, vereinbarten die Plätze für das alte Holzwerk, die ausgebauten Pfeifen, damit Silbermann später alles Brauchbare ohne Schwierigkeit aussuchen könne. Zufrieden verließ der Meister nach einer Stunde den Dom, überzeugt, daß Adam Haupt der rechte Mann für diese Arbeit sei.

Auf dem kürzesten Weg begab er sich ins Rathaus. Zwei Dinge drängten ihn: Bürgermeister Albert seine Aufwartung zu machen und sich vom Kämmerer die ihm nach dem Vertrag zustehenden hundert Taler auszahlen zu lassen.

Bei Martin Albert wurde er gleich vorgelassen. Er sah jedoch, daß dieser im Begriff war zu gehen, gerade hatte er sich einen Reisemantel umgehängt.

Eilig, mit ausgestreckten Armen kam der Bürgermeister auf ihn zu. „Willkommen, Meister Silbermann! Euer Besuch erfreut mich, er erfolgt aber leider zu unrechter Zeit. Ich muß jetzt wegfahren – nach Krummen-Hennersdorf, um auf meinem Gut nach dem Rechten zu sehen. Überraschend hat mich mein Verwalter gerufen, es pressiere. Wann ich zurückkomme, weiß ich nicht, es wird wohl ein paar Tage dauern. Es tut mir sehr leid, Monsieur, und ich rechne mit Eurem Verständnis. Ich gebe Euch nach meiner Rückkehr Nachricht. Ist soweit alles in Ordnung?"

Ein wenig enttäuscht bejahte Silbermann die Frage.

„Dann darf ich annehmen, daß Ihr mit dem Quartier zufrieden seid, daß Eure Erwartung sich erfüllt hat?"

„Durchaus."

„Das freut mich. Solltet Ihr dennoch Wünsche haben, wendet Euch getrost an den Kämmerer Seyfried. Ihm ist alles anvertraut, er hat Weisung, Euch nach aller Möglichkeit zu helfen. Ich wünsche Euch einen guten Beginn."

Die Stadtkämmerei lag am anderen Ende des Flures. Zu Seyfried konnte der Besucher nur durch ein Vorzimmer gelangen. Hier saßen zwei Schreiber, der jüngere war Johann Krauße.

Als Silbermann eintrat, erhob sich Krauße und schritt eilig auf den Meister zu. Sie wechselten einige freundliche Worte. „Der Herr Kämmerer hat befohlen, Euch sofort zu ihm zu führen, wenn Ihr vorsprecht", sagte schließlich der Schreiber. „Bitte folgt mir!"
Krauße klopfte an der Tür des Nebenzimmers an und öffnete diese, ohne auf eine Aufforderung zu warten.
Silbermann schien, das Männchen hinter dem Arbeitstisch sei in den vergangenen Monaten noch dünner geworden, das Gesicht noch spitzer. Seyfried erhob sich sofort, eilte trippelnd um den Tisch und begrüßte den Meister liebenswürdig, fast herzlich. Unentwegt redend, rückte er für ihn einen Stuhl zurecht.
Silbermann kam nicht zu Wort, denn kaum saßen sie, fuhr Seyfried eifrig fort: „Krauße gab mir Bericht, daß Quartier und Einrichtung, auch die Werkstatträume, Euren Beifall gefunden hätten. Das hörte ich mit besonderer Freude. Wir haben uns ja auch viel Mühe gegeben. Zahle ich Euch nun noch die zweite Rate aus, hätten wir unsere ersten Verpflichtungen aus dem Kontrakt erfüllt, nicht wahr?"
„Nicht ganz", erklärte Silbermann zurückhaltend. Die Eilfertigkeit und Freundlichkeit des Mannes erschienen ihm nach allem, was geschehen war, übertrieben, gemacht. „Nach dem Kontrakt haben Rat und Geistliches Einkommen auch für die Materialien zu sorgen, die ich für das Bauwerk brauche. Zwar habe ich nicht erwartet, sie schon bei meiner Ankunft in den Lagerräumen vorzufinden, doch nun müßten sie angeliefert werden. Hat man da schon etwas unternommen?"
„Oh, es ist alles im Gange, Meister", erklärte Seyfried wichtig. „Holz, Zinn, Blei, Eisenteile – alles ist bestellt, es bedarf nur noch des Abrufs bei den Lieferanten. Wir haben damit bis zu Eurer Ankunft gewartet, damit Ihr die Güte des Materials noch bei Anwesenheit der

Fuhrwerke überprüfen könnt. Es ist immer schwierig, nachträglich etwaige Mängel anzubringen."

„Nun, dann ruft bitte ab! Vor allem brauche ich das Zinn und das Wismut. Zwar habe ich noch einige Zeichnungen zu fertigen, ist jedoch die Werkstatt eingerichtet, will ich gleich mit dem Umgießen des Zinns beginnen."

Seyfried nickte eifrig. „Alles wird jetzt abgerufen, Meister. Die Hauptlieferungen werden in längstens zwei Wochen eingetroffen sein."

„Warum erst in zwei Wochen?"

„Einiges ist auswärts bestellt. Das Zinn zum Beispiel in Leipzig. Es ging uns um Lieferanten besten Rufes."

„Gibt es denn solche nicht in Freiberg?"

„O ja, doch nicht für alles Material sind sie leistungsfähig genug. Die Güte des Werkes, die Ihr anstrebt, läßt auch uns hohe Ansprüche stellen."

Dagegen konnte Silbermann nichts sagen. Dennoch war er mißmutig. „Ich hoffe, daß es bei längstens zwei Wochen bleibt. – Nun bitte ich um die Vorauszahlung."

Seyfried erhob sich, öffnete einen schweren, eichenen Schrank und entnahm ihm einen gefüllten Lederbeutel, dazu noch eine vorbereitete Quittung. Rasch holte er auch Schreibzeug herbei. „Wenn ich bitten darf, Meister, nachzählen und unterschreiben."

In der gleichen Stunde begab sich Silbermann noch zu Doktor Christian Lehmann. Der Superintendent empfing ihn wie einen alten Freund. Gar vieles wollte er wissen, schließlich auch, ob der Meister den Umzug gut überstanden habe und mit dem Vorgefundenen zufrieden sei.

Auch vor dem Geistlichen bestätigte Silbermann: „Mit Quartier und Werkstatträumen bin ich zufrieden." Er fügte aber hinzu: „Was den Beginn der Arbeit angeht, da – nun, da muß ich freilich erst warten, wie es sich anläßt."

„Nanu, Ihr sagt das so skeptisch! Sind in dieser Hinsicht die Voraussetzungen etwa weniger gut?"

Der Meister berichtete über sein Gespräch mit dem
Kämmerer. Zum Schluß erklärte er: „Ein Verzug schon
am Anfang wäre nicht gut. Er brächte meine Disposition durcheinander."

„Aber – aber, Meister! Ihr seid noch nicht einmal eingerichtet und redet schon von Verzug. Stellt doch erst
einmal Eure Zeichnungen fertig! Bis dahin werden
dann die Hauptlieferungen eingetroffen sein."

„Hoffen wir es! Doch sagt, hochwürdiger Herr, wäre es
unbedingt nötig gewesen, das Zinn ausgerechnet in
Leipzig zu bestellen? Gibt es am hiesigen Ort für dieses Material wirklich keinen leistungsfähigen Lieferanten?"

Der Geistliche hob bedauernd die Schultern. „Ich weiß
es nicht, Meister, darum habe ich mich nicht gekümmert." Ernst fuhr er fort: „Aus Euren Worten klingt so
etwas wie Mißtrauen gegen den Kämmerer heraus.
Nun ja, in Euch stecken vielleicht noch Vorbehalte gegen ihn. Zu rechtfertigen wären sie aber nicht, das
könnt Ihr mir glauben. Er hat seine Haltung von
Grund auf geändert und müht sich wirklich sehr um
die Sache, hat dabei beträchtliche Schwierigkeiten auf
sich genommen. Da hat zum Beispiel der Kurfürst die
Bitte des Rates, für die Bauarbeiten an der Empore
Holz in den Tharandter Waldungen schlagen zu dürfen, abschlägig beschieden, es mußte unter großer
Mühe eine andre preisgünstige Quelle erschlossen
werden. Auch die Beschaffung der Bausumme machte
und macht noch Schwierigkeiten. Obgleich ich eine
Kollekte aufgelegt habe, kommt der Rat ohne die Hilfe
des Oberkonsistoriums nicht aus. Wir haben schlechte
Zeiten, Meister, das Steueraufkommen ist in den letzten Jahren um vieles geringer geworden. Noch immer
laufen Verhandlungen mit dem Oberkonsistorium, aus
der Kasse des Sankt-Johannis-Hospitals einen größe-

ren Betrag zur Verfügung zu stellen. Die Last dieser schwierigen Verhandlungen trägt der Kämmerer ebenfalls. Mit seiner ganzen Person setzt er sich für die Sache ein. Bedenkt doch auch, wie gut er das Quartier für Euch vorbereiten ließ! Ich habe Euch das berichtet, um Euch zu beweisen, daß wir uns auf ihn verlassen können."

„Wenn Ihr es sagt ... Selbst beurteilen kann ich es erst nach dem weiteren Fortgang der Dinge."

„Und da werdet Ihr keine schlechten Erfahrungen machen." Für den Superintendenten war das Thema damit erledigt, denn er griff unvermittelt ein anderes auf: „Übrigens hat mir Kantor Kuhnau geschrieben. Er bedauert sehr, daß es mit dem Pauliner-Auftrag für Euch nichts geworden ist. Ich meine indessen, es habe sich so gut gefügt. Ihr hättet Euch gewiß übernommen. Zwei so große Werke zu gleicher Zeit – das geht auch über eines starken Menschen Kraft. Herr Kuhnau möchte bei uns nachholen, was ihm in Leipzig versagt geblieben ist: Euer Werk nach Fertigstellung examinieren. Als weiteren Examinator hat er den Altenburger Hoforganisten Gottfried Ernst Bestel genannt. Wahrscheinlich geht der Rat auf diese Offerte ein. Wie ist Eure Meinung dazu?"

„Im allgemeinen befragt der Auftraggeber den Erbauer in dieser Hinsicht nicht um seine Meinung. Träte der Rat dennoch an mich heran, so würde ich sagen: Diese Wahl ist gut, auch deshalb, weil Herr Bestel und ich uns noch nicht kennen."

Zufrieden nickte Doktor Lehmann. „So denke ich auch. Mein Einverständnis habe ich dem Rat bekundet."

Als der Meister sich verabschiedete, gab ihm der Superintendent seine Segenswünsche für einen guten Anfang mit auf den Weg. Er versprach auch, sich Wohnung und Werkstatt im Regimentshaus bald einmal anzusehen.

Ursprünglich hatte Silbermann sich vorgenommen, auch Doktor Immanuel Lehmann, den Vetter des Superintendenten, an diesem Vormittag noch aufzusuchen, doch nun sah er davon ab, denn es ging schon in die Mittagszeit hinein. Auf dem kürzesten Weg kehrte er ins Regimentshaus zurück.

4

Die Werkstatt war fertig eingerichtet. Einige Tage später trafen die ersten Lieferungen ein: Holz für die Windladen, die Mechanik und die hölzernen Pfeifen. Das Material sagte Silbermann zu, es mußte aber noch einige Zeit lagern, ehe er es weiterverarbeiten konnte.

Vergeblich hatte er auf das Zinn gewartet, es waren inzwischen drei Wochen vergangen. „Ich hab's doch geahnt", sagte er grimmig zu seinen Gesellen. „Da liegt eine Bremse am Rad, und ich meine, nicht nur beim Lieferanten in Leipzig."

Er begab sich zur Kämmerei, mußte aber mit Johann Krauße sprechen, weil der Kämmerer nicht da war. „Er ist von Amts wegen für einige Tage verreist", erklärte der Schreiber. „Aber was Ihr da sagt – ich verstehe es nicht. Ich weiß genau, der Kämmerer hat das Zinn gleich nach Eurer Ankunft abgerufen, Ihr müßt täglich mit dem Eintreffen rechnen. Könnt Ihr Euch nicht einstweilen anders behelfen?"

„Anders behelfen – anders behelfen! Etwa mit dem Zeug im Dom? Soll ich gleich mit Abfall beginnen? Ich müßte die Pfeifen erst zerschneiden, einschmelzen, alles reinigen und – mein Gott, das kann ich doch jetzt nicht machen, das dauert doch viel zu lange! Vielleicht das vorhandene lautere Blei, ja, aber das ist doch auch erst umzuschmelzen! – Übergebt den Auftrag heut noch einem hiesigen Haus!"

„Dazu bin ich nicht befugt, Herr Silbermann. So schmelzt doch ..."

„Nicht befugt! Dann holt Euch beim Bürgermeister die Erlaubnis! Und sagt ihm gleich dazu: Würde ich durch solche Schluderei gezwungen, den Termin zu überschreiten, so ginge das auf die Kappe des Rates. Adieu!"

Um die Wartezeit zu überbrücken, griff Silbermann nun doch auf Material des alten Orgelwerks zurück. Er beschränkte sich aber darauf, lauteres Blei zu gewinnen. Dieses schmolz er ein und goß es in Barren von bestimmter Größe, um das rechte Maß zu erhalten für das teils geringere, teils stärkere Legieren mit dem Zinn. Ein solches Maß gut zu beachten war besonders wichtig, denn es erbrachte den Unterschied zwischen Zinnpfeifen und Metallpfeifen: Das Material der Zinnpfeifen durfte nur in geringerem Maße mit Blei versetzt sein, in den Metallpfeifen dagegen wog das Blei über. Der Grad der Legierung beeinflußte den Klang der Pfeifen: Zinnpfeifen begünstigten einen hellen, silbrigen Klang, Metallpfeifen einen milden.

Wieder war eine Woche vergangen. Vor dem Regimentshaus hielt ein kleines Fuhrwerk. Mit dem Kutscher war Johann Krauße gekommen. „Ich bringe des Rätsels Lösung und fünf Zentner englisches Zinn für den Anfang", sagte er, noch ehe der Meister sich äußern konnte. „Auch acht Pfund Wismut sind dabei. Damit könnt Ihr doch schon etwas beginnen, nicht wahr?"

„Fünf Zentner!" knurrte Silbermann. „Das ist kaum ein Viertel von dem, was ich brauche. Na, 'rein damit!"

Während der Kutscher und die Gesellen das Material ins Lager brachten, begaben sich Silbermann und Krauße in die Schreibstube. „Also was ist los?" wollte der Meister wissen.

Krauße erklärte: „Wir haben Mißgeschick gehabt mit dem Lieferanten in Leipzig, er hat Bankrott gemacht und alle Aufträge liegenlassen. Der Kämmerer hat den Auftrag gleich einem anderen Leipziger Haus überschrieben, den Gebrüdern Winkler. Um Euch aber nicht allzusehr in Verzug kommen zu lassen, hat er fünf Zentner im hiesigen Hause Samuel Pfeil bestellt, so daß Ihr erst mal einen guten Anfang habt. Mehr war nicht zu tun."

„So, mehr war nicht zu tun! Schockschwerenot! Warum hat der Kämmerer denn nicht dem hiesigen Hause den Auftrag überschrieben? Das wäre doch am einfachsten gewesen."

Der Schreiber zuckte die Schultern. „Dazu kann ich nichts sagen. Ich soll vom Kämmerer bestellen, daß altenbergisch und berglautern Zinn bei den Beständen des Rates noch in Vorrat sei. Es stehe Euch für den Notfall zu Verfügung."

„Das kann ich aber nicht gebrauchen!" fuhr Silbermann auf. „Ich lasse mir die Güte meiner Pfeifen nicht durch solch unreines Zeug verderben. Gutes englisches Zinn muß es sein. Sagt das dem Herrn Kämmerer!"

Silbermann begann Material für Zinnpfeifen zu schmelzen und Tafeln zu gießen. Die Gießladen hatte er schon von Übermann in Frauenstein herstellen lassen. Das waren viereckige Holzböden verschiedener Größe, von Leisten, die die Böden ein wenig überragten, umrahmt und mit Barchent überzogen. Darauf goß er die Schmelze. So entstanden Tafeln, auch Blätter oder Platten genannt, von vorbestimmter Größe und Stärke, je wie die Maße der vorgesehenen Pfeifen es geboten – ob als ganzes Stück für kleinere, ob als zusammenzulötende Teile für große Pfeifen.

Ein langer Weg mußte dann noch zurückgelegt werden, ehe das entstanden sein würde, was man Pfeifen nennen konnte: die Tafeln mit dem Hobel glätten und auf die genaue Stärke bringen, sie mit dem Holzhammer schlagen, Zoll um Zoll, damit das Material sich verdichte, sie auf Holzformen zu runden Körpern biegen, zu einem Ganzen verlöten und polieren, sie mit dem Stimmzeug versehen und stimmen. –

„Was nun?" fragte Klauer den Meister, als sie am späten Nachmittag die letzte Tafel aus der Gießlade genommen hatten.

„Was nun! Was nun!" knurrte Silbermann. „Wirst dir's wohl denken können: das Gießen unterbrechen. Ach, ich hab's ja kommen sehen! Drei-, viermal hab' ich gemahnt mit guten Worten, und jedesmal … Zum Kukkuck mit den Federfuchsern!" Er streifte mit heftiger Bewegung die aufgekrempelten Hemdsärmel herab und warf seinen Lederschurz achtlos auf den kleinen Stapel Brennholz, der am Schmelzofen aufgeschichtet lag.

Ahnert schlug vor: „Wir könnten doch morgen mit dem Hobeln und dem Schlagen beginnen, Meister. Vielleicht kommt das Zeug …"

„Wird uns wohl auch nichts andres übrigbleiben. Jetzt ist Feierabend! Und morgen früh werd' ich erst mal die Herren wissen lassen, was es heißt, den Silbermann zum Narren zu halten. – Löscht das Feuer und räumt auf! Und dann wascht euch gefälligst ordentlich, sonst deckt euch unsre Madame wieder ein! Vergeßt nicht, Holz mit nach oben zu nehmen! Ich geh' erst noch in meine Stube."

Er wollte eine Beschwerde schreiben an den Rat, in der er diesen zu ersuchen gedachte, sich nunmehr nachdrücklich um die Lieferung des Zinns zu bemühen. Es müsse nun auch das auf Lager kommen, was er weiter zur Herstellung der Pfeifen brauche, nämlich das Fuder Holzkohle zum Löten, die anderthalb Zentner Schlämmkreide zum Einstreichen der Lötnähte und zum Polieren der Prospektpfeifen sowie die zwanzig Pfund Messingblech für die Zungen. Träfe das Material weiterhin verspätet ein, müsse er den im Kontrakt vereinbarten Termin beträchtlich überschreiten. Schon jetzt sei er um viele Wochen in Verzug geraten. Die Verantwortung liege nicht bei ihm.

Das wollte er dem Rat schriftlich geben, denn von mündlichen Reklamationen hielt er nichts mehr. Und den Brief würde er mit einigen deutlichen Worten dem Bürgermeister persönlich überreichen. Diesen Herrn schien überhaupt der Fortgang der Arbeit wenig zu kümmern, er hatte die Werkstatt bisher nicht ein einziges Mal besucht.

Lange saß Silbermann an dem Entwurf des Briefes. Er war noch nicht zum Schluß gekommen, da klopfte es an die Haustür. Unwillig stieß er die Feder in das Tintenfaß und erhob sich. Besuch konnte er jetzt nicht gebrauchen. Ihm hatten, seit er die Werkstatt hier eingerichtet, schon genug Neugierige Zeit gestohlen. Ein abweisendes Wort auf den Lippen, riß er den Fensterflügel auf.

Draußen stand Elias Lindner.

„Augenblick, ich komme", rief Silbermann ihm zu.

Lindner war in Eile. „Nur auf einen Sprung, Meister, ich muß in einer halben Stunde bei Kantor Beyer sein. Dafür bringe ich eine gute Nachricht: Das Zinn trifft in diesen Tagen ein. Johann Krauße bat mich, es Euch zu sagen. Er kann nicht kommen, hat bis zum späten Abend im Rathaus zu tun, weil Seyfried plötzlich erkrankt ist. Der andre Schreiber mag die Vertretung nicht übernehmen, er fühlt sich zu alt dazu."

„Na, es wird auch die allerhöchste Zeit, ich meine das mit dem Zinn. Ich war dabei, an den Rat eine Beschwerde zu schreiben. – Wißt Ihr's nicht auf den Tag genau?"

„Übermorgen, so rechnet Krauße nach dem Brief, den die Kämmerei vom Lieferer erhalten hat. – Nun ist da noch eine Sache: Herr Seyfried hatte, wie Ihr wißt, die Absicht, alle an dem Bau beteiligten Handwerker und auch die Künstler, die die Orgel mit dem Schmuck versehen werden, zusammenzurufen. Daraus wird nun nichts, denn er meint, ohne ihn gehe das nicht. Ich habe mir gedacht, daß es von Vorteil sei, Euch wenigstens einmal mit den Künstlern zusammenzuführen. Die Herren wohnen auswärts, ich hätte sie noch einzuladen. Was sagt Ihr dazu?"

„Einverstanden. Mit den hiesigen Handwerkern habe ich mich längst bekannt gemacht, die Künstler fehlen mir noch in meinem Register." Silbermann klopfte sich mit dem Zeigefinger an den Kopf. „Wer sind denn die Herren?"

„Bildhauer Johann Adam Georgi und Kunstmaler Johann Christian Butzäus – geschickte Leute, von deren Kunst ich mich schon mehrfach überzeugen konnte."

„Ich kenne nur einen von ihnen, und den auch bloß dem Namen nach: Butzäus. Für gewöhnlich heißt er Butze."

Lindner erhob sich. „Gut, ich schlage ihnen einen Tag Anfang Juli vor – Zeit genug, daß die immer wandernden Herren sich vorbereiten können."

Auf dem Weg zur Haustür fragte Silbermann Lindner, woran der Kämmerer erkrankt sei.

„Herzschmerzen und Atemnot haben ihn niedergeworfen. Der Arzt erklärte, es handele sich um eine langwierige Sache."

Der Meister verharrte eine Weile vor der Tür, ließ den Blick über den Schloßplatz schweifen. Ein reges Treiben herrschte hier, wie stets um diese Stunde. Fuhrwerke strebten ihren Unterkünften zu, müde Bergleute, manche gebeugt, am Stock gehend, und Handwerksleute ihren Wohnungen. Vier Reiter in meißnischen Farben trabten über das grobe Pflaster, Platz erheischend für eine vornehme, wappengeschmückte Kutsche. Ein paar Hökerinnen und Bettler, die sich um diese Zeit eine leidliche Einnahme versprachen, keiften Reitern und Kutsche nach, weil diese sie von ihren Standorten verdrängt hatten. Drüben am Schloß stritten sich zwei bewaffnete Knechte mit einem Betrunkenen, der durchaus eingelassen werden wollte.

Über der Stadt lag der samtene Glanz des anbrechen-
den Abends, den die Sonne hervorruft, wenn sie noch,
ehe sie ihr Tagewerk vollendet, auf den Dächern und
den oberen Teilen der Fassaden ruht.

Man müßte noch ein wenig spazierengehen, ehe sie
die Tore schließen, sagte sich Silbermann. Doch er-
staunte gleich über die eigenen Gedanken. Seit er hier
wohnte, hatte er noch nicht ans Spazierengehen gedacht. Und jetzt plötzlich! War es, weil Lindner eine
ihn seit vielen Wochen drückende Sorge von ihm genommen hatte? In der Tat, er fühlte sich erleichtert, er
sah das Kommende heller, er …

„Gott zum Gruß, Onkel!" hörte er plötzlich eine helle
Stimme. Er riß den Kopf herum.

Da stand George, einen Ranzen auf dem Rücken,
einen prallen, mit Tragriemen versehenen Leinensack
neben sich abgestellt. Erwartungsvoll lächelnd blickte
er auf.

„Da bist du ja schon!" stieß Silbermann freudig überrascht hervor. „Ich hatte dich erst für übermorgen erwartet. Bist du allein gekommen?"

„Ja, mit einem Mietwagen. Vater ist vor zwei Wochen
vom Gerüst gefallen und hat sich ein Bein gebrochen,
auch am Kopf hat er sich verletzt. Mutter muß bei ihm
bleiben. Aber er schimpft schon wieder, da ist's nicht
mehr ganz so schlimm. Ich soll herzlich grüßen."

„Das tut mir aber leid! Nun ja, wenn er schon wieder
schimpfen kann … Und wie geht es den Großeltern?"

„Auch von ihnen soll ich grüßen. Großvater hatte sich
in der vorigen Woche für ein paar Tage gelegt. Die
Gicht war's, und in der Brust hatte er auch wieder
Schmerzen."

Silbermann nahm seufzend Georges Reisesack auf.
„Die alte Geschichte! Doch nun komm! Wir gehen erst
mal in meine Stube, da hab' ich noch ein wenig aufzuräumen."

„Ich soll dir auch vom Herrn Pfarrer einen Gruß bestellen und sagen, daß die Orgel wahrscheinlich Ende Juli eingeweiht wird. Wenn du noch was daran zu schaffen hättest …" Er unterbrach sich. Durch den Flur schallte eine kräftige Frauenstimme, deren Besitzerin nicht zu sehen war: „Die Mahlzeit wartet, Meister, ich hab' schon mal gerufen."

„Sie muß noch zehn Minuten warten", gab Silbermann zur Treppe hin zurück. „Stell einen Teller mehr auf den Tisch!" Während er die Tür der Schreibstube öffnete, fuhr er leiser fort: „Das war Anna Magdalene Poltermann, meine Haushälterin, einfach Anna geheißen. Ein prachtvolles Weib, eine vorzügliche Köchin – leider manchmal eigensinnig und auch mit dem Mundwerk voraus. Willst du dich gut mit ihr stellen – und das rat' ich dir zu deinem eignen Nutzen –, sei stets adrett und iß ohne Murren, was sie auf den Tisch stellt."

5

In der gesamten Breite des Orgelchores im Dom ragten vom Fußboden aus Gerüste in die Höhe. Axtschläge, grelle Meißelschläge, das Ratschen von Sägen hallten durch den großen Raum. In den Bahnen des durch die Fenster einfallenden Lichtes flimmerte der Staub von Holz und Kalk.

Im mittleren Gang standen Adam Haupt und Elias Lindner. Dieser hielt eine Bauzeichnung in den Händen. Die entblößten stämmigen Arme des Zimmermeisters fuhren bald nach links, bald nach rechts, beschrieben Bogen und Linien; die heftigen Bewegungen kündeten von großer Erregung. Lindner schüttelte manchmal den Kopf, manchmal nickte er auch, klopfte dem Zimmermeister – beruhigend, wie es schien – auf die Schulter. Gelegentlich sprach er auf einen dritten

Mann ein, der auf einer Bank kniete und sich gegen die Lehne stützte.

Dieses Bild bot sich Gottfried Silbermann dar, als er den Dom betreten hatte. Von den Männern ungesehen, verweilte er einige Zeit zwischen den Gerüststangen und Materialhaufen, nickte diesem und jenem Gesellen grüßend zu. Was hier vor sich ging, brauchte ihn zwar nicht besonders zu kümmern, denn das war des Bauführers Sache, doch er erkundigte sich ab und zu einmal nach dem Fortgang der Arbeit, weil es schließlich von dessen Zügigkeit abhing, ob er später mit den in seine Verantwortung fallenden Bauarbeiten pünktlich würde beginnen können. Aus den Gesten der im Gang stehenden Männer glaubte er schließen zu können, daß es einige Schwierigkeiten gab. Im Lärm der Arbeit konnte er von ihrem Gespräch nichts verstehen.

„Na, das Lot hängt wohl schief?" Mit diesen Worten trat er an die Männer heran.

„Alles hängt schief – alles!" knurrte Adam Haupt. „Mein Termin ist hin, dem Maurer und dem Lampertius, dem Tischler, seiner auch. Na, und mit Eurer Bälgekammer ..." Er winkte heftig ab.

Maurermeister Enderlein, ein jüngerer, knochig und ausgemergelt aussehender Mann, sagte bedrückt: „Mit ein paar Wochen Verzögerung werdet Ihr schon rechnen müssen."

„Die Meister haben Mauerschäden festgestellt", nahm Lindner, sich an Silbermann wendend, das Wort. „Es macht sich eine unvorhergesehene größere Reparatur nötig, und das zwingt den Zimmerer, die Arbeit zu unterbrechen."

Da fuhr Silbermann auf: „Aber wieso denn unvorhergesehen? Hat man denn nicht am Anfang den Ort besichtigt, wie sich's gehört? Da hätte man die Schäden rechtzeitig festgestellt und anders disponieren können."

„Meine Schuld ist es nicht", wandte Lindner ein. „Man

hat mir die Bauleitung erst übertragen, als alles schon im Gange war."

Haupt ereiferte sich: „Weder den Maurer noch mich hat man vorher hinzugezogen, wir mußten glauben, es sei alles in Ordnung. Und wär' nicht gestern mürbes Gestein 'runtergefallen – ach, zum Davonlaufen ist's! Aber nicht das allein, Silbermann. Frisch geschlagenes Holz mutet man mir zu, frisches Holz für einen solchen Bau! Vor Wochen schon hat man mir versprochen, es umzutauschen gegen gut gelagertes trocknes, und noch nichts ist geschehen. Schlamperei ist das! Ich muß sogar mit dem Zuschneiden aufhören, denn das bißchen Zeug, das ich auf meinem eigenen Lager hab', reicht vielleicht noch für zwei Tage."

„Aber ich mühe mich doch unentwegt darum, Meister, das wißt Ihr doch", sagte Lindner ärgerlich. „In der Stadt hat es nicht geklappt, jetzt suche ich in der Umgebung." Zu Silbermann gewandt fuhr er fort: „Da seht Ihr es: Was man bei der Vorbereitung des Baues versäumt hat, habe ich jetzt auszutragen. Es ist wirklich eine Misere!"

In Silbermann kam der Zorn hoch, doch er verkniff sich eine scharfe Bemerkung. „Na, dann seht mal zu!" sagte er nur und wandte sich ab.

„Vergeßt nicht die Zusammenkunft mit den Künstlern im ‚Güldenen Adler'", rief Lindner ihm nach. „Es bleibt dabei: nächsten Donnerstag."

„Schon gut", gab der Meister über die Schulter zurück. Ihm war nicht nach einer solchen Zusammenkunft zumute. Ging es so weiter mit den Schwierigkeiten ... Er lachte bitter auf, weil er an die lobenden Worte des Superintendenten denken mußte, die dieser für den Kämmerer gefunden hatte. –

Mit finsterem Gesicht stand Gottfried Silbermann in seiner Kammer vor dem Spiegel, breitbeinig, die Arme vom Körper entfernt haltend, steif wie ein Ritter, den man in eine enge Rüstung zwängt. Seit einigen Minuten ließ er stumm das Unabwendbare über sich ergehen: Anna nestelte hartnäckig an seinem Rock, seinem Beinkleid herum, zupfte immer wieder an der Halsbinde und an den Manschetten, um seiner Erscheinung den Glanz des Standesgemäßen zu geben, wie sie sagte. „Ihr seid schließlich ein Orgelbauer und kein Rübenbauer", hatte sie nachdrücklich erklärt, als er sich am Anfang gegen ihre allzu gründliche Fürsorge wehrte.

Nun war sie bei den Strümpfen angelangt. Von den Knöcheln herauf bis zum Kniebund der Beinkleider versuchte sie, sie glatt zu ziehen. Beständig war dabei ihr Mundwerk in Bewegung. „Ist ja auch kein Wunder! Alles alt, ausgebeult und fast durchgewetzt! Da soll man Façon 'reinkriegen! Und nicht mal eine Perücke hat er, wie sich's für ein reputierliches Mannsbild gehört! Der Herr Amtmann in Rochlitz, ja, der …"

„Zum Kuckuck mit dem Amtmann und der Perücke!" schrie er da und stampfte zornig mit dem Bein auf, um das sie sich gerade mühte. „Such Sie ein andres Vorbild für mich, wenn Sie's durchaus nicht lassen kann. Und merk Sie sich gefälligtst: Nicht darauf kommt's an, was auf dem Kopf sitzt, sondern was drinnen! Nun geh Sie mir endlich aus dem Weg!"

Sie wußte gar wohl, wenn er „Sie" zu ihr sagte, war seine Geduld bis zur Neige ausgeschöpft, da mußte sie schweigen. So schickte sie ihm auch nur einen Seufzer nach.

Im Haustor standen Ahnert und George, wie es schien, unschlüssig, was sie beginnen sollten. „Wo ist denn Klauer?" fragte im Vorbeigehen der Meister.

Ahnert grinste. „Weißt nicht. Sicher da, wo er uns nicht brauchen kann."

„Wenn ihr euch entfernt, schließt die Tür ab!" rief Silbermann zurück.

In der Honoratiorenstube des Gasthofs „Zum Güldenen Adler" saßen Elias Lindner und Doktor Immanuel

Lehmann mit zwei Männern an einem runden Tisch. In der Mitte des Tisches stand eine Weinkanne, vor jedem der Männer ein noch leeres Glas. Einer der hochlehnigen blausamtenen Stühle war noch frei, doch auch an diesem Platz stand ein Glas.

Die große, wie eine halbierte griechische Marmorsäule anmutende Standuhr in der Ecke zeigte zehn Minuten nach acht, da wurde die Tür aufgestoßen. Gottfried Silbermann trat ein, wie es schien, ein wenig abgehetzt. „Pardon, ich wurde aufgehalten", entschuldigte er sich.

Elias Lindner erhob sich. „Gewährt", sagte er freundlich. „Die zehn Minuten kommen nicht ins Protokoll." Und gleich stellte er die Männer vor: „Das ist Herr Bildhauer Georgi, der sich des plastischen Schmucks für den Prospekt angenommen hat, und das ist Herr Kunstmaler Butzäus, dem die Bemalung des Werkes obliegt." Die Vorgestellten versicherten, daß sie sich freuten, den Herrn Orgelbauer kennenzulernen. Sie mochten beide in den fünfziger Jahren stehen. Georgi, ein langer, schlanker Mann, gab sich zurückhaltend und ernst, Butzäus dagegen, mittelgroß und kräftig, war recht lebhaft.

Als Silbermann Doktor Lehmann freundlich-vertraut die Hand reichte, sagte dieser: „Eigentlich habe ich in diesem erlauchten Künstlerkreis nichts zu bestellen, doch mich trieb die Neugier. Ich verspreche, nur zuzuhören. Empfindet man jedoch meine Anwesenheit als störend, werfe man mich am besten gleich hinaus."

„Aber – aber!" protestierte Silbermann. „Ich nehme es als Zeichen eines guten Zusammengehens in unsrer gemeinsamen Sache."

Lindner erklärte: „So denken auch wir." Er füllte die Gläser und hob das seine. „Also auf diese gemeinsame Sache!"

Kaum saßen sie, fuhr Lindner fort: „Nicht allein, um persönlich miteinander bekannt zu werden, habe ich diese Zusammenkunft arrangiert. Mir geht es auch darum, den Herren Künstlern Gelegenheit zu geben, sich zu den ihnen übertragenen Aufträgen rechtzeitig und ausführlich zu äußern, ohne korrespondieren zu müssen. Die Ausstaffierung gibt dem Prospekt das endgültige Gesicht, und darum ist zu sichern, daß deren Art und Material mit der baulichen Gesamtheit des Werkes im Einklang stehen. Vielleicht gibt es auch zu meinem Entwurf der Ausstaffierung noch etwas zu sagen. Die Herren haben mit den Aufträgen Skizzen und Maße erhalten und sich darüber gewiß schon Gedanken gemacht." Fragend richtete er den Blick auf die beiden Gäste.

Gleich nahm Bildhauer Georgi das Wort. Während er aus der Rocktasche ein Notizbuch zog und es aufschlug, sagte er: „Ich habe gegen den Entwurf nichts einzuwenden, weder bezüglich des Ganzen noch der Details. Voraussetzung ist, daß nicht nachträglich noch Veränderungen vorgenommen werden. Ich sage das, weil ich in ähnlichen Fällen schon die wunderlichsten Dinge erlebte. Es bleibt doch dabei: Ich fertige geschnitztes hängendes Laubwerk zu seiten der korinthischen Säulen und am Brustwerk, zwei Füllungen mit Blumenornamenten neben dem Brustwerk, die korinthischen Säulen selbst, die vier musizierenden Engel mit Kranz und Stadtwappen und so weiter?"

„Es bleibt dabei", versicherte Lindner. „Auch dabei, daß das Positiv, das die Cäcilia spielt, von Meister Silbermann gefertigt wird."

„Dann habe ich nichts einzuwenden."

„Aber ich, was meinen Anteil angeht", sagte Herr Butzäus lebhaft. Er nahm noch schnell einen Schluck aus dem Glas und rückte sich auf seinem Platz zurecht, als bereite er sich auf eine längere Erläuterung vor. „Meine Herren! Ich sehe in der Art, wie ich meine Order ausführen soll, nicht eine glückliche Lösung, dem Prospekt das rechte Gesicht zu geben. Wie die Risse und Maße zeigen, besteht die Gefahr, daß das Werk im Ganzen ein wenig flach wirken wird, weil die Pedaltürme stark zurücktreten und das Rückpositiv fehlt. Der Entwurf sucht dem durch reiches, kräftiges Schnitzwerk und starke Säulen zu begegnen. Diese Wirkung würde aber weitgehend wieder aufgehoben, wenn ich das vornähme, was meines Auftrags ist, nämlich den Prospekt nur mit Metall auszulegen, zu bronzieren. Meine Herren, ich sage, das macht das Ganze eintönig und unscheinbar. Ein leuchtendes Material muß drauf, eine solide Vergoldung, in einigen Teilen vielleicht abgesetzt mit dem blankesten Weiß! Das erst durchdringt das gedämpfte Licht des Schiffes wie ein aufrufender, fröhlicher Fanfarenstoß, das erst macht wirklich plastisch, bringt das Gesicht des Prospektes mit dem Jubel des Tonwerks in Einklang, das erst wird die musizierenden Engel zu seiten des Prospektes wirklich musizieren lassen, wird …"

„Der Organist soll musizieren, nicht die Engel", warf Silbermann trocken ein.

Auch Doktor Lehmann konnte nicht mehr an sich halten, er sah es freilich von der kommerziellen Seite. „Gold – du liebe Zeit! Das würde ja den Anschlag für die Ausstaffierung bedenklich überziehen, das gäbe Schwierigkeiten bei dem Rat."

„Ach, jetzt bin ich aus dem Konzept gekommen", klagte der Maler. „Ich war noch nicht fertig, meinen Einwand zu begründen."

„Wir haben Euch aber verstanden, Herr Butzäus", sagte Lindner rasch. „Wir schätzen Euer Bemühen, dem Äußeren des Werkes zur rechten Geltung zu verhelfen. Mir geht es aber um etwas anderes als einen aufrufenden, fröhlichen Fanfarenstoß und dergleichen, nämlich darum, den Prospekt in die würdevolle und ernste Gesamtarchitektur des Hauses harmonisch einzufügen. Da Ihr das am Orgelchor befindliche Gitterwerk und das Gitter an des Organisten Sitz vergolden werdet, wird schon ein Element nach Eurem Sinn in das Gesamtbild eingefügt. Eines Mehr bedarf es aber nicht."

„Dennoch – dennoch!" beharrte Butzäus auf seinem Einwand. „Ihr werdet es bereuen, nach kurzer Zeit schon. Ich glaube meinen Erfahrungen, meine Herren, und diese lassen mich ahnen, ach, wissen, daß ein nur bronzierter Prospekt schon bald stumpf und unscheinbar wirkt."

Da warf Georgi unwillig ein: „Aber Eure Erfahrungen müssen Euch auch sagen, daß goldgestrichenes Schnitzwerk, noch abgesetzt mit Weiß, sich ausnimmt wie bemalter Stuck. Es wirkt nicht mehr zuerst als Schnitzwerk, es wirkt die Farbe."

„Ach, was sagt Ihr da!" verteidigte sich der Maler. „Eure Schnitzerei wäre doch nicht das einzige Holzbildwerk der Welt, das Gold und Farben trägt. Und wen stört das? Niemand! Im Gegenteil! Farbe macht ein solches Kunstwerk erst lebendig!"

Es stand Meinung gegen Meinung, und jeder focht die seine hitzig aus – bis Herr Butzäus schließlich resigniert erklärte: „Wie ich sehe, stehe ich allein, und darum muß ich mich wohl beugen. Aber die Verantwortung tragt Ihr, Messieurs! Kommt mir später nicht mit Reklamationen!"

„Akzeptiert", sagten Lindner und Silbermann wie aus einem Munde, und Doktor Lehmann nickte kräftig.

Die wiederhergestellte Eintracht wurde ausgiebig besiegelt – mit einer zweiten Kanne Muskateller, von dem der dicke Wirt behauptete, er stamme aus dem Jahre 1700.

Montagnachmittag. Silbermann war soeben aus Frauenstein zurückgekommen – müde und verbittert. Zu Annas Erstaunen verschmähte er eine Mahlzeit, zog sich
gleich in seine Stube zurück. Er mußte allein sein, um
mit seinen Gedanken ins reine zu kommen.

Da hatte er nun eine Orgel in Frauenstein gebaut,
ohne Lohn und Gewinn für sich zu verlangen, für den
Rat gar noch Gesellenlohn und Kost verauslagt;

da hatte er in den vergangenen Wochen noch einige
Tage seiner kostbaren Zeit verwendet, nach Frauenstein zu fahren und der Orgel die höchste Vollendung
zu geben;

da war am gestrigen Vormittag von Doktor Immanuel
Lehmann, dem Examinator, das Werk für in jeder
Weise tüchtig befunden worden;

da hatte am Nachmittag Superintendent Doktor Christian Lehmann ihn in der Weihepredigt einen begnade-
ten Meister genannt, dem die Stadt Dank und Achtung
zu zollen für alle Zeit verbunden sei;

da waren dem Bürgermeister Mäcke warmherzige
Worte von den Lippen gekommen, die vom Stolz der
ganzen Kirchfahrt sprachen, daß dieser Meister ein
Sohn ihres Gemeinwesens sei;

ja, und da hatte man nun alle schönen Worte und die
Freude mit unnachahmlicher Kleinlichkeit wieder zu-
nichte gemacht!

Silbermann seufzte, die Enttäuschung drückte ihn in
der Brust wie ein Stein.

Für den Morgen dieses Montags war er ins Pfarrhaus
eingeladen worden zu einem kleinen Orgelschmaus,
doch auch zu wichtigem Geschäftlichen: um Rechnung
zu geben für alles, was von ihm in dreiunddreißig Wochen Arbeit am Orgelwerk an Lohn für die Gesellen,
an Kost und Materialien verauslagt worden war. Er
hatte einen Aufsatz mitgebracht, in dem er Einzelhei-

ten angab. Danach waren hundertachtundzwanzig Taler, neunzehn Groschen noch an ihn zu zahlen.

Und dann? Dann hatte der Herr Vorsteher Greif zu feilschen begonnen, mit Beharrlichkeit und viel Geschick. Die Armut der Kirchfahrt führte er ins Feld, die Opfer, die so viele für das Werk zu tragen hätten. Der Meister möge ihm die Reklamation nicht verübeln: Der Lohn für die Gesellen sei ziemlich kräftig angesetzt, und die vier Taler für den Kalkanten seien auch unnütz gewesen. Ob der Meister nicht achtundzwanzig Taler nachzulassen in der Lage sei? Die Kirchfahrt würde es mit großem Dank vermerken. Pfarrer Weber und Rektor Leipoldt waren entsetzt gewesen über den geringen Takt des Herrn Greif, es kam zu einem Streit, doch der Vorsteher saß immer obenauf.

Angewidert von der Art des Mannes hatte Silbermann dem Pfarrer und dem Rektor zugerufen: „Streitet nicht, ihr Herren! Laßt dem Herrn Vorsteher den Ruhm der übergroßen Sparsamkeit! Ich habe von meinem Geld schon einmal sechzehn Taler nachgelassen, da kommt es mir auf diese achtundzwanzig Taler auch nicht an, ich remittiere sie hiermit. Und für den Rest von hundert Talern gebe ich vier Wochen Frist dazu. Nehmt das zu Protokoll!"

Den Eltern hatte er von diesem Ausgang des Orgelschmauses nichts erzählt. Er war noch eine Stunde bei ihnen geblieben, dann wieder nach Freiberg zurückgefahren.

Gequält lachte Silbermann auf. Wie war doch alles voller Widerspruch und Hohn! Wie schnell gedieh der Undank! In seiner Enttäuschung fand er nicht die Kraft, gerecht zu bedenken, daß in diesem Fall nur ein einziger Ursache seiner Bedrückung war. –

In der Werkstatt ging es um eine „große Sache": um den sechzehnfüßigen Prinzipalbaß für das Pedal des künftigen Instruments. Er wurde aus Zinn hergestellt. Die bereits angefertigten Tafeln sollten nun auf die

Form gebracht und gleich verlötet werden. Fertig zusammengefügt, nahm der Pfeifenkörper dann fast die ganze Länge des Raumes ein. Stellte man drei mittelgroße Männer aufeinander, würde der oberste das Stück nur mit dem Kopf überragen.

Um die Tafeln für die „Große" auf die Form zu bringen, brauchte der Meister alle Hände, die in der Werkstatt zur Verfügung standen. Ahnert und George hielten die auf niedrigen Böcken liegenden runden hölzernen Formen für die Teilstücke der Pfeife, während Silbermann und Klauer unter fortwährendem vorsichtigen Klopfen mit breiten Hämmern die Tafeln darüberbogen.

Kein unnützes Wort gab es, selbst der vorwitzige Klauer zügelte sein Mundwerk. Nur des Meisters Befehle und Hinweise begleiteten die Arbeit.

Nach kaum einer Stunde trat jäh eine Unterbrechung ein: Es klopfte heftig an die Werkstattür.

„Keine Zeit!" rief der Meister ärgerlich. „Zum Kukkuck! Da ist doch die Haustür wieder mal nicht verriegelt worden!"

Vom Gang her ertönte eine Frauenstimme: „Ich bin's, Meister, Anna. Macht auf! Ist was ganz Wichtiges."

„Wichtig ist, daß du uns jetzt in Ruhe läßt."

„Aber wenn doch ein hoher Herr kommt, ein ganz hoher …!"

Die Männer horchten auf. Klauer grinste. „Wahrscheinlich der Großmogul aus Konstantinopel", meinte er. „Da müßt Ihr Euch aber schnell 'ne Wasserpfeife kaufen, Meister."

„Halt's Maul! – George, laß sie ein!"

Anna hatte in der Stadt eingekauft, sie trug einen wohlgefüllten Henkelkorb. Ihr Gesicht war hochrot. Noch außer Atem, stieß sie hervor: „Der großmächtige Zar kommt, Meister, der Peter, der – der den Schweden die Hosen vollgehauen hat. Der Krämer hat's gesagt. Und wißt Ihr, was der Zar hier …?"

Ein dröhnendes Gelächter unterbrach sie. Ahnert und Klauer stießen es aus, und es war so heftig, daß Anna verblüfft den Korb absetzte. Doch schnell fand sie wieder das Wort.

„Was gibt's denn da zu geifern?" fuhr sie die Gesellen an. „Der Krämer ist ein ehrenwerter Mann, und was er sagt, hat immer guten Grund. Der Zar will sich hier im Bergwerkswesen umsehen."

Silbermann winkte heftig ab. „Ach, Anna, das ist doch ein albernes Geschwätz! Der Zar nach Freiberg! Laß dir nicht solch faules Zeug auf den Buckel binden! Nun stör uns nicht weiter!"

„Aber der Zarewitsch ist doch auch schon mal hier gewesen, warum soll's da nicht auch sein Herr Vater?"

„Verschwinde!"

„Dann eben nicht!" gab sie beleidigt zurück, und sie nahm den Korb wieder auf. „Aber wahr ist's doch!" Schimpfend bewegte sie sich zur Tür hin. Dort angekommen, wandte sie sich noch einmal um und rief dem Meister zu: „Ihr vergrabt Euch ja hier, wißt nicht, was draußen vor sich geht, kriegt's immer erst spitz, wenn's die andern längst wieder vergessen haben! Nichts sag' ich wieder – nichts!" Und sie drückte die Tür ins Schloß.

„Dieses Maulwerk – dieses Maulwerk!" seufzte Silbermann, und er gebot George: „Schließ die Tür wieder ab!"

Zaghaft gab der Junge zu bedenken: „Vielleicht hat sie doch recht?"

„Narretei! Der Zar soll sich irgendwo mit den Türken schlagen, da hätt' er wohl Zeit, nach Freiberg zu kommen. Los – weiter!"

7

In der Wohnstube des Meisters war es heller als sonst zur Abendzeit. Statt eines dreiarmigen Leuchters stand ein fünfarmiger auf dem Tisch. Hier saßen Silbermann und Lindner, sie hatten Aufstellungen und Berechnungen vor sich liegen.

Der Organist war in die Disposition des Orgelwerks für den Dom vertieft. Nach geraumer Zeit hob er schulterzuckend den Kopf. „Tut mir leid, Meister, ich finde nichts. – Na ja, vielleicht hier!" Er stieß den Finger auf jene Stelle, wo unter der Position „IV. In Pedal auf beiden Seiten" die Nummer sechs vermerkt war. „Bombarde oder Posaunenbaß sechzehn Fuß von Holz! Man könnte vielleicht sagen, für einen rechten Posaunenbaß müsse Zinn verwendet werden."

„Ganz recht! Das werde ich auch ändern. Und weiter?"

„Aber ich finde keinen Mangel weiter. Worauf wollt ihr bloß hinaus? Die Disposition wurde von den Sachverständigen wiederholt geprüft und als untadelig befunden."

„Ja, so haben sie befunden, auch ich, sonst hätte ich sie dem Rat nicht vorgelegt. Und dennoch! Es fehlt zur höchsten Vollendung das Letzte. Dessen bin ich mir leider erst bewußt geworden, als ich die Disposition wieder und wieder durchdachte. Ich meine das klingende Fundament, ich muß es ergänzen."

„Und in welcher Weise?"

„In das Pedal muß noch ein Untersatz zweiunddreißig Fuß mit einem Octavbaß sechzehn Fuß hinein, beide aus Holz und auf einen Registerzug zugleich ansprechend."

Lindner wehrte heftig ab. „Aber das ist doch übertrieben! Ich wiederhole: Keinem der Herren, die den Dispositionsentwurf prüften, ist das nach Eurer Meinung noch Notwendige als Mangel aufgefallen."

„Das enthebt mich aber nicht der Pflicht, es festzustellen, selbst auf die Gefahr hin, daß man es mir als grobes Versäumnis bei der Ausarbeitung der Disposition vorwirft. Es geht schließlich um die höchste Güte des Werkes. Ich wollte erst später darüber sprechen, doch es ließ mir keine Ruhe, deshalb bat ich Euch heute zu mir. Gemeinsam mit dem Ansuchen an den Rat um eine zusätzliche Lieferung von Zinn ist das Ansuchen um Holz für den Untersatz ein Aufwasch."

„Bedenkt aber auch, daß Ihr durch die unpünktliche Lieferung einigen Materials schon in Verzug gekommen seid. Erbringt Ihr jetzt noch solche Leistungen über den Kontrakt hinaus, wird der Verzug noch größer."

„Eure Bauarbeiten im Dom hinken so stark hinter dem Termin her, daß ein weiterer Verzug in meiner Werkstatt kaum ins Gewicht fällt. Außerdem habe ich den bisherigen Rückstand schon fast aufgeholt."

„Ihr müßt es ja wissen. Habt Ihr schon das Mehr an Kosten für den Untersatz ausgerechnet?"

„Es wären hundertsiebzig bis hundertfünfundsiebzig Taler an Lohn für mich, dazu das Material."

Lindner pfiff durch die Zähne. „Oje! Das wär nicht unter der Hand zu schaffen, das müßte wirklich der Rat entscheiden. Laßt es sein, Meister, begnügt Euch mit dem Ansuchen um das Zinn für den Posaunenbaß! Da gibt es keine Schwierigkeiten."

„Eine solche Unterlassung ist mir aber zuwider."

„Die Aufmerksamkeit gewisser Leute, die unnütz wieder geweckt werden würde, könnte Euch noch widerwärtiger werden. Wir wollen froh sein, daß nach dem unschönen Beginn Ruhe eingetreten ist. Denkt auch an die gute Referenz nach dem Erfolg in Frauenstein! Setzt das alles nicht unnütz aufs Spiel!"

„Dennoch – dennoch!" Silbermann erhob sich, begann einen Rundgang um den Tisch. „Widerwärtigkeiten dieser Art vergehen ziemlich schnell, ein solches Werk aber hat Jahrhunderte zu überdauern, macht einen Namen für alle Zeit oder verdirbt ihn für immer – je ob es gut ist oder mangelhaft. Das ist mein Maßstab."

„Aber es erscheint doch nur dann mangelhaft, wenn Leute, die für so etwas sachverständig sind, Mängel erkennen, und das ist hier nicht der Fall", widersprach der Organist. „Bedenkt das doch! Euren hohen Maßstab in Ehren, aber er risse Wunden auf, von denen wir glauben, daß sie zu heilen beginnen."

„Ein hoher Maßstab ist immer unbequem, auch für den, der ihn an sich selbst gebraucht, das ist eine alte Weisheit. Am höchsten steht die Güte des Werkes, und danach muß ich handeln. Darum komme ich vor mir selber nicht herum."

Beschwörend hob Lindner die Hände. „Aber ergeht Euch doch nicht in übertriebenem Ehrgeiz!" rief er dem Meister zu. „Bedenkt – –!" Jäh unterbrach er sich, winkte ärgerlich ab. „Ach, ich sehe, hier ist alles Reden zwecklos. – Meinetwegen! Erfüllt mir aber eine Bitte!"

„Und die wäre?"

„Überlaßt die Sache mir! Beschränkt Euch in Eurem Ansuchen an den Rat auf die zusätzliche Lieferung von Zinn für den Posaunenbaß!"

„Warum das?"

„Weil – nun ja, weil ich das, was Ihr mir soeben als unerläßliche Notwendigkeit dargelegt habt, als Vorschlag über das am Anfang Vereinbarte und von allen Seiten für gut Befundene hinaus ansehe und mich mit den sachverständigen Herren, die Eure Unterlagen prüften, ins Benehmen setzen will. Möglicherweise bringen dann die Herren Euren Vorschlag als Forderung beim Rat ein."

Silbermann blieb neben Lindner stehen, klopfte ihn mit dem Finger auf die Schulter. „Kerzengerade ist dieser Weg aber nicht, Monsieur", sagte er tadelnd. Nach einer Weile fügte er hinzu: „Doch es sei! Ein Umweg zu einem guten Ziel ist immerhin besser als gar kein Weg."

„Das ist kein Umweg. Der Rat würde Euer Ansuchen sowieso erst den sachverständigen Herren übergeben. Wir verkürzen also den Weg."

„Und wenn der Rat es ablehnen sollte, übernehme ich die Kosten. Schreibt es ihm gleich mit!"

„Das lassen wir lieber sein. Und ich rate Euch, gebt auch selbst niemandem diese Absicht kund. Zum ersten könnten gewisse Leute darin das Eingeständnis eines Versäumnisses sehen, zum zweiten würdet Ihr den Rat geradezu animieren, unsre Forderung abzulehnen. Wartet, bis er entschieden haben wird!"

Nach einigem Zögern stimmte Silbermann zu. Nachdrücklich unterstrich er aber: „So oder so – die Ergänzung nehme ich auf jeden Fall vor."

Sie sprachen an dem Abend nicht mehr darüber.

„Was ist eigentlich mit Anna?" fragte Lindner unvermittelt. Er hatte sich schon erhoben, um sich zu verabschieden. „Sie war so wortkarg, als sie mich heute einließ. Das bin ich von ihr gar nicht gewöhnt."

„Sie trotzt mit mir seit einigen Tagen, weil ich sie angefahren und aus der Werkstatt gewiesen habe."

„Oho! Was ist denn vorgefallen?"

„Sie wollte mir eine absurde Geschichte aufbinden, die sie beim Krämer aufgelesen hatte, und störte mich auch noch bei der Arbeit. Stellt Euch vor: Zar Peter werde nach Freiberg kommen, um sich das Bergwerkswesen anzusehen. Sie glaubt es ernstlich."

„Davon habe ich auch schon gehört. Man sagt, im Herbst solle es sein. Jene, die es genauer wissen müßten, zucken freilich nur die Schultern. So absurd ist die Geschichte aber gar nicht – bei den guten Beziehungen zwischen Rußland und Sachsen und den Ambitionen des Zaren für die Technik und die Wissenschaft. Denkt doch daran, daß er vor vielen Jahren schon nach England und Holland reiste, um sich im Schiffsbau umzusehen. Warum nicht auch im Bergwerkswesen? Da

wäre Freiberg mit seinem Ruf weit über die Landes-
grenzen hinaus doch der richtige Ort."

Silbermann winkte leichthin ab. „Na, meinetwegen!
Warten wir's ab.!"

„Vertragt Euch nur wieder mit Anna, Meister! Sie
glaubte, Euch eine wichtige Neuigkeit auf der Stelle
hinterbringen zu müssen, meinte es also nur gut."

„Erst lasse ich sie noch ein paar Tage zappeln – ihres
losen Mundwerks wegen."

8

Ein Pferd habe in einer schlammigen Wagenspur ge-
scharrt und dabei ein Geschiebe von Erz freigelegt.
Diesem Zufall sei der Ursprung des Silberbergbaues
von Freiberg zu verdanken – so ging es um im Volksmund. Die Chronisten glaubten es genauer zu wissen:
Halleschen Salzfuhrleuten, die sich auf dem Weg nach
Böhmen befanden, sei ein Erzbuckel in dem zerfahre-
nen Boden aufgefallen. Da die abgeschlagenen Brocken
eine große Ähnlichkeit mit dem Erz ihrer Harzer Heimat gehabt, hätten sie die Proben mitgenommen. Eine
fachmännische Untersuchung hätte dann ergeben, daß
dieses Erz reicher an Silber gewesen sei als das heimi-
sche. Daraufhin hätten sich einige Bergleute in der
Nähe der Fundstelle angesiedelt und mit dem Abbau
begonnen.

Die Chronisten nannten auch das Jahr: 1168. Da nun
wurde die Sage zur wohlbegründeten Historie. Man
entdeckte das Erz in der Flur von Christiansdorf, jener
Siedlung, die Markgraf Otto neben zwei anderen um
die Mitte des 12. Jahrhunderts in dem Urwaldgebiet zwischen Mulde und Striegis im alten Daleminziergau, genauer: zu beiden Seiten des Loßnitzbaches, hatte anle-
gen lassen.

Weithin hallte nun das „Berggeschrey". Aus dem Harz,

sogar aus dem Rheinland eilten die Bergleute in die „freien Berge", um ihr Glück zu versuchen. Die meisten aber kamen aus den sächsischen Landen, und darum nannte man die neue Bergbausiedlung Sächsstadt. Handwerker und Kaufleute traten hinzu. Rasch blühte das Gemeinwesen auf. Es wurde um 1200 zur Stadt und konnte sich – nunmehr Freiberg geheißen – bald rühmen, der größte Ort der Mark Meißen zu sein.

Die Blüte zu beiden Seiten des Loßnitzbaches hielt zunächst an – für die Herren der Zechen und Hütten, ob Bergregalherr, Kurfürst, König oder eigenständiger Bergbauunternehmer, für die Kaufherren und Beamten, nicht aber für die Eigenlehner, die einst nach verbrieftem Recht in freiem Handeln das kostbare Erz der Erde entrissen und die Grundlagen des Bergbaues geschaffen hatten. Diese „Kleinen" gab es schon um die Mitte des 14. Jahrhunderts kaum mehr, sie waren von der Macht der Wohlhabenden erdrückt, waren zu armseligen „Bergpurschen" geworden, „frei" gegen Lohn arbeitend, der gerade noch ein kärgliches Dasein bot. Daran änderte auch ihr verzweifeltes Aufbegehren in den folgenden Jahrhunderten mit den sich wiederholenden Krisenzeiten nichts, deren Last vor allen anderen sie zu tragen hatten. Das Freiberger Bergrecht, das über das Meißner Land hinaus als Beispiel galt, war nicht ihr Recht, am Ergebnis neuer Bergbautechniken, die weithin von sich reden machten, hatten sie keinen Anteil, sie waren eingereiht in die Klasse des „gemeinen Volkes", der Bauern, Lohnhandwerker und Tagelöhner. So war es geblieben bis zur Gegenwart. Es würde auch fernerhin so bleiben, sagten sie sich resignierend, denn ihr Aufbegehren in der Vergangenheit hatte ihnen niemals Nutzen gebracht, dagegen vielerlei Beschwernis.

Davon war freilich nicht die Rede, als der großmächtige Zar Peter Alexejewitsch nach einem vierwöchigen Kuraufenthalt in Karlsbad die Rückreise nach Moskau

Mitte Oktober 1711 einige Tage in Freiberg unterbrach, um sich über Vergangenheit und Gegenwart des Bergbaues der Stadt berichten zu lassen und die auf dem neuesten Stand befindlichen Abbau- und Verhüttungsanlagen in Augenschein zu nehmen. Seine Gastherren sparten aus, was auf das imposante Bild der Werktätigkeit häßliche Schatten hätte werfen können, sie hoben hervor, was dieses Bild besonders zu verschönen noch geeignet war.

Zar Peter war im Schloß Freudenstein abgestiegen. Der Empfang im Rathaus und ein Vortrag über das Bergwerkswesen hatten den Nachmittag des ersten Tages ausgefüllt. Das war ohne sonderliche Anteilnahme der Bevölkerung geschehen. Der Abend sah jedoch die ganze Einwohnerschaft – so schien es – auf den Beinen. Es war vor Tagen schon die Nachricht durch die Stadt gegangen, daß die Knappschaften dem Zaren im Hof des Schlosses huldigen würden. Das versprach ein seltenes Erlebnis oder davon doch einen eindrucksvollen Abglanz.

Auch Gottfried Silberman, seine Leute und einige Schaulustige, die sich bei ihm eingefunden hatten, wurden nur eines Abglanzes teilhaftig, freilich aus bevorzugter Sicht. Jedes Fenster seiner Wohnung war besetzt: an dem seiner Schlafstube stand er selbst mit Johann Krauße, an denen der Wohnstube Elias Lindner mit Anna, Kantor Beyer und Adam Haupt, und in dem sich anschließenden, sonst unbenutzten Raum hatten die Gesellen Ausguck bezogen.

Licht überall: Die Fenster des Schlosses waren alle erleuchtet. Am Schloßeingang stand eine starke Wache, statt mit Spießen mit langen Stöcken ausgerüstet, auf denen Laternen angebracht waren. Durch eine breite Gasse rund um den Platz, vom Stadtknechten in der Menschenmenge nur mit Mühe freigehalten, bewegte sich eine endlose Kette von Grubenlichtern – ein Aufzug der Berg- und der Schmelzerknappschaft.

„Nach dem Reglement für diesen Abend sollen es mindestens zweitausend Lichter sein", erklärte Krauße. „Da – die ersten gehen auf den Eingang zu. Nur fünfzig werden den Schloßhof betreten, als Deputation, die andern warten auf dem Platz. Ein Berghauptmann wird dann eine Huldigungsrede halten und dem hohen Gast ein prachtvoll ausgestattetes Gedicht überreichen."

Was auf dem Schloßhof vor sich ging, konnten die Beobachter nicht sehen. Der Berghauptmann schien sich jedoch kurz gefaßt zu haben, denn bald drang ein vielfaches, kräftiges „Vivat! – Vivat! – Vivat!" vom Schloßeingang her. Es setzte sich fort über den Platz, verebbte aber schnell. Da klang Musik auf, in der Unruhe der Menschenmenge nur schwach zu hören. „Die Bergsänger!" sagte Krauße. „Gleich werden auch ihre Stimmen ertönen."

Es wurde eine große Nachtmusik.

Wer in der Nähe des Eingangs stand, hörte dann auch die kräftige Stimme des Zaren. Eine schöne Geste des hohen Herrn: er sprach die Worte seines Wohlgefallens und Dankes in deutsch. Wieder klang das „Vivat!" auf, und dann noch einmal, als eine zweite Stimme verkündet hatte, daß der allerdurchlauchtigste, großmächtige Zar, Großfürst und Herr geruht habe, den Knappschaften der Bergleute und Schmelzer als Dank zehn Faß des besten Weines zu stiften, die sie zu einem Zeitpunkt nach ihrem Ermessen auf seine Gesundheit leeren möchten.

Damit war wohl die Zeremonie auf dem Schloßhof beendet, denn bald traten, in Viererreihe formiert, die fünfzig Deputierten mit ihren Grubenlichtern wieder auf den Platz, im Gefolge eine große Schar: die Bergsänger und andere, die wie sie den Vorzug gehabt hatten, das große Ereignis in der Nähe des Gehuldigten zu erleben. In einiger Entfernung vom Schloß löste sich die Marschordnung auf, die Grubenlichter vermischten sich mit denen, die auf dem Platz gewartet hatten. Langsam begann sich dieser zu leeren.

Silbermann, seine Schaugäste und Gesellen blieben in der Wohnung noch eine Weile zusammen, um sich über ihre Eindrücke auszutauschen.

„Einen derartigen Auflauf habe ich hier noch nicht gesehen", sagte Kantor Beyer, „auch nicht zu Huldigungen des Kurfürsten und Königs. Da gab es wohl einige Deputationen und zahlreiche Schaulustige, aber eine solche Anteilnahme ..."

„Und dabei soll der Zar am Vormittag geäußert haben, er wünsche keinen großen Aufwand", bemerkte Johann Krauße. „Er scheint überhaupt eigensinnig zu sein. Den Herren, die für das Reglement des Besuches verantwortlich sind, wird er sicher noch einiges Kopfzerbrechen bereiten." Weil die anderen ihn nur fragend anschauten, fuhr er fort: „Man hat vorgesehen, ihm morgen das Halsbrückner Berg- und Hüttenwerk zu zeigen, das sich ja im besten Umtrieb befindet. Er hat geäußert, er wolle sich die kostbare Erde seines Verbündeten aber auch einmal von innen ansehen."

„Also einfahren?" entfuhr es Elias Lindner.

„Nicht das allein. Man befürchtet, daß er mit Schlägel und Eisen höchstselbst Erzstufen anzugehen beabsichtigt. Für diesen Fall bereitet man nun eiligst einiges im landesherrlichen Berggebäude ›König Augustus Erbstollen‹ zu Niederschöna vor. Hier soll es vor Ort am bequemsten sein."

„Bei allem Eigensinn – Respekt!" ließ Adam Haupt sich vernehmen. „Der packt – wie mir scheint – alles, was er tut, von unten an."

An Kantor Beyers Frage, ob aber auch der Autorität eines Souveräns so etwas wirklich nützlich sei, entbrannte gleich ein Widerstreit. Zu einer einhelligen Meinung kamen sie nicht.

Am folgenden Morgen, schon kurz nach acht, kam Besuch; Silbermann befand sich gerade in seiner Schreib-

und Zeichenstube. Es war Bettmeister Dietze mit einem Fremden, einem jüngeren, asketisch aussehenden, vornehm gekleideten Mann.

„Verzeiht die Störung am frühen Tag, Meister", entschuldigte sich Dietze aufgeregt. „Wir kommen, Euch um Hilfe zu bitten. Das ist Monsieur Wassilij Pososchkow, der Reisesekretär des allerdurchlauchtigsten Herrn."

Die Männer begrüßten sich gemessen.

„Aber gern, sofern es in meinem Vermögen steht", erklärte Silbermann sich bereit. „Bitte die Herren, sich zu setzen."

Ohne Umschweife legte der Sekretär sein Anliegen dar, er sprach ein gutes Deutsch. „Es geht darum, ein wertvolles Instrument zu reparieren, Meister, eine kunstvoll ausgeführte Zither, die mein Herr in Böhmen erworben hat und an der er mit großer Liebe hängt. Gestern abend passierte einem unserer Bediensteten das Mißgeschick, den Deckel des Etuis aus den – den ..."

„Scharnieren", half Dietze dem Sekretär weiter.

„Ja, aus den Scharnieren zu reißen. Ob das Instrument selbst gelitten hat, vermögen wir nicht festzustellen. Hättet Ihr die Güte, es in Ordnung zu bringen?"

„Gern, schickt es getrost herüber."

„Aber es pressiert, Meister. Versteht, mein Herr weiß nichts von diesem Mißgeschick, er darf auch nichts davon erfahren. Er ist sehr – sehr impulsiv, für den Bediensteten könnte es fatale Folgen haben."

„Wie lange habe ich Zeit?"

„Am Nachmittag, gegen fünf Uhr, kommt mein Herr von der Besichtigung eines Bergwerks zurück, so ist es vorgesehen. Bis dahin müßte das Instrument wieder an Ort und Stelle sein. Wir reisen morgen weiter."

„Ich werde mich bemühen, Herr Sekretär."

„Merci, Monsieur! Ihr nehmt eine große Sorge von mir. Ich bringe es selbst sofort herüber."

9

Mit leichtem Frost war der Winter in das Land gezogen. Die Arbeit in der Werkstatt hatte einen guten Fortgang genommen. Die fertigen Körper der Zinn- und Metallpfeifen, auch die der nachträglich noch hinzugekommenen, lagen auf dem Lager, die „Holzarbeiten" waren schon im Gange. Silbermann wäre zufrieden gewesen, hätten die Arbeiten an der Orgelempore mit den seinen Schritt gehalten. Zwar ließ sich der Winter noch „zahm" an, wie die Bauleute sagten, doch es war von Tag zu Tag mit stärkerem Frost zu rechnen, der sie zwingen könnte, die Arbeit zu unterbrechen.

Fast täglich hatte sich Silbermann an die Baustelle begeben. Adam Haupt, dem er seine Hilfe angeboten, war aber schließlich so unzugänglich geworden, daß der Meister seine Besuche eingestellt hatte, weil es sonst zum Streit zwischen ihnen gekommen wäre.

Haupt trieb seine Gesellen und Handlanger an wie ein Fronvogt. Dabei war er selbst der Meinung, daß der Rückstand auch unter günstigen Umständen, nämlich wenn der Winter sich durchgehend „zahm" anlassen würde, nicht mehr aufzuholen sei. „Ihr braucht uns gar nicht zu jagen und zu drücken, damit verderbt Ihr uns höchstens die Laune", sagte er zu jedem, der ihn mit der Frage nach dem Fortgang der Arbeit anging.

Auch Superintendent Doktor Christian Lehmann mußte diese Worte hören, als er Haupt gegenüber wieder einmal vorsichtig seine Besorgnis kundtat, und noch einige dazu: „Warum plagt Ihr mich, gerade mich? Geht doch zuerst zu denen, die den Bau so miserabel vorbereitet haben!" Zwar entschuldigte er sich sogleich wegen seiner groben Art, doch bitter genug waren seine Worte noch, mit denen er seinen Vorwurf unterstrich.

Dieses Begebnis veranlaßte den Superintendenten, sich mit einigen der Beteiligten ausführlich zu unterhalten. Zwei Tage vor dem Heiligen Abend lud er Elias Lindner, Johann Krauße und Gottfried Silbermann zu einem Glas Rotwein zu sich ein. „Ich mache mir selbst einen Vorwurf, ich hätte mich schon am Anfang mehr um das Bauwerk kümmern müssen", bekannte er, nachdem er über sein Gespräch mit dem Meister berichtet hatte. „Es ist jedoch müßig, nun einen an den Versäumnissen Schuldigen zu suchen. Angesichts des Umstandes, daß die Verzögerung der Bauarbeiten beängstigend groß geworden ist, müssen wir indessen prüfen, ob wenigstens die Voraussetzungen für den künftigen ungestörten Ablauf gegeben sind. Treten weiterhin Hemmnisse auf, ist zu befürchten, daß die Gegner des Projektes, die sich bisher zurückgehalten haben, die Misere aufgreifen und im Rat wieder Schwierigkeiten machen. Wir verstehen uns doch, meine Herren?"

Sogleich nahm Johann Krauße das Wort: „Diese Misere bedaure ich sehr, hochwürdiger Herr. Meister Haupt hat recht, wenn er sagt, daß sie bereits bei der Vorbereitung des Baues entstanden sei. Die Verantwortlichen im Rathaus hätten erst …"

„Jaja, ich weiß", unterbrach ihn Doktor Lehmann ein wenig ungeduldig. „Doch diese Erkenntnis hilt uns nicht weiter. Ich sagte schon, daß es mir müßig erscheint, jetzt Schuldige zu suchen. Denken wir doch ans Künftige."

„Was die Lieferungen angeht, sehe ich keine Hemmnisse mehr. Die weiterhin notwendigen Materialien liegen bereit, sie sind auch von der vorgeschriebenen Güte, ich habe mich bei den Lieferanten davon überzeugt. Ich wüßte nicht, wo ich noch einhaken sollte."

Auch Lindner war zuversichtlich. „Treten nicht Umstände ein, die außerhalb des menschlichen Einflusses liegen, zum Beispiel ein harter Winter, werden die Arbeiten zügig weitergehen. Wenn Adam Haupt doch nur Hilfe annähme! Dann könnte der Rückstand vielleicht ein wenig aufgeholt werden. Aber der Mann ist in dieser Beziehung ganz unzugänglich, selbst Meister Silbermann gegenüber, mit dem er sich bisher erfreulich gut verstanden hat."

„Es würde seinen Ehrgeiz verletzen", erklärte Silbermann.

„Aber über dem Ganzen steht doch die Notwendigkeit, das Werk möglichst schnell voranzubringen. Was soll da ein solcher Ehrgeiz! Er ist fehl am Platz."

„Schon gut – schon gut!" sagte der Superintendent, beschwichtigend die Hände hebend. „Ich bin froh, daß die Misere Adam Haupt die Laune noch nicht gänzlich verdorben hat. Hoffen wir, daß der Winter es gnädig mit uns meint! – Und wie steht es bei Euch, Meister Silbermann?"

„Besser als am Anfang. Ich habe sogar meine beiden Gesellen die Weihnachtszeit über nach Hause geschickt. Aber die Sorge drückt mich dennoch. Unter den obwaltenden Umständen ist es mir nicht möglich, meinen kontraktlichen Termin, das ist Weihnachten nächsten Jahres, einzuhalten. Dazu kommt ..."

„Der Rat muß und wird dafür Verständnis haben, Meister", warf Krauße ein. „Darüber habe ich nach der Unterredung, die wir beide kürzlich führten, doch schon mit dem Herrn Bürgermeister gesprochen."

„Und wird der Rat auch Verständnis haben für meinen finanziellen Schaden?"

„Aber wieso denn finanzieller Schaden, Meister?" fragte Doktor Lehmann, noch ehe Krauße antworten konnte. „Ihr braucht doch keine größere Leistung zu erbringen, als im Kontrakt und in dessen Ergänzungen vorgesehen ist."

„Pardon, hochwürdiger Herr, das ist ein Irrtum. Ich habe nach dem Kontrakt für die Dauer der Arbeit an der Orgel auch für meine Beköstigung und die meiner Leute zu sorgen. Den Betrag dafür habe ich nur für die Zeit bis zum Termin, eben Weihnachten nächsten Jahres, berechnet. Eine kurze Zeit könnte ich dann noch überbrücken, doch wie sieht es danach aus? Wie mir Adam Haupt sagte, wird er vor dem Sommer des nächsten Jahres mit der Orgelempore nicht fertig werden, dann erst kann er mit der Bälgekammer beginnen. Ehe dies geschafft ist, wird es Herbst oder gar Winter sein. Zum kontraktlichen Termin werden wohl gerade erst die Zimmermannsarbeiten an der Orgel selbst begonnen haben, und diese gehen dann weit in das Jahr 1713 hinein, dann folgen die Tischlerarbeiten, dann erst komme ich mit dem Aufsetzen des Instruments zum Zuge. Bitte, hochwürdiger Herr, wovon sollen ich und meine Leute in dieser Zeit leben? Ich kann mich doch heute nicht mehr um einen weiteren Auftrag bemühen, für den ich Vorschuß bekäme, dazu ist es zu spät."

Doktor Lehmann war betroffen. „Darüber habe ich noch gar nicht nachgedacht", bekannte er. Eine Weile überlegte er, dann fuhr er zuversichtlicher fort: „Aber da ist zu gegebener Zeit gewiß ein Ausweg zu finden. Der Rat ist Euch gegenüber stets konziliant gewesen, das bewies er doch jüngst wieder, als er Eurem Vorschlag zustimmte, die Disposition zu ergänzen."

„Die Herren Sachverständigen haben aber ziemlich große Mühe gehabt, den Rat dazu zu bewegen, nicht wahr?"

„Gewiß. Aber wir haben es ihm mit unserem gemeinsamen Ansinnen auch nicht leicht gemacht, das müssen wir gerechterweise sagen. Die Zahl der ursprünglich kontrahierten zweitausendfünfhundertfünfunddreißig klingenden Pfeifen wird sich auf mehr als zweitausendsechshundertsiebzig erhöhen, dazu kommt noch einiges aus Zinn statt aus Holz. Das mußte erst wohlerwogen werden. Ich will nicht verhehlen, daß ich am Anfang selbst auch große Bedenken hatte."

„Es ging und geht mir um die Güte des Werkes, nicht um den eignen Profit", erklärte Silbermann entschieden.

„Das wissen wir. Wären wir nicht dieser Überzeugung gewesen, hätten wir dem Vorschlag auch nicht zugestimmt. Doch macht Euch nicht unnütz Sorgen, Meister, es wird sich gewiß auch alles Weitere zu Eurer Zufriedenheit fügen. Sollte wirklich der Notfall eintreten, schreibt Ihr ein Ansuchen um zusätzliche Mittel an den Rat. Dem wird ohne Zweifel schnell stattgegeben."

Als die Männer den Superintendenten verließen, versehen mit dessen herzlichen Wünschen für ein gesegnetes Fest, schneite es stark. Ein sanfter Wind von Nordwest her trieb die großen Flocken in lustigen Wirbeln über das Land. Nach kurzer Zeit schon trugen die Türme und Dächer hohe weiße Hauben, und die Gassen sahen aus, als habe eine mächtige Hand sie über und über mit feinster Scharpie belegt.

„Ein Glück, daß die Gesellen sich schon heut morgen auf den Weg gemacht haben", sagte Silbermann zu Anna, als er im Regimentshaus angekommen war. „Bei einem solchen Wetter wagt sich keine Post aus dem Tor."

„Hoffentlich erwischt es sie nicht noch unterwegs", entgegnete die Haushälterin besorgt. „Von der letzten Poststation haben sie immerhin noch an die zwei Stunden zu laufen, eh' sie daheim sind."

„Hoffen wir's! — Wo ist denn George?"

„In der Werkstatt. Ein fleißiger Junge, Meister! Erst hat er mir Wasser und Holz geholt, ohne daß ich's ihn heißen brauchte, dann ist er runtergegangen, um — um, ja das weiß ich auch nicht. Er habe noch was zu tun, hat er gesagt."

„Ich kann mir schon denken, was er treibt. Für seine Mutter hat er zum Christfest einen Kerzenkasten gebaut, den muß er noch bemalen. Wenn wir zu Heiligabend nach Frauenstein fahren, müssen die Farben trocken sein."

„Ach ja", sagte Anna, es klang wie ein Seufzer.

Es schneite den ganzen Tag über und auch in der Nacht, dazu war der Wind heftiger geworden. Erst in der neunten Stunde des folgenden Vormittags ließ das Schneetreiben nach. Wer aus dem Hause wollte, mußte sich mit der Schaufel einen Weg bahnen. Auch der Meister und George betätigten sich auf diese Weise, der Sturm hatte vor dem Haus eine ziemlich hohe Barriere angeweht. Kniehoch lag der Schnee auf dem Platz an manchen Stellen. Herrschaftliche Bedienstete räumten eine breite Fläche vor dem Schloßeingang. Auch andere Anlieger suchten der Schneemassen Herr zu werden.

„Verschnauf ein wenig", sagte Silbermann zu George, als sie einen breiten Gang durch die Barriere gegraben hatten. „Wir machen dann im Hof weiter. Ich sehe drüben Bettmeister Dietze, da will ich mich erst mal nach was erkundigen." Er stieß die Schaufel in den Schnee und stapfte zum Schloß hinüber.

Besorgt blickte George dem Onkel nach. Wenn sie auch noch nicht darüber gesprochen hatten, so glaubte er doch zu wissen, was ihn bewegte. Nach wenigen Minuten hatte er Gewißheit.

„Tja, mein Junge, es sieht schlecht aus", berichtete Silbermann, als er zurückgekommen war. „Herr Dietze hat bestätigt, was ich vermutet habe: Die Straßen über Land sind stark verweht. Kein Postschlitten, kein Frachtschlitten geht ab, keiner kommt 'rein. Heut morgen haben sie eine Extrapost ausgraben müssen, kaum daß sie das Tor hinter sich gelassen hatte. Die Pferde hätten bis zum Bauch in einer Wehe gesteckt. Da wird auch kein Mietschlitten fahren. Es kann zwei, drei Tage dauern, ehe die Straßen wieder frei sind."

„Da können wir also morgen gar nicht ..." George preßte die Lippen aufeinander und blickte zur Seite.

„Nein, aus unsrer Fahrt nach Haus wird's nichts, damit haben wir uns abzufinden." Aufmunternd klopfte Silbermann dem Jungen auf die Schulter. „Aber das wirft uns starke Männer doch nicht um, nicht wahr? Wir feiern das Christfest eben hier, Anna wird uns sicher dabei helfen. Und die Fahrt holen wir bald nach, vielleicht schon zu Neujahr. Da werden deine Eltern und die Großeltern sich ebenso freuen."

Daß Anna schon alles in die Wege geleitet, noch ehe der Meister mit ihr gesprochen hatte, bemerkten sie bereits, als sie die Treppe hinaufgestiegen waren. Im Gang schlug ihnen der Duft frischgebackenen Honigkuchens entgegen. Genießerisch sog Silbermann den Duft ein. „Hm – ah, wie würzig! Sie versteht's, das muß man ihr lassen! Komm, wir naschen mal!"

Als sie die Küchentür öffneten, eilte Anna ihnen mit erhobenen Armen entgegen, stellte sich ihnen in den Weg. „Halt – halt! Hier haben die Herren heut nichts zu suchen. – Ich weiß ja schon, wir brauchen gar nicht darüber zu reden: Bei dem Schnee kann's nichts werden mit der Fahrt. Aber das soll euch nicht beißen, ich bleib' das Fest über hier. Mein Vetter wird's schon verschmerzen. Wenn er will, kann er ja zu uns kommen. Nun aber fort! Kümmert euch um eure Arbeit!"

Der Meister nickte zufrieden. „Du bist, besieht man's recht, ein patentes Frauenzimmer", lobte er. „Aber da wir nicht die geringste Lust mehr haben, uns um die Arbeit zu kümmern, wollen wir mal sehen, was du hier treibst. Das dort auf den Tisch …"

„… geht euch ganz und gar nichts an. Und wenn ihr nicht arbeiten wollt, dann macht euch wenigstens nützlich fürs Fest. Sorgt für Wachskerzen, nicht länger als vier Zoll, aber wirklich Wachskerzen, keine Unschlittlichter! Überhaupt, es ist noch manches einzukaufen beim Krämer und beim Metzger, ich konnt' ja nicht wissen, daß es so kommt. Was ich brauche, schreib' ich gleich auf. Wartet drüben in der Stube!" Und sie drängte die Männer hinaus, drückte die Tür energisch zu.

„Hast du das gehört, Junge?"

Silbermann machte ein so dümmliches Gesicht, daß George lache mußte. Und er wiederholte des Onkels Worte: „Sie versteht's, das muß man ihr lassen."

Der Meister überließ ihr denn auch alles und ging ihr mit George zur Hand, wie sie es wünschte. Dabei entfaltete er einen fröhlichen Eifer – wie einst zu Hause unter dem wohltuend fürsorglichen Regiment der Mutter.

Am Heiligen Abend besuchte er mit George die erste Christvesper, ließ sich dann wie dieser von Anna mit kleinen Geschenken überraschen, die sie in seiner Stube neben einer von zahlreichen Kerzen beleuchteten bunten Weihnachtspyramide auf dem Tisch ausgebreitet hatte, und beschenkte selbst die Frau und den Jungen. Am Kamin sitzend, hörten sie aus Annas Mund noch einmal die Weihnachtsbotschaft. Die Frau las sie aus einem abgegriffenen Buch vor, das sie, wie sie sagte, schon seit der Zeit besitze, da sie nach den Schuljahren die ersten Schritte in die Fremde unternommen hätte. Selten genug habe sie, seit sie in Diensten stehe, Zeit gehabt, eine Christvesper zu besuchen, und da sei ihr das Buch stets Trost und Freude gewesen.

Sie saßen noch, als die Glocken der letzten Christvesper die Menschen zum besinnlichen Verweilen riefen. Längst hatte Anna die Weihnachtsgeschichte beendet, längst hatte der Meister auch ein Buch aufgeschlagen, ein unsichtbares: das Buch seiner Erinnerungen. Dessen Inhalt war schier unerschöpflich, war so bunt und bewegt, daß sie darüber die Zeit vergaßen.

10

„Sauber, Leute, sauber!" mahnte Silbermann. „Keine Linie darf die andre schneiden! Korrekt müssen die Ecklinien aufeinanderstoßen. In natura ragen die Bretter und Leisten ja auch nicht über die Ecken hinaus. Merkt's euch endlich: Wer beim Zeichnen pfuscht, der tut's auch am Werkstück. Also korrigiert es!"

Ahnert, Klauer und George saßen an dem großen Tisch in der Schreibstube und mühten sich redlich, mit Zirkel, Lineal und Zeichenstift die Aufgabe zu lösen, die der Meister ihnen gestellt hatte. Diesmal ging es um eine Schleiflade, sie war maßstabgerecht im Schnitt darzustellen.

Seit der Rückstand in der Werkstatt aufgeholt war, unterrichtete der Meister sie jede Woche zwei Stunden im Zeichnen und „Deklamieren", wie sie sagten; sie mußten jeweils die Funktion dessen, was sie gerade zeichneten, mündlich genau erklären. Für die beiden Gesellen war das zu einem gewissen Teil Wiederholung, denn sie hatten es schon in Frauenstein geübt. Das war aber am Werkstück geschehen, gezeichnet hatten sie damals noch nicht. George mußte beides von Grund auf erlernen; jetzt erkannte er, wie gering das Wissen war, das er aus Frauenstein mitgebracht hatte, im Vergleich zu dem, das es in einer ernsten Lehre zu erwerben galt.

Die Gesellen hatten am Anfang gemurrt, weil der Meister sie „mit einem Lehrjungen auf eine Bank setze", wie Klauer sagte. Silbermann war zunächst auf diesen Einwand eingegangen. „Gut, dann zeigt, daß ihr auch im Zeichnen besser seid! Gelingt's euch, nehm' ich mir George gesondert vor. Gelingt's euch nicht, fangt ihr mit ihm an auf einer Bank. Die erste Aufgabe wird nicht schwer sein, und jeder erhält die gleiche: eine Offenflöte aus Holz und eine Koppelflöte aus Metall, beide nur in vorderer Ansicht. Jeder zeichnet nach dem vorliegenden Werkstück. Ich gebe jedem zwei Stunden Zeit, dabei habt's ihr beiden leichter, denn ihr könnt euch gegenseitig korrigieren. Dann vergleichen wir alles mit meinen schon fertigen Entwürfen. Einverstanden?"

Die Gesellen waren einverstanden gewesen. Der Meister hatte sie in der Schreibstube zeichnen lassen, George in der Gesellenstube. Er selbst war in dieser Zeit der Arbeit in der Werkstatt nachgegangen.

Als die Zeit um war, hatten sie sich wieder alle vier in der Schreibstube zusammengefunden und die Zeichnungen verglichen. „So, Klauer, nun urteile du!" Der Geselle hatte die Nase gerümpft und mit den Schultern gezuckt. Ahnert war ehrlicher gewesen: „Mir scheint, es sei im Vergleich zu den Euren eine so miserabel wie die andre."

„Das meine ich auch", hatte der Meister gesagt. „Da seht ihr: Geselle hin – Geselle her, ist er im Praktischen auch fertiger als ein Lehrjunge, so ist er's im Theoretischen noch lange nicht, wenn er's nicht ordentlich gelernt hat. Also holen wir nach, was wir unterm Drang der Umstände bisher versäumt haben – gemeinsam auf einer Bank. Und wenn das Erklären für euch beide in vielem eine Wiederholung ist – was tut's! Da sitzt's dann um so besser."

Klauer hatte Einsicht gezeigt, ohne freilich verbergen zu können, daß er sich in seiner Gesellenehre verletzt fühlte. Länger als eine Woche hatte er mit George getrotzt, manchmal auch gegen ihn gestichelt. George nahm in den ersten Tagen alles gelassen hin, wehrte sich dann aber kräftig. So hatte es denn zum erstenmal in der Gesellenstube zwischen ihnen Streit gegeben, schließlich auch in der Werkstatt. Da war der Meister dazwischengekommen: „Laßt gefälligst den Stunk, ihr Burschen! Wetzt eure Zunge bei besserer Gelegenheit! Wo soll's denn hinführen, wenn's gar unter uns noch kracht!"

Seitdem herrschte wieder Frieden zwischen Klauer und George, jedenfalls unter des Meisters Augen und Ohren.

Auf dem Schloßplatz lag die Sonne, nach dem anhaltenden Winter und den ersten regnerischen Frühlingswochen alles hoffnungsfroh vergoldend und erwärmend. Silbermann öffnete beide Fenster. Tief atmete er die laue Luft ein, sie roch nach aufgebrochener Erde.

Geraume Zeit verweilte er so, dann kehrte er zum Tisch zurück, um sich die Zeichnungen anzusehen. „Na ja, warum nicht gleich so!" sagte er schließlich. „Ahnert hat's am besten gemacht. Nun wollen wir noch mal hören, was es mit der Schleiflade für eine Bewandtnis hat. George, paß gut auf, du wirst dann alles repetieren! – Beginnen wir bei der Windlade allgemein! Ahnert, sag du es!"

„Ja, also die Windlade ist ein länglicher, rechteckiger Kasten, auf dem die Pfeifen stehen, in der Längsrichtung ein Register neben dem andern, in der Querrichtung hingegen so geordnet, daß die zu einem Ton gehörigen Pfeifen parallel zur Schmalwand nebeneinander stehen. Die Windlade ist in schmale Zellen abgeteilt, in Tonkanzellen. Die Teilung geht quer durch den Kasten, so daß diejenigen Pfeifen, die von ein und derselben Taste aus erklingen und so gemeinsam einen Ton bilden sollen, über derselben Kanzelle stehen. Das Brett mit den Löchern, in denen die Pfeifen stehen, heißt Pfeifenstock."

Silbermann lobte: „Na, das ging ja wie am Schnürchen! – Zu jeder Kanzelle gehört nun die Traktur. Was ist eine Traktur, Klauer?"

„Das ist die Einrichtung, die den Druck von der Taste der Klaviatur zur Windlade weiterleitet."

„Zwar knapp, aber richtig! Erzähl uns doch gleich mal, wie das funktioniert!"

Auch bei Klauer ging es „wie am Schnürchen": „Schlägt der Organist am Spieltisch eine Taste an, so wird auf Holzstäbchen, ich meine auf ein System von Holzstäbchen, die man Abstrakte nennt, ein Zug oder Druck ausgeübt, durch den ein Ventil, das Spielventil, geöffnet wird. Durch dieses dringt dann der Wind aus den

Bälgen in diejenige Kanzelle ein, die zu der angeschlagenen Taste gehört."

„Gut! – Der Wind würde aber nun in alle Register, die auf der Kanzelle stehen, eindringen, wenn was nicht wäre, Ahnert?"

„Die Schleiflade. Mit dieser kann man jedes Register an- oder abstellen."

„Erkläre mir die Einrichtung der Schleiflade!"

„Die obere Decke der Windlade ist nicht einfach, sondern dreifach: zuoberst der Pfeifenstock, darunter der Damm mit den Schleifen, darunter die Kanzellendecke. Für jede Pfeife eines Registers müssen also drei Löcher gebohrt werden, die liegen genau übereinander. Der mittlere Teil der Decke, der Damm, besteht aus mehreren breiten Leisten, eben den Schleifen. Sie lassen sich in der Längsrichtung verschieben, so daß dem Wind der Eintritt in die Pfeife versperrt werden kann. Das ist so, wenn das Register nicht gezogen ist. Wird es gezogen, verschiebt sich die Schleife derart, daß genau ein Loch über dem andern steht und der Wind in die Pfeife dringt, die ertönen soll."

Der Meister nickte zufrieden. „Das scheint bei euch beiden zu sitzen. So, George, nun repetiere! Dein Merkbüchlein steck weg, versuch's aus dem Gedächtnis! Ihr andern korrigiert, wenn ihr meint, es sei was nicht richtig."

George mühte sich redlich, und er brachte auch, langsam zwar und manchmal stockend, alles zusammen. Die Gesellen brauchten nur wenige Male zu verbessern und zu ergänzen. „Hast's ganz gut gemacht!" lobte Silbermann. „Ist das Werkstück fertig, erklärst du's an diesem noch mal. – Die Traktur ist vorhin ein bissel kurz gekommen, damit müssen wir uns jetzt noch …"

Er unterbrach sich. Vom Fenster her ertönte eine rauhe Stimme: „He, langer Silbermann, beweg dich mal hierher, aber hurtig, wenn's geht!"

In seiner Überraschung eilte Silbermann auch wirklich

gleich zum Fenster. Draußen stand Georg Lampertius, der Tischlermeister.

„Nanu!" stieß Silbermann hervor. „Daß du dich mal hier sehen läßt! Komm doch rein!"

Der lange, dürre Mann verzog spöttisch den Mund. „Ich laß mich bei dir genauso oft sehen, wie du dich bei mir. Und reinkommen kann ich nicht, weil ich keine Zeit hab'. Muß dir nur vom Haupt was bestellen: Sollst dich am frühen Nachmittag im Dom mal blicken lassen, wegen der Bälgekammer."

„Ich komme. Hast dich wohl dort mal umgesehen?"

„Na freilich! Muß doch wissen, woran ich bin. Da liegen nun die zugeschnittenen Bretter und der andre Kram fürs Gehäuse bei mir rum, und ich komm' im Dom nicht zum Zuge! Hab' schon fast ein halbes Jahr Verspätung. Ist zum Heulen!"

„Der Haupt hat keine Schuld."

„Weiß ich. Aber wenn's dann soweit ist, kann's den Herren nicht schnell genug gehen. Fang dann bloß auch du nicht an zu drücken!" Ohne eine Antwort abzuwarten, entfernte sich der Tischler eilig.

Silbermann trat vom Fenster zurück. „Machen wir weiter!" sagte er. „Klauer, erzähl uns, was zur Traktur gehört und wie sie funktioniert!" –

Vor zwei Wochen hatte Silbermann das letzte Mal die Baustelle im Dom besucht. Seit dieser Zeit war man hier, das sah er gleich, gut vorangekommen. Die Empore war tragfertig, mit dem Aufbau des starken Balkenwerkes, das später die sechs, in zwei Stockwerken übereinanderliegenden Bälge zu stützen hatte, war begonnen worden. Diese Anlage würde sich im hinteren Teil des Gehäuses, hinter den Werken, befinden. Die „Schauseite" der Empore sah freilich noch roh aus. Das konnte sich erst ändern, wenn die Balustrade gebaut sein würde.

Von der Empore drangen die Stimmen sich unterhaltender Männer herab. Silbermann erkannte diese erst, als er die Gerüstleiter erklommen hatte: Es waren neben Adam Haupt der Arzt und Ratsmann Doktor Immanuel Lehmann, Kantor Samuel Beyer und – wahrhaftig! – der Kantor von Sankt Thomas in Leipzig, Johann Kuhnau. Im Hintegrund machten sich Gesellen an schwerem Balkenwerk zu schaffen.

Als erster war Kuhnau Silbermanns ansichtig geworden. „Da kommt er ja!" rief er erfreut aus und ging dem Meister einige Schritte entgegen.

Die Männer begrüßten sich herzlich, und noch während Silbermann den anderen die Hand reichte, begann Kuhnau in der ihm eigenen lebhaften Weise zu berichten, was ihn hierhergeführt habe: Er befinde sich wieder einmal auf der Reise nach Dresden, habe aber diesmal genug Zeit einkalkuliert, seine Freiberger Freunde „auf die Schnelle" zu besuchen und sich das bisher Geschaffte anzusehen. Bei Elias Lindner und dem Herrn Superintendenten habe er kein Glück gehabt, sie seien verreist, aber die beiden Herren hier – er klopfte dem Arzt und dem Kantor auf die Schultern – hätten sich seiner sehr liebenswürdig angenommen. Ja, und bei ihm, dem Meister, wolle er seine Runde beschließen, um sich für eine Stunde die Werkstatt anzusehen, wenn es recht sei.

„Aber mit dem größten Vergnügen, Herr Kantor!", stimmte Silbermann erfreut zu. „Meister Haupt hat sicher nichts dagegen, wenn ich ihn noch eine Stunde warten lasse."

Haupt hatte Verständnis.

Die Männer plauderten noch ein wenig. Schließlich drängte Kuhnau zum Aufbruch. Adam Haupt drückte er einige Groschen in die Hand. „Für die Gesellen!" raunte er ihm zu.

In der Turmhalle verabschiedete er sich herzlich von seinen Begleitern. Dem Superintendenten und Elias Lindner ließ er Grüße bestellen. Und wenn der Weg die Herren einmal nach Leipzig führe ..., vielleicht eine kurze Nachricht vorher …, er müsse ja oft verreisen.

Die Stunde im Regimentshaus wurde weit überschritten, denn es gab nicht nur vieles zu besichtigen und an fachlichen Dingen zu erörtern, bei einer Flasche Rotem in des Meisters Wohnstube sprach sich Johann Kuhnau auch einige Sorgen vom Herzen. Als er schließlich aufbrach, um sich zu seinem im Gasthof „Zum Löwen" wartenden Mietwagen zu begeben, war Silbermann von Zorn und Genugtuung zugleich erfüllt. Denn der Thomaskantor hatte ihm dieses erzählt:

Wenn man den hochwerten Herren des Professoren-Konziliums und ihm einst mit der Mär gekommen sei, auf dem Orgelwerk von Sankt Pauli in Leipzig ruhe ein alter Fluch, dann habe sie das stets nur zu einem mitleidigen Lächeln veranlaßt. Heute würden die Herren nicht mehr lächeln, weil sie zornig seien, auch er nicht mehr, weil er zornig sei und voller Bitterkeit. Denn was beim Bau des neuen Orgelwerkes bisher vor sich gegangen sei …

„Es begann doch schon, als man, obgleich Ihr den Anstoß zum Neubau gegeben, Johann Scheibe den Auftrag überschrieb – wegen eines Unterschiedes von lumpigen vierundsiebzig Talern in der Kalkulation. Was habe ich geredet, Euch mit dem Werk zu betrauen! Was habe ich von Scheibe abgeraten! Ich kannte ihn doch schon seit langer Zeit. Er kann Vorzügliches leisten – bei kleineren Instrumenten, hier aber mußte er sich übernehmen. Und er hat sich übernommen! Von Anfang an ist er nicht recht zuwege gekommen – nicht mit der Disposition, nicht mit der Ausschreibung und der Beschaffung des Materials, eigentlich mit allem nicht. In vielem habe ich ihm geholfen. Trotz allem – die Arbeit schleppte und schleppt immer noch. In seiner Not hat er versucht, mehr Bauteile von der alten Orgel zu verwenden, als für ein neues Werk von erster Güte angängig ist. Nachdem ich ihm deswegen einige Male Vorhaltungen gemacht, hat er mir in ziemlich grober Weise den Zutritt zu seiner Werkstatt verboten. Und das, was die Herren des Konziliums einzusparen hofften, hat er bereits zusätzlich verbraucht, ohne daß ein Nutzen dabei herausgesprungen wäre. Ach, Meister, man muß wirklich aufgeklärten Geistes sein, um nicht heimlich zu glauben, die Reihe der schlechten Fügungen um das Orgelwerk Sankt Pauli setze sich hier sichtbar fort. Schaut mich nur nicht so mahnend an! Ich weiß selbst, daß sich hinter dieser Redensart zumeist nur menschliches Unvermögen verbirgt, dessen Folgen man gern mystifiziert. Aber es ist zum Verzweifeln!

Besonders verbittert hat mich jedoch, daß einige der Herren uns beide zum Sündenbock in dieser leidigen Geschichte zu machen versuchten. Ja, Ihr hört recht – uns beide zum Sündenbock! Sie hatten eine einfache Formel gefunden: Hätten wir uns damals nicht mit so starken Worten für einen Neubau eingesetzt, wäre dieser unterblieben, und es gäbe heute keinen Ärger; bei größerer Beharrlichkeit hätte man ganz gewiß einen Meister gefunden für eine ordentliche Reparatur. Erregt Euch nicht, es ändert nichts! Ich habe den Herren eine Antwort gegeben – schriftlich, mit Essig und Pfeffer geschrieben." Mit einem Stoßseufzer hatte Kuhnau seinen Bericht geschlossen: „Ach, Meister, hätte ich Euch doch in Leipzig! Nach dem, was ich über Euer Werk in Frauenstein hörte, was ich heute über Euch hörte und bei Euch sah, bedaure ich erst recht, daß es nicht so ist."

Nachdenklich blickte Silbermann dem Kantor nach.

Daß Stadtkämmerer Seyfried wieder ins Amt zurückgekehrt war, hatte Silbermann schon vor zwei Wochen von Johann Krauße erfahren. Der Mann habe seine Krankheit gut überstanden, er befasse sich jetzt mit „seinen liebsten Kindern", zu denen auch das Orgelwerk zähle. Er habe schon angedeutet, daß er mit einigen Entscheidungen, die man während seiner Abwesenheit getroffen habe, nicht einverstanden sei, werde jedoch erst mit dem Bürgermeister darüber sprechen.

Inzwischen schien er das auch getan zu haben, denn Martin Albert ließ durch einen Boten Silbermann bitten, am Nachmittag beim Kämmerer und anschließend bei ihm vorzusprechen.

Silbermann fand sich schon am frühen Nachmittag im Rathaus ein, er wollte die Sache bald hinter sich bringen. Krauße führte ihn gleich in Seyfrieds Zimmer. Auf dem Weg zur Tür raunte er ihm zu: „Richtet Euch darauf ein: Er will Rechenschaft haben über Mehrleistungen der Lieferanten gegenüber Eurem Anschlag."

„Danke. Soll er haben!" knurrte Silbermann.

Der Kämmerer sah erholt aus, sein spitzes Gesicht zeigte eine frische Farbe, und die Wangen hatten sich ein wenig gefüllt. Auf Silbermanns Gruß nickte er nur oberflächlich, dabei machte er eine Handbewegung zu dem Stuhl hin, der vor dem Arbeitstisch stand.

„Kommen wir gleich zur Sache, Monsieur!" begann der Kämmerer ziemlich kühl das Gespräch. Dabei griff er nach einer Akte und schlug sie an einer Stelle auf, die durch ein kleines herausragendes Lineal gekennzeichnet war. „Um einen besseren Überblick über die bisherigen Leistungen der Lieferanten zu erhalten, habe ich an Hand der Rechnungen eine Spezifikation angefertigt. Es lag nahe, die Zahlen mit denen Eures Anschlags zu vergleichen. Und da hat mich einiges in Erstaunen versetzt. Hier zum Beispiel: Der Anschlag fordert zwanzig Zentner Zinn, geliefert wurden aber vierundzwanzig, dazu ..."

„Das Mehr brauchte ich zur Ergänzung der Disposition, die von den Sachverständigen gefordert und vom Rat genehmigt wurde."

Seyfried lächelte dünn. „Ja, und hier: einundfünfzig lange Bretter aus Erbisdorf für das Zweiunddreißig-Fuß-Register. Eine solche Lieferung war ursprünglich gar nicht vorgesehen."

„Sie wurde ordnungsgemäß beantragt und genehmigt. Fragt dazu die Sachverständigen!"

„Aha, wieder die Sachverständigen!" Des Kämmerers Stimme wurde schärfer. „Dann haben sie wohl auch das bedeutende Mehr an Schafleder gefordert, wie?"

„Ja, freilich. Die Freiberger Schafe sind bedeutend kleiner als die elsässischen, mit deren Leder ich in der Vergangenheit zu tun gehabt habe. Das ergab auch einen größeren Verschnitt. Diesen habe ich gesammelt, vielleicht lassen sich daraus noch einige Paar Handschuhe zusammenflicken."

Seyfried bekam einen roten Kopf. Zornig stieß er hervor: „Ich ersuche Euch, meine Fragen ernst zu nehmen. Ich habe die finanzielle Verantwortung für das Ganze, und da ist es meine Pflicht, Diskrepanzen, wie sie sich hier herausstellen, auf den Grund zu gehen. Versteht Ihr?"

„Oh, ich würdige die Last Eurer Verantwortung und Pflicht, Herr Kämmerer, aber nicht die Art, wie Ihr hier diesen Diskrepanzen auf den Grund zu gehen versucht", entgegnete Silbermann gelassen. „Befinde ich mich etwa zum Verhör vor dem Stadtgericht? Als Delinquent, der sich unrechtmäßig an städtischem Eigentum bereichert hätte? Nehmt zur Kenntnis: Jeder Zentner, jedes Stück an mehrverbrauchtem Material ist ordnungsgemäß zu belegen. Meßt doch aus, zählt zusammen! Und genehmigt wurde jede Mehrlieferung auch."

„Jaja, natürlich, das glaube ich Euch aufs Wort." Seyfried hielt den Blick gesenkt, um seine Lippen spielte der Spott. „Alles von den Sachverständigen gefordert, alles begründet und genehmigt! Die Akte weist es auch ordnungsgemäß aus. Künftig aber ..."

„Warum habt Ihr mich dann rufen lassen?"

„Weil ich Euch sagen wollte, daß die Kämmerei künftig alles tun wird, um Ausgaben, die über Euren Anschlag hinausgehen, zu verhindern. Die Extrareisen, die man sich erlaubte, führten bereits zu einem Mehr von einigen hundert Talern. Damit ist jetzt Schluß, Monsieur! Ich werde auch mit den Sachverständigen darüber reden. Außerdem werde ich die Sache in der nächsten Zusammenkunft des Rates zur Sprache bringen, weil ich nicht die Verantwortung tragen kann für etwas, das in der Zeit meiner Abwesenheit geschehen ist. Richtet Euch darauf ein, daß der Rat Rechenschaft von Euch fordert."

„Mit dem größten Vergnügen, Herr Kämmerer." Silbermann schob den Oberkörper ein wenig vor. In seinen Augen blitzte es auf, in seiner Stimme schwang ein drohendes Grollen. „Dann wird aber wohl auch einiges andre zur Sprache kommen müssen, über das man vor der Öffentlichkeit und dem Rat bisher geschwiegen hat – zum Beispiel die miserable Vorbereitung des Baues von Anfang an, die zu einer Verzögerung der Arbeiten von vielen Monaten geführt hat, und die die Stadt noch einige hundert Taler kosten wird, ganz zu schweigen von den Schwierigkeiten, denen ich selbst am Anfang unnützerweise ausgesetzt wurde. Ihr wißt doch wohl, was ich meine? Darin liegt nämlich der Unterschied, Monsieur: Was die Sachverständigen und ich an Extrareisen – wie Ihr zu sagen beliebt – für notwendig hielten, ist dem Werk zum Nutzen, was jene aber, die für die Vorbereitung der Arbeiten verantwortlich sind, sich leisteten, war und ist ihm zum gröbsten Schaden. Und Ihr steht an der Spitze dieser Leute!" Der Meister schob geräuschvoll den Stuhl zurück und erhob sich. „So, und nun tut, was Euch beliebt! Ich gehe jetzt zum Bürgermeister."

Auf dem Weg zur Tür hörte Silbermann nur ein hartes Fauchen, dem Kämmerer hatte es die Sprache verschlagen.

Im Vorzimmer blickte Krauße von seinem Schreibpult aus dem Meister fragend entgegen. Silbermann nickte ihm lächelnd zu, als wollte er sagen: Es ist alles in Ordnung.

Um vieles freundlicher als der Kämmerer empfing Martin Albert den Meister. Er erhob sich sofort und führte ihn nach einem herzlichen Händedruck zu der Eckbank mit dem kleinen runden Tisch davor. Auf diesem lag bereits eine dünne Akte. Nach den üblichen Fragen, das persönliche Wohlergehen betreffend, kam auch der Bürgermeister schnell zur Sache.

„Wart Ihr schon beim Kämmerer, Meister?"

„Ja. Wir haben uns prächtig unterhalten."

Verdutzt blickte Albert auf. „Prächtig unterhalten? Ihr Spötter!" Er griff zur Akte, schlug sie auf. „Nach dem, was er mir hier vorgelegt hat, gab es doch wohl eine Auseinandersetzung, nicht wahr? Er verlangt von mir unter anderem, von Euch eine Rechtfertigung vor dem Rat für den Mehrverbrauch an Material zu fordern."

„Er sagte es mir bereits, und ich habe mich dazu bereit erklärt. Doch ich nehme an, er wird nicht mehr auf dieser Forderung beharren." Nun berichtete Silbermann über den Verlauf des Gesprächs mit Seyfried.

Albert rümpfte leicht die Nase. „Also etwa nach der gewöhnlichen Regel: Der Fehler des einen ist ein Trumpf in der Hand des andern. Ihr habt den Angriff des Kämmerers zunächst einmal pariert. Doch die Sache ist damit nicht aus der Welt geschafft. Ich möchte sie auch nicht nach der genannten Regel erledigt wissen. So etwas ist fürs erste wirksam, hat aber für die Dauer keinen Bestand. Natürlich habe ich mir über Seyfrieds

Fehler bei der Vorbereitung des Baues Klarheit verschafft; ich habe mit Adam Haupt, Maurermeister Enderlein und Elias Lindner gesprochen. In den nächsten Tagen werde ich mit dem Kämmerer selbst darüber reden; seine lange Abwesenheit ließ das zu einem früheren Zeitpunkt nicht zu. Möglicherweise wehrt er sich kräftig, vielleicht auch dadurch, daß er das, was er an Fehlern in Eurer Arbeit sieht, in den Vordergrund stellt. Um dem korrekt begegnen zu können, brauche ich Klarheit aus Eurem Mund. Wir sind unter uns, Meister. Sagt bitte ganz offen: Könntet Ihr einem etwaigen Vorwurf, es seien Euch bei der Fertigung der Disposition und des Voranschlags grobe Fehler unterlaufen, die Ihr nachträglich auf Kosten der Stadt ausbügeln wolltet, erfolgreich begegnen?"

Grollend entgegnete Silbermann: „Daß das dummes, leeres Geschwätz wäre, wißt Ihr doch selbst. Hätte ich mir sonst Euer Wohlwollen, das der Sachverständigen und eines guten Teiles der Ratsleute erhalten können? Hätte es sonst bei der Ergänzung des Werkes nicht Schwierigkeiten gegeben?"

„Gewiß, Meister, doch das ist zu allgemein. Ich brauche eine präzisere Antwort. Ihr könntet das Ziel eines scharfen Angriffs werden, habt ja gesehen, wie es beim Kämmerer gelaufen ist."

„Nun gut, präzise: Der Vorschlag zur Ergänzung des Werkes ist von mir ausgegangen. Ich habe ihn jedoch nicht gemacht, um etwa Fehler, die mir am Anfang unterlaufen wären, nachträglich auf Kosten der Stadt auszubügeln, sondern um dem Werk zusätzlich noch einen Glanz zu geben. Das kann Herr Lindner bestätigen. Er hatte erst heftig dagegen gesprochen, sogar erklärt, was ich tun wolle, sei übertrieben, sei falscher Ehrgeiz, hatte wiederholt versichert, daß keinem der Sachverständigen ein Mangel aufgefallen sei. Er nahm sich der Sache erst an, als ich erklärte, daß ich die Ergänzung auf jeden Fall vornehmen wolle, sogar auf eigne Kosten, wenn der Rat Schwierigkeiten machen würde. So war das, Herr Bürgermeister. Sähe man darin etwa das Zeichen eines schlechten Gewissens, so wäre das eine plumpe Spekulation. Ich hätte es bequem bei dem Bisherigen belassen können, ohne mir einen Tadel einzuhandeln. Doch mir ging es um das Beste über das Gute hinaus, das bereits Lob und Zustimmung gefunden hatte. Und sollte man mich fragen, warum ich es nicht schon am Anfang so gehalten hätte, so würde ich sagen: Neue, bessere Erkenntnis kommt nicht auf Bestellung und Termin. Ist sie aber da, muß man sie nutzen, auch wenn das mit Unbequemlichkeit verbunden ist. Zuoberst steht immer das beste Resultat. Das würde ich sagen, Herr Bürgermeister."

„Gut! Bitte, versteht meine Frage, Meister. Ich muß dem Kämmerer erklären können: Das ist Silbermanns Standpunkt! Erfreulich ist, daß ich dann noch hinzufügen kann: Die Sachverständigen denken genauso. Daraus wollt Ihr bitte auch ersehen, daß ich mich mit jedem der Herren bereits ausführlich unterhalten habe."

„Und Euer Standpunkt, Herr Bürgermeister?"

„Oh, jetzt wollt auch Ihr es präzise wissen! Der meine deckt sich mit dem Euren. Zufrieden?"

„Durchaus. Dann wären wir also wieder da, wo wir am Anfang standen."

„Mit dem Unterschied, daß ich jetzt aus dem Munde eines jeden der Beteiligten Gewißheit habe. Ich brauche mir nicht den Vorwurf einzuhandeln, ich wolle nur meine eigne Meinung der des Kämmerers entgegensetzen."

„Das ist wahr. Doch Ihr sprecht immer nur vom Kämmerer, Herr Bürgermeister. Kann man nicht annehmen, daß hinter ihm die alten Gegner des Projektes stehen?"

„Nach meinem Eindruck aus jüngster Zeit muß ich leider sagen, das kann man, doch es ist nicht offiziell zu beweisen. Die Gegner halten sich seit ihrer Niederlage im Rat noch immer vornehm zurück. Ich habe also vorerst mit Seyfried zu tun, und das ist mir lieb. Nehme ich ihm den Wind aus den Segeln, wirkt das zugleich gegen etwaige Absichten seiner Freunde, ohne daß ich mich mit ihnen auseinandersetzen muß."

„Und die Absicht dieser Leute könnte sein, mir erneut Schwierigkeiten zu bereiten, nicht wahr?"

„Ich will es Euch offen sagen, Meister: Aus einem Gespräch, das ich jüngst mit einem dieser Leute führte, konnte ich diesen Eindruck gewinnen: Ihr Trachten könnte dahin gehen, ihren Einwand hieb- und stichfest bestätigt zu finden, den sie von Anfang an hartnäckig erhoben haben, nämlich das Werk sei zu teuer, und es sei unverantwortlich, einem so jungen, in so großen Instrumenten noch unerfahrenen Meister den Zuschlag zu geben. Sie könnten vom Rat verlangen, daß daraus Konsequenzen gezogen würden. Doch, wie gesagt, einen Beweis für eine Regsamkeit der Leute in dieser Hinsicht habe ich nicht. Die Sache wird, so meine ich, nun wohl beim Kämmerer hängenbleiben. Und dabei brauchen wir nicht einmal dessen Fehler bei der Vorbereitung des Werkes auszuspielen, die, nun ja, die …"

„… ganz gewiß nicht ohne Absicht zustande kamen", entfuhr es Silbermann. „Sie paßten doch wohl zu gut ins Konzept dieser Leute."

„Vorsicht, Meister, Vorsicht!" mahnte Albert. „Das müßte erst bewiesen werden, und dann gäbe es einen Skandal über die Stadt hinaus. Damit wäre uns aber nicht gedient. Regeln wir lieber die Sache im kleinen Kreis der Beteiligten. Doch überlaßt das Weitere getrost mir und den Sachverständigen! Haltet Euch zurück!"

Silbermann versprach es.

Als er nach Hause kam, fand er einen Brief vor. Er erkannte die Handschrift gleich, es war die seines Bruders Michael. Rasch öffnete er den Brief. Auf dem Papier standen nur wenige Zeilen, doch sie bewirkten, daß der Meister sich erschrocken setzte.

„Lieber Frieder! Ich will Dir Nachricht geben, daß Vater ernstlich erkrankt ist. Zur Gicht hat ihn plötzlich starke Atemnot gepackt. Es steht nicht gut um ihn. Komme schnell, auch Mutter wünscht es. George brauchst Du nichts davon zu sagen. Es grüßen Dich Michael und Christina."

Silbermann ließ die Hand, die das Blatt hielt, langsam sinken, starrte eine Weile düster vor sich hin. Jäh erhob er sich dann, eilte die Treppe hinauf. „Anna!" rief er noch im Gang, „Anna!"

Als die Frau aus der Küche trat, gebot er ihr: „Besorge mir eine Kutsche, irgendeine, nach Frauenstein! Aber rasch! In einer Stunde muß ich unterwegs sein. Sag dem Fuhrlöhner, es wär' nur für die Hinfahrt, er brauche in Frauenstein nicht zu warten. Und es gäbe doppelte Taxe."

12

Es schien wirklich, als hätten des Meisters Widersacher beigegeben.

Längst hatte Adam Haupt die Zimmerarbeit an der Bälgekammer und am Orgelgehäuse beendet, längst auch Meister Lampertius die Tischlerarbeit am Gehäuse, sauber, nach dem von Elias Lindner gegebenen Riß, nach dessen und Silbermanns weiteren Anweisungen. Reibungslos, als seien sie schon seit Jahren aufeinander eingespielt, war die Zusammenarbeit zwischen ihm und dem Tischler vor sich gegangen. Auch Adam Georgi hatte sich als ein zuverlässiger, für Anregungen aufgeschlossener Mann erwiesen. Mit drei Gesellen war der Bildhauer gekommen, um das Figurenwerk und den anderen Schmuck am Gehäuse anzubringen.

Gewissenhaft hatte er sich seines Auftrags entledigt. Elias Lindner, der die Arbeit abgenommen, mit seinem Entwurf verglichen hatte, war des Lobes voll gewesen. Kaum war das Gehäuse fertig – erst ganz am Schluß würde Maler Butzäus noch das Seine vollbringen –, hatte Silbermann mit seinen Leuten begonnen, Windladen und Regierwerk einzusetzen, dessen zahlreiche große und kleine Teile sie in der Werkstatt vorbereitet hatten. Da war es aber zu einer Unterbrechung gekommen, an deren Ursache Silbermann noch lange Zeit schwer trug: der Tod seines Vaters. Zehn Tage hatte er sich in Frauenstein aufgehalten, um der Mutter über den heftigen Schmerz hinwegzuhelfen und mit dem Bruder Michael gemeinsam alles zu ordnen. Auch in den folgenden Wochen war er hin und wieder nach Frauenstein gefahren.

In all diesen Monaten hatte sich im Rat niemand gegen ihn gerührt; auch der Kämmerer war zurückhaltend geworden. Gab es keine Unterbrechung mehr, würde er bald mit dem Einbau des Pfeifenwerks beginnen können.

Silbermann wäre zufrieden gewesen, hätte ihn nicht die finanzielle Sorge zunehmend bedrückt. Der vertragliche Termin für die Fertigstellung des Werkes, Weihnachten 1712, war nun schon um viele Monate überschritten. Die Umstände hatten den Meister gezwungen, sich den Rest der im Vertrag ausbedungenen Forderung zum größten Teil vorzeitig auszahlen zu lassen; er hatte nicht warten können, „biß das Werk fertig und vor gut und tüchtig erkannt worden", wie es in dem Vertrag geschrieben stand. Vor Mitte des nächsten Jahres würden die Arbeiten nicht abgeschlossen sein. Diese Zeitspanne konnte er aber mit der ihm verbliebenen Restsumme nicht überbrücken, auch bei der größten Sparsamkeit nicht. Es war nun der Notfall eingetreten, von dem er vor längerer Zeit schon Superintendent Doktor Lehmann gegenüber gesprochen hatte.

Wollte er nicht Hilfe bei Privatleuten suchen – und das widerstrebte ihm, weil er glaubte, es schade seinem Ruf –, würde er wohl das tun müssen, was Lehmann ihm empfohlen hatte: ein Ansuchen schreiben an den Rat, ihm Mittel über den Vertrag hinaus zur Verfügung zu stellen.

Auch das widerstrebte ihm, obgleich er sich immer wieder vorhielt, daß die Schuld anderer ihn in diese mißliche Lage gebracht hatte, daß er im Rat deshalb auch Verständnis finden würde. Ein Bittgesuch, ein Bettelbrief würde es sein – so oder so. Zunehmend wuchs sein Zorn wieder gegen die Schuldigen, und dieser Zorn trieb ihn endlich zur Tat. Ja, er würde den Bettelbrief schreiben, in einer Form jedoch, daß den Schuldigen Hören und Sehen vergehen mußte.

Mehrere Tage lang überlegte er, wie das Schreiben an den Rat am wirkungsvollsten zu formulieren sei. An den Abenden schloß er sich in die Wohnstube ein und legte seine Gedanken schriftlich nieder, einmal in scharfer Form, einmal in gemäßigter, verwarf wieder alles, schrieb erneut. Endlich war er mit dem Ergebnis zufrieden: erst eine nach seiner Meinung wohlfundierte und korrekte Darlegung der Ursachen, die ihn gezwungen hatten, den Termin um so viele Monate zu überschreiten, dann eine Schilderung der für ihn daraus erwachsenen finanziellen Misere, dann das Ersuchen, ihm den Rest seiner Forderung vorzeitig auszuzahlen und ihm zusätzliche Mittel zur Vollendung des Werkes zu bewilligen. Es war kein Bettelbrief geworden, sondern eine Anklage und eine Forderung nach Recht und Billigkeit.

An einem Abend begab er sich zu Johann Krauße und bat ihn, das Schreiben bei Bürgermeister Albert persönlich abzugeben. Und wenn Krauße in dieser Sache noch etwas tun wolle, dann möge er den Bürgermeister bitten, möglichst bald etwas zu unternehmen. Der Schreiber versprach es.

Es vergingen Wochen, vergeblich wartete Silbermann. Wieder suchte er Krauße auf. Dieser konnte ihm jedoch nur den Bescheid geben: „Der Bürgermeister hat sich des Ansuchens angenommen, aber der Rat ist noch nicht wieder zusammengetreten, konnte noch nicht darüber befinden." Im übrigen sei Martin Albert vor einigen Tagen verreist, er komme erst Anfang der nächsten Woche zurück. Möglicherweise wisse aber Doktor Immanuel Lehmann schon Näheres, er sei ja Ratsmann und ein Vertrauter des Bürgermeisters.

Silbermann sprach noch am gleichen Tag bei dem Arzt vor. Dieser empfing ihn freundlich, zeigte Verständnis für das Anliegen, hielt sich aber doch ein wenig zurück. Der Meister nahm das mit Erstaunen wahr. „Bin ich etwa nicht im Recht, Herr Doktor?" fragte er dringlich.

„Aber gewiß, Meister", entgegnete der Arzt ohne Zögern, „und ich werde zu denen gehören, die in der Ratsversammlung auf das wärmste für Euer Ansuchen sprechen. Aber da gibt es ..." Er überlegte, fuhr dann entschlossen fort. „Im Vertrauen, Meister, wirklich im Vertrauen: Euer Ansuchen ist einigen Euch wohlwollenden Ratsleuten bereits bekannt. Martin Albert hat es aus gewissen Gründen für erforderlich gehalten, sie vor der nächsten Ratsversammlung damit vertraut zu machen und ihre Meinung zu hören. Deshalb zieht sich die Sache auch ein wenig in die Länge. Der Bürgermeister ist ..."

„Pardon, aber wieso ‚gewisse Gründe'? An meinem Ansuchen gibt es doch nichts zu deuteln und zu bezweifeln."

„Nein, da gibt es nichts zu bezweifeln. Euch muß und wird Recht werden. Es ist da jedoch noch eine Schwierigkeit zu überwinden, eine Formsache nur, aber immerhin ... Der Bürgermeister wird selbst mit Euch darüber sprechen. Bitte dringt nicht weiter in mich, mehr kann ich Euch wirklich nicht sagen. Und behandelt das, was ich Euch preisgab, unter allen Umständen vertraulich!"

Formsache! Einer Formsache wegen ließen sie ihn warten – in einer solchen Situation! Wahrlich, ein erstaunlicher Ausdruck dessen, was sie Wohlwollen nannten! Enttäuscht, verbittert verabschiedete er sich.

Der Umgang mit dem Meister wurde schwierig. Wortkarg, verbissen arbeitete er an dem Werk im Dom. Gab er seinen Leuten Anweisungen, geschah es meist mürrisch, oft auch grob. Als Anna ihn einmal mahnte, Einschränkungen im Haushalt seien doch kein Grund, sich und anderen das Leben schwer zu machen, so etwas käme selbst in honetten Familien ab und zu vor, fuhr er sie an: „Laß das einfältige Gerede! Wem das Leben bei mir zu schwer ist, der kann ja gehen." Die Gesellen hatten sich abgesprochen, den Meister nicht mit Fragen zu reizen, still und ruhig zu tun, was er von ihnen fordere, seine harte Art werde sich schon wieder legen. Ahnert und George hielten sich daran, Klauer ging jedoch eines Tages das Mundwerk durch, und das war von schlimmen Folgen.

Sie hatten begonnen, im Gehäuse die Pfeifen einzusetzen. Das erforderte eine reibungslose Zusammenarbeit aller auf verhältnismäßig engem Raum. Ablenkungen konnten sie nicht gebrauchen. Um nicht gestört zu werden, hatte Silbermann alle Eingänge des Domes verschlossen. Dennoch stellte sich Besuch ein: wieder einmal Domkantor Beyer, der Schlüssel zu den Zugängen besaß.

Fröhlich vor sich hin summend, betrat Beyer die Empore. Zwischen einigen Reihen auf Tücher gebetteter Pfeifen unterschiedlicher Größe, Materialkisten und niedergelegten Leitern hindurch nahm er vorsichtig den Weg zum Orgelgehäuse. Ein Teil der ihm zugekehrten Seitenwand des Gehäuses war entfernt, die Öffnung gewährte einen begrenzten Blick in das Innere. Licht schimmerte heraus, Schatten huschten über ein matt beleuchtetes Ensemble von Stäben, Streben und Kästen.

Noch ehe Beyer am Gehäuse anlangte, trat George heraus. Er nickte dem Besucher zu, wandte gleich den Kopf zurück und meldete: „Der Herr Kantor ist da."

„Keine Zeit. Soll später wiederkommen!" kam es grob zurück.

Beyer hatte es gehört, blieb stehen. „Nanu, was ist denn das für eine disharmonische Musik!" stieß er verblüfft hervor. „Man wird doch nach fast zwei Wochen wieder einmal ‚Guten Tag' sagen können."

Da erschien Silbermann, er zeigte ein finsteres Gesicht.

„Guten Tag – guten Tag!" knurrte er. „Aber warum, glaubt Ihr wohl, habe ich die Eingänge verschlossen?"

„Ganz gewiß, um ungebetene Leute abzuhalten, die hier nichts zu suchen haben. Gehöre ich etwa dazu?"

Da Silbermann schwieg, fuhr Beyer gekränkt fort: „Nun, dann will ich nicht weiter stören. Und für Eure Freundlichkeit bedanke ich mich." Jäh wandte er sich ab und verließ die Empore.

Auch die Gesellen waren aus dem Gehäuse getreten.

„Los, weiter!" gebot ihnen Silbermann.

Ahnert und George folgten kopfschüttelnd der Aufforderung, Klauer aber blieb stehen.

„Na, und …?" fuhr Silbermann ihn an.

„Nehmt's, wie Ihr wollt, Meister, aber wie Ihr den Herrn Kantor behandelt habt, war nicht richtig. Von allen war er immer am freundlichsten zu …"

„Halt's Maul, das geht dich nichts an! Aufpasser brauche ich nicht. Nun an die Arbeit!"

Klauer war das Blut ins Gesicht geschossen. Einige Schritte zurücktretend, stieß er hervor: „Ja, halt's Maul – halt's Maul! Das hören wir andauernd, weiter habt Ihr für uns kein Wort mehr. Maul halten, kuschen, arbeiten! Das hält aber für die Dauer keiner aus – ich nicht."

Aufs höchste betroffen starrte Silbermann den Gesellen an. „Was – was redest du da?" schnaufte er. „Noch mal! Ich glaub', ich hab' nicht recht verstanden."

„Ihr habt schon recht verstanden. Einer mußt' Euch das mal sagen. Nehmt's, wie Ihr wollt!"

Da schrie Silbermann: „Ich nehm's auch, wie ich will. Aufsässige kann ich nicht gebrauchen. Ab, aber hurtig! Pack deinen Kram! Morgen früh will ich dich nicht mehr sehen."

„Ich krieg' noch Gesellenbuch und Lohn", rief Klauer dem Meister nach, denn dieser war bereits im Orgelgehäuse verschwunden.

Der Abend war bedrückend wie noch keiner zuvor im Regimentshaus. Die Gesellen gingen Silbermann aus dem Weg, so wie er ihnen. In ihrer Stube drangen Ahnert und George in Klauer, sich beim Meister zu entschuldigen, dann werde sich gewiß wieder alles einrenken, der Meister sei in einer schwierigen Lage, das erkläre doch alles. Es war vergeblich. „Ich bin kein Fröner, dem der Herr nach Lust und Laune den Buckel bleuen kann", gab der Geselle zurück. „Wenn ihr es aushaltet – ich nicht." Anna versuchte es mit großer Beredsamkeit bei Silbermann. Klauer sei doch ein guter Arbeiter und habe trotz seines großen Maules immer seine Pflicht getan, manchmal noch viel mehr. Außerdem könne der Meister ihn jetzt gar nicht entbehren. Doch auch ihr Bemühen war vergeblich. Am Schluß schrie er sie an: „Bist du jetzt nicht still, kannst du gleich mit ihm gehn!"

Zum erstenmal – abgesehen von Tagen, an denen ein Gast bei ihm geweilt hatte – ließ sich Silbermann die Abendmahlzeit in die Wohnstube bringen. Als Anna dann den Tisch abräumte, gebot ihr Silbermann: „Schick Klauer zu mir, er soll sich sein Papier abholen!"

Der Geselle erschien nach wenigen Minuten, blieb

trotzig abwartend einen Schritt vor dem Tisch stehen.

Gleichgültig, ohne ihn anzublicken, schob Silbermann
ihm einen Taler und das Gesellenbuch zu. „Lohn für
eine volle Woche, also für vier Tage mehr", sagte er ruhig. „Ich will dir nichts in den Weg legen, drum hab'
ich ins Buch geschrieben, daß du meine Werkstatt auf
eignen Wunsch verlassen hast. – Adieu!"

Klauer nahm Geld und Buch vom Tisch, ohne sich zu
äußern, steckte sofort alles in die Tasche seines Kittels.
Gelassen schritt er zur Tür. Dort wandte er sich noch
einmal um und sagte: „Ich hätt' auch nicht grad stolz
drauf sein können, länger bei Euch zu bleiben – bei
dem, was die Spatzen von den Dächern pfeifen.
Adieu!"

Silbermann riß den Kopf hoch, starrte regungslos zur
Tür, die laut ins Schloß gefallen war. Es dauerte einige
Zeit, ehe er sich wieder gefaßt hatte. Schnaubend
sprang er auf, um dem Gesellen nachzueilen. Auf dem
Gang lief ihm Anna in den Weg. „Wo ist der Kerl?"
herrschte er sie an.

„Wenn Ihr Klauer meint – er ist grad dabei, das Haus
zu verlassen, er nächtigt woanders."

„Hol ihn zurück! – Nein, laß es! Geh in meine Stube!"
Silbermann stieß die Tür der Gesellenstube auf. Ahnert
und George saßen stumm, bedrückt am Tisch. Auch sie
forderte er auf, zu ihm zu kommen.

Sie mußten sich auf das Sofa setzen. Silbermann
schritt, die Hände auf dem Rücken, vor ihnen auf und
ab. Nach einer Weile sagte er: „Also ich hab' Klauer
nausgeworfen, warum, daß wißt ihr, darüber gibt's keinen Disput mehr. Eh' er ging, warf er mir einen spitzen Brocken ins Gesicht. Die Spatzen pfiffen einiges
über mich von den Dächern. Was wißt ihr davon?"

Verlegen, scheu blickten sie sich an und schwiegen.

„Raus mit der Sprache! Was er weiß, wißt ihr doch
auch."

„Ist alles dummes Geschwätz, Meister!" erklärte Anna nachdrücklich. „Was in den Wirtschaften geredet wird, kann man doch nicht …"

„Was wird in den Wirtschaften über mich geredet?" unterbrach er sie scharf.

Anna seufzte, stieß George mit dem Ellbogen an. „So sagt's denn, ihr habt's ja mitgebracht!"

Für George nahm Ahnert das Wort: „Ist wirklich dummes Geschwätz, Meister. Wir haben deswegen im ‚Güldenen Adler' auch mal einem aufs Maul geklopft, fast hätt's eine richtige Prügelei …"

„Keinen Umweg! Erzähl, was man schwätzt!"

„Na, wenn Ihr's durchaus wissen wollt …" Der Geselle zuckte die Schultern. „Die bösen Mäuler sagen, Ihr hättet Euch mit dem hiesigen Werk übernommen, hättet von Anfang an so viele Fehler gemacht, daß der Stadt ein Schaden von Hunderten von Talern entstehen würde. Das wüßtet Ihr auch selber, drum hättet Ihr vor längerer Zeit schon das Gerücht aufgebracht, Zar Peter habe Euch in der Werkstatt besucht, als er damals hier war, und er sei von Euch und Eurer Arbeit so angetan gewesen, daß er Euch eingeladen hätte, für immer nach Moskau zu kommen und dort Instrumente zu bauen. Damit wolltet Ihr Euch den Rücken stärken, Euer angekratztes Renommee wieder aufbügeln und – ach, das Geschwätz ist doch so närrisch, daß Ihr Euch gar nicht darum kümmern solltet. Ich begreif' den Klauer nicht, der hatte Euch doch in den Wirtschaften am stärksten verteidigt."

Silbermann stand am Fenster und schaute durch die Dunkelheit in eine unendliche Ferne. „So, das reden sie!" sagte er nach einer Weile dumpf. „Es ist gut, ihr könnt gehen."

Die Verleumdung marschierte also, die schmutzigste Waffe, deren seine Widersacher sich bedienen konnten. Und er hatte geglaubt, sie seien im stillen zur Einsicht gekommen. Welch ein Wahn! Silbermann stöhnte. Wie ein Berg stinkenden Unrats stand diese Erbärmlichkeit vor ihm, und er sah noch keinen Weg, ihn zu umgehen.

Erst spät suchte er seine Schlafstube auf. Er durchwachte die Nacht mit peinigenden Gedanken.

13

Ein scharfer Herbstwind pfiff durch die Gassen und kündigte unbeständiges Wetter an. Die Menschen hatten längst damit gerechnet, denn schon war der November in das Land gezogen.

Als Silbermann und seine Leute am Morgen das Haus verlassen wollten, um sich zur Baustelle im Dom zu begeben, trafen sie auf Elias Lindner, er schien an der Tür auf sie gewartet zu haben.

„Ich muß Euch dringend sprechen, Meister", sagte der Organist ernst, nachdem er flüchtig gegrüßt hatte. „Gehen wir in die Werkstatt! Eure Leute kommen an der Baustelle doch sicher einmal für kurze Zeit ohne Euch aus."

Silbermann blickte ihn verwundert an, äußerte sich aber nicht. Zögernd zog er einen Schlüssel aus der Tasche und übergab ihn Ahnert.

„Ich mußte diese Gelegenheit wählen, weil ich zu einer anderen Zeit bei Euch nicht ankomme", sagte Lindner vorwurfsvoll, als sie sich in der Schreibstube befanden.

„Ihr schließt Euch ja ein oder laßt Euch verleugnen."

„Das hat seine Gründe."

„Ich glaube sie zu kennen und bedauere sie zutiefst. Es dient Euch aber nicht, wenn Ihr Euren Zorn an Schuldlosen auslaßt. Daß Ihr einen Gesellen hinausgeworfen habt – nun, das ist Eure Sache, Ihr müßt wissen, wie Ihr ohne ihn zurechtkommt. Euer Verhalten ..."

„Das hat Euch wohl die Anna zugetragen, wie?"

„Euer Verhalten Kantor Beyer gegenüber war aber ein Fauxpas, der uns alle erschreckte und uns nicht gleichgültig sein kann. Ihr habt ihn gekränkt, seid auf dem besten Weg, Euch sein Wohlwollen zu verscherzen – und nicht nur das seine. Ich rate Euch dringend, entschuldigt Euch bei ihm. Vergeßt nicht, daß er zwar ein stiller, aber sehr rühriger Fürsprecher für Euch war."

„Um nur mal ‚Guten Tag' zu sagen, war nicht der rechte Zeitpunkt, versteht Ihr? Ich hatte und habe andre Dinge im Kopf, als zwischen Orgelpfeifen und Abstrakten ein Schwätzchen zu beginnen."

„Das ‚Wie' machts's, werter Meister, der Ton! Zehn freundliche oder doch verbindliche Worte hätten ausgereicht, um …"

Da brauste Silbermann auf: „Das macht mir erst mal vor, Monsieur – in einer Situation, die einige mir so wohlwollende Freunde mir beschert haben! Das Wasser steht mir bis zum Hals, ohne eigene Schuld, versteht Ihr? Und man hilft mir nicht, man läßt mich warten, aus ‚gewissen Gründen', wegen einer – ach, ich darf ja nicht einmal darüber reden! Da seid mal freundlich und verbindlich!" Jäh erhob er sich, begann zornig einen Rundgang um den Tisch.

Versöhnlicher sagte Lindner: „Es tut mir alles sehr leid, Meister. Aber ich muß noch einmal bemerken: Herr Beyer ist an der Verzögerung Eurer Angelegenheit so wenig schuld wie ich. Ich bitte Euch, ja, ich bitte Euch, gönnt ihm ein gutes Wort, das erfordert die Gerechtigkeit, und er wartet auch darauf. Er wartet darauf, hört Ihr?"

„Ich habe es gehört."

„Ich hoffe, auch verstanden. Dieses Anliegen vor allem führte mich zu Euch. Ich will mich nun noch einer Bestellung entledigen, die ich Johann Krauße abgenommen habe: Bürgermeister Albert bittet Euch, am Nachmittag zu ihm zu kommen."

„Meines Ansuchens wegen?"

„Vermutlich. Wir, ich meine Krauße und ich, wissen nichts Genaues, nur, daß Martin Albert im Rathaus wieder ein Gespräch geführt hat, bei dem es um Eure Sache ging." Lindner reichte Silbermann die Hand. Noch einmal bat er: „Meister, sprecht mit dem Kantor, er verdient wirklich Eure Achtung. Und außerdem – nun ja, Ihr müßt doch alles vermeiden, was den Gegnern des Werkes Auftrieb geben könnte, gerade jetzt! Verderbt Ihr es mit guten Freunden, so nützt es nur den andern."

„Gerade jetzt?" entfuhr es Silbermann. „Spielt Ihr etwa auf die Verleumdung an, die man gegen mich in Umlauf setzte?"

„Ach! Dummes Zeug! Jeder Eingeweihte lacht darüber. Ich meinte gerade jetzt, da Euer Ansuchen im Rat behandelt wird. – Also Ihr geht zum Kantor, bald, nicht wahr?"

Erst nach einigem Bedenken stimmte Silbermann zu. „Aber ich werde ihn auch ersuchen, künftig …"

„Ersucht nicht – erklärt! So erreicht Ihr alles besser."

Am Nachmittag begab sich Silbermann zum Bürgermeister. Widerstreitende Gedanken plagten ihn. Sein Recht ließ ihn auf gute Nachricht hoffen, seine Erfahrungen wiederum zwangen ihm Mißtrauen und Unsicherheit auf.

Wie immer empfing ihn Martin Albert freundlich, wie immer kam er schnell zur Sache. „Es geht um Euer Ansuchen, Meister. Die Gründe, die Euch leiteten, finden bei uns volles Verständnis. Dennoch haben wir das Schreiben der Ratsversammlung noch nicht zur Billigung vorgelegt. Ich hielt es für notwendig – zu Eurem Nutzen –, erst mit jedem unsrer Freunde intern darüber zu beraten. Dadurch zog sich die Sache in die Länge."

„Und warum habt Ihr es für notwendig gehalten – und wieso zu meinem Nutzen? Durch die Verzögerung bin ich in große Bedrängnis gekommen."

„Das mußten wir und Ihr aber in Kauf nehmen, Meister. Die Verzögerung wäre noch unangenehmer geworden, wenn ich das Ansuchen so wie es ist der Ratsversammlung vorgelegt hätte. Mit dieser Meinung stehe ich nicht allein, alle Ratsmänner, mit denen ich mich beraten habe, sind der gleichen Ansicht. – Bitte, laßt mich fortfahren! – Seht, Eure Darlegungen über die große Verzögerung beim Bau des Werkes stellen im Grunde das dar, was ich einmal in einer Unterredung mit Euch als nicht beweisbar zurückgewiesen habe: eine Beschuldigung gegen den Kämmerer, aus Feindschaft gegen Euch und das Werk mit Vorbedacht Schwierigkeiten gemacht zu haben. Und nicht nur das! Ihr deutet ziemlich unverblümt an, der Kämmerer stünde hierbei nicht allein. Meint Ihr ...?"

„Ist das etwa nicht wahr?" fuhr Silbermann auf.

„Ach, wahr! So etwas schreibt man doch nicht, man klagt doch nicht in solcher Weise Mitglieder eines Gremiums an, von dem man für sich etwas Gutes erhofft. Was wollen wir denn erreichen? Daß der Rat Eurem Ansuchen zustimmt, möglichst bald sogar. Und was würden wir erreichen, wenn wir nach Eurem Sinn verfahren würden? Daß der Rat über Eure Beschuldigung schockiert wäre, daß er eine offizielle Untersuchung verlangen müßte. Es gäbe einen Skandal. Das Nachsehen hättet zuerst Ihr selbst, denn ehe eine solche Untersuchung mit allem unerfreulichen Hin und Her abgeschlossen wäre, könnten viele Monate vergehen. Erst dann würde über Euer Ansuchen befunden werden. Damit wäre Euch doch wahrlich nicht gedient."

Nur mit Mühe hielt Silbermann eine scharfe Entgegnung zurück. »Und womit wäre mir gedient?"

„Schreibt das Ansuchen erneut, verzichtet darin auf jegliche Angriffe gegen Seyfried und andre, auch andeutungsweise. Gebt als Begründung an, daß – sagen wir mal, durch anfängliche Schwierigkeiten bei der Lieferung gütegerechten Materials und durch Mehrleistungen zur Ergänzung des Werkes über den vom Rat gebilligten Kontrakt hinaus die Verzögerung eingetreten sei. Das widerspricht nicht der Wahrheit und wird Euch von der Mehrheit des Rates abgenommen. Die Gegner des Werkes werden zwar wahrscheinlich gegen das Ansuchen stimmen, sich sonst aber aus gutem Grund in der Versammlung still verhalten."

Fassungslos starrte Silbermann den Bürgermeister an. „Das – das mutet Ihr mir zu?" würgte er hervor. „Die Schuld der andern verschweigen – auf mich nehmen? Das – das ..."

„Bitte keinen Zornesausbruch, Meister!" mahnte Martin Albert. „Damit geht es nicht weiter. Ihr wollt zu Eurem Recht kommen – wir wollen Euch helfen. Der Weg dahin ist unter den obwaltenden Umständen aber eine ..."

„... eine jämmerliche Lüge!" schrie Silbermann. „Und das wißt Ihr so gut wie ich. Bitte, laßt jetzt mich reden!" Gemäßigter fuhr er fort: „Ich will es einmal ganz deutlich sagen: Die durch die unpünktlichen Lieferungen entstandene Verzögerung hat hier überhaupt kein Gewicht, weil ich sie aufholte, lange bevor ich im Dom zum Zuge kam. Auch die Ergänzung der Disposition, die mir ein Gerücht so verleumderisch als Fehler ankreidet, hatte für den Fortgang der Arbeit im Dom kein Gewicht, denn ich hatte alles Notwendige beendet, als der Tischler noch am Gehäuse baute. Ich mußte ja noch warten, ehe ich beginnen konnte, Windladen, Regierwerk und so weiter in das Gehäuse einzubringen. Wieso da eine so große Verzögerung durch die Ergänzung des Werkes? Wieso, Herr Bürgermeister? Ich soll die Schuld andrer auf mich nehmen, weil man die Schuldigen schonen will. So ist es doch, nicht wahr? Nein, das könnt Ihr nicht von mir erwarten."

Seufzend erhob sich Martin Albert. Die Fäuste auf den Tisch gestemmt, blickte er Silbermann durchdringend an. „Daß Ihr ein harter Kopf seid, werter Meister, weiß ich längst, auch daß Ihr Euren Gerechtigkeitssinn gerne Purzelbäume schlagen laßt. Daß Ihr aber so unklug seid, Euch in einem für Euch entscheidenden Augenblick selbst ein Bein zu stellen, habe ich nicht für möglich gehalten. Ich habe nicht die Zeit, mit Euch nutzlos zu debattieren. Zum letztenmal: Wollt Ihr es auf einen Skandal im Rat und vor der Öffentlichkeit mit einem ungewissen Ausgang für Euch ankommen lassen – oder wollt Ihr auf stille Weise bald zu Eurem Recht gelangen?"

„Auf stille Weise – ha! Nötigung ist's!"

„Nennt's meinetwegen, wie Ihr wollt! Also?"

Silbermann stützte den Kopf in die Hände. „Nicht zu glauben – nicht zu glauben!" stöhnte er. „Will man sein Recht, muß man die Wahrheit verschweigen – verbiegen. Großer Gott, es ist doch nicht zu fassen!"

Martin Albert nahm unterdessen von seinem Arbeitstisch eine dünne Mappe. Daraus zog er ein Schriftstück hervor und schob es Silbermann gelassen hin. Ruhig, fast freundlich sagte er:: „Betrachten wir am besten dieses Papier als nicht existent, Meister. Je eher Ihr das Ansuchen mit der Euch vorgeschlagenen Begründung in wohlausgewogener Verbindlichkeit schreibt, je eher Ihr es an mich einreicht, desto eher werdet Ihr über die Mittel verfügen, die Ihr bis zur Vollendung des Werkes braucht."

Mit einiger Mühe erhob sich Silbermann. „Ich werde mir noch mal alles überlegen", sagte er heiser. Er nahm das Schriftstück vom Tisch, faltete es zusammen und steckte es ein.

Ehe der Bürgermeister die Tür öffnete, versicherte er: „Ihr werdet dann in Eurer Sache keine Schwierigkeit mehr haben, das kann ich Euch versprechen. Und daß Ihr es wißt: Das Geschwätz, das über Euch im Schwange ist, hat selbst der Kämmerer als haltlos erkannt. Er ist davon abgerückt, und das will was heißen. Er glaubt aber zu wissen, daß damals immerhin eine

Beziehung zwischen Euch und der Begleitung des Zaren bestanden habe."

„Beziehung! Der Reisesekretär des Zaren brachte mir
eine böhmische Zither, die seinem Herrn gehörte. Er
bat mich, nachzusehen, ob sie noch intakt sei, und das
schadhaft gewordene Etui zu reparieren. Bei dieser Gelegenheit schaute er sich in meiner Werkstatt um. Danach haben wir kein Wort mehr miteinander gewechselt. Kann man da von ›Beziehung‹ reden?"

„Ich würde es auch nicht so bezeichnen. Der Sekretär
lud Euch damals nicht ein, nach Moskau zu kommen?"

„Nein. Er sprach sich nur lobend über die Reparatur
aus. Doch was soll diese Frage?"

„Ich wollte nur erkunden, ob nicht doch ein Fünklein
Wirklichkeit vorhanden sei, an dem sich die Phantasie
der Schwätzer entzündete."

„Bemüht Euch nicht! Es ist alles erlogen – alles."

14

Der Meister war ruhiger geworden, er fuhr Anna und
seine Gesellen nicht mehr an, gab seine Anweisungen
knapp, aber ohne Unwillen zu zeigen, auch dann nicht,
wenn sie nicht gleich vestanden wurden. Still, in sich
gekehrt ging er seiner Arbeit nach.

Seine Leute freuten sich dieser Wendung jedoch nicht
wirklich, denn des Meisters Gebaren erschien ihnen
gezwungen, es entsprach nicht seinem Wesen. Es war
die Art eines Geschlagenen, der es nach langem Kampf
aufgeben mußte, für eine gerechte Sache zu stehen,
und sich resignierend zurückzog, auch gegenüber seiner nächsten Umgebung.

An den Abenden, nach der Mahlzeit, schloß er sich in
seine Wohnstube ein. Anna kam erst nach einigen Tagen dahinter, mit welchen Dingen er sich hier beschäf-
tigte. Sie fand im Kamin ein Häufchen verkohltes Pa-

pier. Das Feuer hatte ein paar Fetzen verschont, sie zeigten des Meisters Schrift. Einer ließ die Worte erkennen: „... den hochedlen, hochweisen Rat ...", ein anderer: „... wollen denn mir und meinen Leuten nur noch die wenige Zeit über den Unterhalt ..."

Anna begriff schnell: Silbermann war dabei, ein Ersuchen um Hilfe an den Rat zu schreiben, mit dem Ergebnis eines offensichtlich wiederholten Versuchs war er aber nicht zufrieden gewesen. Ach, der Meister! Wie schwer mußten ihn die Sorgen drücken! Und sie konnte ihm nicht helfen, nicht einmal mit einem tröstenden, aufmunternden Wort – er verschloß sich ja, verhielt sich selbst ihr gegenüber fast wie ein Fremder.

Ein einziges Mal in diesen Tagen machte Silbermann eine Besorgung, die ihn woanders hinführte als an die Arbeitsstätte im Dom: Er ging zu Kantor Samuel Beyer, um sich zu entschuldigen. Ein Bedürfnis war es ihm nicht, nur eine Pflicht, weil er es Lindner versprochen hatte.

Beyer machte es ihm aber leicht. „Schon gut, Meister, es sei vergeben und vergessen", sagte er sofort versöhnungsbereit. „Ich wählte für den Besuch wohl auch eine ungünstige Zeit. Erst nach einem weiteren Gespräch mit Elias Lindner bin ich mir dessen so recht innegeworden. Die Umstände, unter denen Ihr zu arbeiten habt ... Es tut mir sehr leid, wirklich."

Silbermann ging nicht darauf ein. Er hörte sich noch eine Schilderung an über die seit Beginn der Bauarbeiten im Dom umständlich gewordene Arbeit der Kantorei und verabschiedete sich dann.

Als er an einem frühen Abend mit Ahnert und George nach Hause kam, erwartete ihn eine Überraschung. In der Küche saß am Tisch ein jüngerer Mann, der sich sofort erhob, als der Meister eintrat. Erstaunt, ein wenig unwillig blickte Silbermann von dem Fremden zu Anna.

„Ich hab' ihn eingelassen, weil er ein Orgelbauergeselle ist und Herr Kuhnau ihn geschickt hat", erklärte die Haushälterin, für einen Augenblick die Arbeit am Herd unterbrechend.

Silbermann musterte den Fremden. Einfach gekleidet, aber sauber, nicht viel jünger als er und wohl auch nur wenig kleiner, vielleicht nicht ganz so knochig, der Blick klug und offen – so schätzte er ihn ein. Wie ein wandernder Geselle, der die Meister seiner Profession nur um Quartier und Zehrgeld angeht, sah der Mann nicht aus. „Wie heißt Er, und was begehrt Er?" fragte Silbermann zurückhaltend.

„Ich heiße Zacharias Hildebrandt und möchte mich bei Euch in der Kunst vollenden. Herr Kantor Kuhnau sagte mir, er wisse keinen Bessren als Euch." Schlicht, ohne das Lob Kuhnaus schmeichlerisch hervorzuheben, hatte der Fremde gesprochen.

„Und Er ist schon Geselle mit Brief?"

„Ja, doch nur nach dem üblichen Maß, und das genügt mir nicht."

„Soso, das genügt Ihm nicht." Einige Zeit ruhte Silbermanns Blick auf dem Besucher. Dann sagte er: „Na, komme Er mal mit!" Zu Anna gewandt, erklärte er: „Wir essen heut eine Stunde später."

Anna hatte zur üblichen Zeit, erst kurz bevor der Meister mit seinen Gesellen nach Hause gekommen war, das Holz im Kamin angezündet. Es war auch üblich, daß erst in der Küche gemeinsam die Mahlzeit eingenommen wurde, ehe der Meister sich in die Wohnstube zurückzog. Nun durchbrach er diese Regel, und die Zeit hatte nicht ausgereicht, die Wohnstube genügend zu durchwärmen.

Silbermann bot dem Besucher einen Platz nahe am Kamin an. Die Lampe, die er im Flur vom Haken neben der Tür genommen hatte, stellte er auf den Tisch. Ihr Licht und das des flackernden Feuers im Kamin genügten ihm für diese Unterredung.

„Ich habe nicht erwogen, mir jetzt noch einen Gesellen zu nehmen, dennoch will ich Ihn anhören", begann Silbermann das Gespräch. „Wo kommt Er her, und wer war Sein letzter Meister?"

„Ich bin zu Münsterberg im Schlesischen gebürtig. Nachdem ich Geselle geworden war, ging ich auf Wanderschaft, kam nach Böhmen, Süddeutschland und schließlich nach Sachsen. Zwei Jahre schaffte ich in Dresden, dann in Leipzig, bei Meister Scheibe. Dort lernte ich Herrn Kantor Kuhnau kennen."

„Und warum hat Er Meister Scheibe verlassen?"

„Es war mir dort zu – zu eng geworden. Als ich einmal mit Herrn Kuhnau darüber sprach, sagte er, bei Euch könnte ich in unsrer Kunst noch manches profitieren."

„Will Er später mal eigenständiger Meister werden?"

„Ja."

Silbermann ergriff das Schüreisen und stocherte in den brennenden Scheiten herum, dann warf er noch einige Holzstücken dazu. Nach einer Weile sagte er: „Setzen wir den Fall, ich ginge auf Sein Ansinnen ein, dann müßte Er einige Konditionen erfüllen. Er müßte sich, obgleich Er schon Geselle ist, zu einer Lehrzeit von drei Jahren verpflichten, Er müßte, wie es üblich ist, Lehrgeld zahlen, und Er müßte sich auch verpflichten, später als eigenständiger Meister nicht in Sachsen und nicht im Elsaß tätig zu sein."

„Warum nicht im Elsaß?" fragte Hildebrandt verwundert.

„Weil ich meinem Bruder Andreas in Straßburg, der im Elsaß eine gute Kundschaft hat, nicht mit meiner Hilfe eine Konkurrenz erstehen lassen will."

Da lachte Hildebrandt. „Ein bissel weit vorausgedacht, Meister! – Doch es sei! Es wäre also nicht in Sachsen und im Elsaß." Gleich blickte er aber wieder ernst drein. „Eine Eurer Konditionen könnte ich aber nicht erfüllen: Lehrgeld zahlen. Ich habe nichts in bonis, besitze nicht mehr als das, was ich an Kleidung auf dem Körper und im Ranzen habe, dazu noch einige Bücher. Ich dachte – nun ja, ich dachte, ich könnte Euch, da ich doch Geselle bin, zu Eurem Vorteil schon gute Dienste leisten und vielleicht auch nebst Kost und Logis schon einen kleinen Lohn empfangen. Es sollte Euer Schade nicht sein."

„Soso, das dachte Er!" Silbermann lächelte spöttisch. „Sich in der Kunst perfektionieren lassen, kein Lehrgeld zahlen, dafür noch Lohn erwarten! Das ist – das ist doch außergewöhnlich, nicht wahr?"

„Ja, vielleicht. Herr Kuhnau bestärkte mich indessen in der Ansicht, daß ich auf solche Weise mit Euch gut ins Geschick kommen könnte."

„Ach, der gute Kuhnau! Er sieht's von seiner Warte aus. In seiner Barmherzigkeit lehrt er manchen Schüler ohne Entgelt seine Kunst. Da ist aber ein Unterschied: Er empfängt in fester Stellung sein Einkommen, ohne befürchten zu müssen, daß ihm einmal einer dieser Schüler in den Weg kommt. Im Handwerk hingegen ist so was immer zu befürchten, und das zwackt dann an des Meisters Brot. Deshalb eine kleine Vorausentschädigung, die man Lehrgeld nennt."

„Da ich mich aber auch verpflichten würde, später nicht in Sachsen tätig zu sein, brauchtet Ihr doch so etwas nicht zu befürchten", wandte Hildebrandt ein.

Silbermann lehnte den Kopf zurück, schloß die Augen. Lange dachte er nach. Plötzlich fragte er: „Wie alt ist Er eigentlich?"

„Fünfundzwanzig."

„Dann muß Er in unsrer Kunst schon einige Erfahrung haben. Hat Er was dagegen, wenn ich Ihn dazu ein wenig befrage?"

„Ich stehe zu Diensten."

„Hält Er es mit einem geringen oder mit einem hohen Winddruck?"

„Weder mit dem geringsten noch mit einem hohen. Ich

202

meine, bei siebenunddreißig bis achtunddreißig Grad liege im allgemeinen der beste Wert."

„Hm, aber auch nur im allgemeinen. – Was sagt Er zum Hämmern der Zinnplatten?"

„Meine bisherigen Meister haben das nicht geübt, ich kann dazu aus Erfahrung nichts sagen."

„Bei mir wird es grundsätzlich geübt. Das macht zwar viel Arbeit, erhöht aber die Haltbarkeit des Materials und fördert wesentlich einen schönen Prinzipalton. – Was ist beim Löten eines Pfeifenkörpers besonders zu beachten?"

„Es muß peinlich genau gelötet werden und verstrichen, vor allem am Labium."

„Ein ›vor allem‹ gibt's bei mir nicht, jeder Teil ist gleichermaßen peinlich genau zu behandeln. – Sage Er mir ein Ergebnis der guten Intonation eines Registers!"

„Der einmal gewählte Toncharakter ist in allen Lagen beibehalten."

„Manche Orgelbauer begehen bei der Intonation eine Oberflächlichkeit, obgleich sie wissen, daß diese die Güte des Werkes ungünstig beeinflußt. Ich denke jetzt an den Kern."

„Ihr meint den Kernstich, nicht wahr? Die Intonation muß auf glatten Kern, möglichst ohne Stiche, ausgeführt werden. Was den Kern weiter angeht: Die Proportionen zwischen Stellung des Kerns und Ober- wie Unterlabiums müssen gewissenhaft beachtet werden. Außerdem …"

„Gut – gut! Nun sage Er mir noch etwas zur Temperatur! Welche hält Er für die bessere: die ungleichschwebende oder die gleichschwebende?"

Zum erstenmal gab Hildebrandt keine eindeutige Antwort. Ausweichend entgegnete er: „Ich meine, darüber lasse sich streiten. Es hat wohl jede ihren Vorzug und ihren Nachteil."

„Das meine ich aber nicht", erklärte Silbermann nachdrücklich. „Zuoberst stehen die Reinheit und die Schönheit des Klanges, und diese sind eben nur mit der ungleichschwebenden Temperatur zu erreichen. Wenn einige neukluge Leute sagen, das gehe auf Kosten einiger Tonarten, so ist das unmäßig übertrieben. Alles Experimentieren mit der Gleichschwebenden hat zu nichts Gutem geführt – zu nichts. Hat Er schon mal ein Instrument mit neuer Stimmweise gehört?"

Hildebrandt zuckte vorsichtig die Schultern.

„Also nicht! Dann kann Er das auch gar nicht ermessen. Ich habe einige gehört. Mein letzter Meister – es war in Frankreich – hat die Gleichschwebende auch einmal probiert, er ist schnell wieder davon abgekommen. Alles klingt hart, unharmonisch, ja falsch. Nein, auf eine Weise, die die Ohren quält, kann man der Kunst nicht dienen. – Doch lassen wir's jetzt gut sein!" Wie nebenbei fügte Silbermann nach einer Pause hinzu: „Ich denke, daß ich mit dir zurechtkommen werde."

„Ihr wollt mich also nehmen?" stieß Hildebrandt hervor.

„Ja."

„Ohne Lehrgeld und mit Lohn?"

„Ja. Als Lohn zehn Groschen in der Woche, dazu Kost und Logis. Die andern Konditionen bleiben, eine kommt noch hinzu: vier Wochen Arbeit zur Probe. Geht's gut aus, machen wir einen Kontrakt. Gilt's?"

„Es gilt, Meister, ich danke Euch. Ich werde es auch Herrn Kuhnau berichten." Hildebrandt schlug kräftig in die dargebotene Rechte ein.

„Grüße Herrn Kuhnau von mir! – Ich habe noch einen Gesellen und einen Lehrjungen. Es ist mein Grundsatz: Keiner im Haus wird bevorzugt, keiner kommt in Nachteil, die Ordnung gilt für jeden gleich. Verstehe dich gut mit den andern! Nun komme!"

Silbermann erhob sich und führte den neuen Gesellen wieder in die Küche. Hier saßen die anderen am Tisch, blickten erwartungsvoll drein.

„Eine Schüssel mehr, Anna", gebot der Meister. „Zacharias Hildebrandt bleibt bei uns. Er schläft mit in der Gesellenstube."

„Ist recht", sagte die Haushälterin. Nach langer Zeit lächelte sie wieder einmal.

15

Aufmerksam las Bürgermeister Albert das Schreiben, das Gottfried Silbermann ihm vor einigen Minuten überreicht hatte. „Ja, so ist es gut, Meister, so ist es gut", sagte er schließlich zufrieden, ohne aufzublicken.

Noch einmal vertiefte er sich in das Ansuchen. Einige Zeilen verfolgte er mit dem Zeigefinger, las sie halblaut vor: „... Wie gern ich auch dem Kontrakt hierinnen nachkommen wollte, so ist es doch unmöglich gewesen, da ich nicht nur die eine und andre Stimme mehr, als kontrahiert wurde, verfertigte, sondern manches, was erst aus Holz und Blech werden sollte, aus lauter Zinn gearbeitet habe. Das hat mich und meine Leute an die 32 Wochen mehr Zeit gekostet, ganz zu schweigen davon, daß die Materialien auch nicht allemal gleich zur Hand gewesen sind, ich also manchmal habe warten müssen ... Da ich nicht sehe, wie ich mit dem, was ich noch zu fordern habe, auskommen kann, wollen Sie mir und meinen Leuten nur noch die wenige Zeit über meinen Unterhalt verschaffen, damit ich das Werk, von welchem Sie selbst Ruhm haben werden, mit solchem Fleiß, wie ich es angefangen, zur Ehre Gottes und Rettung meines Renommees gegen so viele Verleumder ausführen kann ..."

Albert lehnte sich zurück, bekräftigte seine Zustimmung noch einmal: „Jawohl, gut! Die Backpfeife gegen die Verleumder – nun ja, sie ist zart, und Ihr nennt keinen Empfänger, gebt niemandem Anlaß, sie auf sich zu beziehen, deshalb wird sich im Rat auch niemand dagegen rühren. Übrigens: Das Geschwätz hat jenen, von denen wir annehmen, daß sie es in die Welt gesetzt, nicht das geringste genützt. Sie sind unter sich geblieben, haben keinen unserer Freunde wankend machen können. Ihre letzte Waffe ist schartig geworden, und das werden sie wohl inzwischen eingesehen haben. Jedenfalls habe ich den Eindruck, daß sie retirieren. – Also mit diesem Ansuchen kommen wir durch. Ihr habt ziemlich lange gebraucht, es einzubringen, Meister. Es so abzufassen ist Euch schwergefallen, nicht wahr?"

„Es war mir ein Greuel", bekannte Silbermann.

„Dafür ist aber das Ergebnis gut. Der Rat wird am 16. Januar nächsten Jahres zusammentreten und Euer Ansuchen mit mehr oder minder großer Mehrheit billigen. Das wäre also in knapp sechs Wochen. Ihr seid doch wohl in der Lage, Euch bis dahin noch zu behelfen?"

Zögernd bejahte Silbermann. „Ich muß freilich in längstens drei Wochen das angreifen, was ich für dringendste Fälle zurückgelegt habe. Kann ich wirklich mit einer Entscheidung in meinem Sinne rechnen?"

„Das könnt Ihr unbedingt. Wir denken es uns so: Nachdem Ihr bisher auf den Kontrakt und den Nachtrag für den großen Untersatz tausendfünfhundertsechzig Taler erhalten habt, stehen Euch noch hundertfünfzehn Taler zu. Diese Summe oder doch zumindest hundert Taler erhaltet Ihr am Tag der Ratsversammlung. Auf Grund Eures Ansuchens wird der Rat dann noch hundertfünfundsiebzig Taler zusätzlich bewilligen, die Euch ab Mai des kommenden Jahres ausgezahlt werden. Die Summe Eures ursprünglichen Anschlags ist dann um dreihundertfünfzig Taler überzogen. Ein Mehr ist bei diesen miserablen Zeiten nicht möglich. Ich hoffe aber, daß Ihr mit dieser Regelung zufrieden seid."

„Ich bin es", entgegnete Silbermann, es klang wie ein Seufzer. „Ich habe Euch sehr zu danken."

„Dankt es lieber dem schlechten Gewissen des Rates. Ich will es jetzt ganz offen sagen: Hätten nicht Versäumnisse bei der Vorbereitung des Baues vorgelegen, wäre es kaum zu einer solchen Regelung gekommen."

„Dann wäre ich auch kaum in eine solche Lage geraten. Mein Dank gilt Eurer persönlichen Bemühung gegen alle Widerstände."

Albert winkte leichthin ab. „Schon gut! Diese leidige Sache wäre also erledigt. Nun zu Eurer Arbeit! Ihr schreibt in Eurem Ansuchen, daß das Hauptmanual des Werkes bereits gutenteils zum Klang gebracht werden könne und das übrige bis auf das Einsetzen weiterer Pfeifen, das Intonieren und Stimmen und einige andre Arbeit fertig sei. Dennoch braucht Ihr, wie Ihr weiter schreibt, noch ein Dreivierteljahr bis zur Vollendung des Werkes. Bedarf es wirklich dieser Zeit?"

„Sieben, acht Monate mindestens. Bedenkt, daß ich allein noch vier Monate brauche, die Pfeifen zu intonieren und zu stimmen, es sind im ganzen zweitausendsechshundertvierundsiebzig. Soll die Güte des Werkes nicht darunter leiden, können es jedenfalls nicht mehr als hundertvierzig Pfeifen in der Woche sein. Käme vorher noch ein harter Frost dazwischen, der mich zur Unterbrechung zwingt ..."

„Gut! Ich will Euch nicht drängen, erkundigte mich nur, um vor dem Rat Auskunft geben zu können, falls man mich danach fragt."

Als Silbermann die Kanzlei verließ, begegnete ihm Johann Krauße. Er knuffte diesen freundschaftlich an den Arm. „Ich meine, Ihr könntet Euch wieder mal bei mir sehen lassen, mein Herr", sagte er aufgeräumt. „Das Regimentshaus steht noch an derselben Stelle."

Zurückhaltend entgegnete Krauße: „Ich stehe nicht gern viermal hintereinander vergeblich vor einer verschlossenen Tür, noch dazu wenn ich weiß, daß man zu Hause ist."

„Ich bitte um großen Pardon. Nicht mal Dünnbier hätte ich Euch vorsetzen können."

„Ach, das Vorsetzen macht's doch nicht! Mit Euch reden wollte ich – nichts weiter."

„Grollt mir nur nicht! Wir holen es nach, ist es Euch recht, schon heute abend. Ich habe soeben eine gute Nachricht erhalten." Silbermann hob die Hand, rieb den Daumen mit dem Zeigefinger.

Nun lächelte der Schreiber. „Mir ist bekannt, wie man es regeln will; ich freue mich für Euch. Gut, ich komme."

Der Meister hatte es eilig, nach Hause zu gelangen. Nachdem er sich umgezogen hatte, rief er nach der Haushälterin. Sie trat aus der Gesellenstube.

„Warst du schon beim Krämer, Anna?" wollte der Meister wissen.

Verwundert verneinte sie. Nach langer Zeit hatte er sie wieder mit ihrem Namen angeredet, freundlich sogar. Gleich wurde aus ihrer Verwunderung Erstaunen.

Silbermann ergriff ihre Hand und drückte einen Taler darein. „Kauf dir ein Kopftuch, aber was Gutes, verstanden? Und heut möcht' ich zu Mittag wieder mal Fleisch sehen. Für den Abend brauch' ich eine große Kanne Roten, aber auch was Gutes."

Sie starrte noch auf das Geld, als Silbermann an der Treppe verschwunden war.

In der elften Stunde kehrte der Meister an die Baustelle im Dom zurück. Zwischen den Gesellen mußte es eine Unstimmigkeit gegeben haben, denn als er die Empore betrat, hörte er Hildebrandt ärgerlich sagen: „Ach, du kannst ja darin noch gar keine eigne Erfahrung haben! Glaub mir doch, die Werte sind zu hoch, viel zu hoch."

Ahnert und Hildebrandt standen am Spielschrank, mit dem Gesicht zum Schiff hin. Im regen Eifer ihres Gespräches hatten sie des Meisters Kommen nicht bemerkt, er hatte den ordentlichen Zugang zur Empore benutzt, war von der Seite her gekommen. Auch George, der auf einer Kiste saß und ihren Worten aufmerksam gefolgt war, hatte nicht genug darauf geachtet, sein warnendes „Pst!" kam zu spät. Er rutschte erschrocken von der Kiste, die Gesellen wandten sich jäh um.

Es gab aber keinen Rüffel. Silbermann fragte nur ironisch: „Was juckt denn die Herren so sehr, daß sie die Arbeit liegenlassen?"

Verlegen stotterte Ahnert: „Wir – wir haben nur mal über was – über was nachgedacht."

„Dann habt ihr aber laut nachgedacht. Worum geht's denn?"

Hildebrandt übernahm die Antwort. Ohne Scheu sagte er: „Wir simpeln oft über professionelle Dinge, Meister, und da sind wir nicht immer einer Meinung. Diesmal ging es um den Winddruck."

„Aha! Und du meinst, der von mir vorgesehene Druck für dieses Werk sei viel zu hoch? Ich hab's doch richtig mitgekriegt?"

„Nichts für ungut – ja, sofern es wirklich einundvierzig Grad im Manual und sechsundvierzig Grad im Pedal sein sollen. Von solchen Werten habe ich noch bei keinem Orgelwerk gehört. Die Meister, bei denen ich bisher schaffte, halten es mit Andreas Werckmeister, der geschrieben hat, daß fünfunddreißig bis vierzig Grad der bequemste Wind sei."

„Meinetwegen können sie es halten, wie sie wollen. Ich halt' es aber mit dem, was mir für mein Werk am günstigsten erscheint. – Machen wir weiter, sonst wird's uns noch zu kühl! Besser ist's, sich warm zu arbeiten, als warm zu reden." Er stieg als erster die Leiter des Gerüstes hinauf, das die ganze Fläche des Prospektes bis zum Oberwerk hin einnahm. Zacharias Hildebrandt folgte ihm.

Ahnert und George blickten sich kopfschütelnd an. Wäre man dem Meister noch gestern so gekommen ...

Nach wenigen Minuten schon gab es eine Unterbrechung, deren Ausgang die Gesellen wiederum erstaunen ließ.

Ein jüngerer Mann von untersetztem, aber kräftigem Wuchs stellte sich ein. Er kam kaum dazu, seinen Gruß zu entbieten, denn Ahnert, der gerade mit Georges Hilfe eine größere Pfeife aufrichten wollte, fuhr ihn gleich an: „Wie bist du denn reingekommen?"

„Na, durch die Tür, wie denn sonst! Ich will den Meister ..."

„Da hat er vergessen, zuzuschließen. Jetzt kannst du aber nicht mit ihm reden, das siehst du doch." Unwillig deutete Ahnert zum Gerüst hin.

„Hab bloß 'ne Frage", knurrte der andere. „Will bloß wissen, wann ..."

„Nichts gibt es, verdrück dich! Wärst nicht der erste, den der Meister nauswirft."

Da ertönte Silbermanns Stimme vom Gerüst: „Was ist denn los? Wenn ihr euch jetzt nicht – –, ah, der Leubner! Na, Herr Kalkant, wo drückt's denn?"

Leubner schritt herausfordernd nahe an Ahnert vorbei zum Gerüst. „Ich muß den Winter über zu meiner Mutter nach Meißen, Meister, sie ist krank geworden", rief er hinauf. „Und da wollt' ich genauer wissen, wann Ihr mich wieder braucht."

„Genauer, genauer – ein bissel viel verlangt! Na, richte dich mal auf Ende März ein. Aber dann brauch' ich dich ununterbrochen für längere Zeit."

„Ist recht, Meister. Bis dahin ist sicher wieder alles im Lot. Adieu!"

„Alles Gute für deine Mutter!"

„Danke." Von Ahnert verabschiedete Leubner sich

nicht so freundlich. „Wichtigtuer!" knurrte er im Vorbeigehen.

Kopfschüttelnd hob Ahnert die Pfeife an. „Da werde einer klug aus dem Meister!" murmelte er.

16

Gottfried Silbermann hatte die Zeit ziemlich genau eingeschätzt, die er brauchte, um das Werk zu vollenden.

Den ganzen Winter über – ausgenommen die Zeit des härtesten Frostes – setzte er mit seinen Gesellen Pfeifen ein, schloß er Register an, korrigierte er am Werk, was seiner Meinung nach noch nicht richtig ‚saß'.

Kaum einen Handgriff tat er, ohne die Gesellen hinzuzuziehen, ohne ihnen das Wie und Warum zu erklären.

Er nahm alles so peinlich genau und forderte von den Gesellen so viel Aufmerksamkeit, daß Ahnert einmal ungeduldig wurde. Ihm entschlüpfte die Bemerkung: „Nichts für ungut, Meister macht Ihr Euch weiter so viel Mühe, wird's mit dem Termin zum Juli nichts werden."

Da fuhr ihn der Meister an: „Geht dir die Luft aus, werde Flickschuster! Merk dir ein für allemal: Was beim Material die Güte, ist beim Aufsetzen die Präzision, und die bedarf der allergrößten Mühe, da gibt's keinen Pardon. Jegliches Versäumnis führt zur Stümperei."

Ende März fand sich Christoph Leubner wieder ein – fröhlich und tatenfroh. Seine Mutter habe den Winter gut überstanden und sich zufriedenstellend erholt, erklärte er auf des Meisters Frage. Und als er wissen wollte, wann er nun anfangen könne, sagte es ihm Silbermann fast auf den Tag genau: „Kommst in einer Woche wieder, aber dann gibt's keine Pause mehr."

Ahnert stieß Hildebrandt an und raunte ihm zu: „Du liebe Zeit, wie will er's denn in einer Woche schaffen!"

„Über ihn kann man sich nur immer wieder wundern. So was von Courage habe ich bei keinem andern Meister erlebt."

Nach einer Woche hatte Silbermann es geschafft. Eingedenk des Vorfalls mit Kantor Beyer begab er sich, ehe er mit dem Intonieren begann, zu seinen Freunden und Bekannten, um sie zu bitten, bis zur Beendigung der Arbeit von Besuchen an der Baustelle abzusehen, da er sich unter gar keinen Umständen stören lassen könne. Sollten sie ein Anliegen haben, fänden sie ihn an den Abenden im Regimentshaus stets bereit. Alle zeigten auch Verständnis.

Für den Kalkanten Leubner gab es nun wirklich keine Pause mehr. Fast vier Monate lang mußte er täglich, die Sonntage ausgenommen, den Seilzug an den Bälgen in Bewegung halten, um dem Meister Wind zu geben für die Pfeifen. Fast vier Monate lang stimmte und intonierte Silbermann vom Morgen bis zum Einbruch der Dämmerung. Nichts galt ihm als wichtiger und dringlicher, ausgenommen die Belehrung der Gesellen. Die Zeit dafür hatte er diesmal freilich eingeschränkt, genau bemessen, weil, wie er sagte, die Arbeit besonders diffizil sei und er sich scharf zu konzentrieren habe. Holte er die Gesellen nicht heran, hatten sie, während er im Orgelgehäuse hantierte, abwechselnd am Spielschrank die von ihm gewünschten Tasten anzuschlagen, Pedal und Register zu bedienen oder Putzarbeiten zu verrichten. Nahm er sich Zeit, sie zu belehren, prüfte er vor allem ihr musikalisches Gehör, ließ er sie auch zu zweit in das Gehäuse steigen, um sie unter seiner Aufsicht das Intoniereisen handhaben zu lassen, während der dritte am Spieltisch verblieb. Hierbei wechselten sich Hildebrandt und Ahnert ab, George befand sich immer an des Meisters

Seite. Am Nachmittag des 24. Juli 1714 drückte Silbermann die Tür des Gehäuses frühzeitiger zu, als es bisher üblich war, und er tat es mit einer fast feierlichen Geste. „Das wäre es also", sagte er. „Manche Meister schneiden in einem solchen Augenblick drei kleine Kreuze in das Holz, um dem Teufel den Zugang zu verwehren. Doch ich meine, das hätten wir nicht nötig. Ist ein Werk ehrlich und mit rechtem Fleiß vollbracht, braucht es den Teufel nicht zu fürchten." Lächelnd blickte er seine Leute an. „Ihr habt euch gut gehalten, auch in schlechten Tagen, das muß ich euch quittieren. Heut abend setzen wir uns in meiner Stube ein bissel zusammen."

Am Nachmittag des folgenden Tages fand sich Silbermann wieder einmal bei Martin Albert ein.

„Kennen wir uns überhaupt noch?" fragte scherzhaft der Bürgermeister. „Ich meine, es sei eine kleine Ewigkeit her, daß wir uns das letzte Mal gesehen haben."

„Fast auf den Tag sechs Monate."

„Fast auf den Tag?" Albert überlegte. „Ach ja, es war gegen Ende Januar, als ich Euch im Regimentshaus besuchte. Wie schnell doch die Zeit vergeht! Und was führt Euch heute zu mir?"

„Ich bringe gute Nachricht: Das Werk steht! Ich habe gestern die Arbeit beendet. Das Instrument kann abgenommen und examiniert werden."

„Oh! Das ist wirklich eine gute Nachricht!" Der Bürgermeister streckte Silbermann beide Hände entgegen. „Gratuliere, Meister! Wie werden sich unsre Freunde freuen! Nun aber heran mit Kuhnau und Bestel! Morgen schon werde ich ihnen schreiben, und sie kriegen den kürzesten Termin gestellt, der ihnen zuzumuten ist. Lange genug haben sie ja warten müssen."

Silbermann dämpfte den Eifer des Bürgermeisters ein wenig, er riet: „Nicht einen zu kurzen. Bedenkt, das Innere des Domes befindet sich in einem wenig delikaten Zustand. Obwohl schon einmal eine Putzkolonne

am Werk war, ist noch alles verstaubt. Über den Kunst-
werken hängen noch die Tücher, und die Fenster ..."

„Ja, gut, ich sehe es ein. Der würdige Rahmen! Aber innerhalb von drei Wochen ist das doch zu schaffen. Setzen wir den Termin auf den – na, sagen wir: auf den
13. August. Die Herren Examinatoren können aber getrost schon zwei Tage früher dasein, um sich erst mal
umzusehen."

„Und wie ist es mit der Abnahme des Werkes vorher
durch den Bauherrn?"

„Wir sind übereingekommen, darauf zu verzichten.
Dafür ziehen wir die Examination etwas größer auf –
in Anwesenheit der Ratsleute und so. Das macht einen
stärkeren Eindruck. Einige der Herren haben sich
schon beklagt, daß Ihr stets hinter verschlossenen Türen schafftet, daß alles abseits der Öffentlichkeit vor
sich ging. Jaja, ich weiß, Neugierige konntet Ihr nicht
gebrauchen. Nun müssen wir ihnen aber mal eine gute
Geste machen. Morgen schaue ich mir das Werk zunächst selbst einmal an. Ihr werdet die Güte haben, die
Tasten für kurze Zeit in Bewegung zu setzen. Ich will
der erste sein, der es hört, und zwar will ich dabei allein sein. Das gesteht Ihr mir doch zu?"

„Mit Vergnügen, Herr Bürgermeister. Ich rate Euch jedoch, Euch schon am frühen Vormittag im Dom einzufinden, vielleicht gegen acht. Auch die hochwerten Gebrüder Lehmann will ich heute noch besuchen, überhaupt alle, die sich um das Werk besonders mühten.
Da kann es sein, daß sie den gleichen Wunsch haben
wie Ihr und sich am Vormittag schon einfinden werden. Wie ich Elias Lindner und Doktor Immanuel Lehmann kenne, werden sie sich dann sogar selbst an den
Spielschrank setzen."

„Abgemacht! Um acht bin dich dort. – Nun spült aber
erst mal den bitteren, manchmal allzu bitteren Baustaub von dreieinhalb Jahren aus der Kehle, ich helfe

Euch dabei." Albert eilte zum Wandschränkchen und holte eine Flasche und zwei Gläser hervor.

An diesem Nachmittag mußte Silbermann noch manches Mal den Baustaub aus der Kehle spülen – bei dem Superintendenten Doktor Christian Lehmann, bei Kantor Beyer, bei Doktor Immanuel Lehmann. Elias Lindner schlug er bereits beide Hände auf die Schultern, als er ihm die Nachricht überbrachte, und Johann Krauße mußte er bitten, ihm beim Nachhausegehen behilflich zu sein, weil er, wie er sagte, nicht mehr stehfest genug sei, um in gehöriger Weise allein durch die Öffentlichkeit zu wandeln. „Wie strapaziös ist's doch, viele Freundlichkeiten kurz hintereinander ertragen zu müssen!" klagte er. „Und ich wollte heut noch den Haupt, den Lampertius und den Enderlein besuchen!"

Dafür sei ja morgen auch noch Zeit, tröstete ihn Krauße, und er machte sich mit dem bedenklich schwankenden Freund auf den Weg zum Regimentshaus.

17

Nach einigen kühlen, regnerischen Tagen hatte der Himmel seinen höchsten Glanz entfaltet. Es war, als wollte er mit seinem Licht das Werk vergolden, das in der geweihten Stätte seines großen Tages harrte, als wollte er Aufgeschlossenheit und Wärme in die Herzen der Menschen gießen, die diesem Tag durch ihr Wirken, ihr Wort, auch schon durch ihr Zugegensein Bedeutung geben würden.

„Wie es scheint, wollen Euch die Wettermacher zum morgigen Tag eine Reverenz erweisen, Meister", scherzte Johann Kuhnau, als er mit Gottfried Ernst Bestel, dem Altenburger Hoforganisten, im Regimentshaus eingetroffen war, um auch Silbermann seine Auf-

wartung zu machen. „Wie habt Ihr das bloß fertigge-
bracht!"

Während Silbermann den Besuchern beim Ablegen der
Mäntel behilflich war, entgegnete er wichtig: „Das
machten die guten Beziehungen. Ich habe ihnen versprochen, daß sie Zeugen der besten, fleißigsten Orgel-
examination sein werden, die je im Meißner Land statt-
fand."

Kuhnau lachte vergnügt. „Sieh da, sieh da! Habt Ihr es
gehört, Herr Bestel? Schon wieder provoziert man uns!
Wir werden in dieser Stadt noch mit Schlimmem rechnen müssen."

„Ach ja", seufzte Bestel, während er sich umständlich
setzte. Sein faltiges, verdrießliches Gesicht war noch
einen Schein finsterer geworden. Kaum größer als
Kuhnau, doch schmaler und eckiger, nahm er sich neben dem fülligen, lebendigen Thomaskantor unscheinbar aus. „Nach allem, was uns nun schon hier begegnet
ist, müssen wir es wohl befürchten."

Verwundert fragte Silbermann: „Was hat denn den
Herren Anlaß gegeben, so pessimistisch zu sein?"

„Wollen wir es ihm sagen?" fragte Kuhnau seinen Begleiter.

Bestel zuckte die Schultern. „Warum wohl nicht?
Wenn wir uns schon in Andeutungen ergingen ..."

Silbermann vergaß, seinen Besuchern einen Trunk an-
zubieten. Aufs höchste neugierig geworden, ließ er
sich ihnen gegenüber am Tisch nieder.

„Habt Ihr je gehört, Meister, daß den Examinatoren
von der Kundschaft vorgeschrieben wurde, wie sie ihre
Arbeit zu verrichten hätten?" leitete Kuhnau seinen
Bericht ein.

„Aber nein. Wollt Ihr damit sagen, daß man ein solches
Ansinnen an Euch stellte?"

„Ja, das tat man. Doch erregt Euch nicht! Wir haben
unsre Souveränität nicht antasten lassen. Hätte der
Herr Bürgermeister die Sache nicht von sich aus so de-

likat behandelt, wären wir freilich auf der Stelle umgekehrt – ohne Rücksicht darauf, daß wir ungeduldig auf diese Examination gewartet haben. Das war so: Nachdem wir gestern in Freiberg angekommen waren und uns bei Elias Lindner erst ein wenig verschnauft hatten, suchten wir den Herrn Superintendenten auf, dann den Herrn Bürgermeister. Beide empfingen uns überaus herzlich. Bei Bürgermeister Albert erlebten wir aber eine Überraschung. Als wir uns erhoben, um uns zu empfehlen, sagte er mit sichtlichem Unbehagen: ‚Messieurs, der Rat hat mich gestern ersucht, Ihnen eine Anweisung zu übergeben, nach der Sie das Werk examinieren mögen. Ich selbst und viele Herren des Rates rückten von diesem Ansinnen ab, doch die andern hatten in diesem Fall die Mehrheit. Man versicherte freilich ausdrücklich, der Wunsch des Rates richte sich nicht gegen den Erbauer des Werkes und die Prüfenden, man möge lediglich bestimmte Schwerpunkte berücksichtigt wissen. Mag dem sein, wie es will – da die größere Kompetenz in dieser Sache auf Ihrer Seite liegt, stelle ich in Ihr Belieben, die Anweisung anzunehmen oder zurückzuweisen oder einfach zu ignorieren. Im letzteren Fall betrachten Sie, bitte, meine Worte als nicht gesprochen.‘ So etwa sagte er. Nun, wir betrachteten seine Worte als nicht gesprochen und schieden aufs beste voneinander. Im Prüfungsbericht an den Rat werden wir allerdings dazu etwas vermerken. So war das. Außergewöhnlich, nicht wahr?"

„Eine Unverschämtheit ist's! Wer anders sollte dahinterstecken als meine alten Widersacher! Wenn Ihr wüßtet, was ich …"

Kuhnau winkte ab. „Lassen wir das jetzt am besten! Einiges ist uns ohnehin schon bekannt, den Rest erzähl uns, wenn wir die Prüfung hinter uns haben. Wir würden sonst vielleicht verführt, einigen Herren des Rates, die zweifellos morgen dabeisein werden, mit

Vorbehalten zu begegnen. Jetzt würden wir gern einmal Einsicht nehmen in Eure Zeichnungen und sonstigen Unterlagen. Wenn Ihr die Güte hättet ..." –
Schon lange bevor der Haupteingang des Domes geöffnet wurde, drängten sich die Menschen hier. Die beiden Ratsdiener, die als Ordner ihres Amtes walteten, redeten sich die Kehlen heiß: Die Examination sei keine öffentliche Sache, nur die Eingeladenen hätten Zutritt, der Weihegottesdienst finde schon am nächsten Sonntag statt, und da könnten sie doch alle dabeisein. Was half es! Die Menschen begehrten auf: Daß man mit einem gewichtigen Scherflein auf der Kollektenliste zugunsten des Orgelwerkes stünde, wiege schließlich auch etwas, also habe man das Recht, als erste mit das Werk zu sehen und zu hören. Die Ratsdiener hielten ärgerlich dagegen: Wenn man jedem Spender dieses Recht zugestehen würde, müsse man das Orgelwerk ausbauen und die Examination unter den freien Himmel verlegen. Eine Gasse frei jetzt für die hochweisen Akteure, die Hochedlen und Vornehmen der Kirche und des Rates und die anderen achtbaren Eingeladenen! Ungeduldig drohten sie nun mit ihren weißen Stöcken, um den Zugang frei zu machen.
Es war auch hohe Zeit, denn schon begannen sich die Eingeladenen einzufinden: die Examinatoren, der Superintendent, der Bürgermeister, die Ratsleute, der Kantor, sogar der Stadtpfeifer mit seiner Kumpanei und einige Handwerksmeister. Und der Mann, der das Werk erbaut hatte? So fragten sich die nun respektvoll verharrenden Neugierigen. Der Ratsdiener, der die Tür schloß, sagte es ihnen: „Auf Meister Silbermann braucht ihr nicht zu warten, der ist mit seinen Gesellen schon seit einigen Stunden im Haus."
Auch Elias Lindner befand sich längst im Haus. Der Superintendent und der Bürgermeister hatten ihn gebeten, an diesem Tag „alles in die Hand zu nehmen", da er doch als Mitschöpfer des Orgelwerkes und Bau-

leiter wie kein anderer dazu prädestiniert sei. Sein Einwand, das gehe schlecht, weil er gewissermaßen auch ein Prüfling sei und nicht pro domo reden könne, hatte nichts genützt. Während der Prüfung werde überhaupt nicht geredet, das Wort fiele am Schluß, und zwar aus dem Mund der Examinatoren. Alles andere werde sich am Tag nach der Prüfung ergeben, bei der Orgelmahlzeit, diese richte aber nicht er aus, sondern in solenner Weise der Bürgermeister. Und das gewichtige Wort werde am Sonntag in der Kirche im Weihegottesdienst gesprochen. So hatten ihn die Herren beschieden.

Elias Lindner redete aber trotzdem vor den Eingeladenen. Er tat es vom mittleren Bogen der Orgelempore aus, sich einmal nach der einen Seite hinwendend, einmal nach der anderen, denn auf der einen Seite der Empore saßen die Hochweisen und Vornehmen, auf der anderen die Achtbaren. Seine Worte waren freilich nicht viel mehr als ein Willkommens- und Dankesgruß für die Erschienenen, verbunden mit dem Hinweis, daß die nun folgenden Stunden ernster Arbeit gewidmet seien und deshalb nicht als festus amplus in weihevollem Rahmen vor sich gehen könnten. Die große Geduld, die sie den Anwesenden abverlangen würden, könne erst am Schluß belohnt werden, und diesen Schluß werde erst der morgige Nachmittag bringen. Es könne deshalb auch nicht als störend empfunden werden, wenn dieser und jener der verehrten Anwesenden etwa dringender Geschäfte wegen zeitweilig nicht zugegen sei. Nun bitte er die Herren Examinatoren, mit der Arbeit zu beginnen, zu deren Vollzug er ihnen viel Kraft und den Segen des Herrn wünsche, dem zu Ehren ja erstlich das Werk erbaut worden sei.

Die folgenden Stunden waren für die Harrenden denn auch alles andere als ein erbauliches Erlebnis. Als sie sich an dem Prospekt des neuen Werkes sattgesehen und respektvoll leise ihre Meinungen darüber ausgetauscht hatten, begann die meisten die Langeweile zu drücken. Denn was ihnen nun noch für Augen und Ohren geboten wurde, war nicht geeignet, ihre Aufmerksamkeit für längere Zeit zu fesseln: Aus dem großen Gehäuse, in das sich die Examinatoren und Silbermann zurückgezogen hatten, drang manchmal ein feines Rauschen, ein leichtes Klopfen, eine gedämpfte Stimme über lange Zeit hin. Später machte sich mal dieser, mal jener der Männer am Spielschrank zu schaffen, worauf ein Ton, dann auch mal mehrere, schließlich eine ganze Folge erklangen. Dann war wieder Ruhe, alles begann von neuem. Und niemand kümmerte sich um die Harrenden, es war, als hätten die Akteure sich abgeschlossen von der Umwelt. Darum entsannen sich auch manche dringender Geschäfte, beschritten die Brücke, die ihnen Elias Lindner in seiner Ansprache gebaut hatte.

So war es am ersten Tag, ähnlich auch am Vormittag des zweiten, erst am Nachmittag gab es den Lohn für alle, von denen manche ihn sich freilich nicht verdient hatten.

Zwei Tage hatten die Examinatoren im Innern der Orgel und am Spielschrank zugebracht, hatten alles gründlich besehen, beklopft, gemessen, verglichen, jedes Register einzeln gespielt, Ton für Ton, Mischungen zusammengestellt, Gottfried Silbermann nach diesem und jenem befragt. Mal hatte Kuhnau sich zu ausgedehnterem Probieren an den Spielschrank gesetzt, mal Bestel, mal der eine vom Schiff aus dem Spiel gelauscht, mal der andere. Nun war noch die volle Kraft des Werkes zu prüfen. Die Examinatoren hatten sich dazu der Hilfe der Stadtpfeiferei versichert, hatten die Choräle bestimmt, die zu spielen waren, und die Instrumente.

Es begann ein wohlgefälliges Zusammenspiel. Die Pfeifer bliesen mit gedämpfter Kraft. Johann Kuhnau begleitete sie auf der Orgel, verhalten beginnend, dann noch einige Register ziehend, um längere Zeit dabei zu verweilen. Sein anfänglich strenges Gesicht, das kritisch mit zu lauschen schien, hellte sich auf, mehr und mehr, bis es in eitel Freude strahlte.

Plötzlich nickte er kräftig, die Pfeifer brachen ab, und nun entfaltete er, über das im letzten Lied gegebene Thema kunstvoll phantasierend, die volle Kraft des Werkes. Wie jubelte es da in weicher Fülle, strahlend rein, silbern hell durch den hohen Raum – aufrufend, aufrüttelnd zur Hoffnung hin und Zuversicht!

Und wie schnell hatte es die Zuhörenden gepackt! Gebannt starrten manche zum Spielschrank hin, verzückt lauschten andere mit geschlossenen Augen. Einer solchen Meisterschaft in Werk und Spiel waren sie noch nie teilhaftig gewesen.

Nicht mit einem gewaltigen Schlußakkord beendete der Thomaskantor das Spiel, behutsam führte er es zur verhaltenen Kraft zurück. Dann hob er jäh die Hände von den Tasten, die Füße vom Pedal, schob er schnell die Registerknöpfe zurück – und lauschte angestrengt. Befriedigt nickte er schließlich. Es war kein Pfeifen zu hören, kein Knarren und Zischen.

Nun blickte er zu Bestel auf, der soeben aus dem Schiff zurückgekehrt war. Fröhlich, fragend zwinkerte er ihm zu. „Das Prädikat?"

Über das griesgrämige Gesicht des Hoforganisten huschte ein Lächeln. „Enorm!" sagte er leise. „In der Tat enorm! Übergeben wir das Werk als untadelig!"

Johann Kuhnau schloß mit feierlicher Geste den Spielschrank, zog den Schlüssel ab. Dann erhob er sich, trat auf die Gruppe zu, in deren erster Reihe Superintendent Doktor Lehmann und Bürgermeister Martin Albert saßen. Und er sagte mit bewegter Stimme: „Messieurs! Nachdem wir, Herr Gottfried Ernst Bestel und ich, die Ehre und die Freude hatten, gemäß dem uns erteilten Auftrag das von Herrn Gottfried Silbermann verfertigte Orgelwerk gründlich zu examinieren, erlauben Sie uns, Ihnen zunächst in wenigen Sätzen das Ergebnis mitzuteilen: Das Werk ist von höchster Perfektion, es überragt jegliches in unserer Erfahrung bisher gewohnte Maß. Es wird der Kirche, der Stadt, dem Erbauer immer zum Ruhme gereichen. Hohes Lob verdienen auch alle, die an dem Werk beteiligt sind. Die Details, auf die sich dieses Ergebnis gründet, werden wir in unserem schriftlichen Attest vermerken. Und nun erlauben Sie, daß wir Ihnen das Werk übergeben." Sich knapp verbeugend, überreichte Kuhnau Doktor Christian Lehmann, der sich erhoben hatte, den Schlüssel des Spielschranks.

Während der Superintendent und der Bürgermeister sich abwechselnd in Dankesworten an die Examinatoren ergingen, führte Lindner Gottfried Silbermann heran, der sich mit seinen Gesellen im Hintergrund gehalten hatte. Sogleich gab es eine Flut von Glückwünschen, ein unentwegtes Händeschütteln. Zu einer wohlformulierten Rede kam es nicht mehr, so sehr sich auch der Superintendent und der Bürgermeister bemühten.

Alle, die um die Dinge in der Vergangenheit wußten, vermerkten es mit besonderem Vergnügen: Auch jene Ehrenwerten des Rates, die einst auf der anderen Seite standen, ergingen sich in herzlichen Worten und Gesten, taten, als seien sie stets Fürsprecher und Förderer gewesen. Nur einer von ihnen bekannte ehrlich: „Ich habe in diesen Stunden erst erkannt, daß Ihr wirklich der Berufene wart. Bitte, tragt mir nicht nach, daß ich bis dahin so offen daran zweifelte." Dieser eine war der Kämmerer Seyfried.

Als sie am Abend in der Honoratiorenstube der Ratsschenke in kleinem Kreise zusammensaßen – Gottfried Silbermann, Elias Lindner, die beiden Examinatoren und der von ihnen gebetene Ratsmann Doktor Immanuel Lehmann –, sagte Lindner zum Meister: „Als der Kämmerer so hilflos vor Euch stand und seine Beichte ablegte, habt Ihr gelächelt wie ein großmütiger, gnadegebender Sieger vor einem unterworfenen Feind – so ernst und versöhnlich zugleich. Fast ist es mich rührend überkommen."

„Ich muß es Euch glauben, hab' mir ja nicht ins Gesicht geschaut", entgegnete Silbermann trocken.

Doktor Lehmann bestätigte: „O ja, Meister, Herr Lindner hat recht. Ihr habt dazu noch dem Kämmerer kräftig die Hand geschüttelt. Es war, als hättet Ihr in diesem Augenblick einen Schlußpunkt gesetzt hinter alle Plage und Mißhelligkeit. Bewußt oder unbewußt, recht war das, so meine ich, auf jeden Fall."

„So?" Silbermann lächelte spöttisch. „Man soll, so sagt man, mit zunehmendem Alter vergeßlich werden, vielleicht bin auch ich es geworden. Doch gut, wenn auch Ihr es meint, so soll er sie haben – Gnade und Absolution! Sollen meinetwegen alle sie haben!"

Da klatschte Kuhnau fröhlich in die Hände. „Bravo, Meister, bravo! Die wahre Größe und Stärke des Siegers zeigt sich im Vergeben. Und Ihr habt den Sieg durch den Erfolg Eurer Arbeit errungen, das zählt doppelt." Spontan hob er das Glas zu Silbermann hin. „Auf diesen Erfolg! Er möge viele Kinder haben – vivat, crescat, floreat!"

DRITTES KAPITEL

„Die Orgel hat zuallererst gemeinsam mit der
Gemeinde den Dienst am Herrn zu verrichten.
Weil dieser Dienst aber eine hehre, helle Sache ist:
Danksagung, Lobpreis und Bekenntnis
in Harmonie zum Wort und Geist des Evangeliums,
so muß, meine ich, auch das klingende Werkzeug,
dessen die Gemeinde sich bedient,
von einer demgemäßen Art sein:
hell, emporführend und harmonisch.
Man kann dem Herrn nicht Lobpreis singen,
sich nicht recht aufschwingen zum Bekenntnis,
wenn dieses Werkzeug einer Art ist,
die eher zum dumpfen,
bedrückenden, disharmonischen Klagen verführt.“

———

Gottfried Silbermann saß in seiner Wohnstube auf dem Sofa, ein Bein, bis zum Knie dick verbunden, seitwärts auf einen Schemel gelegt, vor sich einen kleinen Tisch mit einigen Büchern und Papieren darauf. Sein Blick ruhte auf George, der sich ihm gegenüber an dem Tisch niedergelassen hatte und schreibbereit einen Stift in der Hand hielt.

„Die Klavichords teilen wir anders auf", sagte Silbermann. „Eines geht nach London, eines nach Kopenhagen und zwei nach Moskau, ja, zwei, denn die haben eher bestellt und auch mehr. Der russischen Gesandtschaft schreibst du, daß die Instrumente abholbereit sind. Die andern schaffst du morgen zum Frachthof. Erkundige dich aber, wann ungefähr sie mitgenommen werden, damit wir sie der Kundschaft avisieren können."

George machte sich einige Notizen in sein Merkbuch, zog darunter einen dicken Strich. „Da ist noch der Brief des Kantors Bach. Kannst du einen Termin nennen?"

„Ach, der Bach! Der gibt doch keine Ruhe! Vortrag in seiner Schule! Vor Knirpsen! Wären es wenigstens Studenten! – Ich weiß ja gar nicht, wie lange der Doktor mich hier noch festhält. Wie soll ich da sagen, wann ich nach Leipzig fahren kann! Leg den Brief für ein paar Tage zur Seite! Er kann warten."

„Aber antworten mußt du doch – so oder so. Das erfordert auch dein Renommee. Ich schreib', wie es ist: daß du seine Einladung mit Vergnügen annimmst, jedoch keinen Termin nennen kannst, da du wegen einer Blessur am Bein für einige Zeit das Bett hüten mußt. Weitere Nachricht folgt zu gegebener Zeit."

„Na, meinetwegen! Aber höchstens zehn Zeilen! Zu mehr hat er's in seinem Brief an mich auch nicht gebracht. – Nun aber Schluß! Gleich wird der Gazettenmann kommen."

„Noch wegen Glauchau, Onkel! Wenn wir dort ein paar Wochen später anfangen wollen, müssen wir's den Leuten schreiben."

„Schreibe: fünf Wochen. Und beim Organisten Meischner ließe ich mich für seine gute Hilfe nach meinem Sturz nochmals bedanken."

Rasch ordnete George die Papiere, die auf dem Tisch lagen, und schob sie in eine lederne Mappe, trug diese zum Schrank. „Viel Spaß mit dem Saxonicaner!" wünschte er dem Onkel, als er zur Tür ging.

Silbermann brauchte nicht lange auf den „Gazettenmann" zu warten, nach kaum einer Viertelstunde führte Anna diesen ins Zimmer.

Mißtrauisch musterte der Meister den hochaufgeschossenen sommersprossigen jungen Mann, der abwartend, ein wenig steif vor ihm stand. „Ihr seid also der Herr von der ‚Curiosa Saxonica'", sagte er schließlich mißmutig. „Nach dem Avis des Directeurs hatte ich dessen Vertreter erwartet."

„Pardon, Herr Hoforgelbauer, ich bin derselbe, und mein Name ist Ambrosius Wernicke", entgegnete der Besucher lächelnd. „Bitte, übt Nachsicht, daß ich so jung an Jahren scheine, meine Schuld ist es nicht. Ich bin nicht jünger, als Ihr es wart zu jener Zeit, da Ihr gerade mit dem Bau des größten Orgelwerkes weit und breit begonnen hattet. Versöhnt Euch das noch nicht, dann vielleicht der Hinweis, daß der selige Herr Thomaskantor Kuhnau mich seinen besten Schüler nannte. Mir ist bei unsrem Blatt alles anvertraut, was Musik und andre hohe Kunst betrifft. Ich bin auch dabei, ein Buch über bedeutende Persönlichkeiten der Musik zu schreiben."

Mehr und mehr hatte Silbermanns Gesicht sich aufgehellt. Nun lächelte er. „Soso. Dann ist wohl anzunehmen, daß Ihr Euer Metier versteht. Bitte, setzt Euch – dort an den Tisch! Und handhabt die Flasche selbst, ich bin leider ein wenig behindert."

„Danke. Ich bedaure Euer Mißgeschick, Monsieur. Ist es etwas Ernstliches?"

„Kaum der Rede wert. Säßen mir der Arzt und mein Hausgeist nicht beständig im Nacken, würde ich nicht so viel Aufhebens drum machen. Ich habe dummerweise vor einer Woche bei einer Besichtigung in Glauchau einen Sturz von der Leiter gewagt, und das hat mir mein Bein übelgenommen. – Also dann beginnt mich auszufragen!"

Während Wernicke Notizbuch und Schreibstift zurechtlegte, sagte er: „Wir haben schon vor längerer Zeit einiges über Euch und Euer Schaffen gebracht, Herr Hoforgelbauer. Inzwischen sind aber ..."

„Laßt den ‚Hoforgelbauer' weg! Das ist was für Festreden und gehobene Korrespondenz."

„Also dann: Meister. – Inzwischen sind aber Meinungen und Fragen in Schwang gekommen, die, so denken wir, aus Eurem Munde am besten beantwortet wären. Der Umstand, daß Ihr vor fünfzehn Jahren das Orgelwerk im hiesigen Dom vollendet und damit Euren Ruhm begründet habt, war für uns der äußere Anlaß, Euch um diese Unterredung zu bitten."

„Ja, es war vor fünfzehn Jahren! – – Also fragt! Ich bin auf das Schlimmste gefaßt."

„Es gibt Leute, die sagen, in dem Eurem Schaffen eigenen Stil sei das Bemühen um eine Art protestantischen Orgelbaues erkennbar. Wie steht Ihr dazu?"

„So, das sagt man! Dann hätte ich ja zum Exempel mit meinem kleinen Werk für die Katholische Kapelle in Dresden vor Jahren schon eine Todsünde begangen. – Protestantische Windladen und Prinzipalbässe, wie? Protestantisches Intonieren? Das ist doch einfältiges Gerede! Für mich ist das alles Sache der guten handwerklichen oder kunsthandwerklichen Arbeit, des persönlichen Empfindens und der Zweckmäßigkeit. Rede man meinetwegen von einem meinem Schaffen eigenen Stil, aber bitte nicht von einem, der nach einer konfessionellen Seite hin dränge. In welcher konfessionellen Form man sich meiner Instrumente bedient, ist mir egal."

„Mir scheint, daß man vor allem das meint, was Ihr persönliches Empfinden nennt. Das macht wohl den tieferen Inhalt Eures Schaffens aus. Hättet Ihr die Güte, es zu definieren?"

„Das ergibt sich ganz einfach aus der Bestimmung, die eine Orgel zuallererst zu erfüllen hat: Dienst am Herrn. Sie soll nicht musizieren um ihrer selbst willen oder gar für das Ohr Auserwählter zu deren Ergötzlichkeit dasein. Sie muß zuerst dasein für die Gemeinde, hat deren Gesang einzuleiten, zu begleiten und den Ablauf der Liturgie zu unterstützen. Also die Orgel hat gemeinsam mit der Gemeinde den Dienst am Herrn zu verrichten. Weil dieser Dienst aber eine hehre, helle Sache ist: Danksagung, Lobpreis und Bekenntnis in Harmonie zum Wort und Geist des Evangeliums, so muß, meine ich, auch das klingende Werkzeug, dessen sich die Gemeinde bedient, von einer demgemäßen Art sein: hell, emporführend und harmonisch. Man kann dem Herrn nicht Lobpreis singen, sich nicht recht aufschwingen zum Bekenntnis, wenn dieses Werkzeug einer Art ist, die eher zum dumpfen, bedrückenden, disharmonischen Klagen verführt. Das ist mein persönliches Empfinden, und ich denke, es hat mich in der Vergangenheit immer gut geleitet."

Eifrig hatte Wernicke sich Notizen gemacht, geduldig ließ ihn Silbermann gewähren. Nun sagte der Besucher: „Es gibt auch Leute, die in den Prinzipien Eures Schaffens Widersprüche sehen. In manchem bahnet Ihr dem Beßren den Weg: Im Kunsthandwerklichen wäret Ihr andern weit voraus, Ihr hättet Saiteninstrumente erfunden, die Bisheriges dieser Art in den Schatten stellten. Dazu im Mißklang stünde indessen, daß Ihr es bei etwas Wesentlichem beharrlich mit Altüberkommenem hieltet, das man mehr und mehr als überholt empfinde. Man meint die Art des Temperierens Eurer Instrumente."

Mild lächelte Silbermann. „Ich wäre verwundert gewesen, hättet Ihr nicht danach gefragt, gefallen sich doch allzu viele darin, in diesem Belang zu streiten, unnütz zu streiten. Sagt Euren Lesern, es gäbe auch Leute, die in den Prinzipien meines Schaffens keinen Widerspruch sehen, denen meine Art des Temperierens gefällt, sonst besäße ich nicht ein so gut versehenes Kundenbuch und nicht so viele vorzügliche Atteste."

„Ihr habt also die Absicht, an dieser Art festzuhalten?"

„Ja. Bewährtes Altes soll man dann erst aufgeben, wenn Neues sich als besser erweist. Was Werckmeister und Neidhardt da mit ihrer sogenannten wohlgetroffenen Schwebung in die Welt gesetzt haben, ist aber unausgegorenes Zeug, das lediglich den reinen Klang verdirbt."

„Ihr spracht von einem gut versehenen Kundenbuch. Wie viele Orgelwerke habt Ihr bis jetzt selbständig gebaut?"

„Die Kleinorgeln, die Positive mitgerechnet – fünfundzwanzig."

„Wo befindet sich das jüngste Werk?"

„In Helbigsdorf bei Mulda, siebzehn Stimmen und zwei Manuale. Es wurde im vergangenen Jahr beendet."

„Das größte Eurer bisherigen Werke ist das im hiesigen Dom. Stimmt es noch, daß ihm der Größe nach das in der Sophienkirche zu Dresden folgt?"

„Mit seinen dreißig Stimmen und zwei Manualen ganz gewiß."

„Und wo befindet sich das kleinste? Bitte hier, die Positive außer acht zu lassen."

„In Rötha zu Sankt Marien, es besitzt elf Stimmen und ein Manual. Im gleichen Ort habe ich aber noch ein

größeres Werk gebaut, das zu Sankt Georg, dreiundzwanzig Stimmen und zwei Manuale."

„Ja, das ist mir bekannt." Wernicke nickte bedeutungsvoll. „Ihr habt ein erstaunlich reiches Schaffen, Meister.
Ihr entwerft und baut auch viele Prospekte selbst?"

„Nur für die kleineren Orgeln."

„Und dann noch die Saiteninstrumente, die Klavichords! Doch zu den Orgelwerken noch diese Frage:
Wo wird Euer nächstes Werk stehen?"

„In Püchau bei Wurzen mit zwanzig Stimmen, ein größeres Werk in Glauchau zu Sankt Georg mit siebenundzwanzig Stimmen. An diesem arbeite ich schon seit
dem vergangenen Jahr, und ich hoffe, daß ich es im
nächsten Jahr aufsetzen kann."

„Glauchau! Dort wohnen meinen Eltern. – Ja, und nun
zu Eurem Klavichord! Man nennt es auch Cembale
d'amour. Warum wohl?"

Silbermann winkte lachend ab. „Dieser Name ist nicht
in meinem Hirn gewachsen, den haben einige köngli-
che Musizi aufgebracht, der Woulmyer, der Petzold
und der Pisendel. Vor allem Georg Pisendel hat für die
Verbreitung gesorgt. Schon während meines Aufent-
halts in Dresden, um 1720, als ich das Werk in der Sophienkirche baute, redete er mir ein, es gäbe keine bessere Bezeichnung für das Instrument."

„Worauf gründete sich diese Meinung?"

„Der Klang komme dem der Laute und Viole d'amour
sehr nahe."

„Schon 1721 haben, wie unser Archiv ausweist, die ‚Breslauischen gedruckten Sammlungen' über das neue Instrument berichtet. Liegen seine Anfänge lange vor
diesem Zeitpunkt?"

„Etwa anderthalb Jahre zuvor begann ich mich damit
zu beschäftigen."

„Und welcherart waren die Überlegungen, die Euch
dazu führten?"

„Gar keine, was ein solches Instrument anging. Ich

baute, wie viele Orgelmacher, nebenbei Klavecins und Klavichords herkömmlicher Art, freilich immer bestrebt, sie zu verbessern. Der Anstoß, ein neues Instrument zu schaffen, ging von einer schönen, musikliebenden Frau aus. Das müßtet Ihr eigentlich schon wissen."

„Aber nein, Meister, sonst würde ich doch nicht danach fragen. Bitte, erzählt es mir!"

„Ihr hättet nur den von Euch selbst genannten Bericht der ‚Breslauischen gedruckten Sammlungen‘ aufmerksam lesen brauchen. Darin ist nämlich alles dargelegt. – Die Gattin des königlichen Geheimsekretärs, Frau König, eine Virtuosin auf dem Klavecin und Klavichord, trat an mich heran mit der Bitte, für sie ein Instrument zu bauen, welches die Kraft und Dienste eines Klavecins und die Zärtlichkeit eines Klavichords in sich vereine. Sie hatte schon mehrere Meister bemüht, doch keiner hatte ihr helfen können. Nach langem Nachsinnen und Probieren fand ich die Lösung. Ich baute dem Klavichord einen doppelten Resonanzboden ein und auch doppelt so lange Saiten wie die eines gewöhnlichen Instruments."

„Ja, ich kenne das Instrument. Ihr hattet dann einen großen Erfolg damit, nicht wahr?"

„O ja, es schlug ein, wie man so sagt. Auf die Empfehlung meiner Auftraggeberin und andrer Hofmusizi hin bekam ich bald zahlreiche Bestellungen, sogar aus dem Ausland. Nachdem ich auch an den königlichen Kammerorganisten Petzold ein solches Instrument geliefert hatte, empfahl mir dieser, beim König um ein Privileg einzukommen, um zu verhindern, daß mein Instrument von andern Meistern nachgebaut würde. Ich erhielt das Privileg überraschend schnell, innerhalb von zwanzig Tagen, am 30. Juni 1723, und zwar auf fünfzehn Jahre. Seitdem fertige ich solche Instrumente beständig an für Kunden im In- und Ausland."

„Ich bewundre Eure Schaffenskraft, Meister. Ihr habt

seit dieser Zeit Eure Werkstatt gewiß bedeutend vergrößert?"

„Bedeutend? O nein! Zu der Zeit, da mir das Privileg erteilt wurde, standen mir drei Gesellen und ein Lehrjunge zur Seite. Heute ist es nur ein Geselle mehr." Weil Wernicke verblüfft aufblickte, fügte Silbermann mit leichtem Spott hinzu: „Es tut mir leid, Euch enttäuscht zu haben."

„Ich – ich muß bekennen, ich bin erstaunt, Meister. Man ist landläufig der Meinung, Ihr habet die größte Orgelbauwerkstatt, zumindest im Meißner Land."

„So mit zehn oder gar fünfzehn Leuten, nicht wahr? Jaja, ich weiß es. Nicht nur in Sachsen ist diese Meinung verbreitet. Als Johann Mattheson aus Hamburg mich einmal besuchte, war er so verblüfft, daß er mir unterstellte, ich hätte ein paar Leute vor ihm versteckt."

„Ja, es ist wirklich erstaunlich! Weil Ihr soeben Johann Mattheson erwähnet: Ihr befandet Euch doch vor langer Zeit mit ihm in einem harten Disput wegen des Temperierens Eurer Instrumente. Bin ich recht informiert, sprach er sich zum erstenmal in seiner ‚Critica musica' 1722 öffentlich gegen Euch aus, und zwar ziemlich heftig. Inzwischen …"

„Heftig? Es war eine Unverschämtheit, seines Namens ganz und gar unwürdig."

„Ja, ich weiß. Man sagt jedoch, Mattheson habe inzwischen die Vorzüge Eurer Art des Temperierens anerkannt. Wie läßt sich das erklären?"

„Einen Beweis dafür habe ich nicht in der Hand. Freilich, er schweigt zu dieser Frage, seit wir uns während eines Besuches bei mir ausgesprochen haben. Doch mich kümmert das nicht sonderlich. Wer vieles schafft, gewärtigt viel Kritik. Der Kantor von Sankt Thomas in Leipzig, Herr Johann Sebastian Bach, hat sich ja auch schon gegen meine Art geäußert. Als wir uns vor zwei Jahren nach einem seiner Konzerte im Kaffeegarten kennenlernten – –. Doch lassen wir das jetzt! In einer Stunde kommt der Arzt."

„Pardon, Meister, noch ein wenig Geduld", bat Wernicke. „Eine solch günstige Gelegenheit muß ich – mit Eurer gütigen Erlaubnis – beim Schopfe packen." Zum erstenmal füllte er sein Glas und hob es zu Silbermann hin. „Auf Eure Gesundheit, auf Eure weiteren Erfolge, Herr Hof ...! Apropos Hoforgelbauer: Das Prädikat ‚Königlich-polnischer und kurfürstlich-sächsischer Hof- und Landorgelbauer' wurde Euch ..."

„Ich habe Euch gebeten, das zu lassen", unterbrach ihn Silbermann unwillig.

„Es geht mir um etwas andres. Bitte erlaubt, Meister! – In unserem Archiv steht verzeichnet, daß Euch dieser Titel im Juni 1723 vom König verliehen wurde. Mir fällt auf, daß das zum gleichen Zeitpunkt geschehen ist, da Ihr das Privileg für den Bau des neuen Klavichords erhalten habt. Besteht da ein Zusammenhang?"

„Nur ein lockerer. Mit dem Ansuchen um den Titel, das ich um meiner Geschäfte willen stellte, verband ich die Bitte um das Privileg für das neue Instrument. In dem Bescheid des Königs wurde mir beides gleichzeitig gewährt."

„Ein Weg zum Ruhm ist oft mit Rückschlägen und schmerzlichen Ereignissen versehen. Gab es solche auf Eurem Weg?"

„Schmerzliche Ereignisse die Fülle. Begnügt Euch mit einem Beispiel: Im März vergangenen Jahres verbrannte mein erstes Werk, das ich in eigener Werkstatt baute – das zu Frauenstein. Da war ja fast die ganze Stadt in Flammen aufgegangen."

„Ach ja, wir hatten darüber berichtet. Frauenstein ist Eure Heimatstadt. Hattet Ihr da auch persönliche Verluste?"

„Nein. Zwar verbrannte auch das Haus meiner Eltern, doch es war für mich und meine Verwandten kein materieller Verlust. Die Mutter hatte es nach dem Tode des Vaters verkauft. Sie erlebte das Brandunglück nicht, weil sie schon vier Jahre vordem verstorben war."

„Auch in Freiberg gab es im vergangenen Jahr einen heftigen Brand. Habt Ihr durch diesen einen Verlust erlitten?"

„Zum Glück nicht."

Es waren zumeist vorbereitete Fragen, die Wernicke stellte. Sorgsam trug er unter dem Geschriebenen die Antwort ein.

Unvermittelt fragte er: „Habt Ihr noch mit Pantaleon Hebenstreit in Dresden zu schaffen?"

„Ich sage wieder: zum Glück nicht. Der soll seine Pantalons bauen lassen, wo er will. Er hat mir mit seiner – seiner Engstirnigkeit genug Ärger gemacht. Das braucht Ihr aber nicht zu notieren."

„Und wie steht Ihr jetzt mit dem Orgelbauer Ernst Hähnel in Meißen?"

„Ihr seid erstaunlich gut informiert. Das hat sich also auch herumgesprochen! Ich stehe mit ihm noch so wie im vergangnen Jahr. Nachdem ich ihm durch das Gericht verbieten ließ, mein Klavichord nachzubauen, hat er es wohl sein lassen. Ich habe jedenfalls keinen Anhaltspunkt dafür, daß er das Verbot übertreten hat."

„Darf ich noch den Namen Zacharias Hildebrandt ins Gespräch bringen, Meister? Wie steht …?"

Jäh wandelte sich Silbermanns Gebaren. Sein Gesicht wurde finster, in seinen Augen blitzte es drohend auf. „Nein!" stieß er erregt hervor. „Von diesem undankbaren, kontraktbrüchigen Menschen will ich nichts hören. – Laßt es nun genug sein!"

„Pardon, ich wollte Euch nicht verletzen, Meister", entschuldigte sich Wernicke. Sorgsam barg er Notizbuch und Schreibstift in der Tasche. Zögernd, beinahe umständlich, als erwarte er noch eine aufschlußreiche Bemerkung, erhob er sich. Da Silbermann jedoch hartnäckig schwieg, ihn nur grimmig anblickte, trat er endlich vom Tisch zur Seite und verbeugte sich. „Habt Dank für die Unterredung, Meister, und für die große Geduld."

„Das, was ich über den Hebenstreit, den Hähnel und den – den Hildebrandt sagte, ist nur zu Eurer persönlichen Information bestimmt. Ich ersuche Euch, nicht darüber zu berichten."

„Ich verstehe und werde Eurem Wunsch gemäß verfahren. Meine besten Wünsche für Euch, Meister."

Mit einem flüchtigen Nicken quittierte Silbermann diese Worte. „Klopft an die Tür gegenüber. Meine Haushälterin wird Euch zum Haustor begleiten."

2

Drei Wochen später humpelte Silbermann zum erstenmal seit seinem Unfall die Treppe hinab, gestützt von George und begleitet von Annas ärgerlich-mahnenden Worten. Am Fußgelenk trug er noch den Verband.

„Ach, wenn das Doktor Lehmann sähe!" jammerte ihnen die Haushälterin vom Ausgang der Treppe aus nach. „Er würde Euch im Bett festbinden, so wahr ich ..."

„... Anna Magdalene Poltermann heiße – jaja, ich weiß es", rief Silbermann über die Schulter zurück. „Nun halt aber endlich den Mund! Und wenn du mich bei ihm verpetzen solltest, setz' ich dich als Schrillpfeife auf das höchste Oberwerk."

„Hach!" stöhnte Anna. Händeringend lief sie zur Küche zurück. George sagte: „Sie hat aber recht, Onkel. Doktor Lehmann hat ausdrücklich befohlen, daß dein Fuß noch eine Woche in Ruhe stehen soll."

„Papperlapapp! Es wird Zeit, daß ich mich wieder mal in der Werkstatt sehen lasse, sonst denken meine Herren, ich hätt' keine Lust mehr, und das lockert die Zügel."

„Es ist doch alles gut gegangen in diesen Wochen. Wir brauchten über keinen der Gesellen zu klagen."

„Ich klage auch nicht, beuge nur vor. – Hast alles gut dirigiert, mein Junge, ich bin zufrieden. Dazu muß ich vor den Leuten was sagen. In der Schreibstube! Holst sie mal alle zusammen."

Nach kurzer Zeit hatten sie sich versammelt und auf des Meisters Geheiß an dem langen Ablagetisch niedergelassen: Schöne, Graichen, Schramm und Renkewitz. George mußte sich neben den Meister an dessen Arbeitstisch setzen.

Silbermann blickte sie lächelnd an, einen nach dem anderen. „Da wären wir also wieder mal alle beisammen", begann er, „und so läßt sich's besser miteinander reden als vom Bett aus. Ich will euch sagen, daß ich mit euch zufrieden bin. Ihr habt euch hier immer gut gehalten, und die Anna habt ihr auch nicht übers erträgliche Maß hinaus geärgert. Von außerhalb sind keine Klagen gekommen. So, das zum ersten! Zum zweiten: Ich halt' es für angebracht, für die künftige Zeit eine Regelung zu treffen, die für euch und alle, die vielleicht später noch zu uns kommen, gültig ist. Wie schnell einem unterwegs was passieren kann, hab' ich erlebt. Das war noch ziemlich harmlos, aber es könnt' auch mal schlimmer kommen, ganz schlimm sogar. Und für einen solchen Fall bestimme ich, daß George alle Rechte und Pflichten des Meisters in meiner Werkstatt innehat, ohne Einschränkung, so wie ich sie habe, daß jeder gehalten ist, sie zu respektieren. Habt ihr's recht verstanden?"

Sie blickten erstaunt auf, nickten zögernd. Graichen sagte: „Ihr unkt aber ganz schön, Meister, nichts für ungut. Da bleibt einem schier die Luft weg."

Silbermann ging nicht darauf ein, fuhr fort: „Ansonsten bleibt's so, wie bisher geübt: Bin ich unterwegs, hat George in der Werkstatt das Regiment, begleitet mich George, hat es Schöne. Nehm' ich beide mit, macht's Graichen. So, das wär's von mir aus. Hat einer noch was anzubringen?"

„Ist mit Eurem Fuß bald wieder alles im Lot, Meister?" wollte Schöne wissen.

„Na, ein paar Tage wird's schon noch dauern, das Luder ist noch nicht stehfest genug. Aber Platten schlagen kann ich wohl, laßt mir nur eine tüchtige Portion übrig. Ich fang' morgen nachmittag, spätestens übermorgen wieder an."

Weil keiner der Gesellen noch etwas anzubringen hatte, entließ sie der Meister. Nur George blieb zurück. Als sie allein waren, sagte er ernst: „Das mit der Regelung hat uns überrascht. Ich weiß nicht ..."

„Du meinst, ich hätte den Jüngsten einsetzen sollen?"

„Zum Spaßen ist's mir wirklich nicht. Grainchen hat recht, du hast geunkt, und das gefällt mir nicht. Hat man mal ein Mißgeschick, soll man nicht gleich das Schwärzeste zitieren."

„Aha! Nun gib mal acht, mein Junge! Das, was du das Schwärzeste nennst, ist immer um uns, ob wir wollen oder nicht, wir brauchen's gar nicht zu zitieren. Ein Ziegel vom Dach, ein Sturz von der Treppe, vom Wagen, ein scheuendes Pferd – und es hat uns gepackt. Ich hätt' mir bei meinem Mißgeschick noch ganz gut den Hals brechen können. Und was dann? Nein, George, ich hab' nicht geunkt, nicht das Schwärzeste zitiert, hab' ganz einfach mal die Sache mit offenen Augen angeschaut und vorgesorgt für einen schlimmen Fall. Wer für nichts vorzusorgen hat, den mag so was nicht kümmern, mich muß es aber kümmern. Und was ich da geregelt hab', das ist erst mal das mindeste, ich mach' das auch noch schriftlich. Ich will sogar –, na, darüber werden wir noch reden. Siehst du nun ein, daß diese Regelung richtig war?"

George zuckte die Schultern. Zögernd sagte er: „Es – es ist mir unbehaglich, wirklich. Bedenk' ich dazu

239

noch, daß ich die Werkstatt in die Hand zu nehmen hätte …"

„Oho! Du fürchtest dich wohl gar davor?"

„Fürchten – fürchten! Hab' ich mich etwa gefürchtet vor dem, was mir in diesen Wochen die Werkstatt abgefordert hat? Es ist aber doch um vieles leichter, in der Werkstatt zu dirigieren mit dem Rat und der Weisung des Meisters im Rückhalt, als auf sich allein gestellt zu sein mit allen Rechten und Pflichten des Meisters. Reden wir schon mal davon, müssen wir auch das mit offnen Augen sehen."

„Was du da sagst! Fühlst dich wohl schwächer als der Klauer und der Ahnert, die sich irgendwo selbständig machten, von dem heimtückischen Hildebrandt gar nicht zu reden? Schwächer als dein Bruder Michel mit seiner Tischlerwerkstatt in Dresden? Du meinst, du hättest weniger das Zeug dazu?"

„Da ist ein großer Unterschied. Ihre Werkstätten sind welche von vielen, ohne sonderlichen Namen, deine aber hat einen Ruf weit übers Land hinaus. Einen solchen Ruf zu halten – du liebe Zeit, das kann doch nur ein …"

„… ein Silbermann mit dem rechten Können, der unbedingten Redlichkeit und auch der Kraft zum selbstbewußten Wagnis. An erstem mangelt's dir wahrhaftig nicht, auch nicht am zweiten." Seufzend stützte der Meister den Kopf in die Hand. „Ach, Junge, mit wem soll ich denn rechnen können, wenn nicht mit dir?"

„Ich hab' dir für alles sehr zu danken, Onkel. Du kannst mit mir rechnen in gewohnter Weise. Doch ein Meister deines Maßes werden zu wollen, das wäre – wäre vermessen."

Für einen Augenblick zogen sich Silbermanns Brauen wie im Schmerz zusammen. Er sagte nur: „Hilf mir die Treppe wieder hinauf!"

Schweigend nahmen sie den Weg. Anna ließ sich nicht

sehen. Im Klappern des Küchengeschirrs hörte sie sie wohl nicht kommen.

Silbermann setzte sich in den Lehnstuhl am Fenster. Dieses war weit geöffnet. Vom Schloßplatz drang der Lärm des arbeitsregen Tages herauf. Der Meister nahm ihn nicht auf. In trübe Gedanken versunken, starrte er vor sich hin.

Dreißig Jahre alt war nun George. Die Hälfte dieses Lebens hatte er neben ihm, dem Meister, gestanden, von ihm erzogen in seinem Sinn, versehen mit Kunstfertigkeit weit über das ansonsten zu findende Maß hinaus, beständig gefördert, gefestigt in Zuverlässigkeit und im Blick für das Beste. Die Mühe, entsprungen der Hinarbeit auf ein fernes großes Ziel, hatte sich gelohnt, ja, sie hatte sich gelohnt. Hauptgeselle in der Werkstatt eines Gottfried Silbermann – man suche einen Meister anderswo, der das Handwerk besser verstand! Und dennoch, ihm fehlte das Letzte: die Kraft zum selbstbewußten Wagnis. Sein Licht schien hell, zuverlässig, sicher, doch es scheute sich, über die Grenze des gewohnten Raums hinauszudringen. Und das sollte es doch, mußte es doch, wenn es einmal die Umstände erfordern würden.

Gottfried Silbermann lehnte sich zurück, schloß die Augen. Lange dachte er nach, suchte er. Hatte er etwas falsch gemacht in den vergangenen Jahren? Hatte er bei allem Bedacht auf das Wissen, die Kunstfertigkeit und Gewissenhaftigkeit des Jungen etwa zuwenig auf das Wachsen der Persönlichkeit geachtet? So konnte es wohl sein. – – Ja, so war es: Er, der Meister, war bis in die Gegenwart hinein für ihn noch zu sehr der Weisende, Belehrende gewesen, er hatte ihn nicht genug hineingestellt in die Verantwortung, ihn nicht genug gefordert zu eigenen Entschlüssen und Entscheidungen. Wie sollte er da auch zu einer Persönlichkeit wachsen, die sich zu mehr imstande fühlte, als die Werkstatt für einige Wochen zu dirigieren! Und er sollte doch einmal alles dirigieren – alles, als Eigenes, als seinen Besitz!

Nun war es aber an der Zeit, Versäumtes nachzuholen! Und da bedurfte es keiner langen Überlegung mehr, was zu tun sei. Ihn Verhandlungen mit führen, Verträge mit unterzeichnen lassen, wo es nur anging! Ihn auch größere Werke kalkulieren und disponieren lassen! Ihm ab und zu die Bauführung übertragen! Und damit war gleich zu beginnen!

Als wollte er seinen Entschluß bekräftigen, schlug Silbermann die Fäuste auf die Armstützen des Sessels. Dann erhob er sich, humpelte zur Tür. „Anna!" rief er hinaus, und als diese erschien, gebot er ihr: „Hol George rauf!" Bald saßen sie sich gegenüber. „Mir ist einiges durch den Kopf gegangen", begann der Meister das Gespräch. „So wie wir's jetzt mit Püchau halten, läuft's nicht in der richtigen Spur. Wir beginnen dort schon in der nächsten Woche aufzusetzen."

„In Püchau aufsetzen?" fragte George erstaunt. „Du wolltest es doch für einige Zeit liegenlassen, um mit Glauchau schneller voranzukommen."

„Wir müssen das eine tun, ohne das andre zu lassen. Du weißt, Reinhardtsgrimma steht uns auch schon ins Haus. Also wir bilden zwei Gruppen, die eine führe ich, die andre du. Du fährst mit der deinen, zu der Schöne und Graichen gehören werden, nach Püchau und vollendest selbständig das Werk. Ich bleib' zunächst mit Schramm und Renkewitz hier und stell' die Einrichtung für Glauchau fertig. Vielleicht hol' ich mir doch noch den Nikolaus Ritter ran, den mir Graichen empfohlen hat."

George wandte den Kopf ein wenig zur Seite, als lausche er etwas nach, das er nicht recht verstanden habe. „Augenblick! Sagtest du, ich solle das Werk in Püchau selbständig fertigstellen?"

„Ja freilich. Warum denn nicht? Du hast das Zeug dazu, und dort ist nicht mit Hemmnissen zu rechnen.

Das Quartier mit Kost steht dir bei Frau Kollator von Bünau doch jederzeit offen. Und bist du fertig mit dem Werk, nehm' ich's nach der Ordnung ab. Einverstanden?"

„Aber ja – aber ja!"" rief George freudig aus. „Kann's schon zu Anfang nächster Woche sein?"

„Du kannst disponieren nach deinem Ermessen."

Als George zur Tür schritt, blickte Silbermann ihm lächelnd nach und seufzte erleichtert. Der Junge hatte Eile, es zu wagen. Das war ein guter Anfang.

3

Es vergingen einige Monate, ehe Silbermann sein Versprechen wahr machte, den „Director musices und Cantor an der Schule Sankt Thomae" in Leipzig, Johann Sebastian Bach, zu besuchen. Seine Geschäfte hatten einen früheren Zeitpunkt nicht zugelassen. So wie ursprünglich gedacht – er sollte zuerst der Schule gelten –, konnte der Besuch allerdings nicht vor sich gehen. Auf Silbermanns Schreiben hin, in dem dieser sich angemeldet, hatte Bach Bescheid gegeben, daß Umstände eingetreten seien, die er damals, im März, noch nicht vorausgesehen habe, nämlich: einige Räume der Schule würden zur Zeit getüncht, so daß es nicht möglich sei, sich dort im größeren Kreis würdig zu versammeln, man also mit seiner Wohnung vorliebnehmen müsse; auch habe er jüngst sein Weib mit den Kleinen nach Köthen zu Verwandten geschickt, weil sie durch die feuchte Luft im Haus wieder einmal Schaden zu nehmen in Gefahr gewesen seien; die Hauswirtschaft sei deshalb nicht gerade in dem besten Stande. Dennoch: Lege der Meister keinen allzu strengen Maßstab an und sei er bereit, seine Zeit auch einem kleinen Kreis auf ihn Neugieriger zu widmen, so wäre der Zeitpunkt recht, und man freue sich schon auf die Begegnung. Den Meister erwarte ein junges, nichtsdestoweniger aber in musikalischen Dingen schon gut bewandertes Publikum, das begierig sei, ein Bild seines Lebens und Schaffens aus seinem eigenen Mund zu gewinnen. „Mehr soll es nicht sein, auch kein Disput zu prinzipiellen Dingen, da ich ja weiß, wie Ihr es haltet und ich mit den Schülern schon darüber gesprochen habe, und auch Ihr wißt, wie ich es halte." So hatte Johann Sebastian Bach seinen Brief geschlossen.

Silbermanns Antwort war gewesen: „Die veränderten Umstände behindern mich nicht. Ich treffe ein am frühen Nachmittag des 15. Juli."

Nun stand er auf dem Platz an der Thomaskirche. Für eine Weile hatte er die Reisetasche auf den Rand des steinernen Brunnens gesetzt. Nachdenklich ruhte sein Blick auf dem Gebäude der Thomasschule, das sich neben der Kirche erhob. Es hatte sich nichts verändert, seit er das letzte Mal hier weilte – vor sieben Jahren, als er Kantor Johann Kuhnau das letzte Geleit gab. Trotz des hellen Sommertages machte das dreistöckige Gebäude mit der schmalen Mansarde in der Mitte und den zahlreichen, in drei Reihen angeordneten Schleppgaupenfenstern in dem hohen, spitzen Dach einen düsteren Eindruck. War alles noch wie damals, führten die beiden Türen rechter Hand in die Räume der Schule, die Tür links zur Wohnung des Kantors.

Durch diese Tür betrat Silbermann das Gebäude. Ja, es war alles noch wie damals: ein großer Flur mit getünchten, im Laufe der Zeit grau und fleckig gewordenen Wänden, eine breite, ziemlich ausgetretene Holztreppe, die hinauf in das erste Stockwerk führte. Die Treppe knarrte noch wie ehedem, und neben der zweiflügligen Wohnungstür hing auch noch der alte eiserne Griff der Zugglocke.

Vorsichtig zog Silbermann an dem Griff, ein helles

Bimmeln ertönte. Nach wenigen Augenblicken hörte er schwere Schritte auf die Tür zukommen, und da stand auch schon eine große, kräftige Gestalt vor ihm – Johann Sebastian Bach.

„Ah, der lange und sehnlich erwartete Meister!" rief der Kantor freudig aus. „Willkommen! Herzlich willkommen!"

Silbermann hatte keine Zeit mehr, sich umzuschauen. Bach nahm ihm die Reisetasche ab und deutete den Gang entlang zu einer offenstehenden Tür. „Hinein in die Männerwirtschaft! Ja, Männerwirtschaft! Ich habe für den Nachmittag die Magd nach Hause geschickt. – Und da sind sie, die Neugierigsten der Neugierigen!"

In dem großen, doch ziemlich niedrigen Raum – es war wohl das Musikzimmer, wie die zahlreichen, verschiedenartigen Instrumente auswiesen – stand eine Gruppe junger Männer und älterer Schüler, dem Eintretenden erwartungsvoll entgegenblickend. Ein wenig feierlich sagte Bach: „Das ist also Herr Gottfried Silbermann! Ihr habt den großen Vorzug, als erste den Meister kennenzulernen. Seid dessen immer eingedenk! Ich freue mich, daß diese Begegnung sich endlich fügte, wenn auch in einem anderen Rahmen, als ursprünglich gedacht. Meister, seid bedankt, daß Ihr es möglich machtet!"

„Ich bin gerne gekommen", versicherte Silbermann. Die größeren der jungen Leute klapperten zum Dank und zur Begrüßung geräuschvoll mit den Füßen auf dem Holzfußboden, die kleineren machten es ihnen gleich nach.

Bach fuhr fort: „Diese fünf zählen zu den eifrigsten der Studiosi, die in meinem Collegium musicum mit singen und musizieren, und diese fünf gehören zu den ältesten des Chorus primus meiner Schule. Ich habe Mühe gehabt, eine Auswahl zu treffen, denn gar zu viele wollten dabeisein. – So, und nun heran, meine

Herren! Stellt euch vor, damit unser Gast weiß, mit wem er es zu tun hat!"

Der zuvorderst stand, ein schlanker Jüngling mit dunklen, glutvollen Augen, machte den Anfang. „Wilhelm Friedemann Bach", sagt er, sich respektvoll verbeugend.

„Euer Sohn, Monsieur?" fragte Silbermann den Kantor.

„Ja. Student beiderlei Rechte, doch nicht minder eifrig in der Musik."

„Heinrich Schütz", stellte sich der zweite vor.

„Johann Pachelbel", sagte der dritte.

Da fuhr der Kantor dazwischen: „Halt, ihr Schelme! Wollt ihr wohl diese Scherze lassen! Ihr seid nicht unter euch. Pardon, Meister, sie haben die Vermessenheit gehabt, sich zu ihren richtigen Vornamen die passenden Zunamen aus dem Kreis vergangener Großer zu – zu entleihen. Es ist bei ihnen Usus geworden, sich so anzureden."

„Nicht übel – sofern sie sich auch in ihren Leistungen jene Großen zum Vorbild nehmen."

„So ist es! – Doch nun weiter! Aber ordentlich, bitte!"

Wohlausgefüllte Stunden wurden es an diesem Tag.

Der Meister sprach über seine Lehrzeit bei seinem Bruder Andreas in Straßburg, zog Vergleiche zwischen den Grundsätzen der Orgelbaukunst in Frankreich und in den deutschen Landen, schilderte die Arbeit in seiner Werkstatt, ging auf die von ihm geübten handwerklichen Besonderheiten ein, die die Güte seiner Instrumente wesentlich mitbestimmten, und wies auf seine weiteren Vorhaben hin. Er sprach auch über die Weiterentwicklung des Klavichords in seiner Werkstatt, legte seine Gedanken dar über die Hammermechanik des Italieners Bartolommeo Christofori und des Nordhäuser Organisten Christoph Gottlieb Schröter, wobei er andeutete, daß auch er sich mit der Konzeption einer Mechanik für ein Hammerklavier, ein Pianoforte, befasse.

Es war ein dankbares, wißbegieriges Publikum. Frage über Frage kam aus dem kleinen Kreis, bis der Kantor gebot, erst einmal eine Pause einzulegen. Friedemann reichte allen einen erfrischenden Trunk.

„Erlaubt Ihr noch Fragen zu den Prinzipien Eurer Orgelbaukunst, Meister?" ließ sich ein Student vernehmen.

„Nur zu, mein Freund!" ermunterte Silbermann ihn.

„Glaubt Ihr, daß die ungleichschwebende Stimmung, deren Ihr Euch bedient, noch Zukunft hat?"

Friedemann stieß ihn mit dem Ellbogen heftig an. Der Kantor aber mahnte streng: „Was soll das, Johann! Du weißt, daß diese Frage hier gänzlich überflüssig ist."

„Pardon, ich hatte es vergessen."

Silbermann hatte verwundert aufgeblickt, sich aber schnell gefaßt. Gleichmütig sagte er: „Aber so laßt ihn doch! Positiv zu provozieren ist ein Recht der Jugend. Also meine Antwort: Ja, ich glaube es, sonst würde ich diese Stimmung nicht beibehalten. Noch Weiteres?"

„Mit Verlaub, Meister: Geht man nach Werckmeister, Neidhardt und – und …", der Student blickte verstohlen zu Bach hin, „… anderen von großem Ruf, so muß man doch der Meinung sein, daß die Zeit der Ungleichschwebenden vorbei ist, daß der wohltemperierten, der gleichschwebenden Stimmung die Zukunft gehört."

„So, das muß man? Und wieso?"

Da packte auch die anderen der Eifer, sie konnten nicht mehr an sich halten.

„Weil sie mehr Möglichkeiten bietet, weil man endlich Werke mit mehr Vorzeichen spielen kann als bisher", rief einer.

„Nicht mehr eingeengt, nicht mehr gezwungen ist, nur bis A-Dur und Es-Dur zu gehen", ergänzte ein anderer.

„Weil nicht mehr die Reinheit einer Tonart auf Kosten andrer geht."

„Der Nachteil der alten Stimmung wurde uns besonders offenbar, wenn der Herr Kantor eine Phantasie in As-Dur spielte. Da heulte auf as-es ..."

„Finis!" gebot Johann Sebastian Bach energisch. „Laßt gefälligst ab davon, mich hier ins Spiel zu bringen! Meister Silbermann temperiert seine Instrumente, wie es ihm gefällt, ich spiele sie in der Tonart, die mir gefällt, und das braucht sich durchaus nicht zu beißen. Toleranz, Messieurs, Toleranz! Gutes Neues gedeiht gar oft nur dann, wenn gutes Altes ihm das Bett bereitet hat, darum ist dieses hoch zu schätzen. Bitte, Meister, belehrt sie nach Eurer Art, wenn es Euch gefällig ist."

„Warum wohl nicht, da sie doch so eifrig sind! – Ihr habt Werckmeister und Neidhardt zitiert. Hat aber Werckmeister nicht selbst geschrieben, daß die neue Temperatur von der alten gar nicht so weit entfernt sei, wie etliche meinen? Hat Neidhardt selbst nicht in einem weithin beachteten Vortrag erklärt, es sei den Orgelbauern nicht zu verdenken, daß sie die gleichschwebende Stimmung nicht gern in ihre Orgeln ließen, da die Tonarten durch die neue Methode ihre besondere Ausdruckskraft verlören? Das muß man wohl beachten, wenn man sich auf diese Männer beruft. Es ist schließlich auch eine hinlänglich bekannte Erfahrung, daß die Gleichschwebende für Orgeln ungeeignet ist, weil die Aliquotstimmen und gemischten Stimmen rein gestimmt werden müssen, in Verbindung mit den temperierten aber ganz unruhige, harte und schwirrende Zusammenklänge ergeben. Das ist doch alles andre als ein Gewinn. O nein, das findet bei mir keinen Eingang. Denkt auch an die Blasinstrumente! Die aus Holz sind in ihrer Bohrung, die aus Blech in der Länge ihrer Züge ganz auf die alte Stimmung eingerichtet. Und endlich: Daß es auch bei der Ungleichschwebenden möglich ist, alle chromatischen Töne zu benutzen, zeigen die Werke des erst jüngst verstorbenen Paduaners Bassani, gar nicht zu reden von denen alter Meister, als da sind Schlick, Paumann und Landino. Es wäre noch mehr dazu zu sagen, doch es reicht wohl aus, zu zeigen, warum ich auf der alten Stimmung beharre."

Ein Student hob die Hand, um einen Einwand anzumelden, doch Johann Sebastian Bach winkte heftig ab. „Schluß! Ihr kennt nun den Standpunkt des Meisters aus seinem eigenen Mund, dabei belassen wir es jetzt. Und nun versucht zu beweisen, daß ihr mehr könnt, als nur mit dem Mundwerk voran zu sein. Adolf, du fängst an!" Er deutete zu einem Cembalo hin, dessen Deckel bereits aufgeschlagen war. „Es ist Euch doch recht, Meister?"

„Aber gewiß! Mit dem größten Vergnügen."

Es wurde musiziert bis zum späten Nachmittag. Viel Lob verteilte Gottfried Silbermann.

„Na, na!" dämpfte manchmal der Kantor, aber am Schluß gab er zu: „Im ganzen manierlich."

Als die jungen Leute aufbrachen, sagte einer zu Silbermann: „Ich spreche für alle, Meister: Habt Dank! Und wenn wir am Nachmittag – ich meine, wir bitten Euch, darin keine Ungebühr zu sehen."

„Keineswegs. Ich hatte euch ja ermuntert. Ein ehrlicher Disput ist immer ein Gewinn!"

Eine Stunde später verabschiedete sich auch Silbermann. Zwar hatte Bach ihn gedrängt, zum Abendbrot zu bleiben und bei ihm auch Quartier zu nehmen, doch der Meister hatte ihn um Verständnis gebeten, daß er das in einer Wirtschaft schon bestellte Quartier benutze, weil er, da er sich nun einmal in Leipzig befinde, sich dort mit einem Bekannten treffen wolle. Er erhielt das Versprechen Sebastians und Friedemanns, ihn in Freiberg zu besuchen.

„Aber da möchten wir ein fertiges Pianoforte sehen,

Monsieur! Eure Orgeln und Klavichords kennen wir schon zur Genüge."

Auf den Scherz eingehend, entgegnete Silbermann: „Ich werde mich deshalb gar sehr beeilen."

4

Mitte März 1731. Wer Gottfried Silbermann im Regimentshaus sprechen wollte, kam vergeblich, denn der Meister war wieder einmal mit einigen Gesellen unterwegs. „Er baut in Mylau", gab Jakob Graichen Auskunft, „und das kann noch einige Zeit dauern." Er war nach George der älteste der Gesellen und hielt diesmal mit Nikolaus Ritter, dem jüngsten außer dem Lehrjungen, haus. Ritter war im vergangenen Jahr an Schramms Stelle getreten, der sich auf Wanderschaft begeben hatte. Auch Renkewitz hatte sich einen anderen Meister gesucht, nachdem sein Vertrag abgelaufen war. Für ihn war Christoph Leibner als Lehrjunge gekommen, und auch diesen hatte Silbermann mit nach Mylau genommen. So betreuten denn Graichen und Ritter allein das Haus und die Werkstatt. Langeweile hatten sie nicht, denn sie schafften an dem Werk für Crostau, das im nächsten Jahr aufgesetzt werden sollte.

Anna war diesmal nicht mit dem Meister gezogen, weil sie ihren Vetter Elias Lindner pflegen mußte, den vor einigen Wochen schon ein tückisches Fieber niedergeworfen hatte. Silbermann war mit dieser Hilfe für den Freund gerne einverstanden gewesen und hatte ohne Zögern Annas Freundin, Justina Reinhard, als Köchin mit auf die Reise genommen.

Weilte der Meister mit seinen Gesellen für längere Zeit an einem fremden Ort, um dort ein Werk aufzusetzen, nahm er Köchin, Hausrat und zumeist auch Federbetten für sich und seine Leute mit in das während der vorausgegangenen Verhandlungen ausbedungene Quartier. Das Gut wurde dann auf eines der Fuhrwerke verladen, die von den Auftraggebern geschickt worden waren, um die in der Werkstatt hergestellten zahlreichen Teile des Orgelwerkes abzuholen. So kam zumeist ein stattlicher Wagenzug zusammen. Der nach Mylau hatte sieben Wagen gezählt, angeführt von der Kutsche, in der der Meister und die Köchin saßen. Nicht immer begleitete Silbermann den Zug, manchmal begab er sich am Tag vorher schon an den Bestimmungsort, manchmal auch einen Tag später; dann hatte der älteste Geselle die Verantwortung für den Transport, meist war es George.

Nach Mylau war also der Meister mit George, Schöne, dem Lehrjungen Leibner und der Köchin Justina gefahren. Um beim Aufsetzen des Instrumentes schneller voranzukommen, hatte er sich noch zweier Tischlergesellen aus dem Ort versehen, die ihm schon im Jahr zuvor im benachbarten Reichenbach bei dem Werk für Sankt Trinitatis behilflich gewesen waren.

So sorgten Graichen und Ritter selbst für sich, wie es üblich war, wenn einmal ein Geselle oder zwei zu Hause bleiben mußten, um vorzuarbeiten für das nächste Werk. Am späten Nachmittag hielten vor dem Regimentshaus ein Fuhrwerk und eine Kutsche. Die beiden Gesellen befanden sich gerade in dem großen Raum neben der Schreibstube nach dem Schloßplatz zu, mit dem Polieren von Pfeifen beschäftigt.

Ritter eilte ans Fenster. „Ist doch nicht möglich!" stieß er hervor. „Der Meister ist's mit Sack und Pack! Er kann doch in Mylau noch gar nicht fertig sein."

„Laß das dumme Geschwätz!" knurrte Jakob Graichen.

„Komm lieber her und halt die ..." Weiter kam er nicht. Der Türklopfer schlug so heftig an, daß er zusammenfuhr. „Wirklich, so macht's nur der ...!" Böses ahnend, eilte er durch den Gang in den Flur.

Kaum hatte er die Riegel an der Tür zurückgezogen, stürmte Gottfried Silbermann herein, ohne Gruß an ihm vorbei, die Treppe hinauf. Ihm folgte Schöne, er trug des Meisters Mantel und Reisetasche. Bei Graichen blieb er stehen. Kopfschüttelnd sagte er: „Zehn Jahre bin ich nun schon hier, aber so was hab' ich noch nicht erlebt."

„Was ist denn passiert?"

„Laß es dir von George erzählen! Ich muß dem Meister erst den Kram nachbringen. Lade draußen einstweilen mit ab!"

Der Geselle trat hinaus. Gerade hatte George den Kutscher entlohnt, nun winkte er Graichen heran. „Ein ganz dummes Ding ist's! Aber frag jetzt nicht, pack zu, daß wir's schnell hinter uns haben! Ist das Zeug oben, erzähl' ich dir alles. Und frag bloß den Meister nichts, mit ihm ist fürs erste nicht zu reden."

Auf dem Frachtwagen standen Justina und Leibner und reichten alles herab. Inzwischen hatte Ritter sich hinzugesellt, und auch Schöne war zurückgekommen. Schweigend, bedrückt trugen die Gesellen die Packen mit den Betten, die Kisten mit dem Hausrat, die eigene Habe und was sonst noch mitgebracht worden war ins Haus. George brauchte nicht zu dirigieren.

Der Meister ließ sich nicht sehen, er hatte sich in seine Stube zurückgezogen. Justina wirtschaftete in der Küche, sie räumte den Hausrat ein und bereitete die Abendmahlzeit vor.

Die Gehilfen hatten sich in der Gesellenstube versammelt. George berichtete Graichen und Ritter, was in Mylau vorgefallen war.

„Der Streit zwischen dem Kollator von der Planitz, der für den Neubau der Orgel durch unsern Meister war, und dem Superintendenten Hermann in Plauen, der dagegen war, reicht ja zurück bis in die Zeit der ersten Verhandlungen. Immer wieder sind die beiden und ihre Parteien aneinandergeraten. Weil der Meister den

Auftrag fest in der Tasche hatte, hat er sich aber nie um das Geschrei gekümmert, auch nicht, wenn der Superintendent ihm mal in die Quere kam. Dieser Tage ist er ihm aber ganz arg in die Quere gekommen, und da ist eben das Faß geplatzt. Hat doch der Herr wieder mal eine Visite in der Kirche gemacht, ist auch zum Bau raufgekommen, hat erst ein bissel rumgemäkelt und dann zum Meister ungefähr so gesagt: ‚Wahrlich, wenn ich den Fortgang Eurer Arbeit betrachte, dann möchte ich meinen, Ihr nähmet das Sprüchlein ›Festina lente‹ gar zu wörtlich.‘ Der Meister sagte: ‚Ich weiß zwar nicht, wie Euer Sprüchlein im Deutschen lautet, aber eine Freundlichkeit war es, wie ich Euch kenne, ganz gewiß nicht.‘ Dann wieder der Superintendent: ‚Zu einer Freundlichkeit gäbe es wohl auch keinen Anlaß. Und das Sprüchlein lautet im Deutschen: Eile mit Weile! Mich dünkt, das letztere Wort werde von Euch gar zu sehr betont. Der Meister Gruber hätte das Werk längst fertig übergeben.‘ Na, da lief's über bei unserm Meister! Er fuhr den Superintendenten an: ‚Dann laßt doch gefälligst den Meister Gruber den Rest hier verrichten, hochwerter Herr! Und laßt Euch auch ein Sprüchlein sagen, das findet Ihr bei Salomo im vierten Kapitel: Tue von dir den verkehrten Mund und laß das Lästermaul ferne von dir sein! Nach dem, was einige Gemeinden und ich bisher mit Euch erlebten, ist das sicher gut am Platz.‘ Was er in der Hand hielt, warf er vor dem Herrn auf den Boden. Er nahm uns gleich mit ins Quartier. Es gab noch ein großes Lamento an diesem Tag. Der Pfarrer kam, die Gemeindeväter, und auch den Kollator Planitz holten sie heran, um den Meister zum Weitermachen zu bewegen. Der blieb aber fest. ‚Der werte Herr hat mich schon beim Bau zu Sankt Trinitatis in Reichenbach traktiert, auch da kam er mir mit seinem Meister Gruber. Sorgt erst dafür, daß er mir künftig vom Leibe bleibt, dann komme ich wieder. Ich will die schändlichen Zwistigkeiten zwischen ihm und den Gemeinden nicht mit auf meinem Buckel ausgetragen wissen.' Tags darauf sind wir abgereist."

„Oje!" seufzte Graichen. „Eh' der Meister ein Werk einfach liegenläßt, muß man ihn schon arg gezwickt haben. Ob die in Mylau mit dem Superintendenten fertig werden?"

„Planitz will sich, kommt's drauf an, ans Konsistorium wenden. Er hat den Meister gebeten, ihm die Sache möglichst schnell schriftlich zu geben."

Die Tür wurde geöffnet, Justina blickte herein. „Kommt, die Mahlzeit ist fertig!"

Es gab an diesem Abend keine Ruhe. Die Uhr stand auf halb neun, da schlug der Klopfer am Haustor mehrmals heftig an. Justina nahm eine der Laternen, deren vier an den Wänden hingen, vom Haken und eilte hinab.

In der Tür stand Johann Krauße. „Ist der Meister da?" stieß er atemlos hervor.

„Ja, Herr Kammerschreiber, aber er will nicht ..."

„Es geht um Elias Lindner. Ich muß den Meister sprechen."

Erschrocken fragte Justina: „Herr Lindner? Es geht ihm wohl ...?"

„Schlecht. Er will mit dem Meister reden. Schnell!"

Die Laterne hoch haltend, eilte die Köchin voran. Krauße klopfte kurz an die Tür der Wohnstube und trat gleich ein.

Silbermann saß am Tisch und schrieb. Erst wollte er auffahren, doch als er Krauße erkannte, rief er nur: „Nanu, was treibt dich denn zu dieser Stunde hierher?"

„Ohne viele Worte, Gottfried: Zieh dich an, komm mit zu Elias, es geht ihm nicht gut. Er hatte schon in den vergangenen Tagen nach dir gefragt. Heut ist's wirklich dringlich."

„Mein Gott!" seufzte Silbermann. „Ich dachte, er erhole sich wieder!" Gleich legte er die Feder weg.

Es waren nur wenige Minuten zu Lindners Haus, in dem auch Krauße noch wohnte. Schweigend nahmen sie den Weg, schweigend stiegen sie die spärlich beleuchtete Treppe hinan. In der Tür wartete schon Anna. „Er ist inzwischen ruhiger geworden und spricht auch wieder klar", flüsterte sie den Männern zu. „Doktor Lehmann ist aber noch bei ihm."

In der Schlafstube war es hell. Der Kranke wolle viel Licht um sich haben, sagte Anna. Am Fußende des Bettes saß Doktor Immanuel Lehmann, er hatte gerade feuchte Wickel um die Waden des Kranken gelegt.

Langsam wandte Lindner das Gesicht herum, es sah rot und aufgedunsen aus. Um den Mund kam ein Lächeln auf. „Gut daß du – daß du wieder da bist, Gottfried!" sagte er leise. „Setz dich – hierher, neben mich!"

„Was machst du denn für Sachen, Elias! Ich glaubte, dich nach meiner Rückkehr auf dem Weg der Genesung zu finden. Am späten Nachmittag bin ich erst zurückgekommen, morgen wollte ich dich besuchen."

„Ich gehe einen – einen andern Weg, ich weiß es. – – Betreten hab' ich ihn schon, lange vor der Zeit, Gott sei's geklagt, lange vor der Zeit."

Lehmann mahnte: „Ihr dürft Euch nicht aufregen, Herr Lindner, sonst schicke ich den Meister wieder fort."

„Ach, laßt ihn hier! Ich muß ihm doch noch so vieles – so vieles sagen! Gib mir deine Hand, Gottfried! – – Hab Dank für alle deine Werke hier – im Dom, in Sankt Jakob, in Sankt Johannis! Und nun – – und nun ..." Ein Hustenanfall erschütterte seinen Körper. Anna sprang herzu und hob das Kissen mit dem Kopf ein wenig an.

„Schluß jetzt!" gebot Doktor Lehmann. „Es wird zuviel für ihn. Meister Silbermann, wenn Ihr die Güte hättet ..."

Da bat der Kranke: „Noch – noch eine Weile, bitte, hab' ja keine Zeit mehr. – – Gottfried, versprichst du mir, daß du dich auch um – um das Werk für Sankt Petri bemühst?"

„Ja, Elias, ich verspreche es dir, du brauchst dich nicht zu sorgen. Ein schönes, großes Werk werde ich dem Rat vorschlagen, mindestens so groß wie das in Dresden."

Der Kranke lächelte glücklich, schloß die Augen. „So groß – wie das in Dresden", murmelte er. „Vergiß nicht – vergiß nicht – –." Seine Augen blieben geschlossen, zusehends entspannte sich sein Gesicht.

Doktor Lehmann beugte sich über ihn, lauschte, fühlte den Puls. „Er schläft", flüsterte er. „Gehen wir hinaus!"

In der Wohnstube verweilten sie noch ein wenig.

„Es war, als habe er Abschied von dir genommen", sagte Krauße, zu Silbermann gewandt.

„Fast möchte ich's glauben. Du liebe Güte, noch nicht fünfundfünfzig ist er und schon – –! Sagt, Doktor, kann denn das wirklich noch eine Folge der Erkältung sein, die er sich damals bei den Löscharbeiten im Petriviertel zugezogen hat? Er war doch danach wieder lange Zeit wohlauf und hat sich wie kein andrer um den Neubau von Sankt Petri gekümmert."

„Eben dadurch, Meister! An Geist war er groß, an körperlicher Kraft aber nicht. Die schlimme Erkältung damals hatte er zwar nie ganz überwunden, doch er hätte die Folgen ohne sonderliche Schwierigkeiten ertragen, wäre er nur mit den Aufgaben des Domorganisten belastet gewesen. Bei ihm kehrte sich aber noch der Architekt und Bildhauer zu stark heraus. Wie habe ich ihm zugeredet, mit seinen Kräften hauszuhalten! Er kümmerte sich kaum darum. Drei Risse für die neue Kirche hat er gezeichnet, alle Vorarbeiten dazu selbst geleistet, und den Altar hat er auch noch gebaut. Mon Dieu, wie sollte das sein Körper alles tragen! So ist er eben zusammengebrochen."

Elias Lindner hatte an diesem Abend wirklich von

Gottfried Silbermann Abschied genommen. Täglich besuchte ihn der Meister, doch er fand ihn stets bewußtlos vor. Am Morgen des vierten Tages brachte Anna die Nachricht, daß der Kranke in dieser Stunde verschieden sei. Es war der 27. März 1731.

5

Gottfried Silbermann hatte sich im folgenden Jahr um zwei weitere Gesellen bemüht. Es stand zuviel an Arbeit an, es kamen zu große Dinge auf ihn zu, als daß er es mit vier Gesellen und einem Lehrjungen hätte schaffen können. Das Werk in Mylau hatte er zwar fertiggestellt, nachdem ihm von Kollator Planitz schriftlich versichert worden war, daß keine Einreden und sonstigen Schwierigkeiten von bewußter Seite mehr zu befürchten wären, doch das Werk in Crostau war noch zu vollenden – vor allem George arbeitete mit seiner Gruppe daran –, die Vorarbeiten für Sankt Petri in Freiberg liefen, und der Rat in Dresden hatte ihm bereits kundgetan, daß man ihm den Bau einer großen Orgel für die neue Frauenkirche, deren Vorgängerin 1727 wegen Baufälligkeit abgerissen worden war, übertragen wolle; der Meister möge einen Termin nennen, zu dem man in Dresden mit den Verhandlungen beginnen könne.
Drei Gesellen hatten sich im Regimentshaus vorgestellt, einer nur war dem Meister als geeignet erschienen: Ernst Friederici, ein geweckter Bursche von dreiundzwanzig Jahren mit einem guten Wissen in der Tischlerei, im Pfeifenbau und auch im Bau von Klavichords. Und just diesem Gesellen hatte er eine Nachricht zu verdanken, die ihm noch viel Ärger bereiten sollte: Friederici hatte ihm berichtet, daß er bei Ernst Hähnel in Meißen, wo er zuletzt in Stellung war, auch „bessere" Klavichords gebaut habe, die Hähnel Cembale royal nannte. Dieser Mann baute also das Cembale

d'amour wieder nach – trotz des Verbotes! In höchstem Zorn hatte Silbermann am gleichen Tag einen Brief an Hähnel geschrieben und ihn aufgefordert, sich an das Verbot zu halten und ihm binnen einer Frist von vier Wochen eine dementsprechende Versicherung zu schicken, andernfalls er ihn wegen wiederholter Verletzung des Privilegs bei Seiner Majestät verklagen werde. –

Am Haustor begehrte jemand Einlaß. Diesmal ging Silbermann selbst, die Tür zu öffnen, nachdem er sich durch einen Blick aus dem Fenster der Schreibstube vergewissert hatte. Den Besucher erwartete er schon seit dem frühen Vormittag. Es war ein stattlicher, starker Herr, angetan mit einem dunklen Reisemantel, den Kopf bedeckt mit einem schwarzen breitrandigen Hut.

Silbermann hielt ihm gleich die Rechte hin. „Willkommen, Herr Bach! Ich freue mich, daß Ihr nach so langer Zeit Euer Versprechen einlöst. – Bitte, dort hinauf!"

„Danke, danke! Ihr habt meine Nachricht also pünktlich erhalten. Die Gelegenheit war günstig, ich hatte in Dresden zu tun. Doch daß Ihr es gleich am Anfang wißt: Den Groll gegen Euch habe ich noch nicht ganz abgelegt. Am liebsten hätte ich Euch noch warten lassen."

„Aber nicht doch! Ich hatte Euch doch ausführlich dargelegt, warum ich Euer Konzert nicht besuchen konnte. Ich mußte dringend das Werk in Mylau vollenden, es gab da große Schwierigkeiten."

„Es war auf Eurer Orgel, werter Meister, auf Eurer, in Sankt Sophien, in der Residenz Dresden, in Gegenwart der gesamten Hofmusizi und Virtuosen – genügte das wirklich nicht? Ich hatte alle Lust, wegen dieser Desavouierung auf Eurem Instrument den Wolf heulen zu lassen."

„Es war keine Desavouierung, ich hatte mich doch schriftlich entschuldigt. Ich bitte um großen Pardon."

Johann Sebastian Bach winkte lässig ab. „Na ja, gewährt! Sonst werft Ihr mich womöglich gleich wieder hinaus. Aber es ging nicht nur um mich. Die Hofleute fühlten sich durch Eure Abwesenheit nicht gerade geschmeichelt. Man redet gelegentlich noch davon, wie ich erst gestern wieder erfahren habe. – Merci!" Silbermann nahm ihm, als sie die Wohnstube betreten hatten, Hut und Mantel ab und machte eine einladende Handbewegung zum Tisch hin. Dort standen schon eine kristallene Weinkaraffe und zwei Gläser bereit.

Der Thomaskantor drückte seine Perücke zurecht und setzte sich. „Hm, repräsentativ!" sagte er anerkennend, während er um sich blickte. „Ist eigentlich das Haus Euer Besitz?"

„Nein. Ich habe es vom Rat gemietet, nachdem ich meine Orgel im Dom vollendet hatte." Silbermann füllte die Gläser, hob das seine. „Auf Euer Wohl, Herr Bach!"

„Und auf das Eure!"

„Wie ergeht es der Familie? Dem Sohn Friedemann?"

„Er hält es mehr mit der Musik als mit der Jurisprudenz, und ich kann ihm darum nicht mal böse sein. Das Erbe! Und sonst – –." Bach winkte mißmutig ab. „Sorgen – Sorgen! Das feuchte, düstere Loch, in das wir noch immer verbannt sind, zwingt uns viele Malaisen auf. Meine Frau wird es nicht mehr lange ertragen, gar nicht zu reden von den Kindern. Bestünde nicht Aussicht, daß man das Schulhaus nächstens ausbaut und erweitert, ich wüßte nicht – –, doch lassen wir das! Also wirklich, Ihr könnt zufrieden sein. Man sieht, der gute Ruf Eurer Werkstatt steht auch auf guten kommerziellen Füßen. Wenn ich da an den armen Zacharias Hildebrandt denke ..."

Silbermanns Gesicht verfinsterte sich, er schwieg.

„Der Mann hat begnadete Hände, aber keinen Sinn

fürs Geschäft", fuhr der Kantor unbeirrt fort. „Was er verdient, das steckt er wieder in seine Instrumente. Seit ich ihn und seine Orgel in Störmthal kennenlernte – und das ist immerhin neun Jahre her –, weiß ich ihn zu schätzen. Deshalb habe ich ihn auch später zu fördern versucht. Er leistet Vorzügliches, braucht aber jemand, der ..."

Silbermann konnte nicht mehr an sich halten. Unwillig stieß er hervor: „Warum erzählt Ihr mir das alles? Euch ist doch sicher bekannt, wie ich zu diesem Manne stehe." „Aber, aber, lieber Meister, alteriert Euch doch nicht gleich, ich will Euch doch nicht provozieren. Singe ich das Lob Hildebrandts, so singe ich das Eure, er war doch Euer Schüler, der ..."

„... mich verraten hat, zweimal kontraktbrüchig wurde. Das bedenkt bitte!"

„Das ist doch schon eine Ewigkeit her, Meister. Man muß auch vergeben und vergessen können."

„Vergeben und vergessen? O nein, ein Mann mit Ehre vergißt so etwas nicht. Euch scheint nicht recht bekannt zu sein, was er mir angetan hat."

„Aus Eurem Munde habe ich es allerdings noch nicht gehört."

„Dann hört es jetzt! – Als er in meine Werkstatt eintrat, bot ich ihm die besten Lehrbedingungen, schoß ihm sogar das Geld vor für sein Meisterstück in Langenhennersdorf. Und was tat er, als er mein Attest in den Händen hatte? Er verließ mich sogleich und baute gewissenlos Orgeln in Sachsen, obgleich ihm das nach unsrem Kontrakt von 1713 nicht erlaubt war. Und weil ich mich dagegen wehrte, beschimpfte er mich beim Rat, warf mir vor, ich hätte ihn ausgenutzt. Ich ließ trotzdem noch einmal mit mir reden, schloß 1722 einen zweiten Kontrakt mit ihm ab, nach dem ich ihm die Freiheit ließ, in Sachsen Orgeln zu bauen, sofern solche nicht schon an mich verdingt waren oder verdingt werden sollten. Ich verpflichtete mich sogar, ihm

Werke zuzuweisen, auf die ich verzichten konnte. Und auch diesen Kontrakt hat er gebrochen, er bewarb sich bei Kunden, mit denen ich bereits in Verhandlung stand. Als ich ihm drohte, die Sache vor den König zu bringen, wenn er so fortfahre, da verklagte er mich bei diesem dergestalt, daß er behauptete, unser Kontrakt von 1722 habe keine Gültigkeit, weil er von meiner Seite aus auf die Anmaßung eines verbotenen Monopols hinauslaufe. Stellt Euch das vor! Es war seine Art, erst mit mir einen Kontrakt abzuschließen und diesen dann mit Fleiß zu brechen. Das heiße ich Heimtücke. Und da sagt Ihr noch, singet Ihr das Lob dieses – dieses Mannes, so singt Ihr das meine! Mich dünkt, das sei alles andre als recht."

Unbeeindruckt lächelte der Thomaskantor. „Ja, so ungefähr hat mir Hildebrandt die Geschichte auch erzählt. Er war ehrlich genug, mir zu sagen, daß seine Handlungsweise damals gegen Euch nicht richtig gewesen sei, auch wenn ihn die Not gedrängt habe. Er bereut aufrichtig, Meister, glaubt es mir."

„Wie edel! Er bereut wohl nur, weil er damals mit seiner Klage nicht durchkam und ihm der finanzielle Erfolg versagt blieb. König Friedrich August entschied nämlich, daß es bei dem zwischen mir und Hildebrandt zuletzt geschlossenen Kontrakt verbleiben solle. Er durfte nur solche Aufträge ausführen, die mir noch nicht angetragen worden waren, und er mußte sie mir auch gleich melden. Ich hatte das Recht, gegen seine Vorhaben Einspruch zu erheben. Jaja, es ist leicht, Reue zu mimen, wenn man so deutlich darauf gestoßen wird, daß man im Unrecht ist."

„Hildebrandt hätte auch gegen Euch verbittert sein können. Er war es aber nicht. Erlaubt die Frage: Die königliche Entscheidung fiel 1724, seitdem sind immerhin acht Jahre vergangen. Habt Ihr in dieser Zeit Euer Recht Hildebrandt gegenüber geltend gemacht?"

„Nein." Selbstbewußt fügte Silbermann hinzu: „Darauf

war ich nicht angewiesen, mir kamen und kommen die Aufträge ins Haus."

„Aha! Da hattet Ihr also die Sache nicht weiter verfolgt, Hildebrandt stillschweigend so ziemlich freie Hand gelassen?"

„Legt es aus, wie Ihr wollt!"

„Legen wir es doch getrost so aus! Es spricht für Euch, denn Ihr habt ihn sein Brot suchen lassen, wo er es zu finden glaubte. Daß er vermied, Euch dabei unmittelbar in die Quere zu kommen, spricht wiederum für ihn. Wäre es da nicht an der Zeit, den nächsten Schritt zu tun?" Mißtrauisch fragte Silbermann: „Was versteht Ihr darunter?"

„Nun, Euch mit ihm auszusöhnen. Er ist dazu bereit, spricht stets mit großer Achtung von Euch."

„Ach, schaut an! Ihn womöglich in Gnaden wieder aufzunehmen, wie? Weil er nicht auf eignen Beinen stehen kann? O nein, Herr Bach. Führt Euch eine solche Mission hierher, tut es mir leid, da ist Eure Mühe umsonst. Auf ein zweites Kuckucksei verzichte ich."

Da wurde der Thomaskantor ärgerlich. „Was redet Ihr von Mission! Ich lasse mich nicht schicken, bin Hildebrandt gegenüber nicht verpflichtet. Aber ich schätze seine Kunst, versteht Ihr?" Seufzend fügte er hinzu: „Ach, wenn ich bedenke, was zwei Männer dieses Geschicks und dieser Leistungskraft gemeinsam schaffen könnten …!"

Silbermann verbiß sich eine Antwort, sie wäre nicht eben freundlich ausgefallen. Eine Pause peinlicher Verlegenheit trat ein. Der Meister als Hausherr fühlte sich verpflichtet, sie zu überbrücken. Verbindlicher sagte er: „Ihr habt einmal zu Euren jungen Leuten so gesprochen: ‚Der Meister temperiert die Orgeln, wie es ihm gefällt, und ich spiele sie in der Tonart, die mir gefällt.‘ Und jeder hat den Standpunkt des andern respektiert. Ich möchte jetzt einmal so zu Euch sprechen: Ihr geht Eurer Kunst und Euren Geschäften nach, wie es

Euch gefällt, ich den meinen, wie es mir gefällt. Und jeder respektiere auch diesen Standpunkt. Einverstanden?"

„Ihr seid, mit Verlaub, ein harter Kopf, Meister. Na, meinetwegen! Ich bin ja auch nicht gekommen, um mich mit Euch zu duellieren, sondern um – –." Er unterbrach sich, schaute um sich. „Ja eben! Ich vermisse in diesem Raum Euer jüngstes Kind. So etwas stellt man doch wohl nicht aufs Lager, sondern behütet es in seiner nächsten Umgebung. Wo ist das Pianoforte, von dem Ihr in Leipzig gesprochen habt? Seid Ihr damit etwa noch nicht zu Rande gekommen?"

„Ei freilich! Wenn ich bitten darf …" Silbermann erhob sich, schritt zur Fensterwand, zog dort einen übereck angebrachten Vorhang zurück. Da stand es denn: ein länglicher Kasten aus glatt gehobeltem Eichenholz, eine Längsseitige flügelartig leicht nach innen gebogen. Der Kasten, ohne jegliche Verzierung, ruhte auf drei dünnen, einfach gedrechselten Beinen.

Der Meister hob den Deckel an, lehnte ihn vorsichtig zurück. Die Tastatur war frei. Nun zog er einen Stuhl heran. Nochmals sagte er: „Wenn ich bitten darf …"

Johann Sebastian Bach hatte schweigend das Instrument betrachtet, den Verrichtungen des Meisters zugeschaut. Er setzte sich. Zunächst schlug er einzelne Tasten an, erst sanft, dann stärker, dann stark – und lauschte dem schwebenden Klang nach. Schließlich stieß er beide Hände auf die Klaviatur, ließ gleich darauf die Finger für einige Zeit in atemberaubendem Lauf über die gesamte Breite gleiten, um das Spiel bei sich langsam vermindernder Stärke ausklingen zu lassen.

Behutsam hob er die Hände von der Klaviatur und legte sie auf die Knie. So verharrte er einige Augenblicke. „Respekt, Meister, Respekt!" sagte er dann. „Um den Klang könnte Euch selbst ein Cristofori beneiden. Edel!"

„Das freut mich, Monsieur, in der Tat, das freut mich, mir lag viel daran, Euer Urteil zu hören."

„Arbeitet Ihr weiter daran, kommt das Instrument ganz gewiß zu einer noch nirgends erreichten Vollendung."

Da überschattete sich Silbermanns Gesicht, er trat einen Schritt zurück. „Wie – wie meint Ihr das? Wollt Ihr etwa damit bekunden, daß es Mängel aufweist?"

„Ihr wollt mein Urteil hören – nun gut! Daß ich bei einem Meister Eures Formats nicht einen landläufigen Maßstab anlege, werdet Ihr verstehen. Ergo rate ich Euch: Bewahrt den edlen Klang, doch verstärkt ihn in der Höhe! Lockert die Mechanik auf, das Instrument ist noch zu schwer spielbar!"

„So. – Weiter nichts?"

„Nein. Gebt acht, Meister, ich demonstriere es Euch einmal augen- und ohrenfällig."

„Danke, es genügt mir. Hiesige Musizi von gutem Ruf haben anders geurteilt, sie sagten, das Instrument sei vorzüglich."

„Vorzüglich, gewiß. Doch ich dachte, Ihr wolltet ihm eine bis jetzt noch nirgends erreichte Vollendung geben. Und zu diesem Zweck wäre mein Rat ..."

„Ich sagte, es genügt mir." Sichtlich beleidigt schloß Silbermann den Kasten wieder. Achtlos warf er eine rotsamtene Decke darauf.

Nun erhob sich Bach. „Ich bin konsterniert, Monsieur!" stieß er in mühsam zurückgehaltenem Zorn hervor. „Ihr habt mein Urteil hören wollen, Ihr habt es gehört, und ich bin gewöhnt, ein solches ohne Schnörkel und Verbrämung abzugeben. Einem gutwilligen Empfänger war das noch immer zum Nutzen."

Bissig entgegnete Silbermann: „Ja, ohne Schnörkel und Verbrämung! Diese Art habt Ihr schon auf meinen andern Instrumenten bewiesen, wenn Ihr deren Stimmung vor Euren jungen Leuten demonstriertet.

Warum wohl? Sicher auch, um dem ‚Empfänger zu nützen‘. Ich bedanke mich, Monsieur.“
Der Thomaskantor schritt schweigend, mit grimmigem
Gesicht zur Tür, nahm dort Hut und Mantel vom Haken. Ehe er den Raum verließ, rief er über die Schulter:
„Schade, daß ein solches Geschick, ein solcher Kunstverstand in eine solche Enge gepreßt sind! – Danke,
ich finde allein den Weg. Adieu!“
Er brauchte den Weg aber nicht allein zu gehen. Silber-
mann begleitete ihn, einige Schritte Abstand haltend,
bis zum Haustor, um dieses aufzuschließen. Bach
stürmte hinaus. Der Meister blickte ihm nicht nach,
schlug die Tür gleich wieder zu.
Vor der Küchentür stand Anna. Verwundert fragte sie:
„Der Herr Kantor ist schon gegangen? Ihr hattet doch
vor, ihn zu Mittag einzuladen.“
„Soll er in seinem Gasthof essen!“
Hart atmend blieb Silbermann in der Wohnstube am
Tisch stehen. Seine Hand zitterte ein wenig, als er sein
Glas füllte und es hastig zum Mund führte.
„So ein arroganter Mensch, so ein – ein Besserwisser!“
knurrte er. Ihm erst den Hildebrandt, den Verräter,
aufschwatzen wollen, dann an dem Instrument herum-
mänkeln – ha! Ein fertiges Stück mit dem Mundwerk
zerschlagen, das kann jeder, aber es selbst bauen, mein
Herr, mit Mühe und Kunstverstand …! ‚In eine solche
Enge gepreßt!‘ Das ihm! Welch eine Unverschämtheit!
Unbewußt hatte Silbermann sich dem Instrument genä-
hert, die Decke vom Kasten gestoßen, den Deckel gehoben, sich gesetzt. Nun schlug er einzelne Tasten an,
vorsichtig, den Druck bis zum Anschlag erprobend, um
dann die Finger beider Hände in raschen Läufen über
die ganze Klaviatur gleiten zu lassen. Unzählige Male
wiederholte er es. Schließlich erhob er sich, nahm aus
dem Schrank die Zeichnungen des Pianoforte, breitete
sie auf dem Tisch aus. Die Mechanik auflockern – die

Mechanik auflockern! So ging es ihm beständig durch den Sinn, und er war sich gar nicht bewußt, daß ihm das vor einer halben Stunde erst ein Johann Sebastian Bach eingegeben hatte.

6

Wieder einmal saßen sie im Stadthaus am Alten Markt in Dresden zusammen, um über den Bau des Orgelwerkes für die neue, noch im Werden begriffene Frauenkirche zu verhandeln – Gottfried Silbermann und George mit ihren Kontrahenten: Ratsmann Meier als Vertreter des Bürgermeisters, Stadtkämmerer Schuricke, Stadtarchitekt Bähr und der Organist der Frauenkirche, Johann Heinrich Gräbner.
Und wieder einmal war die Verhandlung ins Stocken geraten. Die Männer der Stadt machten besorgte Gesichter, Silbermann und George blickten trotzig vor sich hin.
Ungeduldig schlug Gräbner die flache Hand auf den Tisch. „Aber wir müssen doch endlich weiterkommen! Meister Silbermann, ich bitte Euch noch einmal, beharrt nicht auf Eurem Standpunkt! Bedenkt doch, daß auch der Hof erwartet, daß Ihr das Werk baut, man nimmt das dort als selbstverständlich an."
„Dann möge man dem Rat Vorhaltungen machen, nicht mir. Ich habe doch nicht zu guter Letzt noch diese schändliche Bedingung gestellt."
„Ach, schändliche Bedingung!" fuhr Bähr auf. „Formsache ist's, und das haben wir Euch zur Genüge erklärt."
Eindringlicher fuhr er fort: „Meister Silbermann, seid Ihr Euch bewußt, daß Ihr Euch alle Chancen in Dresden verderbt, wenn Ihr den Kontrakt nicht unterschreibt? Die Residenz ist für Euch ein gutes, ertragreiches Feld, vergeßt das nicht!"
„Ein Feld, auf dem man mir mit Mißtrauen begegnet,

ist für mich kein gutes Feld, Herr Bähr. Und wenn man von mir und meinem Hauptgesellen eine bis zur Beendigung des Werkes laufende Kaution verlangt, so ist das eben Mißtrauen – gleich wie man es bemäntelt. Das kann man mit einem Meister machen, der seine ersten Gehversuche unternimmt, aber nicht mit mir – nicht mit mir, versteht Ihr? Ich sehe doch in diesem Punkt nicht das geringste Entgegenkommen des Rates."

Bähr rückte näher an Silbermann heran, legte ihm die Hand auf den Arm. Freundschaftlich redete er auf ihn ein. „Und an die Möglichkeit, mit mir wieder einmal zusammenzuarbeiten, denkt Ihr gar nicht? Wie schön haben wir damals in Forchheim gemeinsam geschafft! Nächtelang haben wir einträchtig geklügelt, entworfen, erprobt – bis wir etwas Besonderes auf die Beine stellten. Kanzel, Altar und Orgel zentral angeordnet – das war doch was! Da war selbst der gestrenge Herr Kreisamtmann Weidlich vor Freude aus den Fugen geraten, und sogar Euer getreuer, ewig nörgelnder Butzäus hatte entzückt Beifall geklatscht. Was wir damals im Kleinen schafften, wollen wir jetzt im Großen in der neuen Frauenkirche vollbringen. So haben wir es uns doch gedacht, nicht wahr? Manche Tage haben wir gemeinsam an den Plänen gesessen, so viele gute Gedanken habt Ihr zu meinem Entwurf des Gehäuses und Prospektes beigetragen." Er rüttelte Silbermann sanft am Arm. „Meister, soll denn das alles vergebens gewesen sein? Nur wegen dieser simplen Formalität? Es ist doch wirklich nur eine Formalität, vorgeschrieben ohne Ansehen der Person und deshalb niemals als Mißtrauen gegen Euch gerichtet. Wirtschaftlich drückt sie Euch doch auch nicht. Wie sollte ich denn jetzt noch mit einem andern Meister zu Rande kommen, da ich mich in der langen Zeit der Verhandlung völlig auf Euch eingestellt habe? Wollt Ihr mir denn partout alles verderben?"

Um Silbermanns Mund zuckte ein spöttisches Lächeln. „Lockt nur wie eine Sirene! Ich nehme Euch das gar nicht übel. Als Erbauer der neuen Kirche müßt Ihr ja versuchen, mich zu beschwatzen. Aber wenn Ihr's schon mit dem Gefühl probiert, dann müßt Ihr auch respektieren, daß ich mein Gefühl gelten lasse. Es ist doch nun mal beleidigend, mich erst zu animieren und dann von mir eine Kaution zu verlangen, ganz abgesehen von den vorausgegangenen Beschwernissen, mit denen man meine Geduld strapazierte und mich …"

„Bitte, bitte, nicht wieder die alten Geschichten!" warf Ratsmann Meier ein. „Das kompliziert doch die Sache noch mehr. Hatten wir nicht beschlossen, das zu vergessen? – Also, Meister, ich versuche noch ein Letztes: Ich mache Euch und dem Rat einen Vorschlag, und zwar dergestalt, daß jede Partei der anderen auf halbem Wege entgegenkommt. Einverstanden?"

„Erst müßt Ihr den Vorschlag präzisieren."

„Ihr und Euer Hauptgeselle zahlt zunächst die Kaution an den Rat, ob in bar oder in Verschreibung, ist egal. Bitte, hört mich doch erst an! – Die Kaution bleibt jedoch nicht wirksam bis zur Beendigung Eurer Arbeit, sondern wird Euch schon in dem Augenblick zurückgegeben, da Ihr eine Ladung fertige Zinnpfeifen – sagen wir an die zwanzig Zentner – aus Freiberg herangeführt habt. Der Rat nimmt das als Sicherheit, daß Ihr den Bau des Werkes dann auch zügig vollendet. Das ist mein Vorschlag." In die Runde blickend, fragte er: „Würden die Herren ihn gutheißen und vor dem Rat mit unterstützen?"

Eifrig nickten Schuricke und Gräbner. Bähr sagte: „Ausgezeichnet, ganz ausgezeichnet! Ich unterstütze alles, was die Sache voranbringt."

„Na, und Ihr, Meister?"

Da blickte Silbermann seinen Neffen an. „Du würdest den Kontrakt mit unterschreiben. Sag du deine Meinung!" George ließ mit der Antwort nicht auf sich warten, sie war knapp und klar: „Ich rate zu. Sagt der Rat ja, wäre es das Entgegenkommen, das wir verlangen können."

„Bravo!" riefen die anderen wie aus einem Mund. Der Organist fügte lachend hinzu: „Ihr seid überstimmt, verehrter Silbermann! Also bitte Euer Ja!"

„Oh, nicht so! Ich lasse nicht abstimmen über meinen Entschluß. Sage ich ja, dann nur, weil ich dieser Meinung wäre."

„Na – und?" drängte Meier.

„Handelt der Rat so, wie Ihr es vorgeschlagen habt, bin ich einverstanden."

Da stieß Gräbner die zusammengelegten Hände nach oben. Enthusiastisch rief er aus: „Dem Himmel sei Dank! Oh, dem Himmel sei Dank für diese Wendung!" Klagend fuhr er fort: „Ach, was habe ich doch wieder leiden müssen! Dieses zermürbende Hin und Her über so lange Zeit hin, dieser …"

„Ist ja gut!" fuhr Georg Bähr unwillig dazwischen. „Wir haben es doch nun geschafft – wenn der Rat es will." An Silbermann gewandt, erklärte er: „Sosehr ich mich freue, Meister, daß von Euch aus das letzte Hindernis beseitigt ist, sosehr betrübt es mich, daß meine Erinnerung an die gemeinsame Arbeit Euch gar nicht berührt hat. Bedeutet sie Euch wirklich nichts?"

„O doch, sie bedeutet mir sehr viel. Wenn aber solche Erinnerungen aufkommen, um mich zu beschwatzen, dann rühren sie mich nicht. Tröstet Euch damit, daß auch Ihr und der werte Herr Ratsmaurermeister Fehre mich während der Verhandlungen sehr betrübt habt. Lassen wir's als Ausgleich gelten!"

„Das meine ich aber auch!" sagte Gräbner schnell. „Es sei nun wirklich alles vergessen! So, und morgen früh gehen wir gleich zum Bürgermeister und legen ihm den Vorschlag vor. Wehe, wenn der Rat nicht mitmacht! Da retiriere ich zur Hofkapelle!"

Es war später Nachmittag geworden. Über der Stadt lag

herbstlicher Nebel, der in dichten Schwaden von der Elbe herandrängte. Der Meister und George hatten Mühe, nach Hause zu finden, obgleich sie nur einmal um die Ecke zu gehen brauchten, in die Große Brüdergasse. Hier wohnte Georges Bruder Michel, hier betrieb dieser auch seine Tischlerwerkstatt – der Sophienkirche gegenüber, für die Silbermann vor zwölf Jahren ein Orgelwerk gebaut hatte. Sie nahmen ihr Quartier immer bei Michel, wenn sie in Dresden weilten.

Drei Tage später, am 13. November 1732, unterzeichneten sie den Vertrag. Der Rat hatte Meiers Vorschlag zugestimmt.

Es war ein beschwerlicher Weg gewesen vom Beginn der Verhandlungen im April an bis zur Unterzeichnung des Vertrages. Der Meister verfolgte ihn in Gedanken, als er nun mit George in der Kutsche nach Freiberg zurückfuhr.

Da hatte der Rat seinen ersten Entwurf und Anschlag rundweg abgelehnt, weil dieser mit fünftausend Talern zu teuer sei. Die Herren Bähr und Fehre hatten das Ihre dazu getan, um den Entwurf zu Fall zu bringen, indem sie erklärten, daß das Werk bequem an Zügen eingeschränkt werden könne;

da hatte der Rat den abgeänderten Entwurf dem Organisten Gräbner zur Begutachtung übergeben, und auch dieser fand „ein Haar in der Suppe", wie der Meister ihm verärgert entgegengehalten hatte. Gräbner wünschte, daß eine Manual- und Pedalkoppel hinzugefügt werden möge;

da waren den Herren des Rates einige Summen in dem Verzeichnis über die für das Werk benötigten Materialien zu hoch erschienen, zum Beispiel die zweitausendsiebenundfünfzig Taler für Zinn und Blei und die dreihundertachtzig Taler für Holz verschiedener Art, sogar an der Summe von fünfundvierzig Talern für das Leder hatten sie etwas auszusetzen gehabt.

Es war in diesen Monaten heftig gefeilscht worden, und als man sich schließlich einig geworden war, daß für die Herstellung des Werkes viertausend Taler, für den Transport der fertigen Teile aus Freiberg zweihundert Taler, dazu freie Wohnung für den Meister und seine Gesellen für die Zeit, da das Werk aufgesetzt werden würde, zu berechnen seien, da hatte der Rat noch die Forderung gestellt, daß der Meister zweitausend Taler und sein Hauptgeselle, weil dieser den Vertrag mit unterzeichne und deshalb auch mit haftpflichtig sei, tausend Taler Kaution bis zur Vollendung des Werkes zu stellen hätten ...

Schweigend hatten die Männer in der Kutsche eine lange Wegstrecke zurückgelegt. Plötzlich fragte George: „Es war ein hartes Stück, nicht wahr?"

Silbermann fuhr herum. „Wie? Was? – Ach so! Ja, hart und unerfreulich!"

„Künftig wird es wohl nicht leichter sein."

„Wieso? Wir brauchen bloß den Kontrakt zu erfüllen, und damit beginnen wir schon morgen."

„Ja eben! Den Kontrakt erfüllen! Ein Werk mit drei Manualen und dreiundvierzig Stimmen in anderthalb bis zwei Jahren – das will geschafft sein. Dazu steht uns noch das Werk zu Sankt Petri ins Haus, und das soll immerhin zweiunddreißig Stimmen haben."

Silbermann winkte leichthin ab. „Nun laß dich bloß nicht vom Alp drücken, Junge! Mit einer guten Einteilung der Arbeit ist vieles zu schaffen. Ich hab' da was im Sinn, was mich schon lange sticht. Zudem ist der Kontrakt mit dem Freiberger Rat noch gar nicht abgeschlossen, das soll erst zu Anfang des nächsten Jahres geschehen. Da nichts andres ansteht, haben wir also einige Wochen oder gar Monate Zeit allein für Dresden. Außerdem ist uns mit Andreas Kayser noch ein tüchtiger Geselle ins Haus gekommen, meinst du nicht auch?"

„Ja, tüchtig ist er", bestätigte George. „Doch sage, was

hast du im Sinn mit der Einteilung der Arbeit? Wir schaffen draußen doch schon lange in zwei Gruppen, und das hat sich bewährt."

„Wir können es aber auch noch besser machen – nicht nur, was die Außenarbeit angeht. Zu Hause reden wir darüber."

7

Die Gesellenstube im Regimentshaus war zu klein geworden, nachdem Andreas Kayser hinzugekommen war. Der Meister hatte deshalb den Abstellraum am Ausgang der Treppe räumen lassen, hier George und Schöne untergebracht, die besonders gut zueinander standen. In der alten Stube waren Graichen, Ritter, Friederici, Kayser und Leibner verblieben. Der Meister hatte auf Annas Bitte hin auch einen größeren Tisch in die Küche stellen lassen, an dem neun Personen zu den Mahlzeiten bequem Platz finden konnten.

Am Tag nach ihrer Rückkehr aus Dresden rief Silbermann noch vor Beginn der Arbeit George zu sich in die Wohnstube. Ohne Aufforderung setzte sich dieser gleich an den Tisch, er erwartete ein längeres Gespräch.

Der Meister stülpte eine Anzahl beschriebener Bogen zurecht. „Ich hab' gestern abend noch die Briefschaft durchgesehen, die während unserer Abwesenheit eingegangen ist", begann er. „Die Frauensteiner wollen ein neues Werk haben, möglichst bald. Die in Ponitz und Greiz haben sich trotz meiner Absage auch wieder gerührt, ohne freilich zu drängen. Deine Meinung?"

„Alles absagen oder verschieben! Wir haben mit Dresden und wohl bald auch mit Freiberg genug zu tun."

„Auch den Frauensteinern? Wirklich?"

„Bei denen meine ich: verschieben, es jedoch als erstes nehmen, wenn wir in Dresden fertig sind."

Silbermann lächelte. „So ungefähr hab' ich mir das auch gedacht, nur daß wir bald mal hinüberfahren, um es den Leuten selbst zu sagen. Es sind ja andre im Amt als damals." Dem stimmte George freudig zu.

„Ja, und der Hähnel, der Dieb, hat noch nichts von sich hören lassen!" fuhr Silbermann ärgerlich fort. „Seit März zieht sich nun die Sache hin! Drei Briefe hab' ich ihm geschrieben! Kann ein Bestohlener noch geduldiger sein? Inzwischen macht er vielleicht mit seinem – meinem Instrument ein gutes Geschäft und dreht mir eine Nase."

„Setz ihm einen letzten Termin!"

„Nein! Jetzt klage ich beim König, es ist ja dessen Privileg, das der Hähnel verletzt. Heute noch werde ich schreiben."

George zuckte die Schultern. „Wenn du dir wirklich was davon versprichst … In Dresden haben sie gesagt, der König verlustiere sich wieder mal in Warschau. Da wirst du auf seine Entscheidung lange warten können."

„Das ist mir gleich. Vielleicht macht's auch der Erstminister, der nimmt ja alles in die Hand, wenn der König außer Landes ist."

Weil Silbermann nachdenklich schwieg, fragte George: „Steht sonst noch etwas an?"

„Ja. Es geht noch um die Arbeitsteilung." Silbermann schob die Briefe zur Seite und nahm sich ein Blatt vor, das mit einigen Namen beschrieben war, hinter denen sich Anmerkungen befanden. Nun erläuterte er George seinen Plan. Zum Schluß sagte er: „Schon lange liegt mir das im Sinn, seit Jahren, nie hat es aber in den Ablauf hier gepaßt. Jetzt ist der rechte Zeitpunkt gekommen, jetzt muß es sogar sein. Deine Meinung?"

Ohne Zögern stimmte George zu. „Gut! Das bringt uns ganz gewiß voran. Den Friederici würde ich aber auch mit zu den Klavieren nehmen, darin ist er am stärksten."

„Wir können es probieren. Nun in die Werkstatt! Ruf alle zusammen, ich rede gleich mit ihnen!"

Bald saßen die Gesellen an dem langen Ablagetisch in des Meisters Schreib- und Zeichenstube – erwartungsvoll ein jeder, denn eine solche Versammlung verhieß immer etwas Wichtiges. Wie gewohnt setzte sich Silbermann an seinen Arbeitstisch, wie gewohnt nahm auch George mit an diesem Platz.

„Es geht um eine neue Arbeitsteilung, so, daß wir mehr schaffen in der gleichen Zeit wie bisher, ohne die Güte der Arbeit zu mindern, ohne uns auch dabei abzuhetzen." So begann Silbermann seine Rede. „Das zu erreichen ist jetzt dringlich, weil ich mit dem Dresdner Werk ein besonders großes in Auftrag habe, mein bisher größtes nach dem im hiesigen Dom, dazu noch mit einer besonders kurzen Bauzeit. Zudem steht uns wohl bald das Werk für Sankt Petri ins Haus. In der Art, wie wir's bisher gemacht, ist das aber nicht zu schaffen. Bisher hat jeder seine Hand an allem mit gehabt, so wie's der eingefahrene Ablauf uns gebot, im Zinn und auch im Holz. Da kam jeder dran bei Dingen, die ihm besonders liegen, und da ging's ihm rasch von der Hand, aber auch bei Dingen, die ihm nicht so liegen, und da hat es wieder gebremst. Wir kommen um vieles schneller voran, wenn wir – –. Schöne, du grinst und nickst so übermütig, als wolltest du sagen, du kennst meinen Plan."

„Ich kenn' ihn nicht, aber ich kann mir einiges denken." „Aha! Dann sag uns das mal!"

„Paßt es, daß künftig in der Werkstatt jeder das macht, was ihm am besten liegt, geht ihm alles schneller von der Hand, und das ist dem ganzen Ablauf zum Nutzen."

„Ganz recht, so ist's! Dazu noch: Es steigert dabei jeder seine Fertigkeit. Ich denke mir, du selbst hältst's am besten mit dem Zinn, dem Metall und den Pfeifen daraus."

So teilte Silbermann jeden der Gesellen ein, und alle zeigten sich zufrieden. Als er fragte, ob jemand noch etwas zu bemerken habe, wollte Ritter wissen, wie das mit den Lehrjungen sei, die müßten doch alles in die Hände kriegen.

„Freilich, die kriegen weiter alles in die Hände, vom Mischen des Metalls bis zum Aufsetzen des Werkes", entgegnete der Meister. „Und da nehme ich sie mir auch weiter selber vor, es sei denn, ich bin unterwegs, da haben die Gesellen sich um sie zu kümmern." Weil es keine Fragen mehr gab, kam er zum Schluß. „Es fügt sich gut, daß wir zur Zeit nur an einem Werk zu schaffen haben, da braucht vorerst keiner von uns auswärts zu sein, und wir können gleich mit der neuen Regelung beginnen. – So, nun schau ich mir aber erst mal an, was ihr in meiner Abwesenheit auf Lager gebracht habt."

Die Gesellen hatten vor allem Platten gegossen und gehämmert für die gängigsten Pfeifen, Holz und Bretterwerk zugeschnitten und gehobelt in den gebräuchlichsten Maßen, auch Teile der Mechanik angefertigt. Der Meister konnte sich einen solchen Vorlauf schaffen, weil er längst dazu übergegangen war, ein gutes Lager an allem Material zu halten, das er brauchte. So war er unabhängig geworden von Zulieferungen der Kunden, die gar oft seinen Anforderungen nicht entsprochen und ihm deshalb viel Ärger bereitet hatten.

Am folgenden Abend kam Johann Krauße, mit ihm Gabriel Spieß, der seit zehn Jahren Organist an der Petrikirche war. Spieß machte seinem Namen Ehre, er war ziemlich mager und so lang, daß er Silbermann um eine Handbreit überragte.

Der Meister saß im Sessel am Kamin, die Beine dem Feuer zugestreckt. In der rechten Hand hielt er einen Bogen beschriebenen Papiers, in der Linken eine langstielige Tabakpfeife; genießerisch stieß er Wölkchen aus dem Mund.

„Nanu!" entfuhr es Krauße, kaum daß er den Gruß entboten hatte. „Wann hast du dich denn dem Kanaster verschrieben?"

„Ich probiere nur, mein Neffe Michel in Dresden hat mich dazu verführt. Immerhin: irgendwie beruhigt's."

„Nun ja, wenn dich solch ein Gestank beruhigt, dann kann es uns schon recht sein."

„Gestank! Noch mal – und ich werf' dich hinaus. Was wollt ihr überhaupt zu einer Zeit, da man nicht mehr gestört sein will? Was Gutes wird's ohnehin nicht sein, das verrät schon Spießens saures Gesicht."

Die beiden holten sich Stühle heran. „Nein, gut kann man es wirklich nicht nennen", erklärte der Organist. „Wir hatten in den letzten Tagen schon zweimal versucht, Euch zu erreichen. Eigentlich wollte Superintendent Wilisch selbst mit Euch reden, aber dann meinte er, es sei wohl besser, er halte sich zurück in dieser Sache, weil er schon einige Beschwerlichkeiten mit Ratsleuten habe und auch …"

„Und da schickte er euch! Aber vielleicht habt ihr die Güte, mir erst mal zu sagen, worum es eigentlich geht."

„Ja, also im Rat gibt es Leute, die neuerdings der Meinung sind, daß Euer Anschlag mit dreitausend Talern für das Werk in der Petrikirche zu hoch sei. Sie haben die Kosten mit denen für Eure andern Werke in den hiesigen Kirchen verglichen. In Sankt Johanni hätten sie fünfhundertfünfzig Taler betragen, in Sankt Jakob achthundert Taler. Das große Werk im Dom zögen sie nicht in Vergleich, weil damals besonders schwierige Umstände vorgelegen hätten. Sie meinen aber, wenn ein Werk wie das in Sankt Jakob mit zwanzig Stimmen achthundert Taler gekostet habe, so könne eines mit zwölf Stimmen mehr, wie das für Sankt Petri vorgesehene, nur höchstens das Doppelte kosten, das wären aber erst tausendsechshundert Taler, wenn man ganz großzügig rechne, zweitausend, niemals aber dreitausend. So reden sie, und sie überlegen, wie sie Euch bewegen könnten, die Summe im Anschlag niedriger zu setzen, vielleicht auch durch Verwendung billigeren Materials, zum Beispiel mehr Holz und Metall. Von diesen Gedanken hat der Superintendent erfahren, und er bittet Euch inständig, nicht von Eurer Disposition abzugehen, wenn man Euch zu neuer Verhandlung bitte, da doch unter jeder Veränderung die Güte des Werkes leiden müsse. Die Herren, die solche Gedanken hegten, verstünden samt und sonders nicht von diesen Dingen, es ginge ihnen nur darum, die Rechnung zu drücken. Ich bin der gleichen Meinung, Meister, und bitte Euch, nicht einen Schritt von Eurer Disposition abzugehen. Wie Ihr es mit der Berechnung der Lohnkosten und dergleichen haltet, ist Eure Sache, aber bitte, belaßt es bei Eurer Disposition, verwendet das vorgesehene Material!"

Silbermann hatte mit geschlossenen Augen, fast reglos zugehört. Nur sein Mund hatte sich leicht bewegt, um Tabakwölkchen auszustoßen. Es trat eine Pause ein, eine Stille, in der nur das Knistern des Kaminholzes zu hören war.

Krauße blickte Spieß verstohlen an, als wollte er sagen: Er ist nicht gleich in die Höhe gefahren, das ist ein gutes Zeichen, der Kanaster scheint doch von beruhigender Wirkung zu sein.

Da sagte Silbermann fast heiter: „Diese Leute sind ganz einfach dumm, ich werde schnell mit ihnen fertig werden. Und ihr beiden und der Superintendent – ihr müßtet mich eigentlich kennen."

„Da bin ich aber froh!" rief der Organist erleichtert.

„Und die Geschichte hat unser Freund Kammerschreiber im Rathaus mitgekriegt und sie dem Herrn Superintendent hinterbracht, nicht wahr?"

Krauße lachte und klatschte sich dabei vergnügt auf die Schenkel. „Hast du's gehört, Spieß? Er verdächtigt mich des Spionierens für den Herrn Superintendenten! Wie schön, daß auch der Scharfsinn des berühmten Herrn Königlich-polnischen und kurfürstlich-sächsischen Hof- und Landorgelbauers mal jämmerlich versagt! Nein, so ein Spaß!" Plötzlich ernst werdend, fragte er: „Wie kommst du denn darauf?"

„Ich dachte, weil dein Weib und die Schwester des Superintendenten befreundet sind. Es wäre nicht schwer gewesen, ihm auf diesem Weg einen Wink zu geben, unauffällig, ohne daß du dich zu ihm zu bemühen brauchtest."

„Schrecklich, schrecklich! Wie lange kennen wir uns?"

„Es sind jedenfalls mehr als zwanzig Jahre."

„Und du meinst nicht, daß da der kürzeste Weg jener zu dir gewesen wäre, wo es um dein Werk geht? Gottfried, schäme dich!"

„Nun gut, ich schäme mich. Aber auf welche Weise hat es denn Wilisch erfahren? Und wie bist du mit der Geschichte zusammengekommen?"

Ehe Krauße antworten konnte, sagte der Organist: „Der Herr Superintendent hat die Namen seiner Gewährsleute nicht genannt."

Der Kammerschreiber fügte hinzu: „Spieß sprach mit mir darüber, nachdem der Superintendent ihn gebeten hatte, dir seine Bitte mitzuteilen. Und da ich dir auch eine Nachricht zur Sache bringen wollte, beschlossen wir, gemeinsam zu dir zu gehen. Eine harmlose Fügung, wie?" „Eine Nachricht zur Sache? Und die wäre?"

„Im Rathaus hat man den Termin für die letzte Verhandlung mit dir über das Petri-Werk festgelegt. Es soll der 18. Januar sein. An einem der folgenden Tage will dann der Rat zusammentreten."

Silbermann blinzelte nachdenklich in das Kaminfeuer. „Wißt ihr, wenn ich das alles zusammenreime ... Ich war doch mit dem Rat schon ziemlich einig über Dis-

position, Preis und dergleichen. Und da tauchen plötzlich vor der letzten Verhandlung einige Leute auf mit irgendwelchen Mätzchen! Mir kommt da eine unschöne Erinnerung. Aber die Umstände sind anders als damals. Die Leute werden keine Freude haben an ihren klugen Gedanken. Doch seid bedankt für euren guten Hinweis. – Da ihr nun mal hier seid, lest dieses!"
Er überreichte ihnen das Blatt Papier, mit dem er sich beschäftigt hatte.

„Das ist doch eine fremde Schrift!" stieß Krauße überrascht hervor. „Das kann ich nicht lesen."

„Ich auch nicht, doch ich weiß, was drin steht. Es ist Russisch. Heut nachmittag hab' ich es mir von einem jungen Kommis im Handelshof übersetzen lassen, er hat in Rußland gelernt. Habt ihr schon mal was von einem Wassilij Pososchkow gehört? Spieß, Ihr sicher nicht. Aber du, Krauße?"

„Wassilij Pososchkow?" Der Kammerschreiber zuckte die Schultern. „Ich wüßte nicht ..."

Silbermann spöttelte: „Nicht eingängig für ein kurzes Gedächtnis, wie? – Nun, es ist ja auch schon an die zwanzig Jahre her. Wassilij Pososchkow war der Reisesekretär des Zaren, als dieser damals Freiberg besuchte."

„Ah, ja! Hat er dir etwa geschrieben?"

„Nicht er. Er ist vor einigen Jahren durch den Tod abgegangen, wie es in dem Schreiben heißt. Aber sein Sohn Michail hat geschrieben. Er gehört zur engeren Umgebung der Kaiserlichen Majestät. Ja, und er schreibt, daß meine Saiteninstrumente sich am Hof seit langem der größten Beliebtheit erfreuen. Er fragt aber auch ganz unverblümt an, ob ich bereit wäre, nach Petersburg zu kommen, um dort als Hofinstrumentenbauer ein reiches, unerschöpfliches Feld zu pflügen, Majestät habe diesen Wunsch zu erkennen gegeben."

Krauße und Spieß blickten sich betroffen an.

„Du – nach Petersburg?" stieß der Schreiber hervor. „Aber das kannst du uns doch nicht ... Hast du dich schon entschieden?"

„Ja."

„Und wie? – So rede doch!"

„Ich bleibe hier, so sehr mich das Angebot, in Petersburg zu schaffen, auch lockt. Zum ersten baue ich vor allem Orgelwerke und nicht Saiteninstrumente, so soll es auch bleiben; zum zweiten, so glaube ich, hab' ich in unsrem Land noch einiges zu tun."

„Jawohl!" stimmte Spieß eifrig zu. „Das ist vernünftig gedacht! Das Feld, das Ihr in unsrem Land habt, ist nicht weniger reich."

Krauße erklärte: „Du hast auf diesem Boden Ruf und Ruhm erworben, das verpflichtet. Man wird es dir hier zu danken wissen, wenn du das nicht vergißt."

„Ach geh! Ruf und Ruhm! Zu danken wissen! Jubelnde Carmina, wenn ein Werk vollendet ist, ein schier peinliches Feilschen, wenn das nächste beginnt, und oft auch Schikanen dabei! So geht es fort von Werk zu Werk. Wo sieht man da meinen Ruf und Ruhm? Wo ist da die Dankbarkeit? Erinnert euch doch, warum ihr heut zu mir gekommen seid! O nein, Krauße, das, was du Ruf, Ruhm und Dankbarkeit nennst, würde mich ganz gewiß nicht hier halten."

Sie schwiegen betreten, und da der Meister erkennen ließ, daß er nun mit sich und seinen Gedanken allein sein wolle, verabschiedeten sie sich bald. –

Die Leute vom Rat, die noch zu guter Letzt mit Bedenken gegen Silbermanns Vorschlag gekommen waren, hatten wirklich keine Freude an ihren klugen Gedanken. Als die letzte Verhandlung im Zimmer des Bürgermeisters mit diesem und einigen Ratsleuten begann, nahm Gottfried Silbermann gleich am Anfang das Wort:

„Ehrenwerte Herren! Erlaubt zuvor einige Bemerkungen zur Sache, sie sind gewiß geeignet, uns unnütze

Mühe zu ersparen. Wie ich vernommen, haben einige Herren bezüglich der Disposition meines Werkes zu guter Letzt noch neue Regeln der Mathematik und Physik entdeckt. Diese Regeln sollen beweisen, daß eine Minderung der Summe meines Anschlags möglich ist. Das hat mich zwar überrascht, nachdem wir doch über alles ziemlich einig waren, dennoch bin ich bereit, mich mit dem Beweis der Herren zu befassen, sofern es sich bei diesem um ein Werk sachverständiger Leute handelt. Ich sage: sachverständige Leute, denn wohl nur solche können darüber befinden. Ich wäre ja auch nicht so vermessen, beispielsweise Baumeister Ohndorf für die neue Petrikirche ein Maß für Güte und Kosten seiner Arbeit geben zu wollen. Er würde mir mit Recht entgegenhalten: Das geht Euch ganz und gar nichts an, kümmert Euch um Eure eignen Dinge! Das sei gesagt für den Fall, daß man hier die Absicht hat, den Beweis der Herren mit in die Verhandlung zu nehmen."

Nach diesen Worten setzte sich der Meister.

Einige der Männer lächelten verstohlen, unter ihnen Bürgermeister Richter. Einer wischte verlegen über das beschriebene Blatt, das vor ihm lag. „Ja, aber – aber ...", stotterte er. „Woher wißt Ihr denn von diesen Gedanken?"

„Das tut, so meine ich, hier nichts zur Sache. – Ich bescheide mich sogar: Macht es Euch Mühe, mehrere der sachverständigen Herren zu zitieren, begnüge ich mich mit nur einem."

„Stellt Ihr das als – als Bedingung zum Fortgang der Verhandlung?"

„Ei freilich! Das muß doch zuvor geklärt sein. Und ich sehe in unsrer Runde keinen Herrn, der in diesen Dingen so sachverständig wäre, es mit mir gemeinsam zu klären."

Der Ratsmann blickte ratlos um sich. Er fand aber keine Hilfe bei den anderen, sie zuckten nur bedauernd die Schultern. Der Bürgermeister überbrückte schließlich die Pause der Verlegenheit: „Ich schlage vor, heute die Sache zurückzustellen und mit dem, was sonst noch ansteht, zu beginnen. Vielleicht findet sich in diesen Tagen ein Sachverständiger, der einmal privatim mit dem Meister spricht und ihm seine Gedanken darlegt. Wie ich Herrn Silbermann kenne, wird er sich einem wohlbegründeten Einwand nicht verschließen."

Es fand sich kein Sachverständiger zu diesem Zweck. Am 21. Januar 1733 beschloß der Rat, daß es bei der Disposition verbleiben solle, auch bei dem Preis von dreitausend Talern.

8

Es ging die Kunde durch das Land, daß Friedrich August I., König von Polen und Kurfürst von Sachsen, den man den Starken nannte, in Warschau verstorben sei.

Gottfried Silbermann hatte es auf dem Winterfest der Gewerken, zu dem man ihn gebeten, erfahren. Nur widerwillig war er der Einladung gefolgt; derlei Feste mit so vielen leeren Reden und vollen Kannen liebte er nicht. Hätte Anna ihn nicht gestoßen, bis zum Überdruß auf ihn eingeredet, daß er doch zu den Honoratioren der Stadt gehöre und deshalb bei Einladungen nicht immer absagen könne, wäre er zu Hause geblieben.

Ein Fest war es aber gar nicht geworden. Man hatte gerade, begleitet von der Musik der Bergsänger, das obligate Hoch auf die ferne Majestät ausgebracht und mit der Begrüßung der Honoratioren begonnen, da war einer der Bergmeister, die das Fest leiteten, auf das Podium getreten und hatte die traurige Kunde verlesen, auch das Gebot der Regierung an alle Städte, Gemeinden, Stände, Innungen und Untertanen des Landes, daß bis auf weiteres jegliche öffentliche Vergnügung zu unterbleiben habe. Zum Zeichen des ersten Gedenkens an den verschiedenen Souverän hatten sich die Versammelten erhoben und eine Minute schweigend verharrt. Dann waren sie still nach Hause gegangen. Silbermann hatte gleich noch die Gesellen und Anna zu sich gerufen und ihnen die Kunde überbracht. „Daß sich jeder danach verhält, wenn er mal eine Wirtschaft aufsucht!" waren seine Worte am Schluß gewesen.

Am folgenden Morgen sagte er zu George: „Das wird ein schönes Durcheinander geben am Hof! Sein einziger ehelicher Sohn, der ihm folgen kann, ist doch, an ihm gemessen, ein Schwächling."

„Aber ein großer Liebhaber der Musik, und deshalb brauchen wir uns nicht zu sorgen."

„Und meine Klage gegen den Hähnel? Ich hatte Hoffnung, daß er, der Starke, sie entscheidet, wenn er aus Warschau zurückgekommen wäre. Bei dem Durcheinander wird sie noch länger liegenbleiben."

„Fragst einfach persönlich nach, wenn du wieder mal in Dresden bist. Als Hoforgelbauer hast du doch besseren Eingang dort als ein gewöhnlicher Untertan. Zudem hast du etliche Freunde am Hof."

Silbermann rümpfte die Nase. Solche persönlichen Bittgänge waren nicht nach seiner Art, und seine Beziehungen reichten über den Kreis der Hofkapelle nicht hinaus. Der Pisendel vielleicht ... Ja, mit dem würde er bei erster Gelegenheit sprechen.

Daraus wurde aber nichts.

Nachdem Silbermann dem Architekten Georg Bähr und auch Michel sein Kommen brieflich angekündigt hatte, fuhr er Anfang Oktober wieder nach Dresden, der Geselle Kayser begleitete ihn. Die ersten Vorbereitungen für die Arbeit in der Frauenkirche wollte er treffen. Er nahm eine Ladung von zwanzig Zentnern Zinnpfeifen mit, um die Kaution abzulösen, die er und

George beim Abschluß des Vertrages dem Rat gegeben hatten, aber auch um den Transport der übrigen Teile des Orgelwerkes zu entlasten, mit dem George und weitere Gesellen sich vier Tage später auf den Weg machen sollten.

Sie fuhren durch eine von der Sonne vergoldete Landschaft. Die Luft war lau, die Straße trocken, sie kamen zügig voran. Trotz einer längeren Pause in Herzogswalde hatten sie nach achteinhalb Stunden Dresden erreicht. „Nehmen wir's als gutes Omen!" sagte der Meister heiter zu seinem Gesellen, und dieser nickte kräftig.

In der Stadt nahm Silbermann den kürzesten Weg zur Frauenkirche. Er wollte die Pfeifen abladen, noch bevor die Dämmerung hereinbrechen würde. Bähr hatte er gebeten, für das Material einen sicheren, verschließbaren Raum in der Nähe der Arbeitsstelle auf der oberen Empore bereitzuhalten.

Durch die Annengasse und die Große Brüdergasse gelangte das Fuhrwerk zum Neuen Markt, und da lag auch schon der Bauplatz der Frauenkirche vor den Männern. Der gewaltige achteckige, rund wirkende Steinbau, zu dem man 1726 den Grundstein gelegt hatte, war bis zur Kuppel vollendet, diese würde später noch eine hochaufstrebende „Laterne" tragen. Vom Neuen Markt aus erschien der Bau ein wenig eingezwängt zwischen die Wohnhäuser im Hintergrund.

Der Kutscher hatte Mühe, das Gefährt zwischen den Haufen von Steinen, Holz und anderem Material hindurchzuführen, möglichst nahe an das Bauwerk heranzubringen. Vor dem nächstgelegenen Eingang hielt er an. Silbermann sprang ab, um nach Georg Bähr zu suchen. Da trat aber der Architekt schon aus der offenen Tür. Er sah müde, abgearbeitet aus, sein Gruß war kurz. „Willkommen, Silbermann! Ihr könnt dort, am andern Eingang, abladen lassen, da ist's näher und bequemer zur Empore hoch. Ein paar Handlanger hole ich noch. Aber erst muß ich Euch noch was sagen, damit ich's gleich hinter mir habe." Er nahm den verblüfften Meister am Arm und zog ihn durch den Eingang mit sich fort, kaum daß Silbermann dem Kutscher noch zurufen konnte, den Wagen einstweilen zu der bezeichneten Stelle zu fahren. In dem hohen, runden, von acht Pfeilern getragenen Kirchenraum arbeiteten noch Zimmerleute, Steinmetzen und Bildhauer. An den Emporen wurde gebaut, die Pfeiler waren noch eingerüstet bis zum Ansatz der Kuppel hinauf. Bähr hob den Arm, zu jenem Bogen hindeutend, an dessen beiden Pfeilern die Emporen sich öffneten. „Was seht Ihr dort?"

„Was soll ich schon sehen!" entgegnete Silbermann ungeduldig. „Daß man die Kanzel an den Pfeiler baut, statt in die Mitte, daß …" Er unterbrach sich, fuhr schärfer fort: „Wolltet Ihr etwa fragen, was ich da oben nicht sehe? Was ist mit dem Orgelgehäuse?"

„Es ist noch nicht mal zugeschnitten", bekannte Bähr mit müder Stimme. „Bitte schreit mich jetzt nicht an, es ändert nichts, ich habe keine Schuld. Laßt mich …"

„Ändert nichts! Keine Schuld! Was hilft mir das?" So fuhr Silbermann den Architekten an. „Ich wollte in diesen Tagen mit der Arbeit beginnen, hab' mich völlig darauf eingerichtet. Was ist das für eine Schlamperei!"

Bähr setzte sich auf einen umgekippten Kalkbottich. Grollend sagte er: „Laßt Euren Zorn an andern aus, am Rat, dort liegt die Schlamperei! Hört mich aber erst mal an! – Mein Entwurf für Gehäuse und Prospekt hatte den Herren nicht genügt, sie wollten Auswahl haben, und da holten sie noch einige Bildhauer heran, den Feige, den Ebhardt und den Thoma. Und jeden der Entwürfe klügelten sie durch und ließen sich bei jedem sehr viel Zeit. Zum Schluß verwarfen sie aber alle und kamen wieder auf den meinen zurück. Doch es waren Monate verstrichen – Monate, Silbermann, und die hängen mir jetzt an. Nun urteilt, auf wessen Seite die Schuld liegt!"

„Und warum habt Ihr mir nicht Nachricht gegeben? Mich erst kommen lassen? Ich hatte Euch doch rechtzeitig geschrieben."

„Ich hatte den Bürgermeister darum ersucht, denn schließlich ist der Rat für die Einhaltung des Kontraktes verantwortlich. Im Stadthaus sind sie aber der Meinung, daß Ihr ohnehin die Pfeifen bringen wolltet, um die Kaution auszulösen, und dann sicher schon einiges verrichten könntet."

Da schrie Silbermann: „Was denn zum Exempel? Dummköpfe sind's! Nichts kann ich ausrichten! Nicht einen Finger rühre ich, ehe nicht Bälgekammer und Gehäuse fix und fertig stehen samt Schmuck und Malerei! Und das kriegt der Rat auch schriftlich!"

„Dann müßt Ihr mit einer längeren Verspätung rechnen."

„Das ist mir egal! – Zeigt mir den Raum, wo ich die Pfeifen sicher lagern kann! Die Verantwortung für sie habt Ihr während meiner Abwesenheit. Quittiert mir die Ladung!"

Silbermann und Kayser übernachteten bei Michel, der Kutscher in einer kleinen Wirtschaft. Am Tag darauf, schon am frühen Vormittag, begab sich der Meister ins Stadthaus, um seinen Beschwerdebrief dem Bürgermeister selbst zu übergeben. Da er diesen nicht antraf, ließ er seinen Zorn auf das Haupt des Kämmerers nieder.

Schon in den folgenden Stunden machten sie sich nach Freiberg auf den Weg. Wieder lag die Sonne über dem Land, die Schönheit des jungen Herbstes zu noch größerer Pracht entfaltend. Silbermann achtete nicht darauf, und Kayser pfiff auch nicht ein frohes Liedchen. Das gute Omen, das der Meister am Tag zuvor zitierte, hatte sich nicht als solches erwiesen.

„Geht's so weiter, wie's angefangen hat, wird's eine üble Sache", sagte Silbermann düster, nachdem sie eine lange Strecke schweigend zurückgelegt hatten. „Da paßt ja nichts zusammen – nichts!"

Kayser versuchte ihn zu trösten: „Warum gleich Schlimmes ahnen, Meister! Schon mancher Baum ist grad gewachsen, der am Anfang schief stand."

„Ach, ich hab' doch meine Erfahrung! Mit dem Werk für die Sophienkirche war es ja ähnlich. Bis zum Schluß hatten sich die Schwierigkeiten fortgesetzt. Sogar mit dem Oberkonsistorium hatte ich mich damals in die Haare gekriegt."

„Mit dem Oberkonsistorium?"

„Ja, mit dem! Und der Superintendent Löscher hatte es mir eingebrockt, derselbe, der heut noch regiert. Damals kam ich mit dem Aufsetzen auch stark verspätet zum Zuge. Weil der Termin dann drängte, war ich gezwungen, auch während des Predigtgottesdienstes zu stimmen. Ich ging vorsichtig zu Werke, um nicht zu sehr zu stören. Trotzdem verbot es mir der Löscher. Weil ich mich nicht daran kehrte, beschwerte er sich beim Oberkonsistorium, na, und da gab es auch mit diesen Herren ein hartes Duell."

„Und Ihr habt Euch gefügt?"

„Was blieb mir da übrig? Sie drohten, zu andren Verordnungen zu greifen, und das hieß, mich wegen fortgesetzten Störens des Gottesdienstes zu belangen. Und jetzt? Ich hab' alle Aussicht, in dieselbe Bredouille zu kommen."

„Es muß doch aber nicht so kommen, Meister, es muß nicht."

Nach einer Pause erklärte Silbermann: „Jetzt wird Dresden liegengelassen, jetzt gehen alle Mann erst mal ans Petri-Werk."

9

Der März des Jahres 1734 ging seinem Ende zu.

Erst vor wenigen Tagen, mit einer Verspätung von fast einem halben Jahr, hatte Silbermann die Arbeit in der Frauenkirche aufnehmen können. George, Kayser, Schöne und Leibner halfen ihm, dazu zwei Gesellen aus der Werkstatt seines Neffen Michel. Graichen, Ritter und Friederici waren in Freiberg geblieben, um die Arbeit für Sankt Petri fortzusetzen. Auch Anna war zu Hause geblieben, das hatte der Meister so bestimmt. Drei Gesellen könnten sich nicht ordentlich versorgen, wenn sie den ganzen Tag über hart zu schaffen hätten, war seine Meinung gewesen. An Annas Stelle sorgte Magdalene Bley, eine Verwandte des Organisten Gräbner, für das Wohlergehen des Meisters und der Gesellen im Dresdner Quartier.

Silbermann hatte angekündigt, daß er ab und zu einmal von Dresden herüberkommen werde, um nach dem Petri-Werk zu sehen.

Schon in den ersten Tagen war es wieder zu einer Auseinandersetzung zwischen Silbermann und Bähr gekommen. Während der Meister an der Windeinrichtung baute, wollte Bähr noch die letzten Arbeiten an der Empore ausführen lassen. Silbermann wies die Zimmerleute fort, der Architekt schickte sie wieder. Schließlich gerieten die beiden aneinander. Erst als Silbermann drohte, alles liegenzulassen und nach Freiberg zurückzukehren, hatte Bähr nachgegeben, aber erklärt, daß er sich beim Rat oder gar bei Oberlandbaumeister Knöffel beschweren werde. Silbermanns Antwort war gewesen: „Dann sagt den Herren auch gleich, daß Ihr das Orgelwerk selber fertigstellen werdet!"

Des Meisters Zorn hätte wohl länger angehalten, wäre er nicht durch eine erschütternde Nachricht überschattet worden.

Magdalene Bley erschien an der Baustelle. Sie brachte

einen Brief. Er sei soeben mit der Eilpost aus Freiberg gekommen, könne sicher nicht bis zum Abend ungeöffnet liegenbleiben.

Der Brief enthielt einen zweiten, obenauf lag ein Zettel, der Annas ungelenke Handschrift trug: Das Anliegende sei aus Straßburg gekommen, doch wohl etwas Familiäres, und da wolle sie es nicht liegenlassen, bis der Meister einmal nach Hause käme.

Es war wirklich etwas Familiäres. Kaum hatte Silbermann die ersten Zeilen gelesen, setzte er sich, keines Wortes mächtig, auf einen Sägebock.

„Aber was ist denn?" fragte George dringlich, erstaunt über des Onkels ungewohntes Gebaren.

„Mein Gott! Er ist doch erst – noch nicht mal sechsundfünfzig! Wer soll denn sein Werk in die Hände nehmen! Und die vielen Kinder!"

„Aber nun sage doch endlich …!"

„Dein Onkel Andreas ist am 16. März gestorben. Johann Andreas hat es geschrieben, seine Mutter hatte wohl nicht die Kraft dazu. Arme Anna Maria! – Da, lies!"

Auch George setzte sich. Wieder und wieder las er den Brief, dann reichte er ihn dem Onkel zurück. Er suchte tröstende Worte. „Sie scheinen aber alle sehr gefaßt zu sein. Johann Andreas schreibt doch, daß sie versuchen wollen, die Werkstatt weiterzuführen."

„Ach, Junge! Johann Andreas ist kaum zweiundzwanzig, Daniel noch nicht mal siebzehn, Johann Gottfried noch ein Schulbub, Heinrich – – wie sollen sie denn eine solche Werkstatt weiterführen! Eine solche Werkstatt, George! Ihr Vater war einer der Besten! Ich – ich müßte für einige Zeit nach Straßburg."

„Und deine Arbeit hier? Du würdest das mit deiner eignen Werkstatt tun, was du glaubst in Straßburg verhindern zu müssen: sie verwaisen lassen. Glaubst du wirklich nicht, daß Johann Andreas als Schüler seines Vaters schon fähig wäre, das Werk fortzusetzen?"

Gottfried Silbermann fuhr nicht nach Straßburg. Er

schrieb aber am gleichen Tag noch einen Brief an seine Schwägerin und bot ihr an: „Findest du mit deinen Kindern allein nicht weiter, so schicke zu mir, wen von ihnen du willst."

Nach wenigen Wochen traf die Antwort ein. Was Anna Maria darin bekannte, war voller Zuversicht und milderte die Sorge des Meisters. Nach Worten des Dankes für den Zuspruch und das Anerbieten schrieb die Frau: „In äußere Not sind wir nicht gekommen, Andreas hatte vorgesorgt in einem Maße, wie ich es nicht erwartet. Darum brauche ich deine Güte nicht in Anspruch zu nehmen. Wir sind noch erfüllt von tiefstem Schmerz, doch wir haben einen neuen Anfang gefunden. Johann Andreas ist stark genug, an seines Vaters Stelle zu treten; die Treue der Gesellen zur Familie und der Beistand alter Freunde haben uns das Wagnis erleichtert. Gebe Gott, daß wir das Rechte tun, Andreas' Werk in seinem Sinne fortzuführen." –

Ein weiteres Begebnis erschütterte den Meister. Es war ganz anderer Art und trieb ihn zu höchstem Zorn. Das geschah nur wenige Monate später, im August.

Als er am frühen Abend das Quartier betrat, fand er einen Brief vor mit dem Siegel des Rates von Freiberg. Aufs höchste neugierig, öffnete er ihn rasch – um ihn nach wenigen Augenblicken wütend auf den Tisch zu werfen. „Das ist doch Willkür – Infamie!" schrie er. „Wie kann er das tun! Wie kann er mich betrügen!" Dann knüllte er den Brief zusammen, steckte ihn in seine Tasche. Ohne sich umzuziehen, stürmte er hinaus. Sein Weg führte ihn zu Georg Pisendel, der in der Badergasse wohnte.

Noch nie hatte er diesen Weg in so kurzer Zeit zurückgelegt, noch nie die Stufen zum ersten Stockwerk hinauf in solcher Eile genommen.

Pisendel war zu Hause. Wortlos drückte Silbermann dem Hofmusikus den Papierknäuel in die Hand und setzte sich hart atmend auf den nächststehenden Stuhl.

Verblüfft starrte ihn der Freund an. „Ja, was – was soll denn das bedeuten? Wie siehst du denn aus!"

„Lies!" forderte Silbermann.

Kopfschüttelnd faltete Pisendel den Knäuel auseinander. „Wie du mit deiner Briefschaft umgehst!" tadelte er. Dann las er. Zusehends rötete sich sein schmales, blasses Gesicht. Erregt stieß er hervor: „Das ist doch nicht zu glauben! Mon Dieu, was hat sich Majestät dabei gedacht!"

„Ja, was hat sich dieser Herr dabei gedacht! Dem Hähnel für die Spitzbüberei noch den königlichen Segen zu geben – entgegen dem von drei Sachverständigen bezeugten Sachverhalt! Und dazu läuft das Privileg auf mein Instrument immer noch vier Jahre! Was ist das bloß für ein Recht, Pisendel, was ist das für ein Recht! Und nicht mal mir selbst läßt's dieser Herr schreiben! Übers Stadtgericht Freiberg muß ich's erfahren!"

„Und ich habe in der Kanzlei auch noch gedrängt, Majestät die Sache endlich zu unterbreiten!" Wieder vertiefte sich der Freund in das Schreiben. „Hast du es eigentlich genau gelesen?" fragte er schließlich. Weil Silbermann nur fragend aufblickte, fuhr er fort: „Höre gut zu! Hier steht: ‚... daß sowohl Hähnel als Silbermann zur ungehinderten Fertigung ihrer bereits erfundenen oder noch inventierenden musikalischen Instrumente gleiche Befugnis und Freiheit haben und keiner sich diesfalls eines Juris prohibendi gegen den andern anmaßen soll.' Ich wiederhole: ‚... oder noch inventierenden musikalischen Instrumente ...' Weißt du, was das zur Folge haben kann?"

Da riß Silbermann dem Freund das Blatt aus der Hand, las noch einmal das Geschriebene. „Das – das hab' ich ja noch gar nicht bedacht! Da wird ja der Hähnel geradezu darauf gestoßen, künftig ...!"

„So ist es! Erfindest du künftig ein Instrument, kann

der Hähnel getrost sein Experiment wiederholen, nach einigen Veränderungen das Instrument als das seine auszugeben, da hilft dir auch kein Privileg. – Bitte, bleibe ruhig, Gottfried, ein Aufbegehren nützt dir nichts! Ich werde zu erfahren versuchen, wie diese Entscheidung des Königs zustande kam. Baron Keyserlingk, der mir sehr gewogen ist, ist sicher eingeweiht, er wird mir eine Auskunft nicht versagen. Da können wir vielleicht auf stillem Weg noch etwas erreichen. Halte dich aber vorerst zurück!"

„Ich mich zurückhalten, da man mein Recht mit Füßen tritt? Das ist wohl zuviel verlangt. Anfechten werde ich diese Entscheidung!"

„Zwar steht dir das frei, doch ich rate dir ab. Auf einen Erfolg kannst du nicht hoffen, denn der König betrachtet seine Entscheidungen stets als endgültig. Warte doch erst mal ab, was mein Gespräch mit dem Baron ergibt!"

Pisendel erfuhr nichts, sosehr er sich auch bemühte, einen „stillen" Weg gab es in dieser Sache nicht. Da hielt Silbermann kein Rat mehr zurück, schriftlich legte er Berufung ein. Wieder mußte er Monate warten, es ging weit in das Jahr 1735 hinein. Dann kam, was Pisendel vorausgesagt hatte: Ein neuer Bescheid des Königs wies die Eingabe zurück, forderte den Meister sogar auf, sein Original-Privileg auf das Instrument einzusenden, damit dieses entsprechend „restringiert", eingeschränkt, werden könne. Beharrlich weigerte sich Silbermann, es nützte ihm nichts. Ein Befehl des Königs gab ihm eine letzte Frist.

„Gib doch das Ding zurück!" redete Pisendel auf ihn ein. „Es ist ohnehin für dich nur noch ein nutzloser Fetzen Papier. Weigerst du dich wieder, kann es unangenehme Folgen für dich haben."

Verbittert erwiderte Silbermann: „Ein Privileg des Königs – ein nutzloser Fetzen! Wo sind da noch Recht und Gerechtigkeit! Wie kann es da noch Achtung und

Vertrauen geben! Ja, ich sende das Ding zurück, mögen sie damit machen, was sie wollen! Aber dessen sei gewiß: Für mich sind diese – diese Leute auch bloß noch nutzlose Fetzen. Nicht eine Hand mehr rühre ich für sie!"

Schon am Tag darauf, es war gegen Ende September, fuhr Silbermann nach Freiberg, die Aufsicht in der Frauenkirche George überlassend. Auf schnellstem Wege wollte er sich des Privilegs entledigen. Es trieb ihn aber auch die Sorge um das Werk in Sankt Petri. Fleißig und verläßlich hatten die Gesellen hier nach seinen Weisungen geschafft, die er gegeben hatte, wenn er zwischendurch einmal hier weilte, auch einmal für eine Woche oder zwei hier Hand anlegte, wenn in Dresden Bauarbeiten den Fortgang seiner Arbeit störten. Nun stand das Werk in Freiberg vor der Vollendung, es war noch ein Teil der Pfeifen zu stimmen und zu intonieren.

Verschlossen, mürrisch, belastet von der Enttäuschung über des Königs Handlungsweise verrichtete der Meister während der folgenden vier Wochen die Arbeit. Daß in Anbetracht seines großen Rufes der Rat von Freiberg davon absah, fremde Orgelsachverständige das Werk prüfen zu lassen, daß er den Domorganisten Erselius und den Petriorganisten Spieß zu diesem Zwecke heranzog, konnte dem Meister keine rechte Freude bereiten, auch nicht das bewundernde Wort des Superintendenten Wilisch in der Weihepredigt am Reformationstag, in der er ihn den „belobten und berühmten Bezaleel" Freibergs nannte. Zwei Tage nach der Weihe fuhr Silbermann nach Dresden zurück.

10

Kaum in seinem Quartier angekommen, rief der Meister George zu sich, um sich berichten zu lassen, was in den Wochen seiner Abwesenheit vorgefallen sei.

„Ist nicht der Rede wert, wenn man das Übliche nicht rechnet", erklärte George. „Wir sind vorangekommen in gewohntem Maß."

„Was meinst du mit ‚das Übliche'?"

„Daß der Rat wieder mal drückte und Georg Bähr einige Male schimpfte, weil du abwesend warst. Bei allem ging's auf den gleichen Vorwurf hinaus: Wir kämen zu langsam voran, und daran seien wir zum meisten selber schuld."

Silbermann brach nicht in Zorn aus, erregte sich nicht einmal, verzog nur spöttisch den Mund. „Ja wirklich, das Übliche! Und dieses heißt: das eigne Versäumnis dem andern auf die Rechnung setzen. Mich kümmert das aber nicht mehr. Wir führen das Werk zu Ende, wie die Umstände es gebieten. Und dann, Junge, ist diese Stadt für uns nur noch eine düstere Erinnerung."

Wenn der Meister „Junge" sagte, mußte George lächeln; siebenunddreißig Jahre alt war er nun, nur fünfzehn Jahre jünger als der Onkel! Er wehrte es ihm aber nicht.

Die Umstände geboten es, daß Silbermann noch ein Jahr brauchte, um das Werk zu vollenden – vier Jahre im ganzen, zweieinhalb mehr, als vorgesehen waren. Am 22. November 1736 übernahmen es die Examinatoren. Der Rat hatte ein stattliches Aufgebot bestellt: Georg Pisendel, Theodor Reinhold, Kantor an der Kreuzkirche, und die beiden Orgelbauer Gräbner, von denen Johann Heinrich als Organist das neue Instrument übernahm. Sie prüften lange und gründlich. In ihrem Urteil waren sie sich einig: Das Werk sei ohne Tadel, ganz besonders zu rühmen seien der Rohrwerke silberner Klang und Gravität; die musikalische Temperatur sei passabel und in allen Akkorden annehmbar zu gebrauchen.

Schon drei Tage später wurde die Orgel geweiht, es waren Feststunden für alle Gemeinden der Stadt. Gedrängt saßen und standen die Menschen in dem großen Rund, auf den Emporen und in den Logen. Auch vom Hof waren viele erschienen, in der Mehrzahl aus dem Kreis der Hofkapelle, doch auch nicht wenige der Hochgeborenen. Gleichermaßen neugierig und erlebnisbereit waren alle – wohl zuerst in Erwartung des Weiheaktes, doch auch um der Aussage willen, die das aus kleinen Beispielen in Orten der Umgebung schon bekannte, doch hier ins Große übertragene neuartige Architktonische eines protestantischen Gotteshauses machen werde.

Bewundernde Blicke lagen auf diesem monumentalen Bild, doch auch skeptische. Kein besonderer Altarraum, der Altar und die Orgel darüber zu einem bis hoch hinauf zur Decke eines Gewölbebogens reichenden Zentrum vereinigt, dieses noch betont durch die Rundführung des inneren Raumes des Bauwerks und die dieses bekrönende Kuppel – das war ein Wagnis. Das stieß schon seit eh und je hier gewohnte Maßstäbe zur Seite – nicht nur im äußeren Bild, im Zusammenklang architektonischer Bestimmungen, auch im Verhältnis dieser Elemente zu den kultischen und liturgischen Prinzipien. Es war eine Entwertung des Altars! Gewiß, es mochte ein Ausdruck der Bewegung im Protestantismus sein, doch wäre es nötig gewesen, dem gleich ein so monumentales Denkmal zu setzen? Hätte man es nicht bei den kleineren Beispielen in der Umgebung belassen können? So betrachteten die Skeptiker das Bild. Sie raunten sich ihre Meinung zu und vergaßen, daß sie noch zu einem anderen Zweck hierhergekommen waren.

Ein zunächst verhaltenes, dann mehrstimmig anschwellendes Singen von der Höhe des Bogens herab erinnerte sie daran.

Ach ja, die Orgel! Ihre Stunde war es, die ihres Erbauers. Die Menschen schwiegen und lauschten den wundersamen Klängen.

Es wurde eine große Stunde.

Kantor Reinhold hatte eigens für diese Weihe eine Vokal- und Instrumentalmusik komponiert, von drei Chören erklang sie, einmal unterbrochen durch die Predigt des Superintendenten Löscher. Johann Heinrich Gräbner aber führte das neue Orgelwerk in meisterlichem Spiel, die Wahrheit der Worte unterstreichend, die der Superintendent – in seiner Begeisterung abweichend von dem ursprünglichen Text der Predigt – sagte:

„So wie das Evangelium nicht spricht für einen Stand allein, so wie es alle gleichermaßen anruft, sein Wort zu hören, aufzunehmen und aufrichtig danach zu handeln, einander Bruder und Schwester zu sein, so vereint die gewaltige Stimme eines sochen Intruments über Klüfte und Unterschiede unter den Menschen hinweg alle zum gemeinsamen Dienst am Herrn. Es ist unser Begleiter, Mahner und Weiser zugleich. Dem neuen Instrument, das uns begnadete Hände gaben, ist diese Eigenschaft indessen in besonderem Maß zu eigen, denn seine Sprache ist nicht nur gewaltig, sie ist auch unübertrefflich edel und rein und lichtvoll dazu, Hoffnung gebend, ja, Gewißheit. Dem Herrn sei Dank für dieses Gelingen. Möge weiter sein Segen auf dem Werke ruhen, möge er es uns erhalten für viele Generationen."

Dann trat der Superintendent von der Kanzel, schritt auf Gottfried Silbermann zu, der in der ersten Reihe saß. „Euch, verehrter Meister, gilt der Dank der ganzen Stadt, ja, des ganzen Landes", sagte er feierlich, als Silbermann sich erhoben hatte. „Von Herzen stimme ich dem zu, was die hiesige Gazette ‚Curiosa Saxonia' erst kürzlich schrieb: ‚Ganz Sachsen sieht auf dich, es hält dich lieb und wert.' Und wenn sie weiter schrieb, auf Euer Werk im Dom zu Freiberg weisend, ,Denn seine Orgel daselbst wird von der Welt bewundert als güldenes Kleinod unserer Zeit', so meine ich: Es wird nicht lange dauern, daß die Welt auch Euer Werk in diesem neuen Haus als güldenes Kleinod bewundert. Möge der Herr Euch die Kraft geben, in Zukunft noch viele, viele solche Kleinode zu schaffen."

Diese Worte blieben den Zeugen des Weiheaktes noch lange in Erinnerung. Sie wußten freilich nicht, was sie noch bewirkt hatten: daß Silbermann seinen Groll gegen den Superintendenten, den er seit sechzehn Jahren, seit dem Streit beim Bau der Orgel in der Sophienkirche, in sich trug, endgültig begrub.

Am folgenden Tag schon kam ein Carmen auf das neue Orgelwerk in der Stadt in Umlauf. Friedemann Bach, seit drei Jahren Organist an der Sophienkirche, hatte es geschrieben, und darin hieß es:

> Kann was natürlicher als Vox humana klingen
> und besser als Cornet mit Anmut scharf durchdringen?
> Die Gravität, die nur in dem Fagotto liegt,
> macht, daß Herr Silbermann Natur und Kunst besiegt.

Der also Gelobte und Besungene nahm es freundlich auf, als Friedemann Bach es ihm in dessen Quartier überreichte. „Seid bedankt, junger Freund!" sagte Silbermann herzlich. „Ich füge das Gedicht als schönstes Stück den anderen bei."

„Das freut mich, Meister. Man hat Euch gewiß schon viele solcher Hymnen zugedacht."

„Meine Sammlung weist in der Tat eine stattliche Anzahl auf, über das im vergangenen Jahr in Sankt Petri zu Freiberg vollendete Werk allein acht, eingeschlossen freilich die Aufsätze in den Gazetten. Und einige der Verfasser haben es, so wie Euch, Vox humana, Cornet und Fagott besonders angetan. Besucht mich doch wieder einmal, da könnt Ihr sie alle lesen."

Sogleich sagte Friedemann zu. „Ist es Euch recht, im Frühjahr, wenn die Weihnachts- und Winterarbeit vorbei ist? Ich bereite mit der Kantorei einige Aufführungen vor. Am besten ist es wohl, ich schreibe Euch vorher. – Wann werdet Ihr Dresden verlassen?"

„Da mich keine Pflicht mehr hält, schon morgen."

„Hält Euch über die Pflicht hinaus – wirklich nichts?"

„Nein. Ich brauche es Euch nicht zu erklären, wir haben erst kürzlich wieder darüber gesprochen. Auch die vielen schönen Worte und Gesten, die man seit der Examination des Werkes in der Frauenkirche an mich wandte, können mich das Gewesene nicht vergessen lassen. Es fällt mir nicht schwer, Dresden zu verlassen, nachdem alles Notwendige abgelaufen ist. Außerdem wartet Frauenstein auf mich, wo ich mein nächstes Werk baue. Da kann ich hier keine Zeit mehr versäumen."

„Ich dachte, weil – –, nun ja, wir haben in den vergangenen Jahren gemeinsam einige schöne Stunden verlebt, Meister", sagte Friedemann traurig, auch ein wenig vorwurfsvoll.

„Sie werden mir in guter Erinnerung bleiben. Leider ist es wirklich nur bei einigen Stunden geblieben. Die drängenden Termine und die andern Umstände ließen mir kaum Zeit für jene, die ich meine Freunde nennen durfte – und darf." Silbermann legte dem jungen Bach tröstend die Hand auf die Schulter. „Nicht traurig sein! Freiberg ist nicht weit. Bin ich nicht gerade auswärts, seid Ihr mir dort immer willkommen."

„Danke, Meister." Vorsichtig, als sei es ein Wagnis, fuhr Friedemann fort: „Und wenn ich Euch bitten würde, doch noch ein paar Tage zu bleiben?"

„Zu welchem Zweck?"

„Mein Vater gibt in diesen Tagen ein Konzert in der Frauenkirche – auf Eurer Orgel, vor den Vornehmen des Hofes und der Stadt."

„Ah, das meint Ihr! Ja, ich weiß es. Ich bin eingeladen worden, jedoch nicht von Eurem Vater, er wird mich deshalb nicht vermissen. Ich habe abgesagt."

„Das bedauere ich. Mein Vater würde sich ganz gewiß freuen, Euch unter den Gästen zu wissen."

„So ganz gewiß ist das gar nicht, mein Freund. Denkt doch an das Konzert in der Sophienkirche im vorigen Jahr! Auf Eure gutgemeinte Vermittlung hin setzte ich mich mit Eurem Vater danach noch ein wenig zusammen. Und was geschah? Es kam zu einem heftigen Disput zwischen uns, Ihr habt es ja erlebt. Ich glaube nicht, daß er den Disput aus Freude über meine Anwesenheit begonnen hatte."

Bedrückt entgegnete Friedemann: „Es geht ihm dabei doch allein um das Beste in der Kunst, um das Prinzipielle, niemals um Persönliches. Er schätzt Euch sehr."

„Das beruht auf Gegenseitigkeit, und auch mir geht es um das Beste in der Kunst. Doch wir sind uns darin am nächsten, wenn wir am weitesten voneinander entfernt sind. Sicher denkt auch er so. Laßt es genug sein! Ihr seid ein vorzüglicher Dolmetsch Eures Vaters, doch er muß schon selber mit mir fertig werden, so wie ich mit ihm."

II

Weder die Frauensteiner noch die Ponitzer noch die Greizer hatten sich von Gottfried Silbermann bis zur Beendigung der Arbeiten in Freiberg und Dresden hinhalten lassen. Am beharrlichsten waren die Greizer gewesen, deren alte Orgel in der Stadtkirche schon seit Jahrzehnten kaum mehr bespielt werden konnte. Sie hatten die Angebote anderer Meister zurückgewiesen, des Leipzigers Bästel und des Zwickauers Donati. Die Hochgräfliche Herrschaft von Reuß ältere Linie war schließlich selbst um Silbermanns Zustimmung be-

müht gewesen, indem sie einen redegewandten fach-
kundigen Vermittler nach Freiberg schickte, den Organisten Petzold. Und dieser hatte es denn auch zuwege
gebracht, daß der Meister zu Verhandlungen nach
Greiz reiste, kaum daß er die Arbeiten für Sankt Petri
beendet hatte. Als er Greiz wieder verließ, war er um
einen Auftrag über ein größeres Werk, einunddreißig
Stimmen, reicher, aber auch um eine drängende Verpflichtung. So war es denn gekommen, daß er noch
während seiner Arbeiten für die Petrikirche und die
Frauenkirche drei weitere Werke vorbereiten mußte.
Die in Frauenstein und Ponitz beendete er 1737, das in
Greiz mit großer Verspätung erst 1739. Zu diesem Zeitpunkt aber schaffte er mit seinen Gesellen bereits an
der Einrichtung eines weiteren Intruments, von dem er
hoffte, daß es ein Hauptwerk seiner Kunst werden
würde: dem für Sankt Johannis in Zittau zu einem
Preis von siebentausend Talern.

Man schrieb Februar 1740. Erst vor wenigen Tagen war
Silbermann aus Zittau zurückgekommen, wo er wieder
einmal bei den Zimmerern und Tischlern, die Chor
und Orgelgehäuse vorbereiteten, nach dem Rechten
gesehen hatte.

In der Werkstatt lief die Arbeit „mit vollem Gespann",
wie der Meister sagte, wenn sie hier alle zusammen waren. Da gab es wieder regelmäßige Zeiten im Ablauf
des Tages, und die Arbeitsgruppen schafften in voller
Zahl. In den letzten Jahren hatte es jedoch im Kreis der
Gesellen Veränderungen gegeben: Graichen, Ritter
und Friederici waren gegangen, andere hinzugekommen. Von diesen hatten sich aber einige in der strengen Ordnung des Hauses nicht lange gehalten; nur
Adam Oehme und David Schubert waren geblieben.
Seit einigen Wochen befand sich noch Nikolaus Manner, ein Tischler, bei ihnen.

Der Meister war mit Schubert dabei, einen Klavierkörper zusammenzufügen. Das Instrument hatte er schon

seit längerer Zeit von einem Greizer Kunden in Auftrag. Meist mußten die Besteller viele Monate warten, da er selten ein Klavier „auf Lager legte". Als Werkstatt für diese Instrumente hatte er schon vor Jahren einen vom Lager abgetrennten Raum nach dem Hof zu eingerichtet. Hier baute er sie aber nur zusammen, die Holz- und Metallteile bereitete er in der Orgelwerkstatt vor.

Der Türklopfer schlug an, dumpf hallten die Schläge durch den Flur.

„Sieh mal nach!" gebot Silbermann dem Gesellen. „Ist's ein Bekannter, laß ihn ein. Für einen andern bin ich nicht zu sprechen."

Es war ein Bekannter: Domorganist Erselius. „Laßt Euch nicht stören", sagte er. „Ich wollte erst am Abend kommen, wurde aber unvermutet für diese Zeit zum Superintendenten bestellt."

Silbermann ließ sich auch nicht stören. „Nehmt den Schemel am Fenster! – Na, wo drückt's denn?"

„Es ist wieder etwas – etwas an der Orgel nicht im Lot", entgegnete Erselius zögernd. „Einige Züge tun sich schwer. Ich weiß zwar, daß ihr …"

„Gebt Euch keine Mühe, ich mach's nicht – oder doch nur, wenn's der Rat oder sonstwer bezahlt. Ich bin's leid, es zum wiederholten Male zu sagen."

„Ach, Meister, an wen soll ich mich denn wenden, wenn nicht an Euch, es ist doch Euer Instrument."

„Jaja, mein Instrument! Das muß ich immer hören, wenn man sich ums Wartegeld drückt. Soll ich vielleicht lebenslang Gewähr leisten? Wo ist denn das üblich? Schluß ist's! Sollen sie geizen, wo sie wollen, aber nicht auf meine Kosten! Sagt das auch dem Herrn Superintendenten!" Ruhig, wie nebenbei, hatte Silbermann gesprochen.

„Das ist doch nutzlos, Meister! Ich habe schon einige Ansuchen eingebracht, und immer erhielt ich nur ein Achselzucken zur Antwort."

„Da kommt zum Geiz die Dummheit. Dummheit ist's, wenn man ein Werk bauen läßt und glaubt, mit einem Achselzucken sei dessen Pflege abgetan."

Bedrückt erhob sich der Organist. „Ist das wirklich Euer letztes Wort?"

„Ja."

„Dann weiß ich nicht, was ich tun soll."

„Laßt's drauf ankommen so wie ich! Wenn erst Labien verstopft sind und Register versagen, wenn's knarrt und zischt, dann werden die Herren schon munter werden."

Verständnislos schüttelte Erselius den Kopf.

Schubert begleitete ihn hinaus. An der Haustür sagte er mit gedämpfter Stimme: „Sorgt Euch nicht, ich sehe in den nächsten Tagen mal nach, nach Feierabend. Ihr braucht's dem Meister nicht zu hinterbringen."

„Aber nein, kein Wort. Ich wäre froh, wenn Ihr Euch darum kümmern würdet."

Als Schubert in die Werkstatt zurückkehrte, fragte Silbermann gleich: „Ist er etwa auch dich drum angegangen?"

„Nein, Meister", erklärte der Geselle wahrheitsgemäß. „Aber nichts für ungut, ich versteh' Euch nicht recht. Wollt Ihr's wirklich drauf ankommen lassen? Es ist doch Euer eignes ..."

„Nun komme mir nicht auch du noch damit! Es hat auch im Geschäft alles eine Grenze, und kennt man sie nicht, geht man bald barfuß, das merk dir mal für später! Und damit du mich recht verstehst, will ich dir's erklären: Als ich seinerzeit mit dem Werk im Dom fertig war, gab ich zwei Jahre Gewähr. Danach legte ich aus freien Stücken noch drei Jahre zu. Such mal einen Meister, der das macht! Danach entstaubte ich das Werk einigemal, ohne einen Groschen dafür zu verlangen. Vor ein paar Jahren reparierte ich es in größerem Umfang weit unterm Preis, obgleich die Schäden hauptsächlich durch die Leichtfertigkeit von Bauleuten entstanden waren. Und immer hab' ich in dieser Zeit, fast achtzehn Jahre lang, beim Rat gebohrt, ein beständig Wartegeld für das Instrument auszusetzen – es war vergeblich. Schluß ist's! Repariert wird nur noch gegen Bezahlung. Nun weißt du Bescheid. Kannst's getrost den andern sagen für den Fall, daß ein dummes Geschwätz aufkommt."

Schubert sagte nur „na ja" und machte sich weiter an dem Klavierkörper zu schaffen.

Einige Tage später trugen „höhere Herren" einen Wunsch an Silbermann heran, und da ging es um eine viel größere Sache.

Es war früher Abend. Gerade wollte Silbermann das Haustor schließen, da sah er Bettmeister Dietze vom Freudenstein heftig winkend über den Schloßplatz auf das Regimentshaus zukommen.

„Augenblick – Augenblick, Nachbar!" rief der Schloßverwalter ihm zu. Als er heran war, sagte er, ein wenig außer Atem: „Hohe – hohe Bestellung für dich. Gräfliche Gnaden wünschen dich zu sprechen – morgen früh um neun. Aber pünktlich, bitte! Um zehn kommen schon einige Leute von den Berggewerken."

Erstaunt wiederholte Silbermann: „Gräfliche Gnaden wünschen mich …? Ja, welche denn? Und in welcher Sache?"

„Ach ja, du kannst es nicht wissen. Graf von Hennicke aus Dresden ist heute mittag angekommen, Graf von Flemming begleitet ihn, weißt du, der Jüngste des Feldmarschalls. Worum es geht, weiß ich nicht. Also bitte pünktlich! Die Wache führt dich gleich zu ihnen."

Hennicke! Flemming! Sie kamen aus der nächsten Umgebung des Königs und Kurfürsten, gehörten zu jenen, die dessen „bessere Geschäfte" abzuwickeln haben, waren enge Mitarbeiter des einflußreichen Grafen von Brühl. Geschäftliche Dinge für Majestät! Silbermanns Gesicht verdüsterte sich. Das „Geschäft", das der hohe

Herr ihm vor Jahren beschert hatte, drückte ihn noch unvermindert.

Nur widerwillig bereitete er sich auf die Unterredung vor. Anna mußte die Perücke kämmen und seinen schieferfarbenen Rock mit dem gleichfarbenen Beinkleid in Ordnung bringen, sie hatten sich schon lange unbenutzt im Schrank befunden.

Am folgenden Morgen, wenige Minuten vor neun, fand sich Silbermann im Schloß ein. Einer der vier Wachsoldaten, die an dem breiten Eingang zum Schloßhof patrouillierten, führte ihn, nachdem er seinen Namen genannt hatte, gleich über den Hof zum mittleren Trakt, eine breite Treppe hinauf. Vor einer weißlackierten Flügeltür gebot er ihm zu warten. Die Anmeldung dauerte nur wenige Augenblicke.

Von den drei Männern, die sich in dem Salon befanden, ging der ältere, eine hohe, schlanke Erscheinung, angetan mit einem rotseidenen Frack, sogleich auf Silbermann zu. Freundlich reichte er ihm die Hand. „Willkommen, Meister! Ihr seid pünktlich, das lobe ich mir. Setzen wir uns!" Es war Graf von Hennicke.

Gemessen verbeugte sich Silbermann, auch zu Flemming hin; dem dritten nickte er nur zu, es war wohl der Sekretär, denn vor ihm auf dem Tisch befanden sich Schreibzeug und Papier.

Sogleich begann Graf von Hennicke: „Ohne lange Vorrede, Meister Silbermann: Der Bau der Schloßkirche in Dresden schreitet unter Meister Chiaveris bewährten Händen zufriedenstellend voran. Zwar wird bis zur Vollendung noch längere Zeit vergehen, Majestät sorgt sich jedoch schon heute darum, daß das Gotteshaus mit einem würdigen großen Orgelwerk ausgestattet werde. In unverändert hohem Wohlwollen für Euch hat Majestät die Absicht, Euch den Bau zu übertragen. Sie wünscht, daß Ihr Euch schon jetzt Gedanken um das Projekt macht."

„Ich danke für das hohe Vertrauen, Gräfliche Gnaden.
Doch ich glaube, hier liegt ein Irrtum vor."
„Oh!" entfuhr es Flemming. Hennicke fragte erstaunt:
„Ein Irrtum? Wieso?"
„Gräfliche Gnaden sprachen von einem unverändert
hohen Wohlwollen Seiner Majestät mir gegenüber. Das
ist ein Irrtum. Ich habe bisher ein solches nicht erfah-
ren dürfen. Im Gegenteil! Darum, so meine ich, ist die
Offerte an mich versehentlich erfolgt."
Die Herren schauten sich kopfschüttelnd an. Ein wenig schockiert sagte Graf von Hennicke: „Das ist ja eine
eigentümliche Meinung! Entsinne ich mich recht, seid
Ihr zum Beispiel mit dem Titel ,Hof- und Landorgelbauer' ausgestattet worden. Das ist eine hohe Gunst.
Und Ihr sprecht von ,im Gegenteil'!"
„Pardon, Gräfliche Gnaden, den Titel erhielt ich nicht
von Seiner Majestät verliehen, sondern von dero seligem Herrn Vater. Zum übrigen darf ich den Fall Hähnel in Erinnerung bringen."
„Dieser Fall ist mir nicht bekannt, er liegt wohl sehr
weit zurück."
„Sechs Jahre – für einen Menschen, der Ehre und Gerechtigkeit über sein ganzes Leben geschrieben hat,
nur eine kurze Zeit. Erlauben Sie, Herr Graf, daß ich
Ihnen den Fall schildere? Es wäre Ihnen dann möglich,
selbst darüber zu befinden."
Ehe Hennicke antworten konnte, sprach Flemming ihn
an: „Cela n'est pas de votre compétence, Monsieur. Ne
faits pas de cérémonies! A ce que je sais ..."
„Vorsicht, Herr Graf, ich verstehe das Französische",
warf Silbermann ein, „habe einige Jahre Umgang mit dieser Sprache gehabt. Zwar mag es jetzt nicht des Amtes
der Gräflichen Gnaden sein, über diesen Fall zu urteilen,
meine Schilderung würde indessen gewiß zu einem besseren Verständnis meiner Meinung führen."
Flemming hatte einen roten Kopf bekommen, enthielt
sich aber einer Antwort.

„Sprecht!" gebot Hennicke unwillig dem Meister.

„Ich danke Gräflichen Gnaden." Silbermann schilderte nun den Hergang in kurzen Zügen. Er schloß: „Ich führte einen vergeblichen Kampf um mein Recht. Das Privileg auf mein Instrument, das man mir abgefordert hatte, um es angeblich zu restringieren, erhielt ich bis heute nicht zurück. Jeder Plagiator hat freie Bahn, mein Klavichord nachzubauen oder es gar, wie Hähnel es getan hat, nach kleinen Veränderungen als eigene Erfindung auszugeben. Nun erlauben Gräfliche Gnaden die Frage: Kann man bei alledem wirklich von einem unverändert hohen Wohlwollen Seiner Majestät mir gegenüber sprechen? Doch wohl nicht. Und darum meine ich, daß die Offerte an mich irrtümlich erfolgt ist, daß vielleicht Hoforgelbauer Hähnel der Empfänger sein soll, der ja vor mir die allerhöchste Gunst genießt."

„Aber das ist doch eine ungerechtfertigte Unterstellung!" stieß Hennicke ärgerlich hervor. „Wißt Ihr überhaupt, welche Gründe Majestät damals bewogen haben, eine solche Entscheidung zu treffen?"

„Ja. Inzwischen habe ich es erfahren. Man müsse gute Künstler halten, müsse sie sich entfalten lassen, dürfe sie nicht durch Bestrafung und harte Konditionen veranlassen, ihren Lebensunterhalt außer Landes zu suchen. Das gilt indessen, wie mir scheint, nur für Leute von der Art des Hähnel, ich zähle wohl nicht zu diesem Kreis. Den Bestohlenen bestrafte man, den Hähnel, den Dieb, belohnte man auf meine Kosten. So ist es doch in praxi. Und ich habe auch noch einen Ruf nach Petersburg ausgeschlagen, wo man mich zum Hofinstrumentenmacher bestellen wollte! Ich fühlte mich verpflichtet, vordringlich meinem eignen Lande zu nützen. Unverändert hohes Wohlwollen! Mit Unrecht ist man mir begegnet!"

Da konnte Flemming nicht mehr an sich halten. „Mäßigt Euch gefälligst!" fuhr er den Meister an. „Daß Ihr

Hoforgelbauer seid, prädestiniert Euch nicht zu einer
so despektierlichen Sprache. Ich finde, Ihr lohnt die
hohe Gnade unsres Monarchen schlecht, Euch den
vielleicht besten Auftrag Eures Lebens zu geben."
„Ich habe mich nicht um den Auftrag beworben."
„Nun sagt noch, Ihr legtet keinen Wert darauf."
„Mit Verlaub, das sage ich."
Da schlug Flemming empört die Faust auf den Tisch.
„Welch ein Affront! So etwas ist mir mein Lebtag noch
nicht unterkommen!" Zu Hennicke gewandt, erklärte
er: „Ich verzichte auf eine weitere Unterhaltung." Er
erhob sich und verließ den Salon.
„In der Tat, Ihr seid zu weit gegangen, selbst wenn
man Euch ein gewisses Recht zugestehen wollte, Euch
benachteiligt zu fühlen", sagte Graf von Hennicke ru-
hig, aber mit einem drohenden Unterton in der
Stimme. „Es wäre klüger gewesen, bei dieser Gelegenheit um eine Überprüfung Eurer Sache nachzusuchen.
Ihr seid Hoforgelbauer, das gibt nicht nur Vorteile, das
verpflichtet auch, zuoberst gegenüber Eurem höchsten
Herrn. Das bedenkt gründlich! Ich feilsche nicht um
Eure Dienstwilligkeit. Ihr habt noch die Chance, Eure
Untertänigkeit in einem Ansuchen an Seine Majestät,
Euch den Auftrag für das Orgelwerk in der Schloßkirche zu überschreiben, respektvoll zu bezeugen. Das
muß aber innerhalb einer Woche geschehen, noch ehe
ich Majestät meinen Rapport vorlege. Adieu!" Er erhob
sich, ergriff eine Tischglocke.
Auf das Klingelzeichen hin erschien sofort ein Lakai.
Wieder verbeugte sich der Meister. Ohne den Lakai zu
beachten, schritt er zur Tür.

12

Silbermann richtete kein Ansuchen an den König. Er hatte nicht das Bedürfnis, seine Untertänigkeit und Dienstwilligkeit zu bezeugen, das ihm in Aussicht gestellte Projekt kümmerte ihn nicht. Es warteten genug andere Aufgaben auf ihn. Noch arbeitete er am Zittauer Werk, und längst waren Verträge mit anderen Gemeinden abgeschlossen: mit Großhartmannsdorf, Zöblitz und Fraureuth. Aus Zwickau hatte der Organist Ludwig Krebs „unter der Hand" angefragt, ob der Meister bereit sei, ein größeres Werk für Sankt Marien zu bauen, und erst im vergangenen Jahr war er die Verpflichtung eingegangen, das Schloß Burgk mit einem kleineren Werk auszustatten, sobald die Schloßkapelle erweitert sein würde.

Nein, nach Dresden zog es ihn nicht. Selbst der wiederholte Hilferuf von dort, einmal sein Werk in der Sophienkirche nachzusehen, das in jüngster Zeit durch die großen baulichen Veränderungen im Inneren des Gotteshauses stark gelitten habe, rührte ihn wenig. Immer wieder schob er den Besuch hinaus; er sei mit dem Zittauer Werk noch zu stark beschäftigt. Diese Arbeit dränge so sehr, daß er die Hilfe seines Neffen Johann Andreas aus Straßburg, der sich auf einer Hochzeits- und Studienreise hier befunden habe, anzunehmen genötigt gewesen sei. Da werde man wohl Verständnis haben.

Eines Tages – er stimmte die letzten Pfeifen für Sankt Johannis – erhielt er einen Brief von Friedemann Bach. „So ein Schelm!" knurrte er, als er das Schreiben gelesen hatte. „Jetzt fängt auch der noch an, mich zu jukken!"

Der Hoforganist war deutlich geworden: „Wenn es im Werk heult und knarrt, wenn viele Pfeifen überhaupt nicht reagieren, weil die Labien verstopft sind, dann ist es dem Organisten wirklich nicht mehr zuzumuten, sich an den Spielschrank zu setzen. Ein betrüblicher Zustand, verehrter Meister, er besteht nicht zum Ruhme Eures Werkes. Es liegt in Eurer Hand, ihn zu beenden."

„Du kannst es nicht mehr hinausschieben", mahnte George, „hast die Leute nun schon fast ein Jahr hingehalten. Letztlich geht's auch um deinen Ruf."

Silbermann winkte leichthin ab. „Ach – ach! Es gibt da Dinge, die mich nicht gerade treiben."

„Aber das hat doch mit den alten Dingen nichts zu tun."

„So, meinst du? Vielleicht kommt da noch was andres hinzu."

Der Meister sagte zwar nicht, worum es bei diesem anderen gehe, doch er schrieb an Friedemann, daß er bestimmt nach dem Werk sehen werde, sobald er mit dem in Zittau fertig sei, auch hier werde er beständig gedrängt. Es dauere aber noch einige Wochen.

Am 3. August 1741 wurde das Zittauer Werk geweiht. Unter den Gästen befand sich auch Konzertmeister Georg Pisendel aus Dresden, der es am Tag zuvor mit geprüft hatte. „Nun habe ich noch einen Auftrag loszuwerden", sagte er zu Silbermann, als sie sich nach der Weihe in dessen Quartier noch ein wenig zusammengesetzt hatten. „Wenn du nicht sehr bald nach der Orgel in der Sophienkirche siehst, glaubt man dort nicht mehr, daß du guten Willens bist. Man hat erfahren, daß du inzwischen auch in Großhartmannsdorf gebaut hast, und da ist man der Meinung, daß Zittau dich gar nicht so arg gedrängt hat, daß du getrost ein paar Tage für Dresden hättest anwenden können."

„So, das sagt man. Ist das auch die Meinung des jungen Bach?"

„Das weiß ich nicht, mit ihm habe ich nicht gesprochen. Einige Älteste der Gemeinde kamen zu mir, als sie erfahren hatten, daß ich das hiesige Werk mit examiniere, und baten mich, dir das zu bestellen."

„Dann bestelle ihnen: Zum ersten gehe es sie ganz und gar nichts an, wie ich meine Geschäfte ablaufen lasse, zum zweiten sei ich sehr wohl darüber informiert, daß sie selbst sich sehr viel Zeit gelassen hätten, ehe sie an mich herangetreten wären."

„Sie selbst? Wieso?"

„Ja, nicht wahr, das haben sie dir nicht gesagt! Ich weiß, daß Tobias Schramm, der einst einer meiner Gehilfen war und seit Jahren Dresdener Orgeln wartet, schon lange vor dem ersten Hilferuf der Herren an mich den Rat ersucht hat, mich die Reparatur vornehmen zu lassen, da er sich wegen der Schwere des Schadens nicht daran vergreifen wolle. Und was hat man ihm zur Antwort gegeben? Das vermehre unnütz die Kosten. Schramm hat pflichteifrig gehandelt, die Herren aber nicht. Und dann auf einmal pressiert es, dann drängen sie mich, und ich soll auf der Stelle kommen. O nein, Pisendel, so lasse ich das Roß nicht laufen, da lasse ich nicht eine Arbeit liegen, die genauso drängt."

„Das habe ich nicht gewußt. – Nun kümmerst du dich aber um das Werk?"

„Ei freilich! Ich habe es ihnen doch versprochen. Richte ihnen aus, in zwei Wochen käme ich."

Der Konzertmeister nickte zufrieden. „Das werde ich gerne tun. – Doch sage, drängte die Arbeit hier wirklich so sehr, daß dir dein Neffe Johann Andreas helfen mußte?"

„Mußte – mußte! Er hatte mir seine Hilfe angeboten, als er mich in Bedrängnis sah, und ich habe sie dankbar angenommen. Die Herren glauben es wohl nicht?"

„Ich kann es nicht verhehlen: Man war mißtrauisch geworden.

„Die haben es nötig! Zum erstenmal in meinem Leben habe ich Johann Andreas gesehen. Statt ihm und seinem jungen Weib ein guter Gastgeber zu sein, habe ich mich kaum um sie gekümmert. Die Frau half meiner Haushälterin, er mir von früh bis spät. Sechs Wochen lang! Eine schöne Hochzeitsreise, wie? Warum wohl habe ich das gelitten?"

Am 17. August fuhr Silbermann nach Dresden, um seine Zusage wahr zu machen. –

In bewährter Arbeitsteilung stellte Silbermann mit seinen Gesellen die Werke in Großhartmannsdorf, Zöblitz, Fraureuth und auf Schloß Burgk innerhalb der folgenden anderthalb Jahre fertig.

Zu einem Vertrag mit Zwickau war es nicht gekommen.

„Wieder mal die in Dresden!" berichtete Silbermann George grimmig, als er aus Zwickau zurückgekehrt war, wo er letzte Verhandlungen hatte führen wollen. „Da haben wir nun alles vorbereitet, da hat der Rat alles vorbereitet, hat sogar schon den hiesigen Baumeister Ohndorf für den Umbau in der Kirche gewonnen – und die Quintessenz? Nichts wird! Die Herren der Kirchenoberaufsicht in Dresden haben Bedenken gegen die Art, wie die Zwickauer einen Teil der Bausumme aufbringen wollen. Es war an eine Kollekte bei der Abendmahlsfeier und an eine Lotterie gedacht."

„Aber Kollekte und Lotterie sind doch übliche Mittel in einem solchen Fall."

„Eben, eben! Die Oberaufsicht hat den Zwickauern noch nicht mal ihre Bedenken begründet. Solltest mal den Superintendenten Beck hören! Und erst den Krebs, den Organisten! Der ist ohnehin ein Feuerkopf, und jetzt erst …! Er will seinen Organistendienst in Zwickau an den Nagel hängen."

„Und wenn sie nun die Bausumme auf eine andre Weise aufbringen würden?"

„Nein. Sie haben's aufgegeben. Es seien der Schwierigkeiten gar zu viele."

Es gaben zu dieser Zeit auch andere Städte und Dörfer ihre Vorhaben auf, daran war aber nur in den wenigsten Fällen die Kirchenoberaufsicht schuld.

Wieder einmal lastete der Krieg auf dem Land. Die Herrschenden im Schloß Dresden, bestärkt durch die unheilvollen Ratschläge des Grafen Brühl, hatten es für notwendig befunden, im blutigen Spiel größerer Mächte mitzumischen. Mit Preußen, Frankreich, Bayern und Spanien zogen sie wegen der Erbfolge in Österreich gegen dieses zu Felde. Die Beute teilten sich 1742 aber nur Preußen und Bayern:

König Friedrich II. riß fast ganz Schlesien und die Grafschaft Glatz an sich, Kurfürst Karl Albrecht von Bayern unterwarf sich das übrige Land und ließ sich als Karl VII. zum römisch-deutschen Kaiser krönen. Doch unberechenbar war das Spiel der Mächte, verderblich der Ehrgeiz der Herrschenden im Schloß zu Dresden für ihr Land, weiter mitzumischen. Sie stellten sich auf Österreichs, Englands und Sardiniens Seite, als diese sich – wiederum zur „Garantie" der Erbfolge in Österreich – 1743 im Wormser Vertrag zusammenschlossen. Friedrich II. sah in diesem Zusammenschluß eine Bedrohung Preußens, einen Anschlag auf seine Beute Schlesien. Er fiel in Böhmen ein und auch in Sachsen, und die preußischen Truppen zeigten der Bevölkerung mit Brand und Plünderung, was es hieß, an des jungen Königs Glanz und Glorie zu zupfen. –

Gottfried Silbermann war Verpflichtungen in Etzdorf bei Roßwein und Nassau bei Frauenstein eingegangen. Den Vorschlag für Nassau hatte er von George entwerfen und auch unterschreiben lassen. Das war im März des Jahres 1745 gewesen.

„Sie haben sich viel Zeit gelassen", sagte Silbermann mißmutig zu George, als er an einem Augusttage die Zustimmung des Superintendenten Wilisch zu dem Entwurf für Nassau erhielt. „Er ist ja auch kein Wunder. Hoffentlich bleiben sie dabei, wenn es um den Kontrakt geht."

„Warum sollten sie nicht dabei bleiben? Wir haben doch die Konditionen mit ihnen gründlich beraten."

„Ja, das haben wir. Doch ... Ist dir nichts aufgefallen?"

George blickte zur Seite, zuckte die Schultern.

Silbermann erhob sich, holte sein Kundenbuch aus dem Schrank, schlug es vor George auf. „Was siehst du da?" fragte er, auf die letzte Eintragung deutend.

„Etzdorf: acht Stimmen, Nassau: Hauptwerk, Hinterwerk, Pedal, neunzehn Stimmen. Und die Disposition der Stimmen."

„Lies weiter!"

„Da steht nichts weiter."

„Eben! Das heißt, wir haben keinen Vorlauf mehr. Keinen Vorlauf, Junge! Solange ich Orgeln und Klaviere baue, ist das noch nicht gewesen."

„Aber wir haben doch Frankenstein in Aussicht, und auch Ringethal hat schon den Wunsch geäußert ..."

„In Aussicht! Die Frankensteiner haben sich trotz meines Drängens noch nicht kontraktlich gebunden, das Werk wird auch nicht mehr als dreizehn Stimmen haben. Und das in Ringethal ist noch ein sehr fernes Vielleicht des Grafen Wallwitz mit nur sechs Stimmen. Ist das etwa ein sicherer Vorlauf? So, und nun sieh mal nach, wie groß die Orgeln sind, die wir in den letzten Jahren bauten! Sagen wir, von der Zeit an, da wir das große Zittauer Werk mit seinen vierundvierzig Stimmen vollendet haben."

Widerstrebend blätterte George in dem Buch. Halblaut las er vor: „Großhartmannsdorf einundzwanzig Stimmen, Zöblitz zwanzig, Fraureuth zwanzig, Burgk zwölf, Etzdorf acht, Nassau neunzehn Stimmen."

„Na, da hast du's! Kein großes Werk mehr! Alles nur kleinere und kleine! Dazu noch ein Fall, daß man uns einen Auftrag verdarb, den wir in der Tasche hatten!" Mit Nachdruck schlug Silbermann das Buch zu und legte es in den Schrank zurück. „Wir müssen es wahrhaben, ob wir wollen oder nicht: In den Städten und Dörfern hält man sich seit geraumer Zeit zurück, wohlhabende Stifter sind selten geworden. Das Warum und Wieso wirst du wohl wissen."

„Du meinst – der Krieg?"

„Ja, das meine ich! Wer läßt auch bauen, wenn Brand droht oder Gewalttätigkeit, wenn die Preise immer weiter klettern und die Kassen leergefegt werden. Mit Sorge beobachte ich's seit langem. Drum bange ich um Nassau. Mit Klavieren allein kann ich die Werkstatt, so wie sie ist, für die Dauer nicht halten."

„Das könnte heißen, daß du Gesellen entläßt?"

„Ändert sich's innerhalb eines Jahres nicht, muß es wohl sein."

Seufzend erhob sich George. Was der Onkel ihm soeben gesagt, war nur eine Bestätigung dessen, was er schon längst erkannt und befürchtet hatte. Nur – wie dieser war er bisher einem offenen Wort aus dem Weg gegangen. „Ich mache in der Werkstatt weiter", sagte er nur.

Nach wenigen Minuten kam er aber zurück, und er brachte jemand mit: einen kleinen, freundlich dreinschauenden Herrn gesetzten Alters, in Schwarz gekleidet vom Hut bis zu den Schnallenschuhen. Trotz seiner bemerkenswerten Körperfülle verbeugte sich der Fremde gewandt.

„Herr Johann Weinich, Oberkämmerer zu Naumburg", stellte George den Besucher vor. „Ich befand mich grad im Flur, als der Herr Oberkämmerer Einlaß begehrte." Er wartete nicht, zog sich gleich wieder zurück.

„Verzeiht, daß ich mein Kommen nicht avisierte, verehrter Meister", entschuldigte sich Weinich. „Ich war genötigt, mich wegen einer anderen Sache vorzeitig auf den Weg zu machen, selbst auf die Gefahr hin, Euch hier nicht anzutreffen."

„Es hat sich aber gut gefügt." Silbermann schob einen Stuhl zurecht. „Bitte, Herr Oberkämmerer. – Womit kann ich Euch dienen?"

„Es sei kurz gesagt: Seit einigen Jahren ist Meister Zacharias Hildebrandt dabei, das Orgelwerk zu Sankt Wenzel in Naumburg von Grund auf zu erneuern. Die Arbeit hat nun einen Stand erreicht, der ihre Beendigung absehen läßt. Der Meister rechnet noch mit einem knappen Jahr. Damit ist für den Rat die Zeit gekommen, sich nach einigen Examinatoren umzusehen. Nur auf solche von bestem Ruf legt er Wert. Ich bin beauftragt, Euch, verehrter Meister, zu fragen, ob Ihr Euch dieser Aufgabe annehmen wollt."

Silbermanns Gesicht hatte sich schon nach den ersten Worten des Besuchers verfinstert. Nervös mit den Fingern auf der Tischplatte trommelnd, sagte er: „Dem Rat wird nicht bekannt sein, wie ich zu Hildebrandt stehe, sonst hätte er sicher diese Frage nicht an mich gestellt. Es ist wohl besser, er verzichtet auf meine Hilfe."

Zu seiner Überraschung entgegnete Weinich: „Oh, dem Rat ist alles bekannt – aus dem Munde des Herrn Hildebrandt. Und dieser selbst hat vorgeschlagen, Euch zu bitten. Für ihn gäbe es nur zwei Persönlichkeiten, deren Urteil er sich ohne jegliche Einschränkung beugen könne, das seien Meister Gottfried Silbermann und Thomaskantor Johann Sebastian Bach. Das hat er gesagt. Man ist natürlich skeptisch, wenn der Schöpfer eines Werkes die Examinatoren selbst vorschlägt. Beim Rat obsiegte indessen die Überzeugung, daß in diesem Fall die Wahl besonders gut getroffen wäre."

„Also auch Bach! Hat er schon zugesagt?"

„Ja, ohne Zögern."

„Wußte er vorher, daß man auch mich bitten würde?"

„Er wußte es. Zacharias Hildebrandt hatte ihm von seinem Vorschlag berichtet."

Silbermann erhob sich, begann, die Hände auf dem Rücken zusammengelegt, nachdenklich einen Rundgang um den Tisch.

Vorsichtig drängte Weinich nach einiger Zeit: „Ich verstehe durchaus, daß Ihr alles bedachtsam erwägt. Wünschtet Ihr eine Bedenkzeit, fändet Ihr volles Verständnis beim Rat."

„Es bedarf keiner Bedenkzeit, Herr Oberkämmerer", erklärte Silbermann, vor dem Besucher stehenbleibend. „Bitte, sagt den ehrenwerten Herren dieses: Ich nehme das Angebot an und versichere, daß ich mir zu gegebener Zeit eine peinlich genaue Untersuchung des Werkes angelegen sein lassen werde."

„Seid bedankt, Meister. Mit großem Vergnügen werde ich den Herren so berichten. Den genauen Termin teilt Euch der Rat rechtzeitig mit."

Silbermann begleitete den Besucher zur Haustür. Dann begab er sich wieder in die Wohnstube, setzte sich, zur Tabakpfeife greifend, in den Lehnsessel am Fenster. Die Arbeit in der Werkstatt drängte nicht, sie ließ ihm Zeit, in Ruhe nachzudenken. Doch nichts Geschäftliches stand vor ihm, sein Sinnen kreiste um Zacharias Hildebrandt, der die Kraft hatte, sein Urteil herauszufordern – und sich diesem ohne jegliche Einschränkung zu beugen.

13

Das geplagte Land atmete auf. Die Kriegsfurie schien ihre Kraft verloren zu haben, nachdem der Preußenkönig die Österreicher bei Hohenfriedberg und Soor und Fürst Leopold von Anhalt-Dessau das sächsische Heer bei Kesselsdorf geschlagen hatten. Am 25. Dezember 1745 kam es in Dresden endlich zum Frieden.

Es war ein Frieden nur für jene vom Schlage des Grafen von Brühl. Sie, die den blutigen Wahnwitz entfacht, unterschrieben die Papiere, die den Krieg nach außen hin beendeten – und für sie blieb es, wie es ehedem war. Für das Volk gab es diesen Frieden nicht, der Krieg ging weiter, zwar nicht gegen das Leben, doch gegen die menschenwürdige Existenz. Denn das Volk hatte den Wahnwitz zu bezahlen, und dieser kostete außer den Tausenden sinnloser blutiger Opfer eine Million Reichstaler in Gold als „Entschädigung" für Preußen, nicht gerechnet die vorangegangenen Kontributionen, Plünderungen und Brandschatzungen, auch nicht gerechnet der Aufwand für die vorangegangene Rüstung.

Handel und Wandel blieben gelähmt. Auch Gottfried Silbermanns Hoffnungen auf eine Belebung des Geschäfts nach Friedensschluß erfüllten sich nicht.

Schon mit den Nassauern war es so gekommen, wie er befürchtet: Sie hatten ihn gedrängt, von seinem Vertrag abzustehen, weil es ihnen nach einem schweren Kriegsunglück nicht mehr möglich sei, die Zahlungen an ihn fortzusetzen. Just in den Tagen, da man in Dresden über den Friedensschluß verhandelte, hatten sich im Ort mehr als zweitausend Ulanen einquartiert und den Einwohnern durch Plünderungen einen Schaden von dreitausend Talern zugefügt. Das war geschehen, nachdem die Gemeinde an Silbermann bereits zweihundert Taler gezahlt und für sechzig Taler Holzwerk angeschafft hatte. Der Meister bestand jedoch darauf, den Vertrag zu erfüllen, es war ja noch sein einziger fester Auftrag auf ein Orgelwerk. Er erleichterte aber den Nassauern die Verpflichtungen, sie würden die restlichen fünfhundertvierzig Taler über einen längeren Zeitraum hin abzahlen können.

Statt weiterer Bestellungen ging eine Absage nach der anderen ein auf Bewerbungen, die er persönlich oder schriftlich vorgenommen hatte. Die Frankensteiner zögerten weiter, einen Vertrag abzuschließen, versprachen das Werk für die Zeit, da es wieder besser werde, und Graf von Wallwitz hatte auf eine Anfrage wegen des Positivs für Schloß Ringethal mitteilen lassen, daß man sich hier bis auf weiteres anders behelfen wolle.

Mehr als am Werkstück saß der Meister am Schriftstück

und vor den Geschäftsbüchern, um Bewerbungen zu schreiben und auszurechnen, wie lange die Werkstatt noch zu halten sei. Noch gab es Arbeit für das Nassauer Werk, noch lagen Bestellungen auf Klaviere vor, doch schon hatte er aufhören müssen, Vorlauf auf Lager zu schaffen, weil er es sich nicht mehr leisten konnte, „Kapital auf Hoffnung", wie er sagte, festzulegen. Schon waren es der Hände in der Werkstatt zu viele. Zwei der Gesellen ließ er beständig Arbeiten verrichten, die sonst nebenbei zu Feierabend erledigt worden waren: Brennholz spalten auf Vorrat, Putz- und Instandsetzungsarbeiten im Haus und in den Scheunen. Die Gesellen waren unruhig geworden, bedrückt, es gab manchmal Streit zwischen ihnen, wenn sie sich in ihrer Stube befanden. George und Schöne begütigten immer wieder. Noch war es ihnen gelungen, diese Mißhelligkeiten vom Meister fernzuhalten.

Eines Tages brach die Unruhe aber offen aus.

Silbermann, Oehme und Schubert saßen in dem hinteren großen Raum nach dem Schloßplatz zu und löteten Pfeifen für das Nassauer Werk. Durch die geschlossene Tür drangen schwach die Geräusche von Axtschlägen. Sie rührten von Leibner und Kayser her, diese spalteten Brennholz auf dem Hof hinter dem Haus.

Plötzlich hörten die Geräusche auf, dafür gab es ein zänkisches Geschrei, das sich bald um vieles lauter im Flur fortsetzte.

„Nun hört euch das an!" grollte Silbermann. „Die sind wohl närrisch geworden! – Laßt's, ich seh' selber nach!" Er legte das Stück, das er gerade ergriffen hatte, vorsichtig zur Seite und erhob sich.

Er war noch nicht an der Tür, da wurde diese aufgerissen. Manner stürzte herein. An der Stirn trug er eine blutige Schramme. „Ich – ich laß mir das nicht mehr gefallen, Meister", japste er. „Da – der Leibner! Jetzt hat er mir gar noch einen Holzbrocken an den Kopf geworfen. Ich – ich mach' das nicht mehr mit!"

Hinter Manner tauchte Schöne auf. „Durch das Fenster hat er ihn geworfen, wir waren grad beim Polieren", bestätigte er. „Das Klavier hat auch ..."

„Hol den Burschen her!" befahl ihm der Meister. Manner aber fragte er: „Und was hast du vorher gemacht?"

„Gar nichts! Er ist zum Fenster gekommen, hat wieder mal gestichelt, und da hab' ich gesagt, er solle endlich seine Dreckbatzen woanders hinspucken, nicht immer an mich. Und da hat es Steit gegeben, und da hat er mir das, was er grad in der Hand hielt ..."

Leibner kam, trotzig dreinschauend, mit ihm Kayser, und auch George fand sich ein.

„Warum das?" fragte Silbermann Leibner scharf.

Finster, stumm blickte der Geselle zur Seite.

„Ich frag' nur noch einmal: Warum das?"

Da schrie Leibner: „Weil's mich anstinkt! Ja, weil's mich gründlich anstinkt! Ich bin Orgelmacher und kein Holzmacher! Und noch diese Ungerechtigkeit, diese –! Ach, jetzt ist's auch egal! Gebt mir mein Papier!"

„So, du willst gehen! Meinetwegen, ich halte dich nicht, halte niemand. Sagst mir aber erst noch, wie das mit der Ungerechtigkeit ist!"

„Das wissen doch alle, und Ihr – Ihr habt's ja selber eingerichtet. Gebt mir mein Papier! Nicht einen Tag länger halt' ich's hier aus!"

„Neid ist's, der pure Neid, Meister", sagte Manner, noch ehe Silbermann sich äußern konnte. „Seit Wochen sticht er mich an, weil Ihr mich nicht mit zum Holzhacken eingeteilt habt. Der größte Tölpel in der Werkstatt würde von Euch vorgezogen, sagt er, und damit meint er mich. Er bildet sich auf den Orgelbauer was ein, sieht in mir Dreck, weil ich nur Tischler bin. Hab's mir lange gefallen lassen, aber nun ..."

„Und was sagen die anderen dazu? – Nein, George, nicht du, wir reden noch darüber. – Also?"

Nur Kayser nahm das Wort: „Nichts für ungut, Meister, ganz unrecht hat der Leibner nicht. Daß er dem Manner einen Brocken an den Kopf geworfen hat, war nicht richtig, auch nicht, daß er ihn sonst dauernd ansticht, das hab' ich ihm schon deutlich genug gesagt. Aber wo kommt's denn eigentlich her? Weil Ihr den Manner ausnehmt von der Hausarbeit. Wenn schon Ursache ist, es mit der Arbeit so zu regeln, dann muß es für alle gelten. Nichts für ungut, Ihr habt danach gefragt."

Tief atmete der Meister, in seinen Augen blitzte es drohend. Doch es trat nicht ein, was die anderen befürchteten, er schrie sie nicht an. Ruhig sagte er: „So, das ist die Ungerechtigkeit! Na ja, wenn ihr's so seht ...! Ich hätt' es mir einfacher machen können, hätt' schon vor ein paar Monaten einige von euch entlassen können. Statt dessen hab' ich mich gemüht, alle über die miserable Zeit hinwegzubringen, hab's sogar beim alten Lohn belassen. Ja, und was den Manner angeht – ich hab' ihn nicht bevorzugen wollen, hab' ihn dringend gebraucht für die Klaviere, weil ihm das Tischlern besser von der Hand geht als uns allen. Die Klaviere halten die Werkstatt noch über Wasser. So hab' ich's gesehen. Jeder kann sich bis morgen abend überlegen, ob er's noch mitmachen will. Ist's ihm nicht danach, kann er gehen, ich nehm's ihm nicht übel. – So, nun wieder an die Arbeit! Du, Leibner, packst deinen Kram! In einer Stunde holst du dir dein Papier in der Schreibstube ab mit dem Lohn für vier Tage. Kriegst ein paar Groschen mehr für die Abendmahlzeit heute und die Übernachtung außer Haus. An unserm Tisch will ich dich nicht mehr sehen."

Leibner blinzelte zum Meister hin, wischte sich über die Augen, als sei er soeben aus dem Schlaf erwacht. Und er würgte hervor: „Ich – hab' das alles nicht so ..."

„Pack deinen Kram!" schrie Silbermann ihn an.

Kayser wagte noch einmal das Wort: „Meister, viel-

leicht kann doch alles wieder ins Lot kommen, wenn
Ihr dem Leibner Gelegenheit …"

„Schluß! Einen Stänker kann ich nicht gebrauchen, erst
recht nicht jetzt, da es mit der Werkstatt ums Ganze
geht. Wem's unter solchen Umständen bei mir nicht
gefällt, der soll gehen, ich hab's schon gesagt." Silbermann schritt zur Tür. „Kommst gleich mal mit!" forderte er George auf.

Sie begaben sich hinauf in die Wohnstube des Meisters. Kaum hatte George die Tür geschlossen, fragte
Silbermann: „Hast du von dem Gezänk gewußt? Es
geht doch, wie der Manner sagte, schon seit Wochen."

„Ja, ich hab' davon gewußt, hab' immer wieder begü-
tigt."

„Und warum hast du mir nichts davon gesagt?"

„Weil du genug andre Sorgen hast."

Da fuhr Silbermann auf: „Andre Sorgen – andre Sorgen! Frißt der Wurm erst in der eignen Umgebung,
ist's ja noch um vieles schlimmer! Ein offenes Wort
von dir, und ich hätt' zur rechten Zeit alles abbiegen
können."

„Ach! Nun bin ich wohl daran schuld?"

„Ja, du bist mit schuld! Hast was Wichtiges versäumt."

„Dann eben jetzt ein offenes Wort: Hätt'st du es den
Leuten schon am Anfang so erklärt, wie du es vorhin
getan hast, wär' es erst gar nicht notwendig geworden,
zur rechten Zeit was abzubiegen. Du weißt, was ich dir
mal vorgeschlagen hab': Schenk ihnen reinen Wein ein,
wie's um die Werkstatt steht, daß sie vorbereitet sind,
wenn du ein paar von ihnen entlassen mußt. Du hast's
nicht getan. Nun haben wir das Malheur! Auch in den
andern drückt's, beim Leibner ist's eben auf eine
dumme Weise durchgegangen. Er ist aber nicht
schlechter als die andern, die es nicht so hart von sich
gegeben haben. Er wollte sich entschuldigen, Kayser

wollte ihm dabei helfen. Aber du hast es nicht bemerkt, hast ihnen gar das Wort genommen. – So, das war's! Das mußte mal gesagt sein." George wandte sich schnell ab und ging hinaus. Der Meister starrte, keines Wortes mächtig, noch geraume Zeit zur Tür. Dann ließ er sich schwer in den Lehnsessel fallen.

Am Abend des folgenden Tages suchte Andreas Kayser Silbermann in der Wohnstube auf und bat ihn, auch sein Papier fertigzumachen. Es sei nicht wegen der Affäre mit Leibner, vielmehr drücke es ihn, in der Werkstatt überflüssig zu sein und ein Brot zu essen, das er nur der Großzügigkeit des Meisters verdanke.

Silbermann hörte ihm schweigend zu, versuchte nicht, ihm die Bedenken auszureden, nicht, ihn zum Bleiben zu bewegen. Er fragte nur: „Hast du denn schon was andres?"

„Ich geh' erst mal nach Dresden zu Verwandten", sagte Kayser. „Dort wird sich schon was finden."

Nun war die große Gesellenstube nur noch mit drei Mann belegt, mit Oehme, Schubert und Manner, in der kleineren nebenan verblieben Schöne und George.

Anna hatte weniger Arbeit, aber darüber freute sie sich nicht.

Noch mürrischer war sie geworden und wortkarg dazu.

Das habe sie dem Meister abgeguckt, sagten die Gesellen. Nicht einmal mehr den Stadtklatsch erzählte sie am Tisch, über das „Gesegnete Mahlzeit!" gingen an manchen Tagen ihre Äußerungen nicht hinaus. Nur George wußte, daß sie ihr Gebaren nicht einfach dem des Meisters angepaßt hatte, daß vielmehr ein harter Wortwechsel zwischen ihnen wegen Kayser die Ursache war. Sie hatte versucht, zwischen den Männern zu vermitteln.

Es war August geworden. In der Werkstatt legten sie letzte Hand an die Einrichtung für das Werk in Nassau.

Eines Tages brachte Anna einen Brief, wortlos überreichte sie ihn dem Meister. Die Rückseite des Briefes
zeigte das Siegel des Rates zu Naumburg. Mißmutig
brach es Silbermann. Es war, wie er vermutete: Der Rat
teilte ihm den Termin für die Prüfung des Hildebrandt-
schen Werkes in Sankt Wenzel mit. Er wurde gebeten,
sich am 25. September nach Naumburg zu verfügen,
Quartier werde für ihn wie auch für den Mitexamina-
tor Johann Sebastian Bach aus Leipzig im Grünen
Schild bereitgehalten. Er wurde weiter gebeten, sich
dann zunächst bei dem Herrn Oberbürgermeister
Kommissionsrat Schaller im Rathaus einzufinden.

14

Die Nassauer drängten Silbermann nicht, und dieser
beeilte sich auch nicht mit der Arbeit. Die Umstände
zwangen ihn, seine Rastlosigkeit zu zügeln, noch immer war es sein einziger Auftrag auf ein Orgelwerk.
Darum versäumte er auch nichts, wenn er sich für
einige Tage nach Naumburg begeben würde. George
und Oehme konnten ohne seine Hilfe in Nassau weitermachen.
Es war ein heller, warmer Frühherbsttag, als er mit
einem in Freiberg gemieteten Einspänner in Naumburg eintraf. Er suchte zunächst sein Quartier im Grünen Schild auf. Hier erfuhr er, daß Herr Bach aus Leipzig bereits vor zwei Stunden angekommen, aber inzwischen wieder gegangen sei; er habe hinterlassen, daß er
sich zu Oberbürgermeister Schaller begebe. Silbermann nahm eine kleine Mahlzeit ein, dann machte
auch er sich zum Oberbürgermeister auf den Weg.
In Schallers Zimmer im Rathaus warteten vier Männer
auf ihn. Zwei von ihnen kannte er: Oberkämmerer
Weinich und Johann Sebastian Bach, die anderen waren der Oberbürgermeister und der Oberpfarrer Dok-

tor Stieglitz; Weinich stellte sie vor. Zurückhaltend, doch achtungsvoll begrüßte ihn der Thomaskantor, freundlich, fast herzlich gaben sich die anderen. „Meister Hildebrandt als Examinanden haben wir nicht hinzugezogen, das werdet Ihr verstehen, Meister", erklärte Schaller. „Er wartet mit Herrn Kluge, dem Organisten, in der Kirche."

Bei einem Trunk ging alles rasch vonstatten: eine kleine Ansprache des Oberbürgermeisters mit Worten des Dankes für die Mühe, der die Herren Examinatoren sich zu unterziehen bereit seien. Der Rat wisse das sehr zu schätzen, und er bitte, es wirklich nur als eine der Vorschrift entsprechende Formsache anzusehen, wenn er sie ersuche, zu versichern, daß sie bei der Prüfung des Werkes alles genau untersuchen, weder Freundschaft noch Feindschaft, Gunst noch Gabe ansehen würden.

Die Examinatoren blickten sich, leicht die Nase rümpfend, verstohlen an, gaben jedoch widerspruchslos die Versicherung ab.

„Wünschen die Herren noch einige Informationen zum Werk?" fragte Doktor Stieglitz.

Bach zuckte gleichmütig die Schultern. „Mir ist das Wichtigste schon bekannt."

„Ich für mein Teil bitte darum", sagte Silbermann. „Aber nicht zur Arbeit des Herrn Hildebrandt, diese Dinge will ich selbst ergründen."

„Da bliebe nur die Vorgeschichte mit einigen mageren Daten. Das Werk wurde in den Jahren 1613 bis 1616 von meister Joachim Zschucke geschaffen. 1629 und 1630 baute er noch einiges daran, er stimmte es tiefer. Um 1650 änderte Ludwig Compensius die Stimmung noch einmal. Um 1686 überholte George Zencker die Orgel, weil sie eine große Anzahl von Defekten aufwies. Schließlich begann Zacharias Thayßner das Werk an eine andere Stelle zu setzen und es dabei gründlich umzubauen, das war von 1695 bis 1705. Doch es zeigten sich bald laufend kleinere und auch größere Mängel. Es dauerte aber noch lange, ehe der Rat sich zu einer völligen Erneuerung des Werkes entschloß, und es dauerte wiederum einige Jahre, ehe man Meister Hildebrandt endlich den Auftrag übertrug. Es war, glaube ich, nach so langer Zeit wieder einmal eine glückliche Entscheidung."

„Ich glaube es auch", bestätigte der Oberbürgermeister, und er ergänzte: „Daß die Sache sich so lange hinzog, lag nicht am Rat, sondern an den wirtschaftlichen Unbilden, mit denen die Stadt seit vielen Jahren zu kämpfen hat. Außerdem konnte Meister Hildebrandt erst nach längerer Verzögerung mit der Arbeit beginnen, er mußte sie auch bald für zwanzig Wochen unterbrechen. – Ja, und was die Examination betrifft: Wir lassen sie mit Bedacht im stillen vor sich gehen, ich meine, ohne Deputationen und dergleichen. Die Verhältnisse – –, die Herren werden verstehen. Bei der Weihe kommt ja die Öffentlichkeit noch zu ihrem Recht. Und haben die Herren noch irgendwelche Wünsche, stehen wir ihnen jederzeit zur Verfügung."

„Danke, danke!" sagte Bach und erhob sich. „Dann können wir wohl beginnen."

Der Oberpfarrer und der Oberkämmerer begleiteten die Examinatoren zur Wenzelskirche. Sie brauchten dort nicht lange nach Zacharias Hildebrandt zu suchen. Er stand mit dem Organisten Kluge unweit des Haupteingangs, kam sofort auf sie zu, um sie zu begrüßen. Fast erschrak Silbermann. Übermäßig gealtert, fahl und mager sah sein einstiger Schüler aus, nichts war mehr da von dem von großer Tatkraft zeugenden Glanz in den Augen. ,Wie muß dem die Zeit mitgespielt haben!' durchfuhr es Silbermann.

„Ich – ich freue mich aufrichtig", sagte Hildebrandt unsicher. Zögernd bot er dem Meister die Hand. „Daß Ihr es gemeinsam mit Herrn Bach übernommen habt, ist – ist …"

Die Verlegenheit des Mannes berührte den Meister peinlich. „Schon gut – schon gut!" sagte er, rasch die Hand ergreifend. Auch den Organisten begrüßte er. Doch gleich blickte er zum Orgelchor hinauf, der sich über zwei weiteren Emporen befand.

Das Orgelwerk bot einen prächtigen Anblick. Zwischen zwei von hohen Fenstern beleuchteten Spitzbogen des Gewölbes stehend, beherrschte es diese Seite des Kirchenraumes. Deutlich in sieben Teile war das Werk gegliedert: in der Mitte ein hochaufstrebender Turm, fast bis zur Decke reichend, ihm zu seiten je drei Teile von geringerer Höhe, deren äußere ebenfalls starke, dazu betont hervortretende Türme waren. Vor dem Hauptwerk befand sich, über die Balustrade der nach innen geschwungenen Empore hinausreichend, ein mehrgeteiltes Rückpositiv. Und jeder der Teile wie auch das Rückpositiv war reichlich mit Schmuck bekrönt, viel Schmuck befand sich auch an den Flanken und – gardinenartig – auf dem Pfeifenwerk. ‚Ein bissel zuviel des Guten‘, ging es Silbermann durch den Sinn.

In seine Gedanken hinein hörte er Hildebrandt sagen: „Den Prospekt selbst habe ich nur restauriert. Das Werk hat dreiundfünfzig Stimmen und viertausend Pfeifen. Ich habe ihm einen Umfang von C–c''' im Manual und C, D–d' im Pedal gegeben. Für den Wind sorgen sieben Bälge."

„Soso!" Silbermann bemühte sich, seine Überraschung zu verbergen. Dreiundfünfzig Stimmen! Ein so großes Werk hatte er noch nicht gebaut. „Steigen wir hinauf! Dann sehen wir uns wohl am besten erst mal Eure Pläne mit der Disposition an." Die Zustimmung von Johann Sebastian Bach erheischend, wandte er sich um. Der Thomaskantor und die anderen hatten sich aber inzwischen entfernt, sie standen, sich leise unterhaltend, an einem Stützpfeiler der Empore.

„Herr Bach hat sich hier wohl schon über alles informiert?" fragte Silbermann ein wenig ungehalten.

„O nein, er ist noch nicht hier gewesen. Vielleicht – vielleicht wollte er …" Verlegen zuckte Hildebrandt die Schultern.

„Was wollte er?"

„Vielleicht wollte er nicht Zeuge sein, wenn Ihr mir etwas zu sagen beabsichtigen solltet, was – was nicht das Werk betrifft."

„Ach, schau an! – Herr Hildebrandt, daß wir uns von Anfang an recht verstehen: Ich bin nicht gekommen, um etwa über Gewesenes zu debattieren und über Ferneres zu spekulieren, sondern um die Arbeit eines Orgelbauers zu examinieren, weil man mich darum gebeten hat. Und das tue ich ohne Nachsicht oder Gunst, wie es sich gehört. Mir geht's um das Kunstwerk, um nichts andres. Das sagt auch Herrn Bach! So, und nun erst mal hinauf zur Orgel! Die Herren kommen sicher nach. Hoffentlich habt Ihr zur rechten Zeit ein paar tüchtige Kalkanten zur Hand."

Es wurden zwei wohlausgefüllte Tage.

Die Examinatoren hatten sich am Anfang ohne Schwierigkeit über den Ablauf geeinigt. Wohl würden sie Hand in Hand arbeiten, doch jeder würde, ohne zunächst nach der Meinung des anderen zu fragen, seine Feststellungen für sich notieren, auch Hildebrandt nach eigenem Ermessen befragen. Das volle Spiel am Schluß sollte Bach übernehmen. Schließlich wollten sie ihre Feststellungen vergleichen und das Gutachten ausarbeiten.

Reibungslos, sachlich, das Augenmerk nur auf das Werk gerichtet, hatte denn auch die Prüfung ihren Lauf genommen. Was persönlich zwischen ihnen stand, war während der Arbeit von keinem von ihnen berührt worden.

Ein einziges Mal hatte Bach das Gespräch auf persönliche Dinge gebracht. Sie waren am ersten Abend einer Einladung des Oberpfarrers Doktor Stieglitz in dessen Haus gefolgt. Auf dem Rückweg ins Quartier sagte der

Thomaskantor, von dem genossenen Wein zur Gesprä-
chigkeit angeregt: „Küche und Keller des Herrn sind ausgezeichnet, das Pianoforte dagegen ist miserabel. Mir
war, ich hätte Teig an den Fingern, als ich über die Klaviatur eilte. Und es klingt wie das Krächzen einer Krähe.
In ein solches Haus gehört das Beste. Versucht, den
Herrn zum Ankauf eines Eurer Instrumente zu bewegen!"
„Oho! Soll ich das etwa als Lob nehmen? Ich habe
Euch schon anders reden hören."
„Nehmt es, wie Ihr wollt! Als ich vor einigen Monaten
bei dem Baron Keyserlingk in Dresden ein Konzert
gab, habe ich an einem Instrument von hoher Vollendung gesessen. Man sagte mir, es stamme aus der
Werkstatt von Gottfried Silbermann. Ich glaubte auch
dessen Zeichen gesehen zu haben. Aber vielleicht war
es ein Irrtum."
„Es muß nicht ein Irrtum gewesen sein. Keyserlingk
steht auf Silbermanns Kundenliste."
„Na also! Darum soll er sich nicht zieren, wenn ich
vom Besten rede. Ich muß es nun mal als Fakt nehmen,
daß bewußter Silbermann den toten Punkt im Instrumentenbau, der nach Cristoforis Ableben eingetreten
war, erfolgreich überwunden hat."
„Das zu bekennen, fällt dem Herrn Hofkompositeur
Bach gewiß nicht leicht."
„Und wenn es den Herrn Hoforgelbauer frappiert: Der
Herr Hofkompositeur Bach hat es mit Genugtuung ver-
merkt. – So, da wären wir! Ob wir es bis morgen abend
schaffen?"
„Wir schaffen es. Komplikationen hat es bisher nicht
gegeben."
Auch am zweiten Tag waren keine Schwierigkeiten
eingetreten.
Nun saßen sie schon seit nahezu zwei Stunden in der
Honoratiorenstube der Ratsschenke. Jeder hatte seine
Meinung über Hildebrandts Werk dargelegt, seine

Notizen mit denen des anderen verglichen. Bach hatte es übernommen, die Feder für den Entwurf des Gutachtens zu führen.

„Also fast in allem Übereinstimmung", sagte der Thomaskantor am Schluß zufrieden. „Ein vorzügliches Werk! Kleinere Mängel, zum Beispiel die noch nicht ganz gleichmäßige Intonation, können leicht behoben werden. Ich freue mich für Hildebrandt."

„Ohne Zweifel, er hat Ehre für sich eingelegt."

„Nur für sich, Monsieur? Ich meine, er habe sehr geglückt bekundet, daß er einst Silbermanns Schüler war: Cornet, Rohrflöte, Nassat – alles nach Silbermanns Art. Die Zungenstimmen, die geschwinde Ansprache, der Wind, sogar die Politur der Prospektpfeifen – alles nach Silbermanns Art. Ist da dem einstigen Lehrmeister nicht das Herz aufgegangen?"

„Ja, es ist ihm aufgegangen. Nun schreibt endlich!"

„Das sollte er den armen, aber tüchtigen Schlucker auch wissen lassen."

„Das gehört nicht zum Amt des Examinators."

Ärgerlich stieß Bach die Feder in das Tintenfaß. „Ja, wollt Ihr denn mit Fleiß nicht sehen, daß Hildebrandt ...?"

„Weiß ich recht, Monsieur, haben wir uns hier zusammengesetzt, um ein Attest zu formulieren. Morgen früh, noch vor der Orgelmahlzeit, soll es abgeschrieben und von uns unterzeichnet werden. Also bitte! Wir haben keine Zeit zu verlieren."

„Mon Dieu! Was seid Ihr für ein – ein ...!" Bach winkte ab, setzte kopfschüttelnd die Feder aufs Papier.

15

Nach der Orgelmahlzeit im Grünen Schild, in deren Verlauf es viele schöne Worte des Dankes und der Anerkennung aus dem Munde des Oberbürgermeisters und des Oberpfarrers für Zacharias Hildebrandt und die Examinatoren gegeben hatte, trennte man sich in gehobener Stimmung. Nur Bach, Silbermann und Hildebrandt blieben zurück, sie wohnten ja hier.

Der Thomaskantor sorgte dafür, daß das Gespräch weiterging.

Sich Silbermann zuwendend, sagte er: „Ehe wir zu unseren Stuben hinaufsteigen und unsere Taschen packen, sollten wir, so meine ich, noch einer Merkwürdigkeit gedenken. Gehen wir doch erst mal ins kleine hintere Zimmer! Ihr, Herr Hildebrandt, solltet auch mitkommen, irgendwie geht es Euch an."

„Einer Merkwürdigkeit gedenken?" fragte Silbermann erstaunt. „Ich wüßte nicht, was …"

„Natürlich, Ihr wißt es nicht! Darum will ich es Euch sagen."

Widerwillig folgte Silbermann den Männern durch den Schankraum in das hintere Zimmer. Der Wirt dienerte ihnen zu, bis sie die Tür erreicht hatten. Es schien, er habe diese Wendung erwartet, denn er hatte bereits zwei gefüllte kristallene Karaffen und drei hochstielige Gläser auf den Tisch gestellt.

„Bitte es sich bequem zu machen, Messieurs!" lud Bach die Männer fröhlich ein. „Ganz ohne Zwang, jeder wo und wie es ihm beliebt." Und schon füllte er die Gläser. Das seine erhebend, rief er ein wenig pathetisch aus: „Auf diese schöne Stunde!"

Silbermann rührte sein Glas nicht an. „Ich weigere mich. Merkwürdigkeit – schöne Stunde! Was soll dieser Unfug! Ich habe keine Lust, meine Zeit hier nutzlos zu vertrödeln."

„Aber, aber, hochgeschätzter Herr Hoforgelbauer, doch nicht so miesepetrig!" mahnte Bach, behäbig lachend. „Wie kann man allein beim Anblick dieses edlen Saftes von ‚nutzlos Zeit vertrödeln' reden! Seht doch dieses makellose Blutrot! Und der aromatische Duft! Ich tippe auf südliche europäische Gefilde, vielleicht Italien, vielleicht auch …"

„Und ich tippe darauf, daß ich stracks verschwinde, wenn ich nicht sogleich erfahre, worum es hier geht."

„Könnt Ihr es Euch wirklich nicht denken? Seid Ihr Euch des Merkwürdigen, ja Denkwürdigen dieser Tage, das zu feiern Anlaß gibt, wirklich nicht bewußt geworden?" Bach schob den massigen Oberkörper ein wenig über den Tisch, zu Silbermann hin, als habe er die Absicht, eindringlich auf ihn einzureden. Er setzte auch zu einer Erklärung an. Doch dann winkte er ab, lehnte sich wieder zurück. Den Blick Hildebrandt zugewandt, klagte er: „Ach, es ist zum Verzweifeln! Er hat einmal zu jemandem gesagt, wir seien uns im Streben um das Beste in der Kunst am nächsten, wenn wir am weitesten voneinander entfernt seien, und dem habe ich damals aus alter Erfahrung sogar zugestimmt. Da führt aber nun die Fügung dieses Wort ad absurdum – und er merkt es nicht! Da sind wir uns zum erstenmal in unserem Leben so ziemlich uneingeschränkt einig, auch noch bei einem besonders diffizilen Gegenstand, bei einem Werk von Eurer Hand, Herr Hildebrandt, von Eurer – und er ist sich dessen gar nicht bewußt! Es gab kein Duell, weder zum Prinzipiellen noch zum Detail, harmonischer konnte es kaum sein – ihm aber besagt das nichts! Ist das nicht wirklich zum Verzweifeln?"

Hildebrandt äußerte sich nicht, lächelte nur verlegen.

Mehr und mehr hatte Silbermanns Gesicht sich aufgehellt, nun spielte ein spöttisches Lächeln um seine Lippen. „Soso, darum geht's also! Ich bin überrascht, daß Euch diese Einmütigkeit so tief beeindruckt hat. Es war aber in diesem Fall kein Kunststück, zu einem einhelligen Urteil zu kommen."

„Wieso, bitte?"

„Die Stärke und die geringen Schwächen des Werkes treten so deutlich hervor, daß Sachverständige, die es wahr und redlich prüfen, gar nicht zu Widersprüchen untereinander kommen können."

„Gewiß. Ich habe mich dessen aber sehr gefreut, versteht Ihr? Mag es Euch auch absonderlich erscheinen."

„Hm!" Silbermann blinzelte zum Thomaskantor hin. Es war, als gebe er sich einen Ruck. „Na, meinetwegen! Auch Absonderliches kann einem manchmal Vergnügen bereiten. Lassen wir sie also leben – diese Eintracht!" Nun hob er sein Glas. „Aber wenn schon, dann mit Klang und Gloria!"

Da stießen sie die Gläser kräftig aneinander und tranken sie in einem Zuge leer.

Fröhlich lachend lehnte Bach sich zurück. „Klang, Gloria und Concordia! Es soll noch einmal einer sagen, Feuer und Wasser kämen nie zu etwas Nützlichem zusammen, weil jedes nur seinen Eigensinn und Ehrgeiz zu wahren bemüht sei! Er ist vernichtend widerlegt."

„Oh! Feuer und Wasser! Eigensinn und Ehrgeiz! Wie sinnig! Gibt es etwa Leute, die so reden – mit Bezug auf uns?"

„Leutchen, Meister, Leutchen! Sie wollen auf Kosten andrer von sich reden machen, weil die eigne Leistung nicht ausreicht. Solche selbstgefälligen Kreaturen gibt es überall, mir sind sie begegnet in Mühlhausen wie in Weimar, in Köthen wie in Leipzig. Der Herrgott hat sie wohl wachsen lassen, um der Welt den Unterschied zu zeigen zwischen Berufenen und Unberufenen, vielleicht auch, um die Berufenen nicht der Trägheit verfallen zu lassen. So wären diese Leutchen immer noch ein positives Element, ein ..."

„Pardon! Wollt Ihr mir nicht etwas sagen zum speziellen Fall?"

„Ei freilich! Diese Absicht habe ich. Ihr kennt doch den Organisten Andreas Sorge in Lobenstein?"

„Den?" Grimmig lachte Silbermann auf. „Dem habe ich einmal tüchtig auf die Finger geklopft. Das war, als ich das Werk in Schloß Burgk baute. Widerlich anmaßend mühte er sich, mir die Neidhardtsche Temperatur aufzuschwatzen, da habe ich ihn kurzerhand hinausgeworfen. Später forderte er mich schriftlich auf, an einem öffentlichen Kunstgespräch, wie er es nannte, in Leipzig teilzunehmen. Ich verzichtete darauf, auch auf eine Antwort. Doch was ist mit ihm?"

„Das hat er Euch nicht vergessen. Rechnet getrost damit, daß er Euch wegen Eurer Temperatur irgendwann in einem Pamphlet angreift. Und sollte er mich darin als Kronzeugen gegen Euch zitieren, so wißt, daß ich nichts damit zu tun habe. Im Gegenteil! Ich habe mich ausdrücklich von ihm distanziert, weil ich erkannte, daß es ihm gar nicht um einen sachlichen, der Kunst dienenden Disput geht. – So, das wollte ich Euch sagen. Sollte Euch die Neugier plagen, wie es zustande kam, so fragt Herrn Hildebrandt, er war dabei. Unterhaltet Euch getrost noch ein Stündchen mit ihm. Ich begebe mich jetzt in mein Quartier. Wir sehen uns heute sicher noch." Bach erhob sich und schritt eilig zur Tür.

Verblüfft starrte Silbermann ihm nach. „Ja, was – was soll denn das!" stieß er schließlich ärgerlich hervor. „Was ist das für ein – ein ...!"

„Tragt es ihm nicht nach, Meister, es ist seine Art", versuchte Hildebrandt ihn zu begütigen. „Vielleicht macht ihm auch plötzlich der Wein zu schaffen. Er hat ja dem edlen Saft schon bei der Orgelmahlzeit kräftig zugesprochen."

„Wahrlich, eine feine Art! – – – Na, lassen wir es mal
so gelten, sonst müßte ich ihm auf der Stelle folgen. Ich
will aber noch hören, wie das mit dem Sorge war."
„Ja, ich habe an Sorges Kunstgespräch im Zimmer-
mannschen Kaffeehaus teilgenommen. Wie die anderen – Herr Bach mit einigen Studiosi, Eure einstigen
Gesellen Graichen, Ritter und Friederici sowie einige
Musizi, deren Namen Euch wohl wenig sagen – war
auch ich von ihm eingeladen worden. Er begann das
Gespräch recht manierlich, bedauerte mit sehr höfli-
chen Worten, daß Ihr anscheinend keine Zeit gefunden hättet, nach Leipzig zu kommen. Sein erstes Anliegen sei, so sagte er, sich mit der Ungleichschwebenden
und der Gleichschwebenden auseinanderzusetzen, und
er legte auch gleich die Nachteile jener und die Vorteile dieser dar. Ausführlich zitierte er Werckmeister,
Neidhardt und auch Mattheson als Kronzeugen gegen
die Ungleichschwebende, machte in diesem Sinne auch
eine schmeichelhafte Verbeugung zu Herrn Bach hin.
In dem folgenden Gespräch fand er denn auch bei den
meisten Zustimmung zur Gleichschwebenden."
„Bei Euch natürlich auch, wie?"
„Ja, auch bei mir. Gegen ihn standen nur Graichen, Ritter und zwei der Musizi. Nachdem Sorge die Mehrheit
der Anwesenden auf seiner Seite sah, begann er plötzlich gegen Euch vom Leder zu ziehen. Wieder zitierte
er Mattheson: Ihr wäret zwar von der Güte der neuen
Temperatur überzeugt, wolltet sie aber nicht benutzen,
um dem alten Orgel-Schlendrian nichts in den Weg zu
legen, Ihr stündet da dem Thüringer Orgelbauer Wen-
der in nichts nach. Das sei aber noch zu bedachtsam
gesprochen. Wenn einer das Wesen der wahren Schönheit der Harmonie wider alle Vernunft in der sogenannten absoluten Reinheit suchte statt in der wohlgetroffenen Schwebung, dann müsse man bei ihm schon
von Eigensinn des alternden Narren sprechen. – Bitte,
Meister, erregt Euch nicht, es ist Euch Genugtuung ge-

worden. – Herrn Bach hatte die Unruhe gepackt, doch noch hielt er sich zurück. Dann aber geschah es: Als Sorge seinen Vorwurf gegen Euch belegen wollte, als er erklärte, das Grundübel Eurer Temperatur sei die ganz unleidliche Quint as-es, die mehr Dissonanz als Konsonanz sei, und die verursache, daß man As-Dur, Des-Dur, Ces-Dur und H-Dur nur mit dem allergrößten Ekel und Grauen hören könne, so daß man sich am liebsten Lehm in die Ohren stopfen möchte, da schlug Bach die Faust auf den Tisch und fuhr Sorge an: ‚Nun aber halt, Monsieur! Mir scheint, Euer Kunstgespräch werde mehr und mehr zu einem Bubenstück gegen Gottfried Silbermann, und darin findet Ihr nicht meinen Beifall. Wisset: Ich habe schon an einigen seiner Orgeln gesessen, über Stunden hin, mit Wohlgefallen, sage ich Euch, mich haben nicht Ekel und Grauen gepackt. Ja, man kann auf diesen Instrumenten einen erbärmlichen Wolf heulen lassen, doch nur, wenn man bösen Willens ist. Und Ihr scheint nur bösen Willens zu sein.‘ Bach erhob sich, bezahlte für sich und seine Studiosi die Zeche und wandte sich ab ohne Gruß.

Sorge, der sich von dem Schreck noch nicht ganz erholt hatte, rief ihm nach: ‚Aber – aber, Ihr habt Euch doch vorhin selbst gegen den Silbermann gestellt, da könnt Ihr doch nicht plötzlich für ihn sein!‘

Noch nicht an der Tür, wandte Bach sich um und sagte ruhig: ‚Unterm Zeugnis aller: Ich habe mich nicht gegen Silbermann gestellt, sondern gegen die alte Stimmung. Das haltet gefälligst präzise auseinander! Als das Gespräch darum ging, war von ihm noch nicht die Rede.‘

Da verlegte Sorge sich auf den Spott. ‚Ach, schaut an! Es scheint, Feuer und Wasser wollten sich zusammenfinden. Aber daraus wird nie was Nützliches entstehen – nie!‘ Bach winkte nur lässig ab. Seine Studiosi folgten ihm, Sorge bewitzelnd, auf der Stelle.

So war das, Meister. Vielleicht auch ist Herr Bach vorhin aus – aus Bescheidenheit so schnell gegangen, um Euch das nicht selbst berichten zu müssen."

Finster, gedankenschwer blickte Silbermann vor sich hin. Plötzlich ergriff er eine Karaffe und füllte sein Glas. Ohne es abzusetzen, trank er es aus. „Und Ihr?" fragte er, ohne Hildebrandt anzublicken. „Ihr seid geblieben?"

„Ja, so wie die anderen, aber nur noch einige Minuten. Ich wollte wissen, was Sorge nun unternehmen werde. Er war jedoch so konsterniert, daß er nur noch ein Jammern und Drohen zuwege brachte. ‚Nie werden Feuer und Wasser zusammenfinden', prophezeite er erneut, ‚weil jedes doch nur seinen Eigensinn und Ehrgeiz gelten lassen will.' Ich fragte ihn: ‚Euch läge wohl viel daran, wenn es so wäre?' Da schlug er, jammervoll zur Decke blickend, die Hände zusammen und klagte: ‚Ach, nun auch Ihr noch! Ich suchte hier Verständnis für große Dinge zum Nutz und Frommen unserer Kunst, und was habe ich geerntet? Beleidigung und Unterstellung! Ich glaubte, einem Kreis sachverständiger Leute zu begegnen, die genug Courage besitzen, gegen den Schlendrian eines Silbermann mit dem ganzen Gewicht ihrer Persönlichkeit offen aufzutreten, und was finde ich? Jämmerlichen Indifferentismus, sobald der Name des Adressaten fällt! Ach, wie bin ich enttäuscht!'

Graichen kam mir mit seiner Antwort zuvor. Sich erhebend, sagte er: ‚Das habt Ihr Euch selbst zuzuschreiben, Herr Sorge. Um in Eurem Eintreten für eine gute Sache glaubwürdig zu erscheinen, hättet Ihr nicht einen persönlichen Groll gegen Silbermann spüren lassen dürfen. Herr Bach hat das ausgesprochen, was wir alle empfanden, und ich füge hinzu: Mit Gehässigkeit dient man einer guten Sache nicht. Mich habt Ihr mit Eurer Art nicht überzeugen können.'

Da schrie Sorge: ‚Dann nicht, ihr Herren, dann eben nicht! Ich werde einen anderen Weg finden, einen

Weg in die Öffentlichkeit mit Hilfe bedruckten Papiers, und das wird einen Sturm geben, daß es den Unverbesserlichen in unserer Kunst nur so um die Ohren braust. Und Herr Bach hat ja doch gegen Silbermann gesprochen, ob er es wahrhaben will oder nicht!'
Ich sagte: ‚Hütet Euch nur davor, daß dieser Sturm Euch nicht selbst den Triebsand in die Augen weht!'
Dann ließen wir ihn allein. Ich habe nichts wieder von ihm gehört."
„Ich auch nicht. Vielleicht bricht der Sturm gegen die Unverbesserlichen aber doch noch los, der werte Herr scheint beharrlich zu sein. Jedenfalls meinen Dank für diesen Bericht, er war sehr aufschlußreich."
Zögernd fragte Hildebrandt nach einer Pause: „Ihr – Ihr zieht gewiß Schlußfolgerungen daraus?"
„Hm, ja, solche drängen sich wohl auf."
„Würde es Euch dabei noch schwerfallen – ich meine, könntet Ihr dabei nicht zu der Überzeugung kommen, daß es doch möglich wäre, wenn wir – ich meine, nach einem kleinen Menschenalter könnten wir ..."
„Was redet Ihr da für ungereimtes Zeug!" fiel ihm Silbermann heftig ins Wort. „Sagt's frei heraus! – – Aussöhnung, wie?"
„Ja."
„Aha! Was seid ihr doch für Schelme – Ihr und der Herr Bach! Der hat es doch wohl eingefädelt, wie? Jaja, beißt Euch nur auf die Lippen! Daß er selbst mit mir hier Eintracht feiern wollte, nehme ich ihm ab. Doch von wegen der edle Saft habe ihm zu schaffen gemacht! Von wegen, er habe mir die Geschichte nicht selbst erzählen wollen! Der verträgt mehr als wir beide zusammen, und er ist auch nicht der Kerl, der sich aus Bescheidenheit eine Bremse ans Mundwerk legen würde. Gab's nicht ein paar unauffällige Bewerbchen? He, Hildebrandt, gab's das nicht?"
„Meister, ich – ich –, es war eine gute Gelegenheit, um – um ..."

„... den Silbermann, den alten Narren, tüchtig hinters Licht zu führen, wie? Na warte, Herr Johann Sebastian! Nachher werde ich bei dir den Orgelwolf heulen lassen, daß dir deine Tonarten nur so um die Ohren fliegen! – Hach!" Erschöpft lehnte Silbermann sich zurück, strich sich über die feuchte Stirn.

Betreten, stumm blickte Hildebrandt vor sich hin.

„Na – und?" knurrte Silbermann."

„Was: na – und?"

„Nun seht euch diese Einfalt an! Da will der Mann sich mit mir versöhnen und läßt die Gläser leer! Schockschwerenot! Was ist das für eine Art!"

Noch nie in seinem Leben hatte Zacharias Hildebrandt so schnell Gläser gefüllt. Und noch nie hatte er Gelegenheit gehabt, so ausführlich vor einem so teilnahmsvollen Zuhörer über sein verpfuschtes Erdendasein, wie er sagte, zu sprechen.

VIERTES KAPITEL

„Das Werk macht den Namen,
die hohe Meisterschaft ist's!"

I

Du wirst dich nicht weigern können", sagte George ernst zu Silbermann. „Zum ersten bist du des Königs Untertan, zum zweiten trägst du einen Hoftitel. Und daß man dich nach Dresden befiehlt, dich nicht darum ersucht, ist doch nach deiner Weigerung damals nicht verwunderlich."

„Ich hab' nach so langer Zeit, nach fast sieben Jahren, nicht mehr damit gerechnet, daß man auf diese Sache zurückkommt", entgegnete Silbermann dumpf. Den Kopf in die Hände gestützt, blickte er unverwandt auf den Brief, der vor ihm auf dem Tisch lag. Das Papier trug das königliche Siegel und die Unterschrift des Premierministers, Grafen von Brühl. „Nein, dort zu erscheinen kann ich mich nicht weigern, wohl aber für sie zu bauen. Und ich werde mich weigern. Sollen sie sich ihrer Günstlinge bedienen!"

„Aber so laß doch die alte Geschichte!" mahnte George eindringlich. „Willst du dich denn partout mit neuen Schwierigkeiten plagen? Sie haben ja doch den stärkeren Arm. Und denk auch ans Geschäft, an den Fortbestand der Werkstatt! Mit Nassau sind wir fast fertig, und nichts steht mehr in Aussicht – nichts. Die Frankensteiner antworten gar nicht mehr, und Ringethal hast du selbst abgeschrieben. Eine Klavierbau-Werkstatt sind wir geworden. Gut, sie bringt das Allernötigste ein – doch wie lange noch? Ein Auftrag auf ein großes Orgelwerk gäbe der Werkstatt neuen Aufschwung. Und bedenk noch dieses: Wenn sie nach sieben Jahren wieder zu dir kommen, trotz deiner Weigerung damals, so ist's ein Zeichen, daß sie dich brauchen. Das sollte dir Genugtuung sein, die manches aufwiegt von dem, was sie dir einst angetan haben."

Spöttisch erwiderte Silbermann: „Du redest wie ein Prädikant, der gar zu besorgt ist um seiner Schäflein Seelenheil. Nur eines hast du vergessen: Sagte ich erst nein zum Auftrag, und sage ich jetzt ohne weiteres ja, so kann's von umgekehrter Wirkung sein, nämlich daß sie der Meinung werden, ich brauche sie, ich – sie. Und das würde heißen: gedrückter Preis und andre ungünstige Konditionen. An so was wär' nicht zum erstenmal ein Orgelbauer zugrunde gegangen. Dann warte auf den Aufschwung der Werkstatt getrost bis zum Sankt-Nimmerleins-Tag!"

„Es muß aber nicht sein, daß sie dieser Meinung werden. Sie brauchen dich, weil andre versagten. So wird es sein! Glaubst du nicht auch, daß sie es in den sieben Jahren mit andren versuchten, wo die höchste Herrschaft es damals doch so eilig hatte?"

„Es könnte so sein."

„Na also! Darauf würde ich bauen, auf nichts andres."

Lange dachte Silbermann nach. Schließlich nahm er den Brief auf und schob ihn in eine lederne Mappe. Entschlossen sagte er: „Gut, ich werd' es versuchen. Aber ungeschoren kommen sie mir nicht davon."

Eine Woche später fuhr Silbermann nach Dresden. Bei seinem Neffen Michel in der Großen Brüdergasse nahm er wieder Quartier. „Ich habe übrigens eine Nachricht für dich", sagte Michel, nachdem ihm der Onkel über den Zweck seiner Reise berichtet hatte. „Konzertmeister Pisendel besuchte mich vor etwa zwei Wochen und bat mich, dir zu bestellen, du mögest bei ihm vorsprechen, noch ehe du hier andres unternimmst."

„Der Pisendel? Eigenartig! Da scheint er zu wissen, daß man mich nach Dresden befohlen hat."

„Vielleicht. Gesagt hat er nichts davon."

Noch in der gleichen Stunde begab sich der Meister zu Georg Pisendel. Dieser hatte noch immer seine bescheidene Wohnung in der Badergasse inne.

Herzlich empfing ihn der Freund, bewirtete ihn gleich mit Wein und Gebäck.

„Bist inzwischen bedenklich angegraut, mein Lieber",

sagte der Konzertmeister in seiner lebhaften Art, „Jaja, das Alter schreitet fort und fort und versieht uns unnachsichtig mit seinen bleibenden Spuren. Oder ist's bei dir vielleicht ein unsolides Leben?"

„Ach geh! Unsolides Leben! Die Sorgen im Geschäft zermürben."

„Du – Sorgen im Geschäft? Die Werkstatt eines Gottfried Silbermann? Bei diesem Ruf und Ruhm? Das sage an diesem Ort bloß nicht zu laut! Man hält dich für einen der wohlhabendsten Orgelbauer weit und breit."

„Vielleicht bin ich's mal gewesen. Ihr am Hof habt das Kriegsunglück wohl überwunden, ich aber noch lange nicht. Bei leeren Kassen in den Städten und Dörfern ist auch mein Ruf und – meinetwegen! – Ruhm nur leerer Schall. Ich habe nur noch Aufträge auf Klaviere."

„Nicht zu fassen! Das darf hier aber niemand weiter erfahren, Gottfried, gerade jetzt nicht, wo es um eine große Sache für dich geht. Du mußt als starker Kontrahent erscheinen."

„Du überraschst mich. Wieso bist du mit den Dingen vertraut?"

„Sehr einfach: In meiner Eigenschaft als Konzertmeister gehöre ich dem Gremium an, das sich im Auftrag der höchsten Herrschaft mit dem Projekt des Orgelwerkes befaßt."

„Aha! Und wer befindet sich noch in dem Gremium?"

„Sachverständige für alle Bereiche. Mit mir stehen Johann Heinrich Gräbner und Hoforganist Richter für den musikalischen Teil. Hofkondukteur Locke hat die Oberaufsicht über den baulichen Teil. Bildhauer Hackl ist verantwortlich für die äußere künstlerische Gestalt des Werkes. Und die finanziellen Belange liegen in den Händen des Grafen von Hennicke, der der kleinen Gesellschaft auch vorsteht. Du befindest dich also morgen im Kanzleihaus vor einem sachverständigen Kreis, der sich mit dir über das künftige Orgelwerk unterhalten wird. Darauf wollte ich dich vorbereiten."

„Das ist dankenswert. Ich glaubte, Brühl oder sein Beauftragter wolle lediglich meine Bereitschaft erkunden und mir einiges Grundsätzliches sagen. In dem Befehl, nach Dresden zu kommen, stand nichts, was auf eine solche Verhandlung gedeutet hätte."

„Mit dir unter vier oder sechs Augen zu sprechen, hätte auch genügt. Die Zeit ist, so meine ich, trotz der nun schon fast acht Jahre währenden Bauarbeiten an der Kirche noch gar nicht da, um ein solches Gremium einzuschalten. Es sind sogar noch sich widerstrebende Auffassungen über die Fortführung des Bauwerks selbst zu überwinden. Nun ja, man hat befohlen – man gehorcht. Und was deine Bereitschaft angeht, so rate ich dir, nicht wieder Schwierigkeiten zu machen. Für den Fall einer wiederholten Weigerung könnte Hennicke dem König empfehlen, dir das von dessen seligem Herrn Vater verliehene Prädikat abzuerkennen. Das würde dir nicht gerade zum Vorteil gereichen."

„Oho! Also dann Erpressung!"

Pisendel schüttelte unwillig den Kopf. „Doch nicht gleich so hart! Du mußt die Dinge sehen, wie sie sind, Gottfried."

„Na schön! Wie groß ist denn das Werk gedacht?"

„Fünfundvierzig bis siebenundvierzig Stimmen."

Silbermann horchte auf. „Und an welche Summe für mich denkt man?"

„Das weiß ich nicht genau, das ist nicht Sache des Gremiums, das hat sich Hennicke vorbehalten. Aus der Kanzlei des Grafen hörte ich einmal, daß man achttausend Taler ansetze, im äußersten Fall auf zehntausend gehen werde. Dazu freies Quartier für dich und deine Leute. Ausgenommen den Prospekt. Bliebe es dabei, wären es, so meine ich, günstige Konditionen für dich. Eine solche Summe kannst du aber nur erreichen, wenn du der starke Kontrahent bleibst, für den sie dich halten. Deshalb sprich mit niemandem über die Misere in deinem Geschäft."

„Sie werden sich wundern, wie stark ich sein werde. – Sage, Georg, hat man in der Vergangenheit auch einem anderen Meister den Auftrag angeboten?"

Pisendel bejahte. „Erst ging man Ernst Hähnel in Meißen an, dann die Gebrüder Gräbner, dann Albert Prockhardt, dann Johann Heydenreich, und alle ..."

„Wie lustig, ach, wie lustig!" Silbermann lachte bitter auf. „Da waren sie ja gewissermaßen alle wieder versammelt."

„Wieso?"

„Gräbner, Prockhardt und Heydenreich waren doch meine Gutachter, als ich damals den Hähnel verklagte."

„Ach ja! Das fügt sich ausgezeichnet! Haben sie dir damals den Weg nicht ebnen können, so taten sie es unbewußt in unsrem Fall. Einer wie der andre bat um Verständnis dafür, daß er den Auftrag nicht annehme, da seine Werkstatt für ein so großes Werk nicht eingerichtet sei."

„Das ist freilich nichts für kleine Tauben." Voller Genugtuung fügte der Meister hinzu: „Sie brauchen also den vertrackten Silbermann, sie kommen ohne ihn nicht aus! Wie sich doch ein Blättlein wenden kann!"

„Es ist eine große Chance für dich, Gottfried. Nutze sie in rechter Weise! Um dir dabei behilflich zu sein, habe ich dich vorher eingeweiht. Doch eine Bitte: Lasse nicht erkennen, daß du informiert bist, sonst könnte es Schwierigkeiten geben, vielleicht auch für mich, da man sich auch erinnern wird, daß wir befreundet sind."

„Sei unbesorgt, Georg. Ich werde deinen Freundschaftsdienst nicht mit einer solchen Unvorsichtigkeit vergelten."

In bester Stimmung verließ Silbermann den Konzertmeister. Er ging nicht gleich nach Hause, machte einen

Umweg. Es drängte ihn, jene im Werden begriffene Stätte auf dem Schloßplatz zu besuchen, die später auch das große Orgelwerk beherbergen würde. Er war versucht zu sagen: sein Orgelwerk, vielleicht das größte, das er je geschaffen hatte.

Vom Alten Markt aus schlenderte er die Schloßgasse hinab, dem Schloßplatz zu. Silbermann entsann sich, daß man ihm einmal erzählt hatte, dieser Platz sei das Schmerzenskind der Bauleute gewesen, ehe er seine gegenwärtige Gestalt bekommen habe: Zahlreiche Gebäude zwischen Schloß und Elbe, darunter die Münze und das Elbtor, hätten entfernt werden müssen. Einige Pfeiler der Brücke, die über den Fluß zum jenseitigen Teil der Stadt führte, seien zugeschüttet worden. Der angeschwemmte Sand sei bei der Festigung des Baugrundes ein großes Hindernis gewesen. Gewaltige finanzielle Mittel hätten schon verwendete werden müssen, ehe überhaupt der Grundstein für die Schloßkirche gelegt werden konnte; das war 1739.

Am Königlichen Schloß mündete die Gasse in den großen Platz. Und da lag sie auch schon, die Baustatt, nur wenige Schritte vom Schloß entfernt. Neben Bergen von Bau- und Gerüstmaterial, das nach dem Fluß zu gelagert war und zwischen denen Kinder lärmend spielten, erhob sich das langgestreckte steinerne Bauwerk, bis zum Dach des sich weit über die Seitenschiffe erhebenden Mittelschiffes hochgezogen. Ein in das Bauwerk einbezogener, noch nicht vollendeter Turm ragte an der nach dem Fluß hin gelegenen Schmalseite um eine Säulenlänge über das Mittelschiff hinaus. Eigenartig: Wohl standen um das gesamte Bauwerk Gerüste, doch kein Arbeiter befand sich darauf, keiner auf dem Platz, obgleich es Wochentag war. Nur am Haupteingang an der Turmseite werkte ein Mann. Auf einer flachen Kiste sitzend, ging er mit Hammer und Meißel einen länglichen Stein an. Das Klingen der harten Schläge war das einzige Arbeitsgeräusch hier.

Silbermann kamen Pisendels Worte in den Sinn, mit denen dieser Schwierigkeiten bei der Fortführung der Bauarbeiten angedeutet hatte. Vor den anderen Dingen war diese Frage aber dann zurückgetreten. Sollten die Schwierigkeiten etwa so tiefgehend sein, daß man die Arbeit einfach liegengelassen hatte?

Der Meister beschloß, der Sache auf den Grund zu gehen. Er trat an den Steinmetzen heran. „Gott zum Gruß!" sprach er ihn an.

Der Mann ging nicht darauf ein, blickte nicht einmal auf, arbeitete – verbissen, wie es schien – weiter.

„Man hat hier wohl eine Pause eingelegt?" versuchte Silbermann mit ihm ins Gespräch zu kommen.

„Scheint so", knurrte der andere. „Kannst ja derweile mit zupacken. Neugierige haben wir reichlich."

„Ich komme später dran, wenn die Orgel gebaut wird."

„Die Orgel!" Der Mann hielt in der Arbeit inne, wandte den Kopf ein wenig. „Orgelbauer?"

„Ja."

„Meister?"

„Ja."

Der Steinmetz blickte auf. „Soso. Da könnt Ihr aber noch lange warten. Hier ist nicht bloß Pause, hier ist große Pause – seit einigen Monaten schon."

„Oho! Warum?"

„Weil's denen oben so gefällt."

„Das müßt Ihr mir aber präziser sagen."

„Der Architekt, der Chiaveri, hat alles liegenlassen, weil sie ihn beleidigt haben. Seine Gewölbe auf dem Mittelschiff taugten nichts, haben sie gesagt, könnten zusammenbrechen. Ist aber alles dummes Geschwätz! Ich bin kein Freund des Römers, er ist ein bissel affektiert, redet einen nur auf italienisch an, aber seinen Kram versteht er, das ist wahr. Die Gewölbe halten tausend Jahre, sage ich Euch."

„Aber irgendwie muß es doch weitergehen."

„Freilich. Aber wann! Die oben wissen ja selber nicht, was sie wollen, und der Römer hat gedroht, seinen Reisesack zu packen. – Ihr seid doch kein hiesiger Meister?"

„Ich komme aus Freiberg."

„Aus Freiberg? Orgelbauer aus Freiberg? Gottfried Silbermann?"

„Der bin ich."

„Oh!" Der Steinmetz schob seine verstaubte Lederkappe aus der Stirn und erhob sich, reichte dem Meister die Hand. „Nichts für ungut. Hätt' ich das am Anfang gewußt ... Ich bin Tobias Lehmann, Steinmetz- und Maurermeister. Habe auch die Säulen und Kapitelle hier geschlagen. Und jetzt muß ich mich mit diesem popligen Kram befassen, Stufen putzen, weil sie mir meine Gesellen vergrämt haben. Die Gewölbe könnten einstürzen – ha! Tausend Jahre halten die!" Auf einen glattgehauenen Stein deutend, fuhr er fort: „Setzt Euch doch, Herr Silbermann! Es tut mir gut, mal bei einem vernünftigen Menschen alles loszuwerden." Er nahm die Lederschürze ab und legte sie, die innere Seite nach oben, auf den Stein.

Die Dämmerung war angebrochen, als Silbermann sich zur Großen Brüdergasse auf den Weg machte. Der Besuch hier hatte sich gelohnt. Silbermann war nicht nur um einiges Wissen über den Ablauf des Baugeschehens reicher, er hatte auch das Bauwerk eingehend besichtigt und mit Lehmanns Hilfe Maße genommen, die für die Vorbereitung des Orgelwerkes wichtig waren. Die Hochstimmung, die er am Anfang verspürte, war allerdings verflogen. Was der Steinmetz ihm erzählt hatte, ließ ihn ahnen, daß die Reibereien zwischen Bauherren und Bauleuten auch weiter hemmen, daß noch einige Sommer und Winter ins Land ziehen würden, ehe ein Orgelwerk aufgesetzt werden könnte.

2

Das Kanzleihaus befand sich samt dem Stallhof außerhalb des gewaltigen Vierecks, das die Gebäudetrakte des Schlosses bildeten. Lag der Anfang des Schlosses im Dunkel – die Chronisten sagten, es habe seinen Ursprung in einem markgräflichen Kastell, um 1200 zum Schutze des Elbübergangs an der über Zwickau, Freiberg und Görlitz bis Krakau führenden großen Handelsstraße und der Siedler, die sich Drezdanys nannten, errichtet –, so war die Entstehung des Kanzleihauses auf das Jahr genau überliefert: Hans Irmisch hatte es in der Zeit von 1565 bis 1567 gebaut.

Es zählte zu den wichtigsten Beigebäuden des Schlosses. Schon das Äußere gab seine Bedeutung kund: Es besaß drei Flügel um einen Hof und war dreistöckig aufgeführt, mit Ziergiebeln und reichem Sgraffitoschmuck versehen. Hier ging ein und aus, wer mit der Verwaltung des Schlosses, den Besitzungen des Regenten zu tun hatte. Hier wurde gefeilscht und verhandelt mit Ansuchern, mit bestellten oder auch befohlenen Kontrahenten, wenn es um solche Dinge ging. Und das störte nicht den Tagesablauf der Höchst- und Hochgeborenen im Schloß, eben weil die Leute „draußen" abgefertigt werden konnten.

Gottfried Silbermann betrat durch den in einem halbturmähnlichen Vorbau befindlichen Eingang das Kanzleihaus. Er brauchte den Weg zu dem Beratungsraum im ersten Stockwerk nicht zu erfragen, Pisendel hatte ihn am Tag zuvor beschrieben. Der Raum lag am Ende eines Ganges, der von zahlreichen Fenstern Licht erhielt. Als der Meister die Tür öffnete, sah er eine Gruppe Männer lebhaft ins Gespräch vertieft an der Schmalseite eines langen Tisches stehen. Eingedenk seiner Rolle, die er mit Pisendel vereinbart hatte, tat er erstaunt. „Oh, Pardon, ich habe mich wohl in der Tür geirrt."

„Nein, nein, tretet nur ein, Herr Silbermann!" rief ihm Georg Pisendel zu. „Ihr seid schon an der richtigen Stelle."

„Haben die Herren sich etwa auch wegen – wegen der Baulichkeiten in der Schloßkirche eingefunden?"

„In gewissem Sinne – ja." Der Konzertmeister wandte sich an die anderen: „Es ist doch wohl nichts dagegen einzuwenden, daß ich den Meister mit den Umständen vertraut mache?"

„Sicher nicht", entgegnete der älteste von ihnen, es war Johann Heinrich Gräbner.

Weil auch die anderen zustimmten, fuhr Pisendel fort: „Meister, Ihr seht hier die Herren, die auf höchste Order hin sich mit dem Projekt des Orgelwerkes für die Schloßkirche befassen. Heute sind sie als Sachverständige zugegen, wenn Euch Herr Graf von Hennicke, der dem Gremium vorsteht, befragt."

„Erfreut, sehr erfreut", versicherte Silbermann, und er nickte freundlich in die Runde.

„Da ich nun einmal das Wort genommen habe, laßt mich Euch auch die Herren vorstellen. Das ist der Herr Hofkondukteur Locke, Aufsichtsführender über alle Bauarbeiten, und das ist Herr Bildhauer Hackl, der dem Orgelwerk die äußere künstlerische Gestalt geben wird. Die Herren Gräbner und Richter kennt Ihr ja schon."

Silbermann reichte jedem die Hand. Gräbner und Richter sprachen einige freundliche Worte. Die beiden anderen, jünger als er, hielten sich dagegen zurück. Sie blickten ihn abschätzend an.

Es blieb keine Zeit, das Gespräch fortzusetzen. Vom Gang her war das Geräusch schneller Schritte zu hören, und gleich wurde die Tür geöffnet. Graf von Hennicke trat ein. Ihm folgte eilfertig ein älterer, ganz in Schwarz gekleideter Mann, unter dem Arm ein längliches Kästchen und eine dünne Mappe. Es war der Sekretär, den Silbermann schon vor sieben Jahren im Schloß Freudenstein gesehen hatte. Die Männer machten Front zum Grafen hin und verbeugten sich.

Lässig hob Hennicke die Hand zum Gruß und setzte sich gleich an die den Fenstern zugewandte Schmalseite des Tisches. „Bitte, Messieurs!" forderte er die anderen auf. „Ich nehme an, man hat sich bereits, soweit noch nötig, miteinander bekannt gemacht."

„So ist es, Gräfliche Gnaden", bestätigte Pisendel.

Silbermann stellte bei Hennicke fest: kühle Geschäftsmäßigkeit, keine persönliche Geste. Er hatte ihm wohl seine Widerspenstigkeit noch nicht verziehen.

Nach einem raschen Rundblick gebot Hennicke: „Notiert, Herr Sekretär: Alle Geladenen haben sich eingefunden." Und gleich sprach er den Meister an: „Ihr wißt aus dem Befehl, worum es geht, Herr Silbermann. Seid Ihr nunmehr bereit, den Auftrag auf das Orgelwerk in der hiesigen Schloßkirche anzunehmen?"

„Ja, Gräfliche Gnaden."

„Und habt Ihr Euch auch schon Gedanken über das Projekt gemacht?"

„Gewiß. Ich habe mir auch den Ort schon angesehen und eine Raumaufnahme vorgenommen, soweit der Stand der Bauarbeiten es zuließ."

Hennicke wurde freundlicher. „Gut! Welche Vorstellungen habt Ihr Euch machen können?"

„Gemessen an der Bedeutung des Bauwerks, an seiner Größe und innerer Gestalt halte ich ein Werk von siebenundvierzig Stimmen mit etwa zweitausendneunhundert klingenden Pfeifen in Brustwerk, Hauptwerk und Oberwerk für erforderlich. Nehme ich zum Standort des Instruments die Empore über dem Haupteingang des Mittelschiffs, so habe ich dieses im inneren Bild: einen hochstrebenden, kräftigen Mittelteil, zu dessen Seiten je einen schwächeren Teil von geringerer Höhe, an den Flanken kräftigere, nur wenig höhere Teile, alles durch stärkere Säulen voneinander abgesetzt."

„Danke. Was sagen die Herren dazu?"

Sogleich nahm Gräbner das Wort: „Was die Anzahl der Stimmen und Pfeifen angeht, Gräfliche Gnaden, so liegt sie bei der, die wir gesetzt haben. Ich meine, es sei dem Vorschlag des Meisters zuzustimmen. Die äußere Gliederung entspricht des Meisters Gepflogenheiten, ich könnte nichts dagegen sagen. Doch zur Disposition hätte ich gern noch einiges gewußt."

„Es kann aber nur Allgemeines sein, Herr Gräbner, Details muß ich erst noch durchdenken", entgegnete Silbermann. „Kammerton, drei Manuale, das Manual C-d''', das Pedal C-c', sechs Spanbälge. Im Hauptmanual müssen große, gravitätische Mensuren sein, im Brustwerk delikate, im Oberwerk scharfe, penetrante. Das Pedal braucht starke, auch durchdringende Mensuren. Bitte, laßt Euch das genügen."

Gräbner gab sich auch zufrieden.

Nicht zufrieden war Richter. Ihm hatte es die Gliederung des Äußeren angetan. „Gewiß, ein Oberwerk entspricht den Gepflogenheiten des Meisters, doch in diesem Falle ist es, so meine ich, nicht angebracht. Ein Rückpositiv ist besser am Platze, das entspricht dem baulichen Stil, der Ausstattung des Hauses und der inneren Bindung des Werkes an – an ..."

Silbermann half ihm weiter: „Ihr meint, weil es eine Kirche der katholischen Konfession werden soll, nicht wahr? Und darein gehöre ein Rückpositiv?"

„Man legt an höchster Stelle keinen Wert darauf, daß das besonders betont wird", belehrte ihn der Hoforganist. „Meine Bedenken liegen indessen in dieser Richtung. Es wäre ratsam, wenn Ihr das noch einmal überdenken würdet."

„Diese Dinge habe ich längst überdacht. Was hat wohl ein Dienst in dieser Konfession mit Rückpositiv oder Oberwerk zu tun? Hier geht es doch um anderes: entweder Wahrung einer allgemeinen Tradition in der Kunst des Orgelbauens – oder Zuwendung zu einer neuen äußeren Form in dieser Kunst gemäß dem allgemeinen Wandel des Geschmacks und dem Sinn nach größerer Zweckmäßigkeit. Das hat mit Konfession nicht das geringste …"

Graf Hennicke unterbrach ihn: „Es ist gut, Meister. Eine Lektion zu hören über den Wandel des Geschmacks in der Kunst des Orgelbauens ist gewiß recht interessant, zu diesem Zweck sind wir aber hier nicht zusammengekommen. Es sei eindeutig gesagt: Seitens der höchsten Herrschaft besteht bezüglich der äußeren Gestalt des Orgelwerkes keine Intention, sie überläßt das völlig diesem Gremium. Wie stehen die anderen Herren zu Herrn Richters Meinung?"

Gleich nahm Pisendel das Wort: „Wenn die allerhöchste Herrschaft die Entscheidung dem Gremium überläßt, so bitte ich diese Frage als erledigt anzusehen, es bei dem Oberwerk zu belassen. Herr Silbermann hat, das weiß ein jeder, mit seiner Gepflogenheit die besten Erfolge gehabt, und darauf kommt es doch in erster Linie an."

„So ist es!" bekräftigte der Meister.

„Auch ich bitte es dabei zu belassen", erklärte Bildhauer Hackl. „Herr Silbermanns Vorstellung deckt sich weitgehend mit der meinen. In meinem Entwurf für den Prospekt sehe auch ich ein Oberwerk vor. Ich bin jedoch der Meinung, daß in Anbetracht der enormen Höhe des Gewölbes, des Raumes, der noch über dem Orgelwerk liegen wird, dessen Flankenteile nur um ein Geringes kürzer sein sollten als der hochstrebende Mittelteil. Sonst besteht die Gefahr, daß die Schauseite des Werkes sich in dem großen Raum verliert. Ich schlage Euch vor, Meister, wir setzen uns morgen vormittag in meiner Wohnung zusammen und beraten darüber. Ich wohne in der Annengasse."

Ohne Zögern stimmte Silbermann zu.

Nun schaltete sich Hofkondukteur Locke ein. „Pardon, Gräfliche Gnaden, ich muß bei dem allen Bedenken geltend machen. Die Herren disponieren, wie mir scheint, ohne Rücksicht auf den genauen Standort für das Orgelwerk. Dieser befindet sich im Innern des mittleren Bogens, hinter den Säulen, und da ist der Raum gar nicht in so verschwenderischer Fülle vorhanden. Es wäre ratsam, wenn die Herren sich diesen Platz noch einmal genau ansehen würden, ehe sie ihre ...“

„Aber was soll denn das!" entfuhr es Hackl. „Davon war nie die Rede. Als wir letzthin wieder einmal die Pläne besprachen, nahm man meine Darlegungen ohne Einwand hin. Herr Hofkonduktéur, mit einer solchen Art bin ich ganz und gar nicht einverstanden. Das Werk muß vor die Säulen!"

„Bedauere, ich war bei dem Gespräch nicht zugegen. Die Bauführung wird hier allgemein von folgenden Prinzipien geleitet." Ausführlich legte Locke diese Prinzipien dar. Erst als Graf von Hennicke Ungeduld erkennen ließ, kam er auf den speziellen Fall zu sprechen. „Würde man den Vorstellungen der Herren folgen, das Instrument also vor die Säulen setzen, wäre es notwendig, die Empore entgegen der bestehenden Absicht beträchtlich zu erweitern. Zudem wäre zu befürchten, daß ein derart vorgezogenes Instrument den imposanten Anblick des Gewölbes stört und die ...“

Heftig unterbrach Silbermann den Hofkonduktéur: „Oho! Den imposanten Anblick des Gewölbes stört! Mich dünkt, die Bauführung urteile hier ziemlich oberflächlich. Wie könnte sie sonst außer acht lassen, daß ein in einen Bogen hinter Säulen gezwängter Prospekt an Wirkung sehr verliert? Daß der Klang eines Instruments beträchtlich leidet? Daß auch der Raum hier für ein Werk der vorgesehenen Größe gar nicht ausreicht? Da muß die Bauführung sich aber gründlich korrigieren!"

„Dank für Kompliment und Belehrung", entgegnete Locke spitz. „Die Bauführung wird trotzdem auf ihrem Standpunkt beharren müssen. Sie kann einfach nicht zulassen, daß ein wichtiges architektonisches Element durch einen in den Vordergrund gerückten Zubau beeinträchtigt wird."

„Durch einen Zubau – großartig!" Hart lachte Silbermann auf. „Gar noch einen unnützen, wie? Gräfliche Gnaden, ich kann dem nicht mehr folgen. Als ich die Baustatt besichtigte, vom Gerüst in Emporenhöhe aus die Akustik prüfte, nahm ich als selbstverständlich an, daß das Werk auf dem Platz vor den Säulen stehen werde. Anders kann es auch gar nicht sein. Bleibt die Bauführung bei ihrem Standpunkt, ziehe ich mein Ja zurück."

Locke wollte aufbegehren, doch Hennicke gebot ihm mit einer scharfen Handbewegung Schweigen. „Bitte keinen Streit! Der bisherige Ablauf der Bauarbeiten hat uns schon genug Ärgernis gebracht." Sich an Silbermann wendend, fuhr er fort: „Die Einrichtung des Hauses befindet sich in statu nascendi, Meister, es ist manches noch nicht endgültig festgelegt. Ich bin überzeugt, daß die Bauführung alle Möglichkeiten ausschöpfen wird, dem Orgelwerk einen guten Platz zu geben. Bereitet den Entwurf für das Werk getrost in Eurem Sinne vor. – Damit genug für heute! Schreibt, Herr Sekretär!"

Fließend diktierte der Graf, sicher arbeitete er die einzelnen Punkte heraus. Als wichtigstes Ergebnis legte er nieder: „Meister Silbermann stellt seine Disposition bis zum Juli 1749 fertig auf der Grundlage des Vorschlags, den er dem Gremium mündlich unterbreitet hat. Zu gegebener Zeit wird er darum ersucht, die Disposition persönlich dem Gremium vorzulegen. Zum gleichen Zeitpunkt legt auch Bildhauer Johann Hackl den Entwurf des Prospektes vor, der im Einvernehmen mit Meister Silbermann entstehen wird."

Am Schluß fragte Hennicke: „Noch Ergänzungen, Einwände?"

Es gab keinen Einwand. Die Männer stimmten zu,

Richter und Locke freilich nur mißmutig, denn Hennicke hatte Silbermann und Hackl freie Hand gegeben, es der Bauführung überlassend, mit der undankbaren Aufgabe, die darauf folgen mußte, fertig zu werden.

„Ich danke den Herren. Euch, Meister Silbermann, brauche ich noch."

Als die anderen den Raum verlassen hatten – nur der Sekretär war noch geblieben –, sagte Hennicke: „Was nun noch zu besprechen ist, gehört nicht zur Kompetenz dieses Gremiums, nämlich die finanzielle Seite des Projektes. Ihr habt Euch gewiß auch in diesem Belang schon Gedanken gemacht?"

„Ja, Gräfliche Gnaden."

„Wie hoch stellt sich Eure Forderung?"

„Auf zwanzigtausend Taler, dazu Quartier und …"

„Auf …?" Fast hatte der Graf es geschrien. Er riß die Augen auf, umklammerte mit beiden Händen die Tischkante. „Zwanzig …! Das ist ja unglaublich!"

„Mit Verlaub, Gräfliche Gnaden, wieso? Ich schließe ein das gesamte Material nebst Fuhren und …"

„Unmöglich! Habt Ihr vergessen, daß Prospekt und Gehäuse nicht zu dem Auftrag gehören?"

„Ich habe es nicht vergessen."

„Und trotzdem –," Hennicke hatte sich wieder gefaßt. „Hört mir gut zu, Herr Silbermann! Eure hohe Kunst in Ehren. Daß Ihr Euch berechtigt seht, sie Euch bezahlen zu lassen, gehört wohl zum Geschäft. Aber der höchsten Herrschaft ein solches Angebot zu machen ist – na! Glaubt Ihr wirklich, sie ginge darauf ein?"

„Aber das steht doch ganz in dero Belieben, Herr Graf. Ich dränge mich nicht auf und verletze auch keine Abmachung. Es gibt eine ganze Reihe guter Orgelbauer in Dresden, vielleicht bietet ein anderer bessere Konditionen. Ich wäre der Herrschaft nicht gram, wenn sie sich dessen bedienen würde."

„Aber Ihr müßt doch zugeben, daß Eure Forderung unglaublich hoch ist. Die Kosten für Euer Instrument in der Frauenkirche betrugen, wie wir wissen, viertausendsiebenhundert Taler, und es hat nur vier Stimmen weniger. Das ist doch ein grobes Mißverhältnis."

„Oh, ein Vergleich ist hier nicht möglich. Den Preis für das Instrument in der Frauenkirche kalkulierte ich vor mehr als fünfzehn Jahren. Zwischen damals und heute liegen Kriege und eine stetig wachsende Teuerung."

„Dem tragen wir schon reichlich Rechnung. Wir sanktionieren eine Forderung von elftausend Talern, das ist das höchste. Elftausend Taler, Herr Silbermann!"

Mit der Antwort ließ der Meister sich Zeit. Die Gewißheit, daß der Graf unter dem Zwang der Notwendigkeit stand, sich mit ihm zu einigen, ihm jetzt oder später Zugeständnisse zu machen, gab ihm Genugtuung. Dennoch erschien es ihm ratsam, den Anschein zu vermeiden, er sei unnachgiebig. Elftausend Taler! Das war weit mehr als die Summe, die Pisendel ihm genannt hatte. Darauf wäre recht gut aufzubauen. „Ich bin einverstanden, Gräfliche Gnaden", sagte er schließlich. „Doch die Umstände zwingen mich, eine Bedingung zu stellen: Träte der Fall ein, daß die Preise für die Materialien und die Lebensgüter weiter steigen, gestatte mir die höchste Herrschaft, nach Fertigstellung des Werkes eine Nachberechnung vorzunehmen. Bei dem derzeitigen Stand der Bauarbeiten in der Schloßkirche und den vorliegenden Umständen werden noch Jahre vergehen, ehe ich dort zum Zuge komme. Wie kann ich da heute schon …!"

„Unmöglich! Das hieße für uns, ein Risiko zu übernehmen, welches nicht überschaubar ist."

„Dann soll ich also das Risiko tragen, obgleich es für mich noch weniger überschaubar ist? O nein, Gräfliche Gnaden, das kann man nicht von mir verlangen. An so etwas hat sich schon mancher Meister totgebaut."

„Redet doch nicht so! Nicht zu mir! Gesteht mir getrost in diesen Dingen einige Kenntnis zu. Elftausend

Taler sind eine hohe Summe, sie enthält bereits eine tüchtige Spanne vorausberechneter Teuerung. Damit baut sich kein Meister tot, auch nicht in ferneren Jahren."

„Bedaure. Ich muß auf dieser Kondition beharren. Meine Gründe habe ich gesagt. Was wäre das für ein Auftrag, der mir schon am Anfang den Strick um den Hals legt!"

Heftig winkte Hennicke ab. „Ach – Strick um den Hals legt! Euch! Doch verschwenden wir keine Zeit! Überlegt es Euch noch einmal gründlich! Ihr habt lange Zeit dazu. Diesen – diesen Scherz nehmen wir nicht ins Protokoll auf."

„Was ich sagte, war kein Scherz."

„Werdet nicht übermütig, rate ich Euch!" sagte drohend der Graf und erhob sich. „Die Erinnerung an gewisse Dinge ist noch wach. Damals habe ich durch eine dringliche Intervention beim Herrn Premierminister von Brühl verhindern können, daß man Euch den ‚Hof'-Titel aberkannte, man ist stillschweigend über die Affäre hinweggegangen. Ein zweites Mal wäre das nicht möglich. – Adieu!" Eilig verließ er den Raum. Der Sekretär hatte Mühe, ihm auf dem Fuße zu folgen.

Düster blickte Silbermann zur Tür hin. „Zwanzigtausend, Herr Graf, keinen Taler weniger", murmelte er. „Alles wird man mir zurückzahlen, was man mir einst genommen hat – alles."

3

Nach Freiberg ins Regimentshaus zurückgekehrt, erlebte Silbermann einige Überraschungen.

Sein Weg führte ihn zunächst in die Schreibstube. Er stutzte. Auf seinem Schreibtisch lag in einer mit ein wenig Wasser versehenen flachen Schale ein kleiner

Kranz, geflochten aus jungem Fichtengrün und Frühlingsblumen.

„Was soll das!" knurrte er, er hatte doch schon im Januar Geburtstag gehabt. Aus dem Nebenraum kam ein scharrendes Geräusch. Er stieß die Tür auf. Und da standen seine Gesellen in einer Reihe, als seien sie zu einer Gratulation angetreten: George, Schöne, Oehme Schubert und Manner. Vergnügt grinsten sie.

„Euch hat wohl der Hafer gestochen!" fuhr er sie an. „Bis zum Feierabend sind's noch drei Stunden."

„Wir haben Schluß gemacht, weil's seit vorgestern so schön ist", erwiderte George lachend.

„Schön? Ich meine, es sei diesig und feucht draußen, in Dresden hat's geregnet. Und außerdem wär' schönes Wetter noch lange kein Grund ..."

George war auf den Meister zugeschritten und reichte ihm die Hand. „Wir meinen ja gar nicht das Wetter, sondern weil bei uns bald wieder mehr Betrieb sein wird." „Mehr Betrieb? Wieso? In Dresden ist's noch lange nicht in dem Topf, in dem's kochen soll."

„Ach, Dresden! Vorgestern war Herr Wiegand aus Frankenstein hier. Er hat gesagt, daß sie sich wieder Gedanken machten um das Werk und die Absicht hätten, den Kontrakt im nächsten Jahr abzuschließen. Bis dahin hätten sie das Geld für die Anzahlung zusammen. Du könntest fest damit rechnen. Und gestern kam der Pfarrer aus Wegefahrt. Du möchtest ihn nächstens mal besuchen. Es ginge um ein Werk etwa wie das in Dittersbach. Ja, und dann ist ein Brief eingegangen, der das Siegel der königlich-preußischen Kanzlei in Potsdam trägt, und da meinen wir, daß man auch dort ..."

„Wo ist der Brief?"

„Oben in deiner Wohnstube. Und weil wir uns über alles gefreut haben, hat die Anna heut morgen den kleinen Kranz ..."

„Danke – danke! Wir reden noch darüber. Macht erst

mal weiter! Ihr seid doch an den Klavieren für Leipzig geblieben?"

„Ja, es müssen nur noch die Saiten eingezogen werden."

Silbermann betrat wieder seine Schreibstube. Die Schale mit dem Blumenkranz stellte er vorsichtig auf den langen Ablagetisch. Lächelnd schüttelte er den Kopf. Die Anna! Auf eine solche Weise hatte sie ihn nach einer Rückkehr von einer Reise noch nie begrüßt. Zu welch ungewöhnlichen Dingen doch eine gute Nachricht einen Menschen treiben kann!

Er nahm seine Reisetasche auf, um sich hinauf in seine Stube zu begeben. Noch ehe er die Tür erreichte, trat Anna aus der Küche. Erwartungsvoll blickte sie ihm entgegen.

„Grüß dich, Blumenkünstlerin!" sprach er sie an. „Frühling auch im Haus, wie? Hast's gut gemacht!"

Glücklich-verschämt blickte sie zu Boden. Eine solche vertraute Geste, ein solch lobendes Wort hatte sie seit Jahren nicht von ihm empfangen. „Meister, ich dachte, wenn's wirklich so ist, wie die Gesellen sagen, da ..."

„Es wird schon so sein. Ich bin hungrig, mach mir ein ordentliches Vesperbrot zurecht."

Noch ehe er sich setzte, riß er den Brief mit dem königlich-preußischen Siegel auf. Nur wenige Zeilen waren es, dafür aber inhaltsschwer: Das Hofmarschallamt in Potsdam bestellte sieben Hammerflügel der Art und Ausstattung wie das Exemplar, das er vor zwei Jahren schon geliefert hatte. Und sobald er den Auftrag bestätigt haben würde, stünde ein Vorschuß von dreihundert Talern zur Verfügung.

Er setzte sich in den Lehnstuhl am Fenster. Noch einmal und noch einmal las er den Brief. Bedächtig legte er ihn dann auf den kleinen Tisch.

Sieben Hammerflügel der vornehmsten Art! Sie waren wohl bestimmt für die Schlösser, die der Knobelsdorff baute.

Sieben Instrumente auf einmal! Das war ein Auftrag! Das hieß Arbeit für längere Zeit. Zusammen mit den noch vorliegenden kleineren Aufträgen würde sie ausreichen, viele Monate zu überbrücken. Zwischendurch vielleicht das Werk in Wegefahrt, dann das in Frankenstein, dann das in Dresden! Dresden! Zwanzigtausend Taler, Herr Graf, nicht einen weniger! Und einen tüchtigen Vorschuß! Was dem König von Preußen recht war, sollte dem König von Polen und Kurfürsten von Sachsen billig sein; in Macht und Pracht liefen sie ja auch gern um die Wette. Jawohl, einen tüchtigen …!

„Das Vesperbrot, Meister."

Er fuhr zusammen. „Ja – ja! Auf den Tisch, Anna! Hol George rauf! Hast du noch genügend Küchengeld?"

„Zwei Taler und ein paar Groschen."

„Heut abend gibt's Gebratenes, keine Suppe. Für alle!"

„Ge – Gebratenes? Aber da reicht's doch nicht für den Rest der Woche, und Ihr …"

„Gebratenes, hab' ich gesagt! Und findest du im Keller noch eine vergessene Bouteille – ran damit! George soll gleich kommen."

Die beiden Männer führten ein langes Gespräch. Sie unterhielten sich über den Potsdamer Auftrag, über das, was Silbermann in Dresden ausgerichtet hatte. Dann berieten sie, wie das Materiallager wieder zu ergänzen sei, das sie unter dem Zwang der Verhältnisse hatten vernachlässigen müssen, und wie der Ablauf der Arbeit künftig zu gestalten sei. Sie kamen schließlich überein: Am Anfang der folgenden Woche würde der Meister den Pfarrer in Wegefahrt besuchen. In der gleichen Woche seien die Restarbeiten an dem Werk in Nassau zu beginnen, ob nun die Kirchfahrt das Geld für die letzte Rate zusammengebracht habe oder nicht. „Das Ding hängt uns nun schon über drei Jahre an, wir brauchen jetzt aber freie Bahn", begründete der Meister seinen Entschluß. George würde mit Schöne gemeinsam die Arbeit zu Ende führen. In der Zwischenzeit würde der Meister mit den anderen Gesellen die Klaviere fertigstellen, die schon vorbereitet waren. Dann wäre mit dem Zuschneiden des Holzwerks für die Hammerflügel zu beginnen.

Am Abend brachte Anna Gebratenes auf den Tisch – wieder einmal seit langer Zeit. Eine vergessene Flasche hatte sie zwar nicht gefunden, dafür wartete sie mit einer Kanne starken Frauensteiner Bräus auf. Es war eine fröhliche Mahlzeit, aufgeräumt und zuversichtlich zeigte sich der Meister.

Da dröhnten harte Schläge des Türklopfers durch das Haus.

„Vielleicht wieder Kundschaft", sagte Schubert vergnügt. „Nach der Regel: Erst nichts, dann alles auf einmal. Wie?" bemerkte der Meister lachend. „Anna, ich bin heut für jeden zu sprechen, selbst für den Erselius."

Es war aber keine Kundschaft, es war auch nicht Erselius, Anna brachte Krauße mit, und dieser machte ein finsteres Gesicht, als er durch die halb geöffnete Küchentür blickte. „Kann ich dich mal sprechen, Gottfried?" In der Hand hielt er ein flaches, in Papier eingeschlagenes Päckchen.

„Oho!" stieß Silbermann hervor. „Du siehst ja aus, als hätte dich der Kämmerer auf die Straße gesetzt."

„Es geht nicht um mich."

„Dann wohl um mich!" sagte Silbermann leichthin, sich ein wenig umständlich erhebend.

Als sie sich in der Wohnstube befanden, warf Krauße das Päckchen auf den Tisch. „Es ist jämmerlich, erbärmlich!" stieß er hervor. „Eine unglaubliche Desavouierung!"

„Aber wenn's nicht um dich geht, brauchst du dich doch nicht so zu alterieren", begütigte Silbermann den Erregten, während er die Kerzen des Tischleuchters anzündete. „Setz dich doch!"

Krauße entfernte den Umschlag des Päckchens. Ein

kleines Buch kam zum Vorschein. Als sei es etwas Ekelerregendes, schob er es mit dem Zeigefinger hastig von sich. „Da, sieh dir das an! Oder kennst du es schon?"

Gleichmütig nahm Silbermann es auf und las den Titel. „Gespräch von der Praetorianischen, Printzischen, Werckmeisterischen, Neidhardtischen und Silbermannischen Temperatur" stand da zu lesen. Als Verfasser war verzeichnet: Andreas Sorge. Der Meister lachte. „Ach, schau an! Der kluge Mann läßt also doch noch den Ketzern den Sturmwind um die Ohren brausen! Tüchtig – tüchtig! Hat er's denn wenigstens ordentlich scharf gemacht?"

„Du – du weißt davon? Und nimmst es so gleichgültig hin?"

„Von seinem freundlichen Vorhaben hab' ich schon vor langer Zeit gehört. Dieses Ding ist mir freilich noch nicht unter die Augen gekommen."

„Aber es ist doch unerhört, was er da schreibt! Lies doch! – Da, ich habe Zeichen zwischen die Seiten gelegt und einiges unterstrichen."

Silbermann las eine Weile, nickte wieder und wieder. „Schon bekannt! Hier: daß das Grundübel meiner Temperatur die ganz unleidliche Quint as-es sei, die mehr eine Dissonanz als eine Konsonanz sei. Hier: daß man auf meinen Instrumenten As-Dur, Des-Dur, Ces-Dur und H-Dur nur mit dem allergrößten Ekel hören könne, dementsprechend klängen die Großterzen h-dis und fis-ais. Alles schon gehört, mein Freund! – Das hier mit dem Moll ist mir allerdings neu. Hör zu! ‚Unter den Moll-Tonarten reizen dis-Moll, f-Moll und b-Moll wegen ihrer um ein Limma zu kleinen Terz zur tiefsten Melancholie.' Hübsch, wie? Und hier erst! Großartig! ‚Wie klingt die Trias as-c-es mit sich selbst und gegen andere Instrumente und Stimmen? Nicht anders, als wenn der Teufel mit seiner Großmutter ein Duett macht, denn die Quinte …'"

„Hör auf! Ist ja zum Davonlaufen! Und du findest das, wie mir scheint, auch noch vergnüglich! Ja, kannst du denn nicht ermessen, welchen Schaden dir dieses Pamphlet ...?"

„Schaden? Ach geh, Hannes! Wer solche Gehässigkeiten von sich gibt, den reitet der Teufel und nicht der Sachverstand. Das merkt doch jeder, auf dessen ernstes Urteil es ankommt. Und solche Leute haben schon mit mir darüber gesprochen. Was soll mich da das Geifern dieses kleinen Mannes kümmern!"

„Du willst also nichts gegen ihn unternehmen?"

„Ich überantworte ihn der Höllenglut." Silbermann warf das Buch in den Kamin. „Da wird es bei erster Gelegenheit einen guten Zweck erfüllen. – Wie bist du überhaupt zu diesem Ding gekommen?"

„Kantor Doles hat es aus Leipzig mitgebracht, es ist dieser Tage erschienen. Erst wollte er selbst mit dir darüber sprechen, dann hatte er aber Bedenken. Du würdest ihm vielleicht – vielleicht ..."

„... das Pamphlet an den Kopf werfen, wie? Ach nein, Hannes, eine solche Mühe ist's nicht wert. Sag ihm meinen Dank, und seine Unkosten würde ich gerne ersetzen, er könne sich getrost wieder mal bei mir sehen lassen."

4

Der Meister hatte nach Potsdam geschrieben und mit respektvollen Dankesworten den Auftrag bestätigt. Auch an die Kirchgemeinde Frankenstein hatte er einen Brief gerichtet, in dem er sich für die gute Nachricht bedankte und versicherte, zu jedem Zeitpunkt einen Kontrakt abschließen und mit dem Bau des Werkes beginnen zu können.

Nun befaßte er sich mit Wegefahrt.

Ein Werk wie etwa das in Dittersbach, hatte der Pfarrer

gesagt. Silbermann holte das Kundenbuch aus dem Schrank. Er mußte weit zurückblättern, ehe er die Eintragungen über Dittersbach fand. 1726 schon war das Werk entstanden, es war ein kleines mit einem Manual und vierzehn Stimmen. Er hatte es nebenbei mit gebaut – neben den um vieles größeren in Forchheim und Oederan. Ja, damals! Gegenwärtig hatte ein solch kleiner Auftrag ein bedeutend größeres Gewicht. Und Wegefahrt lag dazu fast vor der Tür!

Auch die alten Zeichnungen und Berechnungen holte Silbermann hervor. Waren die baulichen Gegebenheiten in der Kirche günstig, konnte er vielleicht alles übernehmen, wie es war. Nur den Preis mußte er neu kalkulieren, denn den für das Dittersbacher Werk, sechshundert Taler, konnte er nicht halten.

Der Meister rechnete lange und genau. Er nahm als gegeben an, daß keine größere Vorarbeit zu leisten sei, und da kam er auf eine Summe von tausendzweihundert Talern. Wie doch die Preise seit jener Zeit gestiegen waren!

Drei Tage später fuhr er nach Wegefahrt.

Mit einem bedrückenden Ergebnis kam er zurück. Am Abend, noch vor der Mahlzeit, berichtete er seinem Neffen:

„Hellauf begeistert war der Pfarrer, als ich ihm meine Pläne zeigte und erläuterte, doch als ich ihm meine Forderungen nannte, da fiel er fast vom Stuhl. Mit höchstens achthundert Talern hätten sie gerechnet. Ich möge doch bedenken, daß sie von jeher eine arme Gemeinde gewesen seien, und die Zeitläufte hätten ihre Lage noch verschlimmert. Daraufhin machte ich ihm deutlich, daß die Zeitläufte auch die Materialkosten nicht ausgenommen hätten und ich einen Auftrag nicht nur zu dem Zweck annehmen könne, meine Hände in Bewegung zu halten. Ich ging dennoch auf tausendeinhundert Taler herunter. Es war aber nichts zu machen. Achthundert Taler, und diese in vier Raten! Mehr aufzubringen, seien sie einfach nicht in der Lage. Ich bot dem Pfarrer für diese Summe ein Positiv an, etwa mit acht, neun Stimmen, und mit den Raten wäre ich einverstanden. Auch darauf ging er nicht ein. Ein Positiv hätten sie doch schon, die Gemeinde möchte eine Orgel haben. Ich hab' ihm dann nicht mehr zugeredet."

„Dann hat sich also die Sache zerschlagen?"

„Vorläufig – ja. Der Pfarrer meinte, die Gemeinde würde darauf zurückkommen, sobald die Zeiten sich gebessert hätten. Vielleicht finde sich auch ein Stifter, der ihr mit dreihundert Talern helfen würde."

„Stifter! Die sind heute dünn gesät. Jedenfalls können wir nicht mit dem Auftrag rechnen."

„Die Gesellen brauchen's aber nicht zu wissen, sie sind grad so gut in Schwung. Sagen wir, wenn sie fragen, die Sache verzögere sich einige Zeit."

Drei Wochen später traf der Vorschuß aus Potsdam ein. Ein Sekretär der preußischen Gesandtschaft in Dresden brachte das Geld. Er bat aber auch um Auskunft, ob der Meister die Arbeit an den Instrumenten bereits aufgenommen habe. Die Gesandtschaft müsse darüber nach Potsdam berichten.

„Ei freilich, Herr Sekretär, der Auftrag wird mit Vorzug behandelt", beschied ihn Silbermann. „Schaut es Euch an, wenn es Euch beliebt!" Er führte den Mann in das Lager, und da sah dieser eine Anzahl zugeschnittener und feingehobelter Holzteile liegen. Der Meister erläuterte: „Diese sollen die Deckel für die Instrumente werden. Und dies sind die Bretter für die Seiten der Kästen. Hier seht Ihr die Stollen, die einmal die Beine der Instrumente werden. Zur Zeit schneiden wir die Böden zu. Ich mache nicht Instrument um Instrument fertig, sondern bereite sie geschlossen vor. Das ergibt zum Schluß eine große Zeitersparnis."

„Aber dann ist es Euch nicht möglich, einige Instrumente vor der Zeit zu liefern", wandte der Sekretär ein.

„Es könnte sein, daß an höchster Stelle dieser Wunsch besteht. Bildhauer Nahl ist bereits dabei, die von Baumeister Knobelsdorff bisher umgebauten Teile des Stadtschlosses auszustatten. Es wäre also damit zu rechnen, daß man in absehbarer Zeit einige Instrumente abruft."

„Von der Teillieferung steht aber nichts in dem Auftrag. In meiner Bestätigung habe ich auch nichts dergleichen erwähnt."

Der Sekretär zuckte die Schultern. „Die Gesandtschaft wird das vorsorglich in ihrem Bericht erwähnen. Dennoch wäre es angebracht, wenn Ihr zunächst drei oder vier Instrumente völlig fertigstellen würdet."

Silbermann äußerte sich nicht dazu. Als der Sekretär das Haus verlassen hatte, berichtete der Meister George. „Bei denen scheinen die Dispositionen ganz schön durcheinanderzulaufen", sagte er zum Schluß. „Es bleibt so, wie wir es angepackt haben. Aber sauber! Allererste Güte!"

Er beließ es nicht bei der Mahnung. Wie gewohnt, nahm er sich vor, was die Gesellen neu zugeschnitten und gehobelt hatten. Mit dem Zollstock maß er nach, besah sich Brett um Brett, beklopfte es. Dann erst ließ er zu, daß die Teile ins Lager geschafft wurden.

An diesem Tag traf ein Brief von Georg Pisendel ein. Silbermann stutzte, denn das Schreiben war außergewöhnlich lang. Und er las:

„Lieber Freund! Ich habe das Bedürfnis, Dir gegenüberzusitzen und mit Dir zu plaudern, Dir etwas mitzuteilen, was mich tief bewegt. Da dies aber nicht gegeben ist, greife ich zur Feder wie ein Dichter oder Komponist, den es zur Gestaltung drängt.

Um es vorwegzunehmen: Du hast einen neuen offenen Fürsprecher Deines Fachs gefunden. Das wäre an sich nichts Besonderes, doch in diesem Fall ... Du kennst ihn gut, sehr gut sogar, dennoch wirst Du nicht erraten, wer es ist: Ernst Hähnel in Hubertusburg, ja, jener Mann, der Dir einst so großen Kummer bereitet hat.

Und das kam so: Die Kontroverse, die Du vor Wochen im Gremium wegen des genauen Standorts für das Orgelwerk mit Herrn Locke hattest und über die zu dessen Leidwesen Graf von Hennicke mit so großartiger Nonchalance hinwegging, hat den Herrn Hofkonduktéur nicht ruhen lassen. Da er bei den übrigen Mitgliedern des Gremiums keine Stimme für sich hatte, setzte er bei Graf von Hennicke durch, daß in dieser Frage noch zwei Sachverständige außerhalb des Gremiums zu hören seien. Er wollte beweisen, daß der Platz im Bogen dem Orgelwerk nicht abträglich sei. Dabei bediente er sich – und das muß man ihm übel nachsehen – eines bedenklichen Kniffs. Auf sein Betreiben trat man an zwei Männer heran, von denen er wußte, daß sie in einer alten Gegnerschaft zu Dir stehen, an Meister Ernst Hähnel und den Geheimen Kämmerer Pantaleon Hebenstreit. Herrn Lockes Rechnung ging aber nicht auf.

Hebenstreit, der im einundachtzigsten Lebensjahr steht und um dessen Augenlicht es nicht mehr gut bestellt ist, erklärte kurz und bündig, er habe weder Kraft noch Lust, noch einmal mit einem Silbermann die Klingen zu kreuzen, mit einem solchen Dickschädel käme er unweigerlich in Streit. Außerdem sei er sachverständig für Saiteninstrumente und nicht für Orgelwerke.

Hähnel aber nahm den Auftrag an. Nachdem er in die Sache eingeweiht worden war, besichtigte er mit dem Gremium den Ort in der Schloßkirche (wo übrigens die Bauarbeiten immer noch recht langsam vor sich gehen). Und da geschah etwas, das den Herrn Hofkonduktéur Locke fast in den Erdboden versinken ließ. Hähnel sagte: ‚Einen Orgelbauer das Instrument hinter den Säulen in dem Bogen aufsetzen zu lassen wäre eine Zumutung übelster Art. In Klang und Aussehen würde es völlig verschandelt. Es muß seinen Standort

vor den Säulen haben.' Ja, das sagte Hähnel! Locke
schnappte nach Luft. Heftig hielt er dagegen: ‚Aber dafür ist doch auf der Empore gar kein Platz vorhanden!‘
Darauf erklärte Hähnel: ‚Dann zieht eben die Balustrade weiter vor und setzt sie auf Konsolen! Noch ist
ja Zeit dazu.‘ Wieder Locke: ‚Und der Anblick des Gewölbes? Er würde dann beträchtlich leiden, darin sind
sich die Bauleute einig.‘ Darauf Hähnel: ‚Im Gegenteil!
Es würde das Bild auf die schönste Weise belebt. Hingegen träte genau das ein, was die Bauleute befürchten,
würde man das Orgelwerk in den Bogen setzen: Es
sähe aus wie ein in das Bild gezwängter fremder Körper, dem man widerwillig zugedacht hat, eine Lücke zu
füllen.‘
Locke war geschlagen, aufs höchste konsterniert verließ er auf der Stelle den Ort. Wir anderen verbargen
unsere Genugtuung nicht. Graf von Hennicke freilich
schwieg dazu.
Dieses war der erste Teil des unerwarteten Begebnis-
ses. Aus ihm folgt der zweite Teil.
Eingedenk des Streites zwischen Euch vor Jahren hatte
mich Ernst Hähnels gute Haltung in dieser Sache überrascht. Ich wollte die Ursache ergründen und lud ihn
deshalb für den Abend zu mir ein. Ganz offen fragte
ich ihn dann, was ihn bewogen habe, für Dich zu sprechen. ‚Ich habe nicht für Silbermann gesprochen, sondern für den Meister, der das Orgelwerk zu bauen haben wird. Mir geht es um die Sache, nicht um die Person.‘ Darauf ich: ‚Euch ist doch aber bekannt, daß man
Silbermann den Auftrag überschreiben will.‘ Da fuhr er
mich an: ‚Nun bohrt doch nicht an mir! Ich habe das
getan, was ich für meine Pflicht hielt. Laßt es damit genug sein!‘ Ich glaubte weiterzukommen, wenn ich ihn
ein wenig provozieren würde. Darum sagte ich: ‚Seid
Ihr Euch bewußt, daß Ihr Euch nun in Locke einen
Gegner am Hof geschaffen habt? Er wird es Euch nie
verzeihen.‘ Seine Antwort, ein wenig gequält hervorge-

stoßen: ‚Das weiß ich, aber es ist mir egal. Wahrheit
muß Wahrheit sein! Ich habe schon genug …' Er unterbrach sich, schwieg und war durch nichts mehr zu bewegen, das Gespräch fortzusetzen.
Hähnel hat also Deinen Standpunkt vertreten ohne
Rücksicht darauf, daß er sich schaden könnte. Ist das
nicht bemerkenswert? Ich meine, es sei nicht nur um
der Wahrheit willen geschehen. Auch seine letzten
Worte deuten darauf hin: ‚Ich habe schon genug …'
Welchen Sinn könnten sie wohl haben? Ich will nicht
voreilig urteilen, doch ich meine, daß sie Bezug haben
auf das, was einst zwischen euch war. Mag dem sein,
wie es will: Hähnel hat Deinem Werk einen guten
Dienst erwiesen, er hätte es auch nicht zu tun brauchen. Ganz gewiß lohnt es sich, ernsthaft darüber nachzudenken.

   In alter Freundschaft Dein Georg Pisendel"
Silbermann warf den Brief auf den Tisch. Schnaubend
erhob er sich, lief erregt auf und ab. „Warum hast du
mir das geschrieben, Pisendel!" murmelte er. „Warum?
Welch eine Verwirrung stiftest du da! Ausgerechnet
dieser Mann! Ausgerechnet dieser …!"

5

Silbermann saß in der Schreibstube wieder einmal an
den Zeichnungen und Berechnungen für das Dresdener Werk.
Inzwischen waren von Hackl einige Zeichnungen mit
Maßangaben eingegangen, sie entsprachen den Verein-
barungen, die er mit dem Bildhauer am Tag nach der
Beratung des Gremiums getroffen hatte. Hackl hatte
bei dieser Gelegenheit geschrieben, es bestehe der Eindruck, daß die Bauführung beigegeben habe. Das sei
wohl einem internen Machtwort des Grafen von Hennicke zu verdanken. Jedenfalls seien Bauarbeiten an

der bewußten Empore im Gange, die über das hinaus-
gingen, was im Ursprung vorgesehen gewesen wäre.

Es kam dem Meister zustatten, daß die Arbeit für Dresden nicht drängte, daß es genügte, nur einige Stunden
in der Woche dafür zu verwenden. Der Potsdamer Auftrag hatte den Vorrang. Deshalb stellte Silbermann
auch die kleineren Aufträge auf Klaviere, die ab und zu
eintrafen, zurück. Er bestätigte sie, ohne eine Lieferzeit zu nennen.

Am Haustor rührte jemand den Klopfer. Der Meister
trat an das Fenster, um nachzusehen. Vor der Tür
stand ein Mann, ihm den Rücken zugekehrt. „Ihr
wünscht?" sprach Silbermann ihn an.

Der Fremde wandte sich um, grüßte freundlich-zu-
rückhaltend. Silbermann war ihm schon einmal begegnet, konnte sich aber des Namens und des Zusammen-
hangs nicht entsinnen.

„Elias Schneider aus Frankenstein", stellte sich der Besucher vor.

„Ah ja, jetzt weiß ich es", erinnerte sich der Meister.
„Einen Augenblick."

Als sie in der Schreibstube saßen, nahm Schneider sogleich das Wort. „Leider ist es keine angenehme Mission, die mich zu Euch führt. Euer Brief – ja, also wir
konnten daraus ersehen, daß Ihr – daß Ihr mit dem
Kontrakt für den Bau des Orgelwerkes in unsrer Kirche
für das nächste Jahr rechnet. Wir wollten, es könnte so
sein. Aber leider ist noch gar nicht daran …"

„Augenblick!" unterbrach ihn Silbermann überrascht.
„Herr Wiegand – so war doch wohl der Name des
Herrn, der kürzlich hier vorsprach – hat klipp und klar
erklärt, daß man sich in Frankenstein wieder Gedanken
um das Werk mache und die Absicht hege, den Kontrakt im kommenden Jahr endlich abzuschließen. Ich
könne fest damit rechnen. Das war doch deutlich, nicht
wahr? Da konnte doch wohl kein Mißverständnis entstehen."

„Dieses liegt nicht bei Euch, Meister", entgegnete
Schneider verlegen. „Herr Wiegand hat eigenmächtig
gehandelt; weder Herr von Schönberg, unser Förderer,
noch ein anderer hatte ihn beauftragt, in dieser Sache
bei Euch vorzusprechen. Wirklich ist nur, daß wir uns
nach so langer Zeit wieder Gedanken um das Werk gemacht haben, weil uns die Gemeinde drängte. Wir
konnten uns aber nicht entschließen, an das alte Vorhaben heranzugehen, weil uns einfach das Geld dazu
fehlt. Herr Wiegand gehört zu der Partei, die meint,
nur frisch darauf zu, ein Ausweg finde sich allemal, das
Werk müsse nur erst begonnen werden. Aber das ging
gründlich daneben, wir fanden höherenorts keine
Hilfe. Es gab eine heftige Auseinandersetzung mit
ihm. Wir andern verlangten von ihm, daß er die Sache
bei Euch wieder ins Lot hängen solle, nachdem er so
eigenmächtig gehandelt habe, doch er weigerte sich beharrlich. Was blieb uns da andres übrig, als von uns aus
alles wieder ins reine zu bringen. Die Wahl fiel auf
mich. Bitte, Meister, entschuldigt, habt Verständnis!
Die Gemeinde ist einfach nicht in der Lage, jetzt schon
an die Sache heranzugehen."
Heftig erwiderte Silbermann: „Jetzt schon – jetzt
schon! Bereits vor Jahren hat man meinen Vorschlag
angefordert und mir Zusagen gemacht. Von unbezahl-
ter Vorarbeit und Vertröstungen über lange Zeit hin
kann eine Werkstatt nicht leben."
„Gewiß, Ihr habt recht. Doch seht bitte auch dieses:
Als wir Euch um den Vorschlag baten, war unsre Gemeinde finanziell noch in einem verhältnismäßig guten
Stand. Aber dann ... Ihr wißt ja selbst, was sich im
Land begab. Frankenstein ist von der großen Misere
nicht verschont geblieben. Nur eines können wir Euch
versprechen: Bessern sich die Zeiten, haben wir Aussicht, das Werk bezahlen zu können, erhaltet Ihr den
Auftrag."
Damit mußte Silbermann sich bescheiden.

Kaum hatte er die Haustür hinter dem Besucher geschlossen, rief er George herbei und berichtete grollend das Begebnis.

„Da stehen wir also bald wieder dort, wo wir waren",
sagte George enttäuscht. „Wenn es nun noch den Herren in Potsdam einfallen sollte, ihren Auftrag zu stor-
nieren ..."

„Das ist nicht anzunehmen, sie haben ja schon den
Vorschuß bezahlt." Finster blickte Silbermann vor sich
hin. „Der Teufelskreis, dieser verdammte Teufelskreis!" murmelte er.

Verwundert wiederholte George: „Teufelskreis?"

„Was sonst ist's denn!" Erregt schlug Silbermann die
Faust auf den Tisch. „Da bauen sie Schlösser überall
und richten sie ein mit Glanz und Pracht, und das
Handwerk freut sich des florierenden Geschäfts. Wie
ist's jedoch in Wirklichkeit? Die allerhöchste Kundschaft gibt ihm nur von dem, was sie ihm schon wegge-
nommen hat. So ist's doch – oder?"

George zuckte die Schultern.

„Deutlich genug ist's doch in unserm Fall", fuhr der
Meister erregt fort. „Einen guten Auftrag haben wir aus
Potsdam, ja, doch von wessen Geld bezahlt man ihn?
Von unserm eignen, Junge, unserm eignen! Von dem,
was man uns durch den elenden Krieg genommen hat
und durch Teuerung noch immer nimmt, was uns im
Land verlustig geht. Wegefahrt – aus! Frankenstein –
aus! Andre Gemeinden rühren sich nicht mal. Keine
kann sich auch nur eine kleine Orgel leisten. Wir bezahlen unsre Arbeit selber. Das ist der Teufelskreis!"

„Es hilft uns aber nichts, daß wir's erkennen."

„Nein, es hilft uns nichts", seufzte der Meister. „Augen
schließen – weitermachen! – – Und da hatten wir nun
an einen neuen, guten Anfang geglaubt!" Er trat an das
Fenster, starrte leer zum Schloß hinüber. Und er begann daran zu zweifeln, daß er es wirklich wagen
könne, auf einer so hohen Forderung für das Werk in

Dresden zu bestehen. Was, wenn der Auftrag daran scheitern sollte? Nicht nur ihm Wohlgewogene befanden sich dort.

<h1 style="text-align:center">6</h1>

Durch das Haustor des Regimentshauses rollte ein Frachtwagen. Es war der letzte von jenen, welche die Instrumente für Potsdam abgeholt hatten.

Silbermann hatte mit seinen Gesellen auch diesmal wieder den Ladeknechten die Arbeit abgenommen. Er war mit George auf den Wagen gestiegen, um den großen, mit Stroh ausgepolsterten Kisten, in denen sich die Instrumente befanden, den rechten Platz zu geben. Ehe sie verpackt worden waren, hatte ein Sachverständiger des Hofmarschallamtes sie „abgenommen mit Auge und Ohr", wie er in der Empfangsbescheinigung vermerkte, und nichts daran auszusetzen gehabt. Mündlich bekundete er noch: „Eine Arbeit erster Güte, Meister. Ich bin überzeugt, daß die Instrumente das Wohlgefallen meines Herrn finden werden."

„Das wär's also!" sagte Silbermann, als sie die Flügel des Tores schlossen. „Hoffentlich haben sie keinen Bruch unterwegs."

Oehme meinte unlustig: „Nun fängt's wieder mit dem Kleinkram an. Wie schön war's doch, ins Volle zu gehen."

Zuversichtlicher zeigte sich Schubert: „Auch kleine Hühner geben Mist, und am Ende ist's ja doch ein respektables Häuflein."

Die Aufträge auf Klaviere, die in der Zwischenzeit eingegangen waren, ergaben auch wirklich ein respektables Häuflein: drei aus Freiberg, zwei aus Leipzig, zwei aus Altenburg und zwei aus Halle. Silbermann ordnete sie der Dringlichkeit nach. Der Auftrag aus Halle war der jüngste, der Besteller hatte um bevorzugte Erledigung gebeten, und dieser war Friedemann Bach. Längst hatte Silbermann den Auftrag bestätigt, einige freundliche, tröstende Worte dazu geschrieben. Zum wiederholten Male las er das Schreiben, denn es enthielt nicht nur die Bestellung. Familiäre Mitteilungen hatte Friedemann mit dem Auftrag verbunden, und diese waren bedrückend.

Friedemann schrieb, nach fast vierzehnjähriger Tätigkeit in Dresden habe er sich im vergangenen Jahr entschließen müssen, die Stadt zu verlassen. Über die Gründe wolle er sich hier nicht äußern, sie seien verwirrend und in mancherlei Hinsicht betrüblich. Vielleicht ergäbe sich einmal die Gelegenheit, darüber zu sprechen. Seinen Entschluß brauche er aber nicht zu bereuen, denn er habe hier, in Halle, einen guten Wirkungskreis gefunden – als Organist an der Marienkirche. Freilich, der Anfang sei nicht leicht gewesen, er habe sich gegen Mißgunst und auch Mißtrauen durchsetzen müssen. Vielleicht sei er auch selbst mit schuld gewesen an den Schwierigkeiten, die Unruhe, die ihm anhafte, habe wohl hier das gewohnte Maß an Beschaulichkeit verletzt. Doch diese Schwierigkeiten seien überstanden, und er könne sich vorstellen, daß er manches Jahr fruchtbarer Arbeit in diesem Amt verbringen werde.

Weniger Anlaß, froh zu sein, gäbe allerdings das Befinden Johann Sebastians, seines Vaters. Die widrigen Umstände, mit denen dieser sich in der Vergangenheit beständig habe herumschlagen müssen, aber auch die Schonungslosigkeit, mit der er sich stets selbst behandelt habe, trügen nun traurige Früchte. Ein Amt nach dem anderen habe er schon abgeben müssen. Er sei erschöpft, und sein Augenlicht habe in bedenklichem Maße gelitten; die Ärzte befürchteten, es werde sich eher verschlechtern als bessern.

Anna Magdalena stehe ihm aufopferungsvoll zur Seite, doch die Gewißheit, daß es mit seiner alten Kraft vor-

bei sei, daß diese nicht einmal mehr ausreiche, ein be-
gonnenes großes Werk über die Kunst der Fuge zu
Ende zu führen, martere ihn und bewirke, daß ihm jeder Zuspruch als Mitleid erscheine, und ein solches sei
ihm widerwärtig. Seinen – an Zahl gering gewordenen
– Freunden begegne er oft mit Mißtrauen und Zurückhaltung. Besuche empfange er nur, wenn es unumgänglich sei. Selbst er, Friedemann, wage sich nur selten zu
ihm, und wenn, dann schweren Herzens. Zacharias
Hildebrandt, der sich aus alter Anhänglichkeit und
Dankbarkeit immer einmal bei Anna Magdalena nach
dem Befinden des Kranken erkundige, halte ihn auf
dem laufenden.

„Ach, man könnte klagen und klagen! Das Leben ist
doch so widersprüchlich eingerichtet. Von manchem
fordert es, daß er reichlich gebe und nichts dafür empfange, so viele andere läßt es reichlich empfangen,
ohne daß sie dessen würdig wären, und nur wenige
läßt es in rechtem, ausgewogenem Maße die Früchte
ernten, die sie gesät. Nach einem Sinn darin, nach
einer Gerechtigkeit darf man nicht fragen, sonst kann
es sein, daß man zwischen die Mahlsteine des Aufbe-
gehrens und der Melancholie gerät. Von Johann Sebastian hat das Leben Reichliches gefordert. Und was hat
es ihn empfangen lassen? Daß man ihn schon jetzt zu
vergessen beginnt. Eine harte Erkenntnis, nicht wahr?
Leider ist sie nur zu gut begründet, das beweist mir neben anderem eine Nachricht von einem Freund am
Hof zu Dresden. Dort gehe man mit dem Gedanken
um, dem Bürgermeister Doktor Born in Leipzig zu
empfehlen, schon jetzt um einen Nachfolger für meinen Vater bemüht zu sein, da man damit rechne, daß
der altersschwache Johann Sebastian bald mit dem Tod
abgehen werde. Und sogar einen Namen habe man
schon genannt: Kapelldirektor Gottlob Harrer. Mein
Freund will sogar wissen, daß Premierminister Graf
von Brühl höchstselbst mit Herrn Harrer bereits eine

Rücksprache geführt habe. Ach, geschätzter Meister, wie traurig ist es doch: Hier kämpft mein Vater um den Bestand seiner Kraft, gibt er das Letzte für sein Amt – dort schreibt man ihn schon ab als Toten auf Abruf! Man kalkuliert wie im Geschäft, denkt nicht einmal an ein Ehrenkantorat, das Johann Sebastian wenigstens die Gewißheit geben könnte, daß sein Werk von fünf- undzwanzig Jahren im eigenen Land gewürdigt werde. Wo liegt da der Sinn eines an fruchtbarer Arbeit über- reichen Lebens? Nur Euch klage ich es, weil ich weiß, daß Ihr mich versteht. Bitte, bewahrt es in Euch! Doch nun noch einmal zu meinem Auftrag, verehrter Meister! Ich bitte Euch herzlich, nehmt Euch der bei- den Instrumente mit Vorzug an. Das eine ist für mich bestimmt, das andere für einen Freund, dem ich ver- pflichtet bin, weil er mir selbstlos half, hier festen Bo- den zu gewinnen (ja, so etwas gibt es auch in unserer Zeit!). Ich möchte ihn nicht enttäuschen."

Den Brief legte Silbermann nicht wieder zu den Bestel- lungen, er fügte ihn zu denen, die ihm aufhebenswert erschienen.

„Du wirst die schönsten Klaviere bekommen, die ich je gebaut habe", murmelte er.

Und er baute sie selbst. Vom Zuschneiden des Holzes bis zum Einsetzen der Saitensätze wurde alles seiner eigenen Hände Werk.

7

August 1749. Drückende Hitze lag über dem Land.

Anna packte wieder einmal die Reisetasche des Mei- sters. So flink wie ihre Hände war auch ihr Mundwerk. „Und wenn's die Majestät selber wäre, würde ich's sa- gen. Eine Zumutung ist's, eine sündhafte Zumutung, jetzt jemand auf die Reise zu schicken! Was, wenn Euch was passiert? Acht Stunden in dem Kasten – das hält doch unter solchen Umständen kein Mensch aus! Und dann noch den klaren Kopf behalten bei den …!"

„Nun laß endlich das Schwadronieren!" fuhr der Meister sie an, während er eine Rolle Zeichnungen und Berechnungen mit Nachdruck in ein großes Lederfutteral schob. „Die in Dresden können das Wetter nicht machen, und der Termin drückt. Soll ich mir vielleicht nachsagen lassen, daß ich jetzt, wo's drauf ankommt, retiriere?"

„Ach, retiriere! Was nützt Euch alle Forsche, wenn Ihr vor den Herren steht wie ein ausgedörrter Schwamm und das Hitzefieber Euch die Vernunft verdirbt? Da haben sie wohl auch was Rechtes von Euch!"

„Meine Sache! Schluß jetzt!"

Anna ließ es denn auch dabei bewenden, winkte nur seufzend ab. Auf die Reisetasche deutend, sagte sie: „Die Flasche mit dem Dünnbier steht rechts, das Säcklein mit dem Brot und dem Rauchfleisch links. Wünsche Euch gute Verrichtung."

Sie wollte an dem Meister vorbei zur Tür. Er hielt sie aber am Arm fest. „In Herzogswalde gibt's eine Pause, da muß die Post die Pferde wechseln. Dort steige ich aus und hänge Kopf und Beine in den Brunnen, daß der Schwamm sich wieder vollsaugt. Zufrieden?"

Vorwurfsvoll blickte sie ihn an. „Es geht ja nicht um mich."

Am späten Nachmittag kam Silbermann in Dresden an. Die Fahrt war strapaziös gewesen, doch er glaubte, sie gut überstanden zu haben.

Wieder nahm er Wohnung bei Michel. Und wieder übermittelte ihm dieser eine Nachricht von Georg Pisendel; diesmal war es freilich keine Einladung, ihn vor der Beratung mit dem Gremium zu besuchen. Michel berichtete: „Der Konzertmeister ist mit einem Teil der Hofkapelle auf Reisen, er kommt erst in einigen Tagen zurück. Das brauche dich aber nicht zu kümmern, es

werde bei der Beratung auch ohne ihn alles gut vonstatten gehen. Du sollst dich an Heinrich Gräbner oder
Joseph Hackl halten, sie wüßten so gut Bescheid wie
er. Allerdings müßtest du mit einer Überraschung rechnen, dir zum Nachteil sei sie aber sicher nicht."
„In dieser ehrwürdigen Residenz kann mich kaum
noch was irritieren. Worum es geht, weißt du nicht?"
„Pisendel hat es mir nicht gesagt."
Der Meister hielt sich an Heinrich Gräbner, weil er mit
ihm länger bekannt war als mit dem Bildhauer. Noch
am Nachmittag besuchte er ihn. Der Organist wohnte
in der Salzgasse, unweit der Frauenkirche.
Nach den üblichen Fragen, das persönliche Wohlerge-
hen und die Arbeit betreffend, brachte Silbermann das
Gespräch auf die Beratung des Gremiums am nächsten
Tag.
„Beratung des Gremiums?" Gräbner lachte spöttisch.
„Das Gremium ist gestorben, lieber Meister. Ihr werdet
morgen im Kanzleihaus nicht einen der Herren vorfin-
den, denen Ihr damals begegnet seid, nicht mal den
Grafen von Hennicke."
„Aber – aber, wieso?"
„Hennicke soll vom Premier Brühl in einer wichtigen
Mission nach Warschau geschickt worden sein, jedenfalls weilt er seit längerer Zeit nicht in der Stadt. Aber
schon Monate zuvor hat er uns, die Sachverständigen
für Euer Orgelwerk, wissen lassen, daß wir uns in der
bisherigen Form nicht wieder zusammenfinden würden. Gründe nannte er nicht. Wir glauben aber zu wissen, daß es mit Schwierigkeiten zusammenhängt, die
sich aus der Haltung des Hofkondukteurs Locke ergaben; dessen Reinfall mit den von ihm engagierten Sachverständigen Hähnel und Hebenstreit hatte bei Hennicke wohl einige Verwirrung ausgelöst. Dazu kam
noch, daß Oberlandbaumeister Knöffel, der nach Chiaveris Weggang die Bauführung übernahm, auf Lockes
Seite steht und den Wunsch geäußert hatte, in unserem

Gremium gehört zu werden. Ihr könnt Euch vorstellen, was das gegeben hätte. Dem ist Hennicke aus dem Weg gegangen, indem er das Gremium aufgelöst hat. Aber das wird Euch kaum berühren. Hennicke hat der Bauführung dringend geraten, die Empore so weit vorzuziehen, daß für das Orgelwerk ein günstiger Platz gesichert ist. Damit wird ja Eurer und Hackls Forderung Genüge getan."

„Aber mit wem habe ich da morgen zu tun? Man hat mich doch ersucht, meine Disposition und die Konditionen vorzulegen und zu erläutern."

„Ihr werdet an Hennickes Stelle mit dem von ihm beauftragten Grafen von Flemming vorliebnehmen müssen, der ..."

„Mit dem? Ausgerechnet mit dem? Mit ihm bin ich vor Jahren kräftig aneinandergeraten."

„Keine Bange, Meister! Man sagt, er sei um vieles ruhiger geworden, habe von seinem Lehrmeister Hennicke einiges gelernt. Zum Erläutern Eurer Disposition wird es morgen nicht kommen. Pisendel, Richter und ich werden von Hennicke den Auftrag erhalten, uns später damit zu befassen. Euch wird morgen obliegen, mit Flemming über Eure Konditionen zu verhandeln."

„Da gibt es nichts zu verhandeln. Sie liegen fest, nicht den kleinsten Abstrich werde ich machen."

„Gräbner lachte behäbig. „Zum Glück brauche ich mich in diesem Belang nicht mit Euch herumzuschlagen. Doch eine Bitte habe ich: Sagt mir zur Befriedigung einer alten Neugier etwas über Eure Disposition!"

Gern kam der Meister diesem Wunsche nach. Es wurde noch ein langes Gespräch. Als Silbermann den Organisten verließ, hatte er die Gewißheit, daß dieser sich vorbehaltlos für den Entwurf einsetzen werde.

Silbermann ging an diesem Abend frühzeitig zu Bett. Die Strapazen der Reise hatten ihn doch mehr mitgenommen, als er sich anfangs eingestehen wollte. –

Für neun Uhr war der Meister in das Kanzleihaus bestellt worden. Auf die Minute genau fand er sich „in dem Warteraum der Kleinen Kanzlei Numero Eins im Parterre", wie es in dem Schreiben hieß, ein. Er hätte nicht pünktlich zu sein brauchen, denn er mußte, obgleich er sich sofort angemeldet hatte, geraume Zeit warten, ehe ein junger Mann die Tür öffnete und ihm bedeutete mitzukommen. Es ging durch einen großen Raum, dessen Wände bis zur Decke hinauf mit Aktenregalen versehen waren. Vier Schreiber saßen an hohen Pulten, sie beachteten den Meister kaum.

Auf dem Weg zu einer reichlich mit Schnitzwerk versehenen Tür machte der junge Mann den Meister freundlich darauf aufmerksam, daß er mit dem Herrn Grafen von Flemming sprechen werde.

Der Graf saß an einem mit zahlreichen Büchern und Akten belegten Arbeitstisch. Er blickte kaum auf. Mit einer flüchtigen Handbewegung bedeutete er dem Meister, sich auf den vor dem Tisch stehenden Stuhl zu setzen. Betont kühl war der Empfang. Anderes hatte Silbermann auch nicht erwartet.

„Ich hoffe, Eure Unterlagen sind komplett, ausreichend, um einen Kontrakt zu formulieren", begann Flemming das Gespräch.

Silbermann öffnete das Lederfutteral, zog zusammengerollte Zeichnungen und andere beschriebene Blätter hervor. „Wenn Gräfliche Gnaden belieben ..." Er legte alles vor Flemming auf den Tisch.

Die Zeichnungen und Dispositionen schob der Graf gleich zur Seite, die Blätter, auf denen die Bedingungen verzeichnet waren, strich er glatt und vertiefte sich darein.

Undurchdringlich und unbewegt war sein Gesicht. Schließlich fragte er: „Ihr rechnet mit einem guten Geschäft, nicht wahr?"

„Das liegt in der Natur der Sache. Ein Orgelwerk mit siebenundvierzig Stimmen ist kein Positiv. Ich habe auch das Risiko zu tragen."

„Ihr bleibt bei zwanzigtausend Talern. Ist das nicht gewagt? Man hat Euch doch belehrt, daß eine solch unerhört hohe Forderung unannehmbar ist. Unannehmbar,
versteht ihr?"

„Ich war bereit, den Kontrakt mit elftausend Talern abzuschließen, wenn man mir die Möglichkeit zugestehen würde, nach Vollendung des Werkes eine Nachforderung zu stellen, falls während der Bauzeit die
Preise für Material und Lebensgüter weiter in die Höhe
geschnellt wären. Das war ein billiges Verlangen, denn
hier liegt für mich das Risiko. Man ist nicht darauf eingegangen, also bleibt mir nur übrig, meine ursprüngliche Forderung erneut zu stellen. Der Herr Graf belieben zu beachten, daß in dieser Summe nicht nur Löhne
und Gewinn enthalten sind, sondern daß alles eingeschlossen ist, was meine Arbeit angeht: das gesamte
Material für das Werk, Fuhren, Brennholz und Kohlen,
der Unterhalt für mich und meine Leute – acht bis
zehn werden es sein –, Bezahlung der erforderlichen
Nebenarbeiter. Und das alles für eine Mindestbauzeit
von vier Jahren."

„Aber das Quartier für Euch und Eure Leute ist nicht
mit eingeschlossen, das hätte nach Eurem Plan die
höchste Herrschaft kostenlos zu stellen, dazu ..."

„Das ist Usus."

„Usus! Daß Ihr der höchsten Herrschaft zumutet, auch
die Kosten für die Zimmer-, Schlosser- und Schmiede-
arbeiten zu tragen – von dem Gehäuse und dem
Schmuck ganz abgesehen –, entspricht wohl auch den
Gepflogenheiten in Eurem Handwerk?"

„Bei einem so großen Werk durchaus."

Da schnaubte Flemming: „Eure Forderung ist eine –
eine Pretention! Weder höchste Kunst noch bester Ruf
rechtfertigen sie. Bedenkt das in Eurem eigenen Interesse!"

„Neben Kunst und Ruf gibt es aber noch andre Dinge,
die hier den Maßstab setzen, Herr Graf. Das habe ich

in meinem eignen Interesse bedacht. Darum bleibe ich bei meinen Konditionen."

„Euer letztes Wort?"

„Zur Höhe des Anschlags mein letztes."

„Dann geht! Ihr hört noch von uns. – Ja, geht!"

„Ich habe aber noch …"

„Geht, habe ich gesagt!" herrschte der Graf den Meister an. „Was zu besprechen war, ist erledigt."

Drohend zogen sich Silbermanns Brauen zusammen, in verhaltenem Zorn erklärte er: „Ich bin kein Lakai, auch kein Bittsteller, den Sie nach Belieben hinauswerfen können, Herr Graf. Ich bin Kontrahent der höchsten Herrschaft und hierher gerufen worden, das bitte ich zu respektieren. Ich habe noch etwas anzubringen zur …"

„Nicht bei mir!" schrie Flemming. „Ich will nichts mehr hören."

Jäh erhob sich der Meister. Die Kappe vom Futteral ziehend, forderte er: „Geben Sie mir meine Papiere, Herr Graf!"

„Die bleiben hier."

„Wenn man meine Konditionen nicht sanktionieren kann, wird man sich einen anderen Meister suchen. Da braucht man meine Unterlagen nicht mehr. Ich kann sie bei einer …"

„Die bleiben hier, habe ich gesagt. Versteht Ihr?"

8

Der Meister hatte verstanden. Darum verließ er die Kanzlei mit grimmiger Genugtuung. Der Verlauf des Gesprächs und die Probe, die er am Schluß unternommen, hatten ihn erkennen lassen: Wohl sollte Flemming noch einmal versuchen, eine mäßigere Forderung bei ihm zu erreichen, jedoch nicht so weit gehen, daß die Sache sich zerschlagen werde. Warum hatte der Graf sich geweigert, ihm die Unterlagen zurückzugeben? Vielleicht um ein Corpus delicti in der Hand zu haben für den Fall, daß man ihn, den Meister, maßregeln werde? Damit nützte man der Sache nicht, damit würde man sich seine Bereitschaft verscherzen. Einen namenlosen Untertan vielleicht, nicht aber einen Meister Silbermann konnte man mit Strafe zwingen. Nein, nichts dergleichen – man brauchte ihn, man hatte es nur noch einmal versucht. „Zwanzigtausend Taler zu den genannten Konditionen, ihr Herren", murmelte er, „nicht einen weniger. Alles zahlt ihr mir zurück – alles!"

Die Unterredung mit Flemming hatte keine halbe Stunde gedauert, es war genügend Zeit, die Baustatt am Schloß zu besuchen.

Ein reges Treiben herrschte hier. Unbarmherzig brannte die Sonne. Handlanger, die Oberkörper entblößt, schafften auf Schubkarren Material herbei, siebten Kies, rührten Mörtel. Überall klirrte und klopfte es, Bildhauer und Steinmetzen schlugen an Figuren und Sockeln. Von den das Bauwerk umgebenden Gerüsten ertönten rauhe Kommandos, Figuren und Ornamentenwerk wurden mit Seilen und Ketten hinaufgezogen, an ihre Plätze gebracht. Auch am Turm waren sie vorangekommen; aus zahlreichen Säulen und Pfeilern gefügt, hob sich sein zweites Stockwerk über das Dach des Mittelschiffes.

Durch das turmseitige Portal trat Silbermann in das Innere des Bauwerkes ein. Dieser Eindruck drängte sich ihm auf: Während man in den Seitenschiffen und im Prozessionsumgang gut vorangekommen war, mußte im Hauptschiff noch viel aufgeholt werden. Mörtelkübel, Haufen von Holz und Steinen überall, Gerüste vor den Emporesäulen bis zum Gewölbe hinauf, Gerüste auch auf der Empore selbst.

Emsig werkten Steinmetzen, Maurer und Zimmerleute. Ehe man hier auch nur mit der Grundausstattung fertig werden würde, mußten noch Monate vergehen.

Silbermann trat weiter in das Hauptschiff hinein. „Seine" Empore wollte er sehen, oder doch das, was einmal der Platz für sein Orgelwerk werden würde.

Da packte ihn jemand von hinten am Arm, hielt ihn fest. „Zurück!" forderte eine tiefe Stimme. „Seid Ihr lebensmüde, sucht Euch einen andern Ort!"

Es war ein großer, kräftiger Mann. Über den Kopf hatte er eine flache Mütze, über den Körper einen Umhang aus Leinen als Staubschutz gezogen. Silbermann kannte ihn aus der Zeit, da er das Werk in der Frauenkirche aufgesetzt hatte. „Ah, der Herr Oberlandbaumeister! Ihr geht aber unsanft um mit Euren Gästen!"

„Gäste?" knurrte Knöffel. „Ich kann mich nicht entsinnen, Euch eingeladen zu haben. Eher ein unbefugter Neugieriger seid Ihr. Tretet zurück! Nicht selten fallen Brocken herab. – Euer Besuch ist verfrüht, Herr Silbermann, Ihr seid noch lange nicht an der Reihe." Spöttisch fügte er hinzu: „Und wenn es weiter in dem Kessel bleibt, in dem Ihr und Herr Hackl es jetzt kocht, werdet Ihr bis dahin noch einiges auszustehen haben."

Verwundert blickte Silbermann auf. „Was soll das heißen?"

„Das soll heißen, daß die Bauführung Anlaß hat, ihre Bedenken nachdrücklich zu wiederholen. Ihr glaubt doch nicht im Ernst, sie gäbe sich mit der neuerlichen Gestaltung des Prospekts zufrieden? Wir werden Graf von Hennicke einiges zu sagen haben, wenn er zurückgekommen ist."

„Neuerliche Gestaltung? Die Einzelheiten liegen seit Monaten fest."

„Schon gut! Ich habe gesehen, was Hackl kürzlich eingereicht hat. Gebt Euch keine Mühe! Hebt's auf bis zur nächsten Beratung! Aber da bin ich dabei, dessen seid sicher."

Silbermann hielt sich nicht länger an der Baustatt auf.

Auf schnellstem Weg begab er sich zu Joseph Hackl. Bei der hochsommerlichen Hitze war es ein beschwerlicher Weg. Die Annengasse lag ein gutes Stück entfernt am Rande der Stadt, dazu befand sich das Wohnhaus des Bildhauers am Ende der langen Gasse, noch hinter der Sankt-Annen-Kirche.

Hackls Werkstatt nahm fast das ganze Erdgeschoß des kleinen Hauses ein. Silbermann traf den Bildhauer allein dort an.

„Ich habe Euch erwartet", begrüßte Hackl den Meister, „wußte, daß man Euch für heute ins Kanzleihaus bestellt hatte. Ich war vor zwei Wochen dran. Es hat sich verschiedenes geändert, nicht wahr? Aber setzt Euch doch, Herr Silbermann, Ihr seht mitgenommen aus. Na ja, diese Hitze! Ich hole gleich etwas zu trinken."

„Danke. Ich brauche was andres – eine Auskunft. Habt Ihr nach dem Zeitpunkt unsrer Abmachungen noch eine Veränderung am Entwurf des Prospekts vorgenommen?"

„Ja, aber eine, die für Eure Arbeit ohne jegliche Bedeutung ist. Es geht nur um eine gewisse Erweiterung des Schmuckwerks, die Maße für Euch haben sich nicht ..."

„Zeigt mir die Zeichnung!"

„Aber bitte! Ihr braucht Euch nicht zu erregen, es ist wirklich nur eine Änderung, die in meine Verantwortung fällt."

„Und die man mir mit anlastet, die zu neuen Schwierigkeiten führt!"

„Aber wieso? Graf von Flemming hat den Entwurf studiert und mit Wohlgefallen aufgenommen." Hackl breitete die Zeichnung vor dem Meister aus.

„Ach! Graf Flemming! – – Da! Das gesamte Schmuckwerk beträchtlich gehoben! Ihr kommt doch damit über die für das Werk vereinbarten Maße der Hochfläche hinaus. Außerdem ergibt das eine Disproportion zu den übrigen Teilen des Prospekts."

„Aber nein, Meister! Im Gegenteil! Es verstärkt die dekorative Wirkung des Prospekts beträchtlich und ..."

„... und ist Wasser auf die Mühle der Herren Locke und Knöffel. Diesmal auch noch berechtigt! Berechtigt, versteht Ihr? Das ist des Guten zuviel, das stört wirklich, das können sie sich einfach nicht gefallen lassen. Ach, Herr Hackl, was habt Ihr da gemacht!"

Der Bildhauer war beleidigt, er zog die Zeichnung unter Silbermanns Händen fort und legte sie wieder in die Mappe. Dabei sagte er: „Sollte es Euch nicht bekannt sein: Ich habe noch andre Arbeiten für die Schloßkirche in Auftrag, Schalldeckel, Beichtstühle und hölzerne Portale zum Beispiel. Die Entwürfe habe ich längst vorgelegt, und sie fanden höchste Anerkennung. Höchste Anerkennung, Monsieur! Und Ihr mäkelt an meiner Arbeit herum! Das ist doch wohl zumindest sonderbar. Wenn Graf von Flemming meinen Entwurf gutheißt, dann dürfte doch wohl Eure Meinung und das, was Ihr den Herren Locke und Knöffel als Meinung unterstellt, gegenstandslos sein."

„Nein! Das ist nicht gegenstandslos, das wird leider harter, greifbarer Gegenstand. Ich habe heute auch mit Knöffel gesprochen. Der Mann war offen genug, mir zu sagen, daß die Bauführung nur auf Hennickes Rückkehr wartet, um gegen Euren Entwurf Sturm zu laufen, eine weitere Beratung in Gegenwart des Oberlandbaumeisters zu verlangen. Diesmal könnte Hennicke sich den Argumenten der Bauführung nicht verschließen, und da würde Euch Flemmings Anerkennung gar nichts nützen. Begreift das doch! Und in diesem Fall könnte ich nicht mal guten Gewissens gegen die Bauführung sprechen."

Hackl war unsicher geworden, zuckte die Schultern.

„Zieht den Entwurf zurück, reicht einen neuen ein!" fuhr Silbermann eindringlich fort. „Bleibt bei der Form, die wir abgesprochen haben! Es ist noch reichlich Zeit."

„Zurückziehen? Das wäre eine Blamage!"

„Ach geht! Blamage! Jedem unterläuft mal eine Schwäche in der Arbeit, das ist menschlich. Erkennt er sie
und merzt sie aus zur rechten Zeit, blamiert er sich
nicht, sondern handelt verantwortungsbewußt. Ihr korrigiert die Arbeit aus eignem Entschluß zur rechten
Zeit, weil Ihr neue Gesichtspunkte zum Nutzen des
Werkes erkannt habt. Das ist Euer Recht, Eure Pflicht,
da kann Euch keiner einen Vorwurf machen. Und damit nehmt Ihr auch der Bauführung den Wind aus den
Segeln."

Noch immer unentschlossen stand Hackl am Fenster,
die Hände auf den Rücken gelegt. Düster blickte er auf
die Gasse hinaus. „Seit fast zwölf Jahren arbeite ich in
dieser Stadt, habe auch an großen Dingen geschafft,
aber so etwas ist mir noch nicht passiert."

„Dann eben jetzt! Glaubt Ihr, bei mir sei in der Arbeit
alles glatt gegangen? Wenn ich bloß an meine Wind-
führung denke oder an meinen Bälgeseilzug. Da habe
ich inzwischen manches umgeworfen."

„Aber Ihr seid wahrscheinlich von selber draufgekom-
men."

„Wer draufkommt – das ist bei einer gemeinsamen Arbeit doch egal, wichtig ist, daß es dem Werke nützt.
Wie sollte ich's sonst nehmen, wenn in manchen Fällen Examinatoren meiner Orgelwerke mir am Schluß
noch Ratschläge geben?"

„Ihr habt aber doch, wie ich weiß, eine – eine starke
Art, Euren Standpunkt durchzusetzen."

„Geht es um Prinzipielles und nach meiner Meinung
Wohlbegründetes – ganz gewiß."

Hackl lachte lautlos auf. „Nach Eurer Meinung Wohlbegründetes! Was gibt Euch den Maßstab gegenüber
anderer Meinung, die die ihre auch für richtig halten?"

„Vernunft und Erfahrung."

„Ach – ach! Eine schwache Philosophie! Auch die andern glauben, ihre Meinung auf Vernunft und Erfahrung zu begründen."

„Es ist aber immer jener Standpunkt richtig, der dem Werke offensichtlich dient."

„Gewiß, so ist's! Aber diese Erkenntnis nehmen eben auch die andern als Fundament ihrer Meinung für sich in Anspruch. Bei welcher Seite liegt die Wahrheit, Meister? Denkt an ein Beispiel aus Eurer Kunst: das Temperieren. Eure Argumente sind tief und stark, die der Gegner aber nicht minder. Auf wessen Seite liegt das Rechte? – – Doch lassen wir es! Kehren wir zurück zu unserem Fall! Ich habe mich entschieden: Um Schwierigkeiten zu vermeiden, ziehe ich meinen Entwurf zurück und reiche einen neuen ein nach dem ursprünglichen Plan. Zufrieden?"

„Ja." Es klang wie ein Seufzer. Silbermann wischte sich über die Stirn. „Wenn Ihr jetzt was zum Trinken hättet …"

9

„Schockschwerenot! Was ist denn das für eine Art! Niemand im Haus, und alle Fenster offen!" So knurrte Silbermann, nachdem er schon dreimal vergeblich am Haustor geklopft und wiederholt durch die Fenster in die Räume hineingerufen hatte.

Anhaltend klopfte er zum viertenmal, und da rührte sich etwas im Haus. Jemand eilte die Treppe herab und näherte sich schnell dem Tor. Die Riegel krachten.

Johann Schöne erschien. „Ihr, Meister?" stieß er erschrocken hervor. „Wir dachten, es sei irgendein …"

„Irgendein – irgendein! Es könnt' auch Kundschaft sein! Wenn euch der Weg zur Tür zuviel ist, dann schaue gefälligst einer aus dem Fenster!"

„Wir sind alle oben bei George. Er liegt. Doktor Weber ist da."

„Wie? Was? Der Arzt? Bei George?" Silbermann ließ die Reisetasche fallen und stürmte, mehrere Stufen auf einmal nehmend, die Treppe hinauf.

Weit geöffnet war die Tür von Georges Stube. Anna und die Gesellen standen am Bett, der Arzt saß auf einem Hocker und legte feuchte Tücher auf Georges Brust und Kopf.

„Was ist los?" fragte der Meister dringlich.

Betreten schauten die anderen drein. Doktor Weber winkte heftig ab. „Leise! Entfernt euch alle! Der Kranke braucht Ruhe. Nur die Frau bleibe hier, mache so weiter, wie ich es gezeigt habe – eine Stunde lang. Wird der Kranke wach und verlangt etwas zum Trinken, gebe sie ihm von dem Elixier, aber löffelweise." Er erhob sich, wischte die Hände an einem Laken ab. „So, Meister, nun wollen wir uns unterhalten, aber nicht hier."

Silbermann führte ihn in die Wohnstube.

Kaum saßen sie, erklärte der Arzt: „Es ist ein schnelles, hartes Fieber. Ich will offen reden, Meister: Gut steht es nicht um ihn. In der kommenden Nacht entscheidet es sich. Übersteht er sie, ist er gerettet. Sein Körper ist freilich nicht der stärkste."

„Aber wie ist es denn gekommen? Vor drei Tagen noch, als ich nach Dresden fuhr, war er doch quicklebendig."

„Eine simple Ursache nur, ein jetzt alltägliches Geschehen. Vorwürfe wären nicht angebracht. Vorgestern war es, wie mir Eure Hausmagd sagte. In der Tageshitze haben Eure Gesellen am Brunnen gebadet in der Weise, daß einer dem andern einige Kübel kaltes Wasser über den Körper goß. Die Konstitution ist verschieden, dem einen bekommt so etwas, dem andern nicht. Eurem Neffen ist es ganz und gar nicht bekommen. Gestern holte mich Eure Hausmagd das erste Mal. Seitdem ist das Fieber beträchtlich gestiegen, trotz allem, was ich unternommen habe. Sein Körper ist nicht von einer solchen Stärke, daß er viel dagegen aufbieten kann. Übersteht er die kommende Nacht ... Ihr könnt mich jederzeit holen, Meister. Auf jeden Fall schickt zu mir, wenn er unruhig zu werden beginnt."

„War er bewußtlos, als ich vorhin kam? Er rührte sich nicht."

„Es ist ein tiefer Schlaf, vielleicht ein erholsamer, wir wollen es hoffen. Bei einem solchen Fieber weiß man es nicht genau."

„Hat man Euch etwa zu spät geholt?"

Der Arzt verneinte. „Das Fieber machte sich am frühen Morgen bemerkbar, und da kam auch schon Eure Magd zu mir. Den Stubengenossen quartiert für die nächsten Tage aus. Hier mache es sich jener bequem, der jeweils die Nachtwache übernimmt. Eine solche Wache wird, geht alles gut, drei Nächte nötig sein."

Als der Arzt gegangen war, betrat der Meister Georges Stube. Unermüdlich wechselte Anna die Tücher, sie blickte kaum auf. „Und ich hab' ihnen auch noch die Eimer gegeben", klagte sie, „hab' ihnen noch viel Spaß gewünscht! Ach, Meister, ich könnte mir vor Zorn selber das Fieber an den Hals wünschen!"

„Na, na! Versündige dich nicht! Vorwürfe sind nicht angebracht." Als sie wieder einmal das Tuch von der Stirn des Kranken zog, gab Silbermann ihr ein Zeichen, mit dem Wechseln zu warten. Er betrachtete das Gesicht. Sonst schmal, ein wenig knochig, war es jetzt aufgedunsen, mit roten Flecken bedeckt. „Wenn er diese Nacht übersteht ...", murmelte er. Lauter fügte er hinzu: „Die erste Nachtwache übernehme ich."

„Aber das geht doch nicht! Ihr seid den ganzen Tag unterwegs gewesen, bei der Hitze!"

„Es geht! Bringst am Abend Schönes Bettzeug in die andre Gesellenstube, er schläft die nächsten Tage drüben. Machst jetzt noch eine Weile weiter, ich geh' mal zu den Gesellen. Wird George inzwischen wach, rufst du mich gleich."

Die Gesellen hatten auf den Meister gewartet. Sie standen im Flur vor der Schreibstubentür, blickten ihm stumm entgegen. Er winkte ihnen, einzutreten.

„Wißt ihr, wie's um George steht?"

Sie zuckten die Schultern. Oehme erklärte: „Der Arzt hat nichts gesagt, aber ..."

„Dann will ich's euch sagen. Schlimmer kann's bald nicht sein. Übersteht er diese Nacht, ist's ein Himmelsgeschenk. Es sind drei Nachtwachen nötig, die erste übernehme ich. Es muß aber einer dasein, den ich sofort zum Arzt schicken kann, er muß also angezogen bleiben. Wer macht's?"

Jeder wollte es übernehmen.

„Dann du!" bestimmte Silbermann den Tischler Manner. „Stelle dir eine brennende Laterne zurecht, es ist Neumond." Er gab noch einige Anweisungen, dann gebot er Feierabend; es würde ja doch nichts Rechtes mehr mit der Arbeit werden.

George erwachte nicht. Immer saß jemand bei ihm. Bis zum Abendbrot wechselten die Gesellen sich in jeder Stunde ab. Trat der Meister ein, wurde ihm auf seine stumme Frage jedesmal nur ein Achselzucken zur Antwort. Während der Mahlzeit wachte David Schubert. Als ihn der Meister zur Nachtwache ablöste, berichtete er: „Er hat mal gestöhnt, auch mal was gemurmelt, aber weitergeschlafen."

Der Meister zündete zwei Laternen an, stellte sie auf den Tisch. Er ließ den Lehnstuhl aus seiner Stube holen, rückte ihn dicht neben Georges Bett.

Hängte er den linken Arm über die Stütze, konnte er des Kranken Hand berühren. Er nahm sie. Sie war heiß und feucht und weich – weich geworden in den drei Tagen. Vorsichtig, innig drückte er sie.

Diese Hand hatte er gebildet, geführt, zu meisterlicher Eigenständigkeit gebracht in siebenunddreißig Jahren – zielstrebig auf ein Großes ausgerichtet, das sie einmal alleine packen und in die Zukunft führen sollte.

Längst war sie dessen würdig geworden. Und nun? – –
Ein jetzt alltägliches Geschehnis hatte sie über Nacht
erlahmen lassen, in Gefahr gebracht, für immer …
„Nein!" stöhnte der Wachende. Scharf stieß er den
Atem aus, die Schwere fortzuschleudern, die das Herz
umklammerte. „Gütiger Himmel, wo läge da ein
Sinn!"
Von irgendeinem Turm in der Stadt wuchteten elf
Schläge durch die Nacht.
Der Kranke rührte sich, murmelte einige Worte – dem
Wachenden unverständlich. Rasch beugte dieser sich
vor. „George! Junge!" flüsterte er, und er streichelte die
heiße Hand. „Diese Nacht noch, diese eine
Nacht …"
Der Kranke begann unruhig zu werden, er stöhnte,
warf den Kopf hin und her.
Silbermann sprang auf, schrie zur Tür hinaus: „Man-
ner! Manner! Los, zum Arzt!"
Anna kam. „Aufschläge, schnell! Auf die Brust!"
Es war ein schwieriges Unterfangen. Der Kranke
bäumte sich auf, schlug um sich.
„Ich halt' seine Arme", stieß Silbermann hervor. „Ganz
naß die Tücher!"
Er brauchte nicht lange zu halten. Mit einem dumpfen
Röcheln sank der Kranke in sich zusammen.
Rasch war der Arzt zur Hand, doch helfen konnte er
nicht mehr. Das Ohr auf der Brust des Kranken, lauschte
er. Anhaltend rieb er mit einem nassen Tuch die Brust
und lauschte wieder. Dann richtete er sich auf. „Sein
Herz hat es nicht ausgehalten", sagte er dumpf.
Silbermann taumelte zum Lehnstuhl.
Am 3. September früh begruben sie Johann George Silbermann in der Stille auf dem Donats-Kirchhof. Einundfünfzig Jahre alt war er geworden. Von den Verwandten war nur noch Michel aus Dresden dabei.
Am Abend dieses Tages warf es Gottfried Silbermann
nieder. Als er nach der Mahlzeit seine Stube betreten

wollte, sank er lautlos zusammen. Die Gesellen schafften ihn in seine Kammer, einer holte den Arzt.

„Es scheint aber auch die Folge großer Strapazen mit
zu sein", sagte Doktor Weber nach der ersten Untersuchung. „Er war doch dieser Tage in Dresden."

„Ich hab's ihm ja auszureden versucht", klagte Anna,
„aber mein Wort galt wieder mal nichts. Mit seinen
sechsundsechzig Jahren bei dieser Hitze eine solche
Reise! Und wohl auch der Ärger dort!"

„Das wird sich hier mit ausgewirkt haben. Die seeli-
sche Erschütterung allein ist es nicht; sie zu ertragen,
ist er stark genug. Doch keine Sorge! Zwei Wochen
Ruhe werden ihn wieder auf die Beine bringen."

Silbermann nahm sich nicht so lange Zeit, nach zehn
Tagen bereits verließ er das Bett. Aber sein Äußeres
und sein Wesen hatten sich verändert. Völlig grau war
sein Haupthaar geworden, noch knochiger und eckiger
sein Gesicht. Das Feuer in den Augen, das so schnell
leidenschaftlich auflodern konnte, war einem schweren, nachdenklichen Blick gewichen. Wortkarg, in sich
gekehrt ging er einher. Bedurfte es einer Anweisung in
der Werkstatt, gab er sie knapp, ohne Nachdruck. Oft
starrte er gedankenleer vor sich hin. Besucher hielten
sich nicht lange bei ihm auf, ihr Mühen, ein längeres
Gespräch mit ihm zu führen, war erfolglos. Es schien,
er habe eine Kluft aufgerissen zwischen sich und seiner Umwelt.

Als Anna mit Doktor Weber über das Gebaren des
Meisters sprach, sagte der Arzt: „Es hat ihn am Gemüt
stärker gepackt, als ich am Anfang dachte. Es wird
wohl längerer Zeit bedürfen, ehe er wieder ins Gleich-
gewicht kommt. Ich hoffe, daß seine kräftige Natur
ihm dabei hilft. Laßt ihn deshalb gewähren, redet nicht
auf ihn ein. Vor allem aber sagt und tut nichts, was ihn
an seinen Neffen erinnert."

Es vergingen Monate, ehe Silbermann wieder zu sich
fand.

10

„... So stehe ich denn da, wo ich am Anfang stand, als ich meine Werkstatt begründet hatte und mir Gedanken machte, wer sie einmal fortführen werde, wenn ich die Kraft nicht mehr dazu hätte – nur daß ich jetzt nicht mehr Jahrzehnte vor mir habe, die es mir erlauben, auf einen glücklichen Zufall zu warten, der irgendwann einmal auftreten könnte. Ich muß suchen, drängen, einen Würdigen zu finden, der Georges Stelle einnimmt. Und so trage ich Dir, Anna Maria, dieses an: Schicke einen Deiner Jungen für die Dauer zu mir, einen, der Lust und Liebe hat, das Meine in die Hände zu nehmen, wenn die Zeit gekommen ist. Auf Johann Andreas kann ich nicht hoffen, er trägt das Werk seines Vaters, doch ich denke an Johann Daniel. Du kannst Dir Zeit nehmen, mit den Deinen alles zu bedenken, hätte ich aber Nachricht binnen eines halben Jahres, wäre es mir lieb. Froher und zuversichtlicher, als es mir derzeit möglich ist, könnte ich in die Zukunft blicken, wenn es eine Nachricht wäre in meinem Sinne. Ich bin gewiß, ihr werdet mein Trachten verstehen ..."

Es war ein langer Brief an seine Schwägerin in Straßburg geworden. Und schwer war es auch gewesen, ihn zu schreiben, unendlich schwer. Denn zum erstenmal hatte er sich auf solche Weise zu Georges Tod geäußert, zum erstenmal die Leere geschildert, die er in sich fühlte, besonders schmerzhaft auch das Bedrückende des Versuches gespürt, diese Leere ins Ungewisse hinein mit Hoffnungen zu füllen. Was, wenn diese nicht aufgehen würden?

Wie quälend waren alle diese Gedanken! Er versuchte, sie zu verjagen, ihnen eine andere Richtung zu geben. Kaum hatte er den Brief nach Straßburg versiegelt, begann er einen zweiten – an Georg Pisendel in Dresden. Ihm schrieb er nichts von Georges Tod, nichts von seiner Krankheit. Wie es mit dem Werk für die Schloßkirche stehe, fragte er an. Es sei doch an der Zeit, daß man es ihn wissen lasse. Der Freund möge sich bemühen, Näheres zu erfahren. Es sei auch zu bedenken, daß er, der Meister, disponieren müsse in Personal und Material, und das sei nicht von heute auf morgen getan.

Die Briefe brachte er selbst zum Posthof. Und er machte einen langen Umweg nach Hause – durch die Gassen am Rande der Stadt, um niemandem zu begegnen, mit dem er hätte plaudern müssen, der die Spuren der Krankheit hätte bereden können. Lufthungrig war er geworden, die mäßige Kälte des späten Winters tat ihm wohl. –

Seltsamer Zufall!

Drei Tage später – der Meister saß in seiner Schreibstube – traf ein Brief aus der Kanzlei des Grafen von Hennicke ein, von diesem selbst unterschrieben: Es sei entschieden worden, daß der Auftrag auf das Orgelwerk in der Schloßkirche dem Meister zu überschreiben sei gemäß der Disposition und den Konditionen, die er vorgelegt habe. Der Meister brauche zum Abschluß des Kontraktes nicht nach Dresden zu kommen, das werde im Schloß Freudenstein geschehen, voraussichtlich im Juli des Jahres. Und er werde ersucht, Disposition und Berechnung für ein kleines Werk, ein Positiv, fünf Stimmen, so rechtzeitig einzusenden, daß man dann darüber sprechen könne.

Der Meister las den Brief noch einmal. Sie hatten sich viel Zeit genommen in dieser Sache und nahmen sich noch immer Zeit. Im Juli erst! Dennoch! Nun war es da, das Große, hart Umrungene, nunmehr fest versprochen! Er konnte disponieren. Es war da, weil man ihn brauchte, weil man keinen Besseren gefunden hatte. Es würde die Arbeit in der Werkstatt entscheidend beleben, die wirtschaftlichen Sorgen beenden. Es würde seinen Ruf ...

Warum konnte er nicht jubeln vor Freude und Genugtuung?

„Ich müßte es dir sagen können, George" murmelte er.
Sein Blick blieb auf dem letzten Absatz des Briefes haf-
ten. Ein Positiv, fünf Stimmen! Vielleicht für eine Kapelle. Ein so kleines Werk hatte er selten gebaut – für
Sankt Nikolai in Freiberg einmal. Es gab nicht viel her.
Doch wie sehnlich hatte er in diesen Jahren auch auf
solche kleinen Aufträge gewartet!
Er erhob sich, ging zu seinen Leuten. Sie sollten wissen, was nun fest in Aussicht stehe, sollten sich wieder
einmal freuen.
Und er begann zu schaffen – rastlos. Mit jedem Handgriff, jeder Überlegung steuerte er das neue Ziel an,
trachtete dabei den Schmerz zu überwinden, der noch
in ihm bohrte.
Er durchforschte mit Schöne das Lager, nahm den Bestand an Materialien auf, bestellte, was an Zinn, Blei,
Holz und anderen Dingen fehlte, zur Lieferung Anfang August.
Eher konnte er es nicht bezahlen, wenn er sich nicht
der noch vorhandenen Mittel entblößen wollte; er
mußte warten bis zum Abschluß des Kontraktes, bis er
die ausbedungene erste Rate erhalten haben würde. Er
sprach selbst bei den Lieferanten vor, um zu sichern,
daß die Materialien von der rechten Güte seien.
Wieder rechnete er nach. Sieben Gesellen wollte er
einsetzen für das große Werk. Vier waren ihm geblieben: Schöne, Oehme, Schubert und Manner. Fügte es
ein gütiges Geschick, kam sein Neffe Daniel dazu.
Noch zwei brauchte er dann.
Sieben Gesellen! Sein bisher größtes Werk – das im
hiesigen Dom – hatte er damals mit drei Gehilfen vollbracht, es war nur um zwei Stimmen kleiner als das für
die Schloßkirche vorgesehene. Damals! Mit welch großem Mut, welch unbändiger Tatkraft hatte er die Aufgabe angepackt! Ja, auch mit dem Streben des Ehrgei-

zes! Mit der Unbekümmertheit der jungen Kraft! Und
das Wagnis war gelungen – weil hinter allem Fleiß und
Können standen.

Doch heute? Es brauchte kein Wagnis mehr zu sein,
ruhiger gewordener Ehrgeiz forderte nicht zu großem
Mut heraus, die Unbekümmertheit war längst vorsichti-
gem Wägen gewichen, und die unbändige Tatkraft ...
Silbermann seufzte. Die Jahrzehnte, die seitdem ver-
flossen waren, hatten an der Kraft genagt.

Ein großer Ruf freilich verlangt mehr als ein Minimum
an Aufwand. Träte er, den sie für den wohlhabendsten,
in der Werkstatt bestversehenen Meister seines Faches
weit und breit hielten, mit nur drei oder vier Gesellen
an in Dresden, erwiese er sich einen schlechten Dienst
– und das nicht nur im Blick auf den hohen Preis für
das Werk.

Es mußte dabei bleiben: sieben Gesellen.

Lange überlegte er, wog er ab – über Tage hin. Dann
schrieb er einen Brief an Zacharias Hildebrandt. –

Am Nachmittag des 29. Juli saß er wieder im Schloß
Freudenstein dem Grafen von Hennicke gegenüber.

Diesmal war der Graf nur mit einem Sekretär gekommen. Zurückhaltend zwar, aber nicht unfreundlich gab
er sich. Beim Anblick des Meisters hatte er gestutzt,
war aber nicht auf persönliche Dinge eingegangen,
auch nicht auf die Vorgänge in der Vergangenheit.

„Wir haben trotz anfänglicher Bedenken Euren Konditionen zugestimmt, mit einigen geringfügigen Ände-
rungen nur, Meister Silbermann. Den Ausschlag gab
die vorzügliche Beurteilung Eurer Disposition durch
die Sachverständigen."

„Ich bedanke mich."

„Ich brauche also die Einzelheiten nicht mehr mit
Euch durchzusprechen, sie sind in dem bereits vorbereiteten Kontrakt niedergelegt. Nur auf zwei Punkte
mach ich besonders aufmerksam: die Angaben zur Bauzeit und die Zahlungsweise. Ihr hattet als Bauzeit für

das Werk zirka vier Jahre angegeben. Wir haben das präzisiert, indem wir den Zeitpunkt der Vollendung des Werkes, der Übergabe an uns, auf Michaelis 1754 setzen. Einverstanden?"

„Einverstanden."

„Ihr habt als Bauzeit in Dresden in Euren Konditionen angegeben: zirka zwei Jahre. Das war uns zu unbestimmt. Wir nehmen: zwei Jahre. Stimmt Ihr dem zu?"

„Genau kann man das im voraus nicht sagen. Stellen sich unvorhergesehene Schwierigkeiten ein ... Ich habe trübe Erfahrungen gemacht. Doch belassen wir es dabei!"

„Ergo zieht Ihr im September 1752 um nach Dresden. Wir stellen Euch auf zwei Jahre ausreichend Quartier zur Verfügung – für zehn Personen, eingeschlossen Ihr selbst und Eure Hausmagd. Wir nehmen das Maximum. Ihr hattet von acht bis zehn Personen gesprochen."

Zustimmend nickte der Meister. „Ich hoffe, das Quartier wird sich in der Nähe der Baustatt befinden."

„Wir haben im Sinn, für Euch einige Räume jenes Gebäudes herzurichten, in dem sich derzeit die katholische Hofkirche befindet. Das ist unmittelbar am Schloß, in nächster Nähe der Baustatt."

„Wo sollen aber dann die Gottesdienste abgehalten werden?"

„Schon im nächsten Jahr in der Schloßkirche. Zu diesem Zweck wird das Positiv gebraucht, um dessen Vorbereitung wir Euch ersuchten. Es soll eine Interimsorgel sein, bis zu dem Zeitpunkt hier im Gebrauch, da das große Werk fertiggestellt ist."

Mißmutig entgegnete der Meister: „Schon im nächsten Jahr? Das kollidiert dann mit meiner Arbeit, Gräfliche Gnaden, das führt zu Störungen für beide Seiten und damit zu Streitigkeiten."

„Keine Sorge! Die Gottesdienste werden zu Tageszeiten stattfinden, an denen Eure Arbeit ruht. Es wird nicht schwer sein, das miteinander abzustimmen. – Doch nun zur Zahlungsweise! Die Bausumme von zwanzigtausend Talern wird Euch in zehn Teilbeträgen ausgezahlt. Die erste Rate ist fällig bei Abschluß des Kontraktes, Ihr könnt also in den nächsten Tagen mit deren Eingang rechnen. Während der Arbeit in Dresden, also von 1752 bis 1754, erhaltet Ihr viertausend Taler. Die letzte Rate wird Euch bei Übergabe des Werkes zu Michaelis 1754 ausgezahlt. Einverstanden?"

„Ich hatte acht Raten à zweitausendfünfhundert Taler vorgeschlagen."

„Die höchste Herrschaft ist der Ansicht, daß bei einem so hohen Preis ein Entgegenkommen Eurerseits gerechtfertigt ist."

Nach kurzem Bedenken stimmte Silbermann zu.

Und nun setzte er seine Unterschrift unter die beiden Exemplare des Vertrages, die der Sekretär ihm auf einen Wink Hennickes hin vorgelegt hatte. Sie trugen bereits die Unterschrift des kurfürstlichen Beauftragten: Johann Christian Graf von Hennicke.

„Meine Gratulation, Meister Silbermann!" sagte der Graf, als der Akt vollzogen war. „Es ist ein Sieg Eurer manchmal beängstigenden Beharrlichkeit. Ich muß bekennen, eine solche ist mir bei einem Kontrahenten der höchsten Herrschaft noch nicht begegnet. Fast war es soweit, daß der Herr Premierminister von Brühl Euch zu sich befohlen hätte."

„Ich wäre bei meinem Standpunkt geblieben."

„Es wäre für Euch schwieriger geworden, als Ihr es absehen könnt. Nun ja, mag dem sein, wie es will, gelingt das Werk so, wie es kompliziert war, bis zu diesem Augenblick zu gelangen, können wir wohl zufrieden sein."

„Ich werde tun, was in meiner Kraft steht."

„Das erwartet man auch an höchster Stelle. Ja, und was

das Positiv angeht – Herr Sekretär, das Schriftstück! Also, Meister, es ergeht hiermit der Auftrag an Euch, das Instrument zu fertigen. Gegen Disposition und Berechnung gab es keinen Einwand. Zweihundert Taler Vorschuß gehen Euch noch zu. Seid Ihr in der Lage, es bis zum März des nächsten Jahres aufzusetzen, ohne daß Ihr mit der Vorarbeit für das große Werk in Zeitnot kommt?"

„Ich werde mir zu helfen wissen. Erlauben Gräfliche Gnaden: Wer am Hof ist nun verantwortlich für das Bauliche, für Handwerker und Zulieferer? An wen kann ich mich wenden, wenn ich die Details berechnet und gezeichnet habe?"

„Wendet Euch an Kammerrat Thieme. In seinen Händen wird alles liegen. Die Adresse gibt Euch der Herr Sekretär. Bei Eurer nächsten Anwesenheit in Dresden könnt Ihr mit dem Kammerrat auch über das Quartier sprechen."

II

Wenn es seine Zeit zulasse, möge er ihn doch Anfang August einmal besuchen, hatte Silbermann an Zacharias Hildebrandt geschrieben. Es gehe um geschäftliche Dinge.

Hildebrandt hatte zugesagt, auch gleich einen genauen Termin genannt: 3. August. Am frühen Nachmittag war er dann eingetroffen.

Nun saßen sie schon fast zwei Stunden zusammen, und es war noch kein Wort über geschäftliche Dinge gefallen. Zuviel des Allgemeinen hatten sie sich zu sagen gehabt, und es war manches dabei gewesen, was sie auf das tiefste bewegte. Hildebrandt hatte auch die Nachricht mitgebracht, daß Johann Sebastian Bach verstorben sei, am 28. Juli, daß sie ihn auf dem Johannis-Kirchhof begraben hätten, weil der Thomas-Kirchhof

längst eingeebnet worden sei. Verbittert hatte Hildebrandt das Geschehnis geschildert. „Wohl gab ihm
seine Schule das letzte Geleit, wohl sah man ein großes
Gefolge von Männern aus der Stadt – dennoch war es,
gemessen an der Außergewöhnlichkeit des Verblichenen, ein elendes Begängnis. Kein Abgesandter des Hofes nahm teil, obgleich Bach doch auch Hofkompositeur war, kein Vertreter des Rates der Stadt. Frauen
durften nicht dabeisein, weil man ihr Wehgeschrei an
dem offenen Grab befürchtete, nicht mal die aus Bachs
eigener Familie. Ja, du hörst recht, nicht mal die aus
seiner eigenen Familie. Als einziger Bach ging Christian, der jüngste Sohn Sebastians aus zweiter Ehe, hinter dem Sarg. Von den drei Söhnen aus erster Ehe war
keiner gekommen – nicht Friedrich aus Bückeburg,
nicht Friedemann aus Halle, nicht Emanuel aus Berlin.
Vielleicht war die Zeit bis zum Begräbnistag für sie zu
kurz gewesen. Und die Kanzelabkündigung des Pfarrers während des zweiten Bußtagsgottesdienstes am
gleichen Tag war trocken, teilnahmslos wie beim elend-
sten aller Almosenempfänger. Er erwähnte das Werk
Johann Sebastians mit keinem Wort. Ach, ich hab' den
Eindruck gehabt, daß man froh war, den Verblichenen
endlich aus dem Leben zu wissen. Eine Schande wird's
bleiben für alle Zeit!"
Silbermann hatte nicht nach weiteren Einzelheiten gefragt. Nach dem, was ihm damals Friedemann geschrieben, überraschte ihn der Vorgang nicht, auch nicht das,
was Hildebrandt über die Not und den Jammer in den
letzten Lebensmonaten des erblindeten, zuletzt noch
mit den Folgen eines Schlagflusses kämpfenden Tho-
maskantors zu berichten wußte. „Ja, eine Schande!"
hatte er hervorgestoßen, erregt die Faust auf den Tisch
schlagend. „Diese – diese jämmerliche Bagage! Und dabei sind sie allesamt nichts gegen ihn – nichts!"
Die Uhr auf dem Kaminsims zeigte die vierte Stunde
an.

Hildebrandt unterbrach das lange Schweigen: „Nun müssen wir aber wohl an die Dinge denken, die dich veranlaßt haben, mich zu rufen. Um Geschäftliches geht's?"

„Ja. Als wir vor Jahren in Naumburg zusammensaßen, klagtest du über die miserable Zeit, darüber, daß du nicht mehr lange die Kraft haben würdest, deine Werkstatt zu halten. Wie steht's jetzt damit?"

„Nicht besser. Hast du etwa einen Auftrag für mich?"

„Mehr: Ich trag' dir an, für ein großes Werk mit mir zusammen zu schaffen – nicht als Geselle, sondern als Mitmeister. Ist das Werk fertig – es wird wohl an die vier Jahre dauern –, können wir zusammenbleiben, wenn du willst."

Hildebrandt starrte Silbermann an, als habe er nicht recht gehört. „Du willst mich – –? Als – –?"

„Ich hab' schon den Entwurf eines Kontraktes aufgesetzt. Die wichtigsten Konditionen sind: sechs Taler und zwölf Groschen Wochenlohn, also zirka das Sechsfache, das ich einem Gesellen zahle, dazu zweitausend Taler, wenn das Werk fertig ist. Kost und Logis sind frei, und du kriegst eine Kammer für dich allein. Dafür verpflichtest du dich, nur für meine Werkstatt zu schaffen und die Arbeit hier oder an der Baustatt zu dirigieren für den Fall, daß ich mal verhindert bin."

Unwillig wischte sich Hildebrandt über die Stirn, als plage ihn eine unwirkliche Erscheinung. „Und das ist dir völlig ernst?" stieß er hervor.

„Mit solchen Dingen scherzt man nicht. Hier hast du meinen Vorschlag mit den Konditionen schriftlich." Silbermann schob ihm ein Blatt zu.

Hildebrandt rührte es nicht an. Kopfschüttelnd sagte er: „Ich – ich kann's noch gar nicht fassen. Du und ich! – Du und ich wieder zusammen! Erträumt hab' ich's seit damals, als ich ..."

„Du sagst also zu?"

„Ja, Gottfried, ja! Doch hast du dir's auch genau überlegt? Du müßtest ein bissel Geduld mit mir haben. Ich
bin eigenständiges Schaffen gewöhnt und brauche eine
gewisse Zeit, mich umzustellen."

„Das wird dir sicher nicht schwerfallen. Du kennst
doch meine Prinzipien. Hast du erträumt, mit mir zu
schaffen, so wirst du dich auch schnell darauf einstellen können." Spöttisch fügte er hinzu: „Ich bin wohl
auch nicht mehr der ‚unduldsame Mann', als der ich
einst verschrien war."

Sinnend blickte Hildebrandt eine Weile vor sich hin.
Auf seinem schmalen, von Not und Sorge gezeichne-
ten Gesicht lag ein versonnenes Lächeln. Plötzlich erhob er sich, streckte Silbermann die Rechte entgegen.
„Es gilt, Gottfried! Doch du mußt mir Zeit lassen, erst
meine Dinge zu Hause zu ordnen und das zuvollen-
den, was ich noch unter der Hand habe. Auch mit meinem Sohn, Johann Gottfried, muß ich noch reden. Er
arbeitet manchmal eigenständig, oft aber auch mit mir
zusammen, und ich kann nicht meine Werkstatt aufgeben, ohne zu wissen, wie er's künftig halten will. Ich
denke – drei Monate."

„Gewährt!" Silbermann holte aus dem Schrank Flasche
und Gläser herbei, und sie stießen an auf eine gute Zusammenarbeit.

„Ja, und was deinen Sohn angeht – bring ihn doch
mit!" schlug Silbermann vor. „Bei dem, was vor mir
steht, könnte ich ihn brauchen."

„Auch – auch Johann? Wirklich?"

„Warum denn nicht? Für Gesellen-Bestlohn! Ich hätt'
dich ohnehin gebeten, dich nach einem tüchtigen Gesellen für mich umzusehen. Wenn es nun gar ein Schüler von Zacharias Hildebrandt wäre, sein Sohn dazu …!
Siehe, ich hab' neben kleineren Dingen – Klaviere und
ein Positiv mit fünf Stimmen – ein großes Instrument
in Auftrag, siebenundvierzig Stimmen, und …"

„Für die Schloßkirche in Dresden, nicht wahr?"

„Ah, es hat sich schon herumgesprochen! – Das Unglück, das mich vor Monaten traf – –. Also mit vier
Leuten kann ich das alles nicht schaffen. Früher, ja früher! George galt für zwei, und ich selbst – nun ja,
wenn man über die Siebenundsechzig ist, da geht's halt
nicht mehr so rasch von der Hand, und wenn man's
nicht zur rechten Zeit einsieht, da merkt's schließlich
auch die Kundschaft. Also frag deinen Sohn, ob er
wohl Lust habe. Und wär's nicht gleich, dann eben später, vielleicht in einem halben, dreiviertel Jahr, falls er
noch etwas unter der Hand hat."
„Gerne trag' ich's ihm an."
„Nun lies erst mal den Schriftsatz durch! Ich hab'
schon gesagt, daß es ein Entwurf ist, drum geht's darin
noch ein bissel drunter und drüber. Bist du mit den
Konditionen einverstanden, mach' ich einen ordentlichen Kontrakt daraus und schick' ihn dir in zwei
Exemplaren zu. Schickst dann eines unterschrieben zurück."
Hildebrandt blieb zur Nacht im Regimentshaus, reiste
erst am späten Vormittag des folgenden Tages nach
Leipzig zurück.

12

Schon nach knapp zwei Wochen ging das von Hildebrandt unterschriebene Exemplar bei Silbermann ein.
In dem Brief, dem es beigelegt war, bedankte sich Zacharias noch einmal mit herzlichen Worten. Es bliebe
dabei: In etwa zwei Monaten werde er sich einfinden.
Das Angebot an seinen Sohn Johann Gottfried sei von
diesem mit Freude aufgenommen worden, allerdings
bitte er, ihm einige Monate Zeit zu lassen, da er noch
Reparatur- und Pflegeaufträge zu erledigen habe. „Auf
der Klausel in dem Kontrakt, daß ich eine Kammer für
mich allein bekäme, beharre ich dann nicht. Der Raum

neben deiner Stube, den du mir zugedacht hast, ist groß genug für zwei, da hat mein Sohn noch gut mit Platz." So schrieb Zacharias Hildebrandt am Schluß.

Er ist bescheiden geworden, ging es Silbermann durch den Sinn.

Ein zweiter Brief traf in diesen Tagen ein, sehnlich erwartet wie kein anderer: aus Straßburg. Anna Maria hatte ihn geschrieben, und er bewirkte, daß Silbermann einen Dank zum Himmel sandte.

„Nicht nur Verständnis hast Du bei uns gefunden, lieber Schwager, auch Dank und Hochachtung für das Vertrauen, das Du uns bekundest. Daß Du Johann Daniel für wert und befähigt findest, Georges Weg in Deiner Werkstatt fortzusetzen und einmal das Deine in seine Hände zu nehmen, hat ihn selbst tief bewegt. Er ist von Herzen gern bereit. Freilich kann es nicht gleich sein. Lasse ihm ein dreiviertel Jahr Zeit, hier noch einige wichtige Dinge mit zu vollenden und sich innerlich einzustellen auf die große Veränderung, die ihn erwartet. Es ist auch zu bedenken, daß er einen Nachfolger suchen muß für sein Amt des Organisten in der hiesigen Neuen Kirche. Auch Johann Andreas bittet Dich darum. Er muß es sich ja angelegen sein lassen, die Lücke, die Daniel in der Werkstatt hinterlassen wird, in rechtem Maße wieder auszufüllen."

Zum erstenmal seit vielen Monaten rief Silbermann Anna zu einem längeren Gespräch zu sich in seine Stube, zum erstenmal auch lag ein Hauch Fröhlichkeit über seinem Gebaren. Er machte sie mit dem Inhalt der beiden Briefe vertraut. „Du siehst, unsre Familie wird wieder wachsen, und es wäre gut, wenn wir uns schon bald darauf einstellen würden, ich meine, was die Räumlichkeit angeht. Zacharias Hildebrandt kriegt also die Kammer neben meiner Stube, später teilt er sie mit seinem Sohn. In Georges Kammer kommt dann Daniel, er teilt sie mit Schöne, wie's auch George getan hat. Bei Oehme, Schubert und Manner ändert sich nichts. – Tja, Anna, dann sind wir wieder neun Leute, wie in den besten Jahren. Du – ich meine wir beide sind jedoch nicht mehr in den besten Jahren. Ob wir's wohl schaffen?"

Da fuhr Anna auf: „He, Meister, was soll das! Kümmert Euch dann nur ordentlich ums Eure! An mir soll's nicht liegen."

„Schon gut, Anna!" Begütigend legte er seine Hand auf die ihre.

Ein dritter Brief traf in diesen Tagen ein, er kam aus Halle, von Friedemann Bach, und er versetzte Silbermann in Bedrückung, aber auch in höchsten Zorn.

„Es waren nicht mangelnde Liebe und Achtung zu dem Verblichenen, die mich behindert hätten, an dem Begräbnis teilzunehmen – man verweigerte mir die Möglichkeit, indem man ablehnte, mich zu beurlauben, wenn ich nicht für den Dienst zur zweiten Bußtagsfeier einen geeigneten Ersatz aufzubringen in der Lage wäre. Da ich aber erst am Tag zuvor den Brief von Anna Magdalena mit der traurigen Kunde erhalten hatte, blieb mir keine Zeit, einen Geeigneten zu finden; ich mußte aus der Ferne von meinem Vater Abschied nehmen. Ach, Meister, es waren bedrückende Tage!

Doch ich hätte es vielleicht still überwunden, wäre mir zehn Tage später nicht das Schlimmste, das unter den bekannten obwaltenden Umständen Schlimmste, begegnet. Mein Schwager Altnicol, der sich redlich müht, Anna Magdalena und ihren unmündigen Kindern Beistand zu sein und ein wenig Ordnung in die wirren Verhältnisse zu bringen, berichtete es mir, als es mir endlich möglich gewesen war, nach Leipzig zu reisen. Ach, es ist nicht zu glauben! Welch schauerliches Spiel doch Unvernunft, Undank und Mißgunst treiben können – über das Grab hinaus, verehrter Meister! So hört es denn! Ich schreie es allen zu, auf daß es der Nachwelt als Schandmal der Würdelosigkeit erhalten bleibe.

Nicht nur, daß der Rat der Stadt Leipzig es abgelehnt hat, Anna Magdalena und ihren Kindern eine halbwegs ausreichende beständige Versorgung zu geben – man stellte ihr nur anheim, ein Gesuch um die Gewährung eines Gnaden-Halbjahres einzureichen –, nicht nur, daß man beharrlich davon absieht, meinem Vater den ihm gebührenden ehrenvollen Nachruf zu widmen, man übte sogar das Mittel der Verunglimpfung des Verblichenen. Amtlicherseits, verehrter Meister, amtlicherseits!

Eine Woche nach dem Begräbnis geschah es: Der Rat der Stadt trat zusammen. Und da brachten die Hochlöblichen, Hochweisen diese Meinung zum Ausdruck: Die Schule Sankt Thomae brauche als vollgültigen Ersatz für den Verschiedenen einen tüchtigen Kantor, keinen überheblichen Kapellmeister. Es sei doch hinreichend bekannt, daß Herr Johann Sebastian Bach zwar ein guter Musikus gewesen sei, jedoch kein guter Schulmann.

Was sind die Schwierigkeiten, die Erbschaft zu regeln – mein Vater hat leider kein Testament hinterlassen –, was ist die Nachlässigkeit im Umgang mit den von ihm überkommenen Noten gegen diese Ungeheuerlichkeit! Er hatte doch in Wahrheit das, was in der Schule seines Amtes war, vorbildlich versehen und wider alle Schwierigkeiten auf eine bemerkenswerte Höhe gebracht.

Warum also das alles? Hatte mein Vater in den fast drei Jahrzehnten seines Wirkens an der Schule wirklich schwerwiegende Fehler gemacht, die ihm die anfängliche Gunst des Rates verscherzten? Ich sprach mit Doktor Deyling, dem Superintendenten, darüber, der meinem Vater in dieser langen Zeit ein verständnisvoller, friedfertiger Vorgesetzter war. Und dieser sagte etwa: ,Hat ein Mann über mehr als sechsundzwanzig Jahre hin trotz großer Widerwärtigkeiten ein wichtiges Amt verwalten können, ohne daß man triftige Gründe fand, ihm es wieder zu nehmen, so hat er ganz gewiß nicht mehr Fehler gemacht als jeder andere auch. O nein, daran liegt es wohl nicht. Mir scheint, der Grund für das unglückliche Verhältnis zwischen Johann Sebastian und dem Rat habe darin gelegen, daß der Kantor hartnäckiger als mancher andere das verfochten hat, was er als richtig und gerecht erkannte, daß er den Ämtern der Stadt und wohl auch Mißgönnern durch seine unverbrämte Art zu unbequem geworden war. Sie haben das auch über das Grab hinaus nicht vergessen können.'

Deutlicher gesehen also: kleinliche Rache für von ihm empfangenen Widerspruch, für Unbequemlichkeiten – noch nach seinem Tode, gesteigert ins öffentlich gezeigte Pietätlose, Würdelose! Pfui! sage ich. Ich werde es auch einigen der wohllöblichen Herren, die im Rat das Wort gegen ihn führten, mit Abscheu entgegenschleudern, sobald ich das Dringlichste in der Familie geregelt habe …"

„Pfui!" rief auch Silbermann zornig aus. Den ganzen Tag über bewegte ihn Friedemanns Bericht. Er wurde erst ruhiger, nachdem er in einem Brief an den Freund in Halle seine Anteilnahme an dem unglücklichen Geschehen und seine Empörung kundgetan hatte.

13

In Silbermanns Kundenbuch „begann es sich wieder zu rühren", wie der Meister zu Johann Krauße sagte, als dieser ihn eines Abends besuchte. „Die in Wegefahrt haben sich endlich für den Bau entschlossen. Nun pressiert's auf einmal, innerhalb eines Jahres möchten sie ihr Instrument haben. Auch aus Ringethal, dem bei Mittweida, ist ein Auftrag eingegangen. Fast wie in alten Zeiten, Hannes."

„Fast? Na, hör mal! Du bist doch bis zur Halskrause eingedeckt! Wie willst du denn das alles schaffen neben dem großen Werk und dem Positiv für Dresden?"

„Mußt bloß näher hinsehen! Wegefahrt wird nur vierzehn Stimmen haben, Ringethal soll nur ein Positiv sein mit sechs Stimmen. So was wirft meine Werkstatt nicht um, selbst wenn sie noch an einem großen Werk zu schaffen hat. Na ja, ich bin zufrieden. Muß sowieso alles erledigt haben, ehe ich in Dresden aufzusetzen beginne. Da bin ich auf größere Aufträge gar nicht mehr erpicht. Drum bin ich auch froh, daß Zacharias Hildebrandt und sein Sohn nächstens kommen."

„Wann fangen sie an?"

„Wie er mir vor einer Woche schrieb, Mitte Oktober."

„Beide?"

„Ja. Sie werden bis dahin alles erledigt haben, was ihnen noch unter der Hand ist. – Da du grad hier bist: Als nun bald wohlbestallter Kämmerer kennst du dich doch sicher auch in der Juristerei aus, was ein Testament angeht?"

„Einigermaßen. Denkst du etwa an das deine?"
Verhalten nickte Silbermann. „Es muß nun wohl bald sein. Ich will's unter Dach und Fach bringen, ehe ich nach Dresden ziehe. An die zwei Jahre werde ich mich dort aufhalten – was kann in dieser Zeit alles geschehen! Und überhaupt, wenn man bald achtundsechzig ist, dann muß man schon dran denken."

„Gewiß. Dennoch bedarf es, so meine ich, bei dem guten Stand, in dem du dich befindest, keiner Übereilung. Wenn ich an Testamente denke, wird's mir wehmütig zumute. Sie sind doch immer ein Blick hin zum Abgang für ewig."

„Aber auch eine Vorsorge, eine Beruhigung. Weiß man doch dann, was mal aus dem Eignen wird."

„Wie du mir mal sagtest, hast du im Sinn, als Universalerben deinen Straßburger Neffen Johann Daniel einzusetzen?"

„Daran halte ich fest."

„Ich würde aber damit warten, bis ihr euch einigermaßen kennt."

„Warum?"

„Du weißt nur aus gelegentlichen Familienbriefen
einiges über ihn, hast ihn noch nie gesehen. Man sollte
aber einen Menschen kennen, ehe man ihm für alle
Zeit das anvertraut, was man sich erworben hat."

Erstaunt, mißbilligend blickte Silbermann den Freund
an. „Wie kannst du in diesem Fall so reden, Hannes! Es
geht um meinen Neffen! Er hat mit Dankbarkeit und
Freude mein Anerbieten akzeptiert. Hinter ihm steht
seine ganze Familie."

„Dennoch! Du kennst ihn nicht – sowenig wie er dich,
dein Wesen, deine Werkstatt. Wie alt ist er?"

„Dreiunddreißig."

„Also eine andere Generation! Weißt du, ob du – bei
allem guten Willen – mit ihm zurechtkommen wirst, er
auch mit dir? Du kannst nicht ohne weiteres Maßstab
und Erfahrung nehmen aus Georges Zeit."

„Ich bin sicher, daß meine Hoffnung mich nicht
täuscht", sagte Silbermann fest. Eine Weile blickte er
sinnend vor sich hin. Schließlich ging er doch auf Krau-
ßes Vorschlag ein: „Na schön, ich werde mit dem Testament warten, bis ich Daniel näher kenne. Im Prinzip
wird sich aber kaum was ändern." –

Die beiden Hildebrandts trafen im Oktober ein, die Arbeit in der Werkstatt begann nach langer Zeit wieder
„mit vollem Gespann". Silbermann fand schon in den
ersten Wochen bestätigt: Der Zuwachs war ein großer
Gewinn. Denn die Männer ordneten sich nicht nur willig und geschickt in das Getriebe ihrer neuen Umgebung ein, sie packten nicht nur zu mit Fleiß, vollendeter Sachkenntnis und hohem Verstand, sie respektier-
ten auch die Prinzipien des Meisters in Werk und
Geist, ohne daß es einer Einrede oder eines nachdrück-
lichen Hinweises bedurft hätte. Silbermann fand nicht

das, wofür Hildebrandt vor Monaten im Gespräch um Geduld gebeten hatte: Schwierigkeiten beim Übergang aus der Eigenständigkeit. Gab es wirklich solche Schwierigkeiten, wußten die Männer sie jedenfalls verborgen vor den anderen zu überwinden.

Schon in kurzer Zeit lief in den Arbeitsgruppen alles zügig, als sei es eh und je so gewesen. Der Meister hatte Hildebrandt die Verantwortung für die Holzarbeit übertragen; dessen Sohn, Oehme und Manner befanden sich noch in dieser Gruppe. Silbermann behielt sich vor, die Zinn- und Metallpfeifen zu fertigen, mit Schöne und Schubert gemeinsam, die auf diesem Gebiet eine besonders gute Hand besaßen. Später sollte Daniel noch zu dieser Gruppe stoßen.

Diese Einteilung würde erst dann verändert werden, wenn die kleinen Werke in Dresden, Wegefahrt und Ringethal aufzusetzen wären. Das würde er selbst tun. Wer ihm dabei zu helfen hätte, mochte später entschieden werden, das hatte bis zum Frühjahr Zeit.

Bis dahin stellte er die noch vorliegenden Aufträge auf Klaviere zurück. Neue Aufträge nahm er nicht an, da er, wie er in seinen Absagebriefen schrieb, der hochwerten Kundschaft nicht zumuten könne, mehrere Jahre auf ein Instrument zu warten. Sei es recht, werde er sich jedoch zu gegebener Zeit in Erinnerung bringen. Als er den ersten dieser Briefe unterzeichnete, schüttelte er den Kopf. Fast kam es ihm vor wie eine sündige Herausforderung des Schicksals. Es war noch gar nicht allzu lange her, daß er jeden, auch den kleinsten, Auftrag dankbar entgegengenommen hatte.

An den Abenden saß er oft mit Zacharias Hildebrandt zu einer Plauderstunde am Kamin zusammen. Sie blickten zurück, tauschten Erinnerungen aus, kamen oft auch auf Fachliches in ihrer Kunst zu sprechen. Bei einer solchen Gelegenheit gestand Zacharias:

„Ich hab' oft Vergleiche gezogen zwischen dir und

mir, mich oft verbittert gefragt, warum wohl auf deiner Arbeit offensichtlich so viel mehr Glück ruhe als
auf der meinen. Es war doch sicher nicht vermessen,
wenn ich mir vorhielt, daß auch ich mit viel Fleiß und
Kunstfertigkeit ans Werk ginge – so wie du. Daß auch
ich mit Beharrlichkeit und Redlichkeit mein Werk
vollbringe – so wie du. Warum blieb ich der Geplagte,
von der Not Verfolgte? War ich etwa für die Dauer
gezeichnet, weil ich abtrünnig wurde? Eine schreckli-
che Strafe!"

„Ach, Strafe! Ich will es dir sagen: Neben hoher Kunstfertigkeit, Fleiß, Beharrlichkeit und Redlichkeit der
Kundschaft gegenüber ist noch eines vonnöten: Redlichkeit auch sich selbst gegenüber. Du hast dich bei
der Kalkulation zu weit unterm Strich gehalten, hast
aber stets das Beste gegeben. So was beißt sich im Geschäft, lieber Freund. Das heißt, man setzt zu, man be-
trügt sich selbst."

„Ich kenne Meister, die auch billig bauen und dennoch
gut bestehen."

„Dann schaffen sie aber nicht das Beste. Ich muß bekennen, ich war erschrocken, als ich damals in Naumburg hörte, welchen Preis du für das Werk in Sankt
Wenzel verlangtest. Nur wenig über zweitausend Taler! Für ein Werk mit zweiundfünfzig Stimmen! In bester Güte! Da konntest du doch gar nicht bestehen. Für
diesen Preis baute ich schon 1718 das Werk in der So-
phien-Kirche zu Dresden und 1735 das in Greiz, und
beide hatten nur einunddreißig Stimmen. Und da waren noch bessere Zeiten!"

„Ich hatte mit dem Prospekt nicht viel zu schaffen und
bekam von dem alten Werk auch noch brauchbares Material."

„Trotzdem, Zacharias! Es war ein neues Werk, und
einiges hinzugebaut, über die ursprüngliche Disposition hinaus, hast du doch auch noch. – Glaub mir,
nicht das Glück macht's; es ist ein schlechter Kumpan,

zu launisch und unzuverlässig. Das macht's in diesem Fall: Redlichkeit auch sich selbst gegenüber. Das setzt sich schließlich durch. Ich bin so immer gut gefahren."

14

Silbermann kehrte aus Dresden zurück, wo er das Positiv in der Schloßkirche aufgesetzt sowie mit Kammerrat Thieme und den Handwerkern Gespräche geführt und mit ihnen wiederholt die Baustatt für das große Orgelwerk besichtigt hatte. Alles war reibungslos vor sich gegangen. Er hatte den Eindruck gewonnen, daß die Dinge hier in guten Händen lagen, daß Gehäuse und Bälgekammer zeitgerecht fertig sein würden. Auch über das künftige Quartier in der alten katholischen Hofkirche hatte er mit Thieme gesprochen und ihm seine Wünsche dargelegt. Mit dem Ausbau werde schon in den nächsten Wochen begonnen, und es sei sicher nicht schwer, des Meisters Wünsche zu erfüllen.

Der junge Hildebrandt begleitete Silbermann. Es war dessen Wunsch gewesen, die Baustatt kennenzulernen, wo er später zwei Jahre lang mit arbeiten würde. Er hatte auch neben anderen den Konzertmeister Pisendel, den Bildhauer Hackl, den Hofkondukteur Locke und den Oberlandbaumeister Knöffel kennengelernt. Ihm war aufgefallen, daß Pisendel und Hackl in herzlicher Weise mit Silbermann verkehrten, Locke und Knöffel dagegen betont Zurückhaltung übten. Er befragte den Meister nach der Ursache, dieser erklärte es ihm. „Sie haben eben ihre Niederlage noch nicht vergessen."

Hildebrandt war auch Zeuge eines zweiten Rückblicks Silbermanns geworden. Michel, bei dem sie Quartier genommen, hatte ihnen erzählt, daß der Geheime Kämmerer Pantaleon Hebenstreit im November des vergangenen Jahres verstorben sei. Pisendel, den Silbermann dazu befragte, hatte ihnen noch einiges erzählt: daß Hebenstreit dreiundachtzig Lebensjahre erreicht habe; daß er in den letzten Jahren völlig erblindet und bettlägerig gewesen sei; daß seine Kunst auf dem Pantalon, die ihn doch einst so berühmt gemacht und der er vor fast vierzig Jahren seine Anstellung am Hof als Kammermusiker zu verdanken gehabt habe, hier fast vergessen sei; daß wohl auch er selbst bald vergessen sein werde; daß man ihm zuletzt nur noch ein geringes Gnadenbrot gewährt habe.

Silbermann hatte diese Nachricht stärker bewegt, als er eingedenk der alten, nie beigelegten Feindschaft mit dem Verstorbenen wahrhaben wollte. Als sie wieder unter sich waren, sagte er zu Hildebrandt: „Der Mann war begnadet in der Musik, dazu klug und geschickt in der Mechanik, aber er hatte wirklich seinen Namen in der Tat."

„Seinen Namen in der Tat?" wiederholte Johann Hildebrandt verwundert.

„Heb-an-Streit' nannten ihn alle, die ihn näher kannten, wenigstens zu der Zeit, da wir miteinander Umgang hatten. Er konnte so vehement streiten, daß man bald selber glaubte, schwarz sei weiß, und er stritt gern. Auch mir hat er davon eine üble Kostprobe gegeben. Das hab ich ihm nie verzeihen können."

„Oh! Kann man Näheres wissen?"

„Warum nicht. – Anno 1727 war's. Hebenstreit machte mit seinem Instrument, dem Pantalon, ein gutes Geschäft, verkaufte es im In- und Ausland. Ich war einer der wenigen Meister, die es für ihn bauten. Ich baute es gern, aber er bezahlte nicht gern. Als in längerem Verlauf eine Schuld entstanden war und er für meine Mahnungen nur taube Ohren hatte, stellte ich die Arbeit für ihn ein. Ach, wie hat er damals getobt und gedroht! Wegen Vertragsbruchs werde er mich verklagen, Schulden habe er gar nicht bei mir, denn mein Preis habe eh und je über dem der andren Meister gelegen, ich hätte also keinerlei Schaden. Ich wies ihn kurzerhand aus meiner Werkstatt. Um zu meinem Geld zu kommen, baute ich noch einige wenige Exemplare seines Instruments und verkaufte sie. Das war nicht gegen das Gesetz, weil auf dem Pantalon kein Privileg lag. So wußte ich es jedenfalls aus der Vergangenheit. Der schlaue Fuchs hatte sich aber in der Zwischenzeit um ein Privileg bemüht. Auf Grund dessen verklagte er mich beim König, und dieser ließ mich vor das Freiberger Stadtgericht zitieren. Ich konnte eine tüchtige Bestrafung nur dadurch verhindern, daß ich den Vorgang bis ins kleinste darlegte und mich verpflichtete, kein Pantalon mehr zu bauen. Wie unverfroren der Mann war, kannst du daraus ersehen, daß er schon kurze Zeit später zu mir kam mit dem Ansinnen, wieder für ihn zu bauen. Da hab' ich ihn zum zweitenmal aus der Werkstatt gewiesen. Wie ich dann erfuhr, ist er zu Ernst Hähnel nach Meißen gegangen. Du kannst dir denken, wie ,wohlgewogen' wir uns fernerhin waren."

„Er hatte doch wohl einigen Einfluß am Hof. Hat er Euch da nicht schaden können?"

„Dergleichen hab' ich nicht bemerkt, im Gegenteil. Ich kenne einen Fall, da er einer Sache, die mich betraf, aus dem Weg gegangen ist." –

Es war später Nachmittag, als sie am Regimentshaus anlangten. Auf das Klopfen hin öffnete Zacharias die Haustür. „Herein mit euch!" begrüßte er sie fröhlich. „Der neue Geselle wartet schon seit fünf Tagen auf euch."

„Der neue ...?" stieß Silbermann hervor. „Daniel?"

Hildebrandt bejahte. „Er hat schon mit zugepackt, scheint vom Pfeifenbau was zu verstehen. Eine Ähnlichkeit mit dir hat er aber nicht. Und still ist er auch."

„Wo ist er?"

„Beim Zinn. Er gießt grad mit Schöne."

Silbermann ließ seine Reisetasche stehen und eilte, dem jungen Hildebrandt den Reisemantel zuwerfend, in den Gießraum. Noch ehe er die Tür ganz geöffnet hatte, rief er: „Daniel, Junge! – Willkommen!"

Er mußte sich bücken, ihn zu umarmen, mußte dessen Kinn heben, ihm in die Augen schauen zu können. Daniel war kürzer geraten als die alten und älteren Silbermanns, dafür ein wenig fülliger, und die Augen blickten auch nicht so entschlossen drein, eher bedachtsam und weich. Hier war wohl das Erbe der Mutter am Wirken gewesen. „Ich hörte, du seiest schon vor fünf Tagen eingetroffen. Hast du dich inzwischen halbwegs eingelebt?"

„Es ging besser, als ich dachte. Sie alle haben mir dabei geholfen. – Mutter und Geschwister lassen herzlich grüßen." Auch Daniels Sprechweise war bedächtig.

„Danke. Heut abend, nach der Mahlzeit, setzen wir uns ein wenig zusammen, da mußt du mir von ihnen erzählen. Ich freue mich darauf. Dir aber wünsche ich einen gesegneten Fortgang in diesem Haus."

„Ich bedanke mich, Onkel Gottfried."

Silbermann begab sich in seine Wohnstube. Nebenan, in der Schlafkammer, war Anna am Werk, sie packte die Reisetasche aus. Der Meister rief einen Gruß durch die offene Tür.

Anna gab den Gruß zurück: „Na, wie steht's in Dresden? Geht's mit der Kirche gut voran?"

„Was meinen Platz angeht, können Zimmerleute und Tischler schon im Herbst beginnen. Ansonsten werden sie noch lange brauchen, eh' sie fertig sind, vielleicht gar Jahre. – Was hältst du von meinem Neffen?"

„Ein guter, stiller Junge."

„Und sonst?"

„Weiß nicht recht."

„Was heißt: Weiß nicht recht?"

Anna trat durch die Tür. „Wenn Ihr mich schon fragt,

Meister: Ein Silbermann ist's nicht, ich meine, gemessen an Euch, und dem seligen George, was das Wesen angeht. Mir scheint auch, ihm liege die Musik näher als der Orgelbau."

„Wie kommst du darauf?"

„Hab's an seinen Büchern und Noten gesehen. Daß Ihr nicht denkt, ich hätt' geschnüffelt! Hab ihm beim Einräumen seiner Sachen geholfen. Aber ein guter, offenherziger, liebenswerter Mensch ist er. Hat mir sogar angeboten, mich extra zu bezahlen, wenn ich ihm seine Wäsche in Ordnung hielte. Hab's natürlich zurückgewiesen. So was gehöre zu meiner Obliegenheit, hab' ich gesagt."

„Soso." Silbermann stellte keine Fragen weiter. „Ich leg' mich jetzt für eine Stunde hin, will nicht gestört sein." Nach der Mahlzeit unterhielt er sich mit Daniel. Er ließ sich über die Mutter, die Geschwister, die Werkstatt berichten. Und schließlich veranlaßte er ihn, über sich selbst zu sprechen, über seine Eindrücke und Erwartungen.

„Ich bin froh, daß hier eine so gute Eintracht herrscht", sagte Daniel, „da ich eine solche auch von zu Hause kenne. Deine Leute sprechen mit großer Achtung von dir und deiner Werkstatt, vor allem Schöne; mir scheint, er hängt sehr an dir. Es gibt ja auch nichts Widrigeres als Zank und Streit unter einem Dach."

„So ist's, erst recht, wenn es nur eine kleine Gemeinschaft ist. Aber ganz ohne Reibung geht's auch in einer solchen nicht. Sie ist ja nicht eingekapselt gegenüber dem Geschehen draußen, sondern steht im Leben, und dieses hat Ecken und Kanten, die den einen so, den andern so berühren. Da reibt sich eben auch mal was. Wir sind hier trotzdem ganz gut zurechtgekommen."

„Solchen Dingen gehe ich tunlichst aus dem Weg. Damit bin ich immer noch am besten gefahren."

„Gewiß, man soll sie nicht selber provozieren. Wenn du aber zuoberst einer Gemeinschaft stündest, könntest du ihnen nicht immer ausweichen, denn du hättest für alle die Verantwortung."

„Diese dürfte aber nicht so weit führen, daß ich mich zur Amme eines jeden mache."

„Ah! Amme nennst du das! Damit kämst du aber in praxi nicht zurecht, dann auch nicht über die Grenzen der Gemeinschaft, der du vorstehst, hinaus. Das Leben hat Maßstäbe, die nicht du bestimmst, sondern es selbst, und die mußt du beachten."

Daniel zuckte die Schultern. „Mag sein. Ich habe noch nicht zuoberst einer Gemeinschaft gestanden."

„Stets nur deine Mutter und Johann Andreas, nicht wahr? Und sie haben all das von dir ferngehalten?"

„Ja. Ich hatte doch auch im Organistenamt sehr viel zu schaffen."

„Du liebst das Musizieren?"

„Über alles. Es gibt nichts, was mich mehr befriedigen könnte. Darum möchte ich auch, wenn du erlaubst, zwei Bitten äußern."

„Sprich!"

„Zum einen: Würdest du vermitteln, daß ich immer mal auf der Orgel einer hiesigen Kirche spielen kann? Zum andern: Würde es möglich sein, daß ich mich in deiner Werkstatt in der Kunst des Klavierbauens vollende und auch die Instrumente ausgiebig einspiele?"

Lange schwieg Silbermann. Schwer, sinnend ruhte sein Blick auf dem Neffen. Schließlich sagte er: „Ich dachte, du seiest zuerst ein Orgelbauer."

„Bin ich auch, ich kann sofort einspringen, wenn Not am Mann ist."

„Soso. Wenn Not am Mann ist!" Ein wenig umständlich erhob sich Silbermann. „Es ist spät, Daniel, gehen wir zu Bett! Kannst morgen bei den Klavieren anfangen. Und ich werde mit dem Organisten Spieß reden."

„Danke, Onkel. Es ist lieb von dir. Gute Nacht!"

Silbermann hatte keine gute Nacht. In den wenigen

Stunden dieses Abends glaubte er erkannt zu haben: Daniel, den er in so großer Hoffnung und Zuversicht in das Haus hatte kommen lassen, reichte in nichts an George heran, war weit entfernt von dem, was sich in seiner Vorstellung mit diesem Namen verband. Wie ein schwerer Stein lastete diese Erkenntnis auf seiner Brust. Und er wußte noch nicht, wie er damit fertig werden sollte.

15

Wieder traf ein Auftrag ein, einer, den Silbermann schon vor Jahren vorbereitet hatte: vom Pfarrer in Frankenstein.

„Endlich können wir wahrmachen, was wir Euch versprochen haben, verehrter Meister", hieß es in dem Brief des Pfarrers. „Inständig bitten wir Euch, Euch des Werkes anzunehmen, uns nicht etwa entgelten zu lassen, daß traurige Umstände uns zwangen, Euch über lange Zeit hin zu vertrösten. Wir wagen noch mehr, nämlich die Bitte, das Werk möglichst bald zu fertigen. Hinter dieser Bitte stehen die Ungeduld und die Hoffnung so vieler unserer Gemeinde. Ach, wie schlimm wäre es, sie zu enttäuschen!"

„Die haben vielleicht Mut!" knurrte Silbermann, als er am Abend mit Zacharias Hildebrandt darüber sprach. „Was sagst du dazu? Dreizehn Stimmen hätte das Werk."

„Ich meine, wir müßten erst prüfen, ob es möglich ist, den Auftrag einzuschieben, ohne die andern zu gefährden. Danach müßte sich die Antwort richten. Daß sie dich über Jahre hin vertröstet haben, hat bei deiner Entscheidung sicher kein Gewicht."

„Ebensowenig wie des Pfarrers Art, die Ungeduld und Hoffnung seiner Schäflein zu zitieren. Also wie steht's?"

Lange überlegte Hildebrandt. Schließlich sagte er: „Wir kommen in allem zufriedenstellend voran. Es wäre möglich, würden wir – entschuldige! – die Klaviere liegen lassen bis zum Schluß. Da hätten wir zwei Leute frei."

„Warum hast du dich entschuldigt?"

„Weil – nun ja, weil dein Neffe betroffen würde."

„Dachte ich mir's doch! Derlei Rücksicht gibt's aber künftig nicht mehr. Wir machen, wie du's vorgeschlagen hast." Müde lehnte Silbermann den Kopf zurück. „Ach, Zacharias, ich hatt' es mir anders vorgestellt mit Daniel – ganz anders."

„Ich kann es mir denken. Aber er ist fleißig. Was er schafft, ist verläßlich und gut."

„Das genügt doch nicht. Er fragt nicht nach dem Geschäft, drängt nicht danach, einmal selbständig mehr zu bauen als ein Klavier, haut nicht mit der Faust auf den Tisch, um zu fordern: Ich will mehr sein als nur dein letzter Geselle. Wie kann er sich da einstellen auf die große Aufgabe, die ich ihm zugedacht hab'!"

„Vielleicht behindert ihn, daß ich hier Mitmeister bin? Daß er mit ganz andern Erwartungen gekommen ist, sich nun eingeengt fühlt, ohne es zu sagen? Es ist ja in der Tat ein eigentümliches Verhältnis. Ich würde ihn mal ganz offen drum befragen."

Schon in den folgenden Tagen ergab sich eine gute Gelegenheit dazu.

Für Daniel traf ein Brief aus Straßburg ein. „Mutter und Geschwister lassen dich herzlich grüßen, Onkel", sagte er fröhlich. „Es geht dort alles gut, und sie freuen sich, daß auch ich zufrieden bin. Wenn du den Brief lesen willst …"

„Heut abend reden wir darüber."

Am Abend saßen sie in der Wohnstube nebeneinander auf dem Sofa. Der Meister las den Brief. „Hm, es scheint dort alles seinen guten Gang zu nehmen. Doch sag, bist du wirklich zufrieden?"

„Gewiß. Du hast meine Bitten erfüllt, und mit allen komme ich gut aus. Daß ich mich im Klavierbau so vollenden kann, ist ein großer Gewinn für mich, das konnte ich in Straßburg nicht. Warum fragst du so – so dringlich?"

„Und weitere Erwartungen hast du wirklich nicht an mich gestellt, ich meine, was dein Schaffen in der Werkstatt angeht?"

„Aber nein. Warum ...?"

„Auch nicht im Hinblick auf das, was ich dir seinerzeit in meinem Brief an deine Mutter angeboten hatte?"

„Daß ich einmal deine Werkstatt ...? Aber Onkel Gottfried, das hat doch – geb's Gott – noch lange Weile! Es wäre sündig und undankbar, wollte ich jetzt schon so disponieren."

„Unvernünftig und nachlässig wär's, vor solchen Dingen die Augen zu schließen!" Silbermann erhob sich jäh. Seine Erregung mit Mühe verbergend, schritt er im Zimmer auf und ab. „Hör zu, Daniel! Nach dem Unglück mit George schrieb ich euch damals, daß ich einmal das Meine in deine Hände zu legen gedächte, weil es ein Silbermann meiner Profession fortführen solle. Daß dieser Silbermann sich von Anfang an darauf vorbereitet, daß er hineinwächst ins Werk, sich in allem – ich sage: in allem – nach den Prinzipien meiner Werkstatt zu vollenden trachtet, das nahm ich nach der guten Erfahrung mit George als selbstverständlich an, ein solches Denken glaubte ich auch bei euch vorhanden, und der Antwortbrief deiner Mutter schien mir auch eine Bestätigung dafür zu sein. Doch es läuft ganz und gar nicht so. Ja, ich erfüllte deine Bitten, doch nur in der Hoffnung, daß du dich auf diesem Weg mehr und mehr hineinführen mögest in das Werk, daß du fragst und drängst und den andern zeigst, was außer dem Klavierbau noch in dir steckt. Nichts dergleichen ist geschehen – du bist zufrieden. Zufrieden! Man ist doch nicht mit Kleinem zufrieden, wenn Großes vor

einem steht! Nun sag mir klipp und klar, was dich bewogen hat, ja zu sagen zu meinem Angebot!"

Betreten blickte Daniel vor sich hin. „Ich – ich wußte
nicht, daß du es so siehst", stotterte er. „Natürlich
möchte ich später einmal deine Werkstatt übernehmen, freute mich aber besonders darauf, mir ein hohes
Maß an Kunstfertigkeit im Klavierbau anzueignen."

„Aber nur damit ist's dir doch später nicht möglich,
eine Orgelbau-Werkstatt von hohem Ruf zu führen.
Orgelbau ist unser Haupterwerb, verstehst du? Orgeln
erster Güte! Und du mußt sie fertigen können vom
Entwurf der Disposition, von der Kalkulation an bis
zum Aufsetzen und präzisen Intonieren."

„Oh, darin bin ich geübt. Es gibt indessen auch Werkstätten, wo der Meister nicht die Last des Ganzen trägt,
wo ihm ein Mitmeister hilft, so daß er die Hände frei
hat für noch andre Dinge."

Silbermann war stehengeblieben, starrte Daniel an.
„Willst du – willst du es später etwa so halten?"

„Warum nicht? Du hast doch auch einen Mitmeister."

Da schrie Silbermann: „Aber nicht, um die Hände frei
zu haben für noch andre Dinge!" Ächzend setzte er
sich in seinen Lehnstuhl, stützte den Kopf in die
Rechte.

Daniel war erschrocken. Bedrückt sagte er: „Verzeih,
Onkel, ich wollte dich nicht erzürnen. Wenn du andres
von mir erwartest – ich werde gehorsam danach verfahren."

„Gehorsam danach verfahren!" murmelte Silbermann,
fassungslos den Kopf schüttelnd. „Er begreift's nicht!
Er – –!" Heftig winkte er ab. Lauter, bestimmter fuhr
er nach einer Pause fort: „Ein neuer Auftrag, den ich
nicht zurückweisen kann, zwingt mich, den Klavierbau
zurückzustellen, bis die kleinen Orgelwerke fertig
sind. Für dich ist's eine gute Gelegenheit, mit zum Orgelbau zu gehen, ohne daß es bei den andern fatal auf-

fällt. Hier kannst du zeigen, was du an Fertigkeiten in diesem Belang mitgebracht hast. Ich übertrage dir hiermit die Verantwortung für das kleine Werk, Schöne wird dir helfen. Auch aufsetzen wirst du es später. Näheres sage ich dir morgen. – Das wär's für heut."

Daniel erhob sich, blieb aber stehen. „Onkel, es tut mir so leid, daß ich dich enttäuschte, bitte habe Geduld mit mir. Ich glaubte nicht, daß es so schwer sein würde."

„Schon gut!"

Silbermann hoffte, daß bei Daniel vielleicht doch Tatkraft und Verantwortungsfreude in seinem Sinne geweckt werden würden, wenn er ihn vor die Notwendigkeit stellte, eine Aufgabe im Orgelbau selbständig zu lösen. Er ließ ihm Zeit, sich mit dem Werk für Frankenstein zu befassen. Daniel ging auch eifrig an diese Aufgabe heran. Er studierte die Disposition, er berechnete und zeichnete Details, bereitete mit Schönes Hilfe das Material vor – exakt, nach den Regeln der Kunst. Doch alles dauerte unendlich lange, für alles suchte er beim Meister die Bestätigung, daß es so, wie er es angepackt habe, auch richtig sei. Er „klebte am Stück", wie es bei den anderen hieß.

Nach einigen Wochen verließ Silbermann die Geduld. Am Abend rief er Daniel zu sich in die Wohnstube.

„Du hast gute Fertigkeiten, doch das nützt dir nur wenig, wenn du es nicht verstehst, sie ins rechte Verhältnis zu setzen zum Aufwand an Zeit. Da macht deine Werkstatt bald bankrott."

„Es geht dir zu langsam voran?"

„Ja. Hast du denn nicht mal meine Kalkulation verglichen mit der Zeit, die du brauchst?"

Daniel verneinte.

„Das ist ein grober Fehler! Ich hab' verglichen. Du brauchst mehr als die doppelte Zeit. Was soll da ein solches Werk kosten! Hast du in eurer Werkstatt überhaupt schon mal ein Werk in eigner Verantwortung gebaut?"

Daniel preßte die Lippen zusammen. Bedrückt bekannte er: „Nein. Ich habe stets nur nach Andreas' Anweisung geschafft."

„Fühlst du wenigstens den Drang, den Willen in dir, dich frei zu machen von dieser – dieser Unsicherheit?"

„Ich – ich weiß es nicht. Es ist so schwer!"

„Und wie hast du es dir für die Zukunft gedacht?"

Gequält stieß Daniel hervor: „Jetzt nicht nach Straßburg zurück! Bitte nicht! Ich käme als Gescheiterter. Es wäre nicht auszudenken, wo sie doch alle so große Hoffnungen und Erwartungen in mich gesetzt haben. Vielleicht als Geselle bei dir bleiben. Vielleicht finde ich mich doch noch zurecht nach deinem Sinn."

Eine Stunde später rief Silbermann Schöne zu sich. „Setz dich!" gebot er ihm. „Ich frag' dich jetzt einiges, und das beantworte mir, ohne nach dem Wie und dem Warum zu forschen. – Gedenkst du noch einige Zeit bei mir zu bleiben?"

„Aber ja, wenn's Euch recht ist, Meister."

„Über Jahre hin?"

„Wenn's nach mir ginge, für alle Zeit."

„Du strebst nicht danach, mal eine eigne Werkstatt zu besitzen?"

„Das würde ja doch nur ein Traum bleiben, Meister."

„Ist gut, Schöne, danke!"

An diesem Abend noch setzte Silbermann ein Schriftstück auf. Er brauchte Stunden, denn immer wieder überlegte er, strich er durch, formulierte er neu, und er wurde doch nicht damit fertig. Mitternacht war längst vorbei, als er sich erhob und zu Bett ging. Er lag wach in quälenden Gedanken bis zum Morgen.

Einige Tage später begab er sich zu Johann Krauße. Ihm das Schriftstück übergebend, bat er: „Schreib's ins Ordentliche, Hannes! Kannst's besser formulieren, ändere aber nichts am Sinn."

„Dein Letzter Wille?"

Silbermann lachte bitter auf. „Letzter Wille? Letzte Ausflucht ist's!"

Aufmerksam las Krauße das Geschriebene. Lange blickte er dann den Meister an. „Hast du dir das alles auch genau überlegt? Du überschreibst hier deinem Universalerben Johann Daniel Silbermann beziehungsweise – sollte dieser vor deinem Tode abgehen – dessen Brüdern Johann Andreas und Heinrich wohl dein gesamtes Barvermögen, nicht aber Haushaltsgerät, Betten, Wäsche und Kleider. Dies alles willst du Johann Georg Schöne, deinem Gesellen, überlassen. Dazu diesem einen Steuerschein über zweitausend Taler samt Zinsen! Dazu diesem das gesamte Werkzeug und sämtliche Materialien zum Orgel- und Instrumentenbau für den Fall, daß dein Universalerbe beziehungsweise dessen Brüder im hiesigen Land nicht zugegen seien oder nicht darin zu bleiben gedächten. Hast du das so im Sinn?"

„Ja."

„Gottfried, es werden hier große Vorbehalte deutlich gegen deinen Neffen Daniel zugunsten deines Gesellen Schöne. Ist das wirklich deine Absicht?"

„Schockschwerenot – ja!" fuhr Silbermann auf. „Versuch gefälligst nicht, mich zu anderem zu überreden!" Seufzend wischte er sich über die Stirn. „Ach, Hannes, wie recht hattest du doch, als du damals sagtest, man müsse einen Menschen erst kennen, ehe man ihm das Eigne für immer übergäbe. Ich wollte ihm alles übergeben, ohne ihn zu kennen, weil ich glaubte, es genüge, daß er der Sohn meines Bruders sei – mit allem, was ich als dazugehörig wähnte. Er ist's aber nur dem Namen nach. Ein guter Mensch, still, verträglich, tut verläßlich das, was man ihn heißt – mehr nicht. Kein Ehrgeiz, kein Geschäftssinn, keine Kraft zur Selbständigkeit, keine – ach! Und ich kann's ihm nicht mal übel nachsehen, denn nie hat man ihm das zu Hause abgefordert. Doch wie sollte er da einmal meine Werkstatt weiterführen können! Ich muß damit rechnen, daß er sie nach meinem Abgang, wenn die Verantwortung auf ihn zukommt, einfach verläßt, sie irgend jemand übergibt oder sie gar eingehen läßt. Meine Werkstatt, Hannes! Für die ich ein ganzes Leben lang schaffte, nach dem Höchsten strebte! Für die ich mir wünschte, daß später ein Silbermann ihren Ruf halte und bewahre! Nein – nein! Sie soll dann wenigstens in Händen weiterleben, die ich kenne, die ich gebildet habe und zu schätzen weiß – auch wenn sie nicht einem Silbermann gehören. Drum übergebe ich Schöne das Genannte."

„Ich kann dir nicht mehr widersprechen, Gottfried. Doch wenn es schon so liegt – wäre Zacharias Hildebrandt in diesem Fall nicht noch geeigneter? Er ist längst ein Meister von Ruf."

„Auch mit diesem Gedanken hab' ich mich manche Nacht geplagt. Doch siehe: Im Alter steht mir Hildebrandt nur wenig nach. Gebe Gott, wir tun's zusammen noch einige Jahre. Doch könnte er nicht schon vor mir gehen? Und ginge ich vor ihm – wie lange würde er noch bleiben? Das Leben hat ihn ausgehöhlt, hat ihm manches Jahr genommen. Schöne dagegen ist noch jung und fest."

Krauße nickte sinnend vor sich hin. Ja, was Silbermann geschrieben hatte, stand auf gutem Grund, so eigentümlich es Außenstehenden auch erscheinen konnte.

„Ich werde es so schreiben, Gottfried. Unterzeichnen kannst du es schon übermorgen. Hinterlegen mußt du es dann beim Bürgermeister."

„Mir ist's, als schlösse ich damit den wichtigsten Abschnitt meines Lebens ab. Siegreich bestanden hab' ich ihn nicht."

„Es gibt Wichtigeres, und das hast du längst bestanden: das Werk. Daran denke jetzt, nur noch daran: es zu festigen!"

16

Merkwürdig: Das Gebäude der ersten katholischen Hofkirche in Dresden hatte sein Dasein der Vorliebe eines Herrschers für Oper und Ballett zu verdanken.

1664 ließ der musik-, aber auch prunkfreudige Kurfürst Johann Georg II. den Grundstein legen zum ersten festen Opern- und Komödienhaus; es befand sich in unmittelbarer Nähe des Schlosses. Oberlandbaumeister Wolf Caspar von Klengel baute es. Nicht einmal dreißig Jahre hielt es den baulichen Ansprüchen des Hofes stand, Johann Georg Starcke, der Nachfolger Klengels, mußte es erheblich verändern, das war 1691. Doch schon wenige Jahre später, 1696, ließ man Starcke ein neues Theater bauen – am Französischen Pavillon des Zwingers. Befohlen hatte es Kurfürst Friedrich August I., den man den Starken nannte und der 1694 zum Herrscher über alle Sachsen ausgerufen worden war. Das alte Theater aber hatte keine Bestimmung mehr, es stand viele Jahre leer.

Der Wechsel in der Glaubensrichtung Augusts des Starken bestimmte das weitere Schicksal des Bauwerks. Um die Königskrone Polens zu erlangen, ging der Kurfürst 1697 zum katholischen Bekenntnis über. Die Entrüstung darüber im Land, vor allem in der protestantischen Kirche – er hatte mit seinem Schritt Sachsen um die Vormachtstellung innerhalb der protestantischen Länder in Deutschland gebracht –, mahnte ihn zur Vorsicht. Er verzichtete darauf, dem religiösen Leben am Hof den Stempel seiner neuen Konfession aufzudrücken. In der Hofkapelle wurde weiter lutherischer Gottesdienst abgehalten, nur eine bescheidene katholische Kapelle ließ er im ersten Obergeschoß des Schlosses einrichten.

Es dauerte zehn Jahre, ehe Friedrich August I. der Stätte seiner Glaubensübung einen größeren Rahmen gab. Doch noch immer sah er davon ab, eine katholische Hofkirche bauen zu lassen. Seine Wahl fiel auf das alte Theater hinter dem Schloß. Raymond Leplat übernahm es, das Innere würdig auszugestalten. 1707 begann er damit, im folgenden Jahr schloß er es ab. So wurde aus dem ersten Theater der Stadt die erste katholische Hofkirche.

Es war vorauszusehen, daß auch das nur ein Provisorium sein würde. Immerhin währte es einige Jahrzehnte. In der Stille bereitete man sein Ende vor, schuf man die Pläne für ein neues, von Anfang an zweckbestimmtes Bauwerk, die Schloßkirche, die unter der leitenden Hand des Italieners Gaëtano Chiaveri entstehen sollte. Noch nachdem 1739 der Grundstein gelegt worden war, sprach man nur von einem „gewissen Bau nahe der Festung", um einer Erregung der Öffentlichkeit entgegenzuwirken. Die Ereignisse nach der Konversion Augusts des Starken waren am Hof nachhaltig in Erinnerung.

Nach langer Verzögerung – im Frühjahr 1751 – konnte in dem noch immer nicht vollendeten Bauwerk der erste Gottesdienst abgehalten werden.

Und wieder stand das einstige Theatergebäude hinter dem Schloß leer, wieder wurde ihm eine andere Bestimmung zugedacht, für eine kurze Zeit zwar und auch nur in beschränktem Umfang, doch ausreichend, eine wichtige Aufgabe erfüllen zu helfen: Es wurde Quartier und Werkstatt für Gottfried Silbermann.

Zu diesem Zweck waren im Erdgeschoß und im ersten Stockwerk des mit Figurenwerk und anderem Zierat reich versehenen dreistöckigen Gebäudes einige Umbau- und Instandsetzungsarbeiten vorgenommen, dabei die für Silbermann bestimmten Räume von den übrigen abgetrennt worden. So standen denn im Erdgeschoß links eines großen Flures zwei Räume als Werkstatt und Lager bereit, im ersten Geschoß entlang eines fast das ganze Haus durchziehenden Ganges die Wohnräume: eine Wohnstube und eine Schlafkammer für den Meister, eine Kammer für die Haushälterin, drei Kammern für die Gesellen. Eine gut eingerichtete Küche schloß den Gang ab. Über mehr Räumlichkeiten zum Wohnen verfügte der Meister auch in Freiberg nicht. Die der Werkstatt waren allerdings geringer.

„Ich hätte mir noch einen größeren Lagerraum gewünscht für die fertigen Pfeifen", sagte Silbermann zu Kammerrat Thieme, der ihm im Auftrag des Grafen von Hennicke die Räume übergab. Sein Neffe Michel, bei dem er während der ersten Tage wohnte, war zugegen und auch Georg Pisendel und der Organist Gräbner waren gekommen, um ihn willkommen zu heißen. „Ich habe noch einiges am Pfeifenwerk zu schaffen, bin damit in Freiberg nicht fertig geworden. Und wo man hantiert, soll man Fertiges nicht lagern."

„Gewiß, aber ..." Thieme zuckte verlegen die Schultern. „Angefordert hattet Ihr einen solchen Raum nicht. Da weiß ich im Augenblick keinen Rat. Ich müßte erst ..."

Michel erbot sich: „In meinem Haus, zu ebener Erde, neben der Werkstatt, könnte ich einen großen Raum freimachen. Wenn übermorgen die Fuhren kommen, könntest du sie gleich dorthin dirigieren; bis dahin habe ich ausgeräumt. Dort kann das Fertige lagern, solange es notwendig ist. Du hast ja erst geraume Zeit mit dem Einbringen des Holzwerkes in der Kirche zu tun."

„Danke, Michel. Das ist ein guter Vorschlag."

„Aber sonst seid Ihr zufrieden, Meister?" fragte Thieme ein wenig unsicher.

„Durchaus, Herr Kammerrat. Die Wohnräume und ihre Einrichtung haben meine Erwartungen erfüllt. Bitte, berichtet es dem Herrn Grafen."

„Die Gräflichen Gnaden haben mich noch einmal beauftragt, Euch zur Verfügung zu stehen, wenn Ihr Beschwernisse haben solltet. Ich bin täglich an den Nachmittagen im Kanzleihaus anwesend."

Als Thieme gegangen war, sagte Pisendel: „Ein verträg-
licher und umsichtiger Mann ist das, du wirst gut mit
ihm fahren. – Was fängst du nun an bis übermorgen,
bis deine Leute mit den Fuhren kommen?"
„Die Baustatt besuchen, um zu sehen, wie die Handwerker und Hackl zurechtgekommen sind. Auch zu jedem der Leute, die mir zuliefern werden, will ich gehen. Warum fragst du?"
Pisendel zwinkerte Gräbner zu, und der sagte: „Weil
wir dich und deinen Neffen einladen wollen, mit uns
mal einen faulen Tag zu verbringen. Es paßt uns grad,
wir haben uns dir zum Willkommen einen Tag frei gemacht. Wir könnten es im ‚Goldenen Engel' in der Wil-
schen Gasse versuchen, da gibt's ein exquisites Tröpf-
chen. Es ist doch wohl sehr viel zu erzählen."
Silbermann zögerte, doch nachdem Michel ihm zugeredet hatte – er müsse sich auch einmal eine Pause gön-
nen, und er habe doch noch einen ganzen Tag für sein
Vorhaben zur Verfügung – sagte er zu.
„Na schön, wenn ihr euch extra für diesen Tag frei gemacht habt …, mir soll es recht sein. Aber es darf nicht
spät werden."

17

Es war aber doch spät geworden. Silbermann fand am
nächsten Morgen erst gegen zehn Uhr aus dem Bett.
„Ich kann nichts mehr vertragen", sagte er mißmutig zu
seinem Neffen. „Mir schmerzen alle Glieder, als hätte
man sie einzeln langgezogen."
„Bist du erst an der frischen Luft, vergeht es schnell",
tröstete ihn Michel.
So war es auch. Um die versäumte Zeit aufzuholen,
verzichtete Silbermann auf einen Rundgang durch die
Stadt, den er sich ursprünglich vorgenommen hatte,
weil das schöne Spätsommerwetter dazu verlockte.

Auf dem kürzesten Weg begab er sich an die Baustatt – vorbei an der Sophienkirche, am Zwinger, an seinem künftigen Quartier hinter dem Schloß. Als er am Schloßplatz anlangte, fühlte er sich wieder frischer.

Was er an der Baustatt sah, war geeignet, seinen Mißmut vollends zu verjagen. Zwar war die zur Elbe hinblickende Seite des Bauwerks noch immer eingerüstet, zwar baute man immer noch am Turm – es hieß, er werde unter Knöffels Leitung bedeutend höher geführt, als Chiaveri es vorgesehen hatte –, zwar werkten im Innern des Bauwerks noch immer die Steinmetzen, Zimmerleute und Maler an der Ausstattung, aber auf der Empore stand der Orgelprospekt, hochragend in den freien Raum und breit laufend vor dem mittleren Bogen, die Pfeiler verdeckend, wenn auch noch nicht ganz fertig. Ja, so war es richtig! So würde das Werk vollendet wirken in Aussehen und Klang!

An der noch provisorischen Brüstung der Empore tauchte ein Mann in blauem Kittel auf. Mit beiden Händen winkte er ihm zu. Es war Joseph Hackl.

Auf der Empore fand Silbermann noch einen zweiten Mann vor, einen jüngeren, der wohl Hackl zur Hand ging.

„Seid gegrüßt, Herr Silbermann!" empfing ihn der Bildhauer herzlich. „Meine besten Wünsche zum Beginn in Dresden! – Das ist Pierre Coudray, von dem ich Euch bei Eurem letzten Hiersein erzählte. Er ist mir eine große Hilfe beim Bau des Prospektes."

„Freut mich." Silbermann reichte Coudray die Hand. Dieser verbeugte sich achtungsvoll, zog sich aber gleich bescheiden zurück.

„Na, was sagt Ihr? Zufrieden?" fragte Hackl.

„Durchaus. Habt Ihr Schwierigkeiten durch die Bauführung gehabt?"

„Nicht die geringsten. Graf von Hennicke scheint den Herren einiges ans Herz gelegt zu haben. Dafür bin ich so ziemlich Luft für Knöffel und Locke, sie reden nur das Nötigste mit mir."

„Mit mir werden sie's wohl nicht anders halten. Das soll uns aber nicht stören. – Wirklich, hier ist's gut vorangegangen." Anerkennend nickte Silbermann, während er den Blick über den Prospekt schweifen ließ. „Und präzise nach den Plänen."

„Es ist noch einiges daran zu tun. Aber damit muß ich warten, bis Ihr hier fertig seid. Sobald Ihr anfangt, lasse ich mich nicht mehr blicken, es sei denn, Ihr bedürft meiner. Übrigens: Auch Zimmerer und Tischler könnt Ihr loben, sie haben alles sauber und nach Maß vollbracht. Ich habe mich ein wenig mit um das Gehäuse gekümmert, das lag ja auch in meinem Interesse. Sonderliche Schwierigkeiten gab es nicht. Meister Herzberg ist ein verläßlicher Mann, Meister Brenner nicht minder."

Hackl bestätigte den Eindruck, den Silbermann von dem Tischlermeister und dem Zimmermeister längst gewonnen hatte. Und auch deren Arbeit bestätigte es. Schon die erste Besichtigung des Gehäuses und der Bälgekammer ergab: Sie hatten alles sauber und plangerecht erledigt. „Ich werde es dennoch noch einmal genau nachmessen, ehe ich beginne", sagte Silbermann.

„Wann werdet Ihr beginnen?"

„Anfang nächster Woche. Bis dahin will ich Quartier und Werkstatt eingerichtet haben. Ich hoffe, daß Ihr Euch dann dort wenigstens mal blicken laßt, mit Herrn Coudray selbstverständlich."

Eine große Karawane schwerer Fuhrwerke, die vorsorglich mit Planen zugedeckt waren, traf am folgenden Tag am Quartier ein – acht Wagen allein mit fertigen Pfeifen, weitere mit Material für jene, die noch fertigzustellen waren, mit Holzwerk, Werkzeug, Hausrat, Betten und der persönlichen Habe. Zacharias Hildebrandt hatte den Zug geleitet, jeden Gesellen für einen oder mehrere Wagen verantwortlich gemacht. Silbermann ließ sogleich die Wagen mit den fertigen Pfeifen in die Große Brüdergasse zu Michel weiterfahren, bat Hildebrandt, dort das Abladen zu übernehmen; vier Gesellen gab er ihm mit. Er selbst übernahm es, das andere Gut in Quartier und Werkstatt einzuweisen.

Um Anna ihre Obliegenheiten zu erleichtern, ließ er zuerst Hausrat und Betten abladen, dann Werkzeug und Material. Die Kutscher halfen mit. War ein Wagen geleert, schickte Silbermann ihn fort, zur Fuhrmannsherberge, wo er schon zwei Tage zuvor Quartier hatte bereitstellen lassen.

Nach drei Stunden war die Arbeit getan.

Inzwischen hatte Anna die Küche eingeräumt und einige Kannen Tee für die Männer gebrüht. „Eure Bettkästen macht ihr selber zurecht", sagte sie zu den Gesellen. „Ich muß mich nun erst mal um den Meister und seinen Kram kümmern. Und wenn ihr rechte Kerle seid, macht ihr's gleich für Herrn Hildebrandt und die andern mit."

Nach einer Stunde traf Zacharias Hildebrandt mit seinen Leuten ein. „Es ist alles gut gegangen", berichtete er dem Meister. Der Neffe Michel lasse sagen: Sollte noch irgend etwas vonnöten sein, helfe er gerne aus; er werde morgen nachmittag mal nachschauen.

Silbermann ging mit Hildebrandt durch die Räume. Er hatte für ihn und seinen Sohn eine Kammer vorgesehen, für Daniel und Schöne die zweite, für Schubert, Oehme und Manner die dritte. „In Ordnung?" fragte er zum Schluß.

„In Ordnung! Alles frisch getüncht, neue Fußböden, feste, saubere Fenster, stabiles Meublement – mehr kann man nicht verlangen. – Noch was andres, da wir unter uns sind: Ein Herr aus Frankenstein wollte dich gestern besuchen. Weil wir quasi im Aufbruch waren, hielt er sich nicht lange auf. Er läßt dir bestellen, daß die Gemeinde mit dem neuen Orgelwerk sehr zufrieden sei. In der Umgebung sei man neidisch drauf."

„Ein Lob für Daniel, nicht wahr? Ja, es ist ihm gut gelungen, das hab' ich ihm schon bei der Abnahme gesagt. Ach, ich wollte, es mache ihm Mut für die Zukunft. Bis jetzt freilich ..." Silbermann zuckte die Schultern. „War sonst noch was Besonderes?"

„Bettmeister Dietze und Johann Krauße lassen dich herzlich grüßen, sie stellten sich, ehe wir abfuhren, noch einmal ein. Dietze beteuerte, er werde das Regimentshaus hüten wie sein Schloß."

Auch die Gesellen waren mit dem Quartier zufrieden. Selbst Anna hatte nicht viel auszusetzen. Die Küche war zwar kleiner als die in Freiberg, doch es versöhnte sie, daß hier eine Pumpe eingebaut war und sich gleich nebenan eine große Holz- und Abstellkammer befand.

18

Silbermann hatte so gerechnet: Es waren zweitausendachthundertsechsundneunzig klingende Pfeifen für das Orgelwerk in der Schloßkirche vorgesehen. Zum Stimmen und Intonieren würde er – bei etwa hundertdreißig Pfeifen in der Woche – zweiundzwanzig Wochen brauchen, also fünfeinhalb Monate. Danach würde er, wollte er termingerecht zu Michaelis 1754 das Werk fertig übergeben, Ende Februar, Anfang März 1754 mit dem Stimmen und Intonieren beginnen müssen. Bis dahin mußte das Werk aufgesetzt sein. Er hatte also zu dieser Aufgabe etwa achtzehn Monate Zeit. Abzuziehen waren die Tage oder Wochen, in denen er vielleicht aussetzen mußte, wenn harter Frost zum Stillstand zwang; es fielen ja zwei Winter in diese Arbeitsperiode. Abzuziehen waren auch noch einige Tage oder Wochen Unterbrechung durch unvorhergesehene

Umstände; nach seiner Erfahrung war mit solchen immer zu rechnen.

Achtzehn Monate etwa! Es war eine gute Zeit, selbst wenn noch eine Anzahl Pfeifen fertigzustellen waren. Mit dieser Arbeit hatte es aber keine Eile. Vordringlich war die „Holzarbeit" in der Kirche: die Einrichtung der Bälgekammer mit sechs Spanbälgen, der dann der Einbau der Windeinrichtung und des ganzen Eingebäudes folgen würden. Zwischendurch war auch noch der Spieltisch zusammenzubauen und dann anzuschließen. Die Pfeifen einzusetzen, lag bei alledem noch in der Ferne.

Der Winter war ins Land gezogen. Er hatte sich gut angelassen und war auch ziemlich mild geblieben bis weit in den Januar hinein. Die Arbeit in der Kirche brauchte nicht unterbrochen zu werden. Die Gottesdienste fanden außerhalb der Arbeitszeit der Handwerker statt. Auch von Knöffel und Locke waren keine Schwierigkeiten gekommen. Knöffel hatte sich einige Male eingestellt, knurrig einen „Guten Tag" gewünscht, sich stumm umgeschaut, um nach wenigen Minuten wieder zu gehen. Silbermann hatte den Gruß ebenso knurrig erwidert, sich nicht weiter um den Oberlandbaumeister gekümmert. So waren sie bisher ohne Reibereien miteinander ausgekommen. Locke hatte sich noch nicht sehen lassen.

Eifrig ging Kammerrat Thieme seinen Obliegenheiten nach. In jeder Woche einmal war er an der Baustatt erschienen. „Ist alles in Ordnung, Meister?" hatte er jedesmal Silbermann gefragt und, wenn dieser bejahte, manchmal hinzugefügt: „Ich will Euch nicht inkommodieren, nur, falls Ihr besondere Wünsche habt. Gräfliche Gnaden lassen es sich immer wieder angelegen sein, nachzufragen, ob alles getan werde, um dem Werk einen guten Fortgang zu sichern."

Einmal nur war Silbermann auf die fürsorgliche Frage Thiemes eingegangen: „Noch zwei Wärmebecken und

ein paar Körbe Kohle mehr könnten wir gebrauchen."
Am gleichen Tag wurde dieser Wunsch erfüllt.

„Du scheinst hier einen guten Stand zu haben", hatte
Zacharias Hildebrandt gesagt. „Man müht sich sehr."
Silbermanns Antwort war gewesen: „Braucht man dich,
hast du immer einen guten Stand. Da wird selbst die
spröde Obrigkeit gediegen. Bei mir hat sie etliche Jahre
dazu gebraucht."

Es war ein Morgen Ende Januar. Die Gehilfen saßen in
der Küche, um das Frühmal einzunehmen, warteten
auf den Meister.

„Ich versteh' das nicht", sagte Anna nach einiger Zeit.
„Er ist doch immer die Pünktlichkeit selber."

„Vielleicht schläft er noch", entgegnete Daniel. Besorgt
fügte er hinzu: „In letzter Zeit erschien er mir ziemlich
malade."

Oehme erklärte: „Ist mir auch schon aufgefallen. Es
muß bei ihm in den Gliedern stecken. Vorgestern hab'
ich beobachtet, daß er nur schwer hochkam, als er am
Windkasten saß."

Ein jeder berichtete nun ähnliche Beobachtungen.
Anna fuhr sie an: „Und das sagt ihr mir jetzt erst, ihr
maulfaulen Burschen! Ich hätt' ihm doch längst den
Doktor aufgeschwatzt."

„Hast ja selbst Augen im Kopf!" hielt ihr Manner entgegen. „Und du weißt auch, daß er grätig wird, wenn
man ihm mit solchem Kram kommt."

Da ereiferte sich Anna: „Ja, ich hab' selber Augen im
Kopf, aber die sehen ihn nur zu den Mahlzeiten. Und
wenn er abends malade war, so kam's von der Arbeit,
dachte ich, er ist schließlich schon siebzig. Aber ihr
seid den ganzen Tag um ihn und …"

„Nun streitet euch doch nicht, das bessert nichts!"
mahnte Zacharias Hildebrandt. Er erhob sich. „Ich geh'
mal zu ihm."

Silbermann war längst aus dem Bett, er hatte sich sogar
schon angekleidet. Es machte ihm jedoch Mühe, die

Schuhe anzuziehen. „Was ist los?" knurrte er, als Hildebrandt eintrat.

„Nichts. Ich will bloß mal nach dir sehen, dachte, du hättest dich ausnahmsweise mal verschlafen."

„Ich komme gleich. Fangt derweile an!"

„Du hast Schmerzen, nicht wahr? Ich seh' es dir an."

„Ach, das vermaledeite Kreuz! Muß mich verhoben haben."

„Wenn es dir recht ist, reib' ich dich abends ein. – Quäl dich nicht ab, ich helfe dir."

Silbermann ließ es sich gefallen, daß ihm sein Mitmeister die Schuhe anzog. „Daß du aber drüben nichts sagst, verstanden? Ich hab' mich halt mal verschlafen."

„Wenn du es so willst. – Deine Fußgelenke sind ja geschwollen! Ich würde dir raten, doch mal den Doktor …"

„Nichts da! Das vergeht wieder – ohne Doktor und Einreiben. Und daß du den Mund hältst!"

Hildebrandt versprach es. –

Wenn Silbermann geglaubt hatte, daß er mit dem Oberlandbaumeister Knöffel für die Dauer ohne Reibereien auskommen würde, so war das ein Irrtum.

Am Morgen eines Märztages – sie hatten gerade mit der Arbeit begonnen –, erschien Knöffel auf der Empore, und da blieb es nicht bei einem Gruß. Er ließ den Meister aus dem Gehäuse holen. „Ihr müßt mit Eurem Material hier ein bissel zusammenrücken, Herr Silbermann. Es braucht ja auch nicht unbedingt alles so breit zu lagern. Im Hintergrund ist noch genug Platz."

„Und warum?"

„Wir müssen jetzt die Balustrade fertigstellen lassen, und da brauchen die Leute Platz mit ihrem Material."

„Ach, schau an! Entsinne ich mich recht, war vereinbart worden, daß die Balustrade fertiggestellt wird,

wenn ich außer den Pfeifen alles ins Gehäuse eingebracht habe. War's nicht so?"

„Aber so lange können wir nicht warten. Es dauert bei
Euch länger, als wir dachten. Und wir haben unsre Termine. Ihr seht doch, daß es hier nur noch an der ..."

„Nun aber sachte mit den jungen Rossen, werter Herr!
Von wegen länger, als Ihr gedacht habt! Wir sind genau
auf dem laufenden, haben nicht einen Tag Verzug.
Laßt Euch gesagt sein: Schickt Ihr Eure Leute hierher,
eh' ich mit dem Einbau fertig bin, gibt's Lärm."

Knöffel begehrte auf: „Seid doch nicht so starrsinnig!
Hier ist doch genug Platz für Eure und unsre Leute,
für Euer Material und unsres, wenn jeder ein bissel zu-
sammenrückt."

„Aber nicht für eine präzise Arbeit! Oder glaubt Ihr,
ich lasse mein zum großen Teil noch provisorisch ange-
brachtes Feinzeug im Gehäuse zusammenpurzeln, weil
Eure Leute hier mit Äxten und Schlaghämmern hantie-
ren?"

„Ach, übertreibt doch nicht! Meine Leute sind keine
Schmiede!"

„Ich warne Euch noch mal: Ich schlage Lärm."

„Und ich werde mich am Hof beschweren!" schrie
Knöffel, sich jäh abwendend.

Silbermann schrie ihm nach: „Dann tut's gefälligst
gleich! Und sagt dazu, daß Ihr die Orgel selber fertigmachen werdet!"

Es trat nichts ein, was darauf hingedeutet hätte, daß
Knöffel sich beschwert habe. Oder war seine Beschwerde erfolglos geblieben? Kammerrat Thieme, der
sich nach einigen Tagen wieder einmal nach dem Fortgang der Arbeit erkundigte, deutete einen solchen Vorgang nicht einmal an. Silbermann befragte ihn auch
nicht. Die Arbeit ging ungestört weiter.

19

Wenige Wochen später gab es eine große Aufregung im Quartier.

Anna fegte gerade den Gang, da jagte Schöne die Treppe herauf. Atemlos stieß er hervor, noch ehe er bei der Frau angelangt war. „Anna – schnell! Mach – mach des Meisters Bett zurecht! Gleich bringen sie ihn."

Sie lehnte den Besen an die Wand, starrte den Gesellen entgeistert an. „Was – was sagst du da?"

„Er ist im Gehäuse zusammengebrochen, hat sich den Kopf aufgeschlagen, hat nicht mehr allein aufstehen können. Nach dem Arzt haben wir schon geschickt. Nun aber schnell, ich mach' warmes Wasser zurecht."

„Gütiger Himmel!" hauchte die Frau, und sie eilte, so schnell sie vermochte, in des Meisters Kammer.

Kurze Zeit später brachten sie ihn. Er stieg, von Zacharias Hildebrandt, Daniel und Schubert gestützt, ein wenig steif die Treppe hinauf. Um den Kopf trug er ein bindenartig zusammengefaltetes Tuch.

„Aber wie könnt ihr ihn denn in diesem Zustand laufen lassen!" rief Anna ihnen ungehalten zu. „Das ist doch eine Schinderei!"

„Er wollte nicht getragen werden", gab ihr Hildebrandt Bescheid.

Silbermann knurrte unaufhörlich vor sich hin. „So viel Aufhebens drum zu machen! – Was die Leute denken sollen! – War doch bloß mal 'ne Schwäche!" Am Treppenausgang angekommen, blieb er bei Anna stehen. „Jag sie fort, sie sollen arbeiten!" forderte er. „Wirst schon alleine mit mir fertig werden."

„Aber nein, aber nein, Meister", jammerte sie. „Ihr könnt doch kaum noch stehen! Ihr gehört ausgezogen und ins Bett, und das macht ein Mannsbild besser. Und dann kommt der Doktor."

„Pfui Teufel!" stöhnte Silbermann. „Auch noch ein Quacksalber!"

Sie hatten einen alten Chirurgen geholt, Doktor Christian Weichardt. Er untersuchte den Meister lange und gründlich. Anna und die Gesellen mußten draußen warten.

Als der Arzt aus der Stube trat, sagte er: „Das mit dem Kopf wird die wenigsten Malaisen machen, es ist nur eine Platzwunde mit einer tüchtigen Beule. Aber sonst ..." Er wiegte den Kopf hin und her. „Es ist ein Zusammenbruch infolge einer durch fortgeschrittene Gicht hervorgerufenen Schwäche. Seine Beingelenke sind ziemlich geschwollen, er kann nur unter Schmerzen gearbeitet haben."

„So mußte es ja mal kommen", murmelte Hildebrandt. Lauter sagte er: „Er war unvernünftig, kannte keine Grenzen. Könnt Ihr ihm ordentlich helfen, Herr Doktor?"

„Ich werde alles versuchen. Doch eines bitte ich mir aus: Macht ihm keine Vorwürfe, so recht sie auch wären. Sie nützen ihm gar nichts, könnten nur schaden. So wie ich ihn kennengelernt habe, ist er nicht der Mann, der zugibt, sich selbst leichtfertig behandelt zu haben."

„Für ihn wird es eine Qual sein, nicht zu arbeiten. Wann können wir wieder mit ihm rechnen? Ich frage wegen der Termine."

„Vorläufig nicht. Welche Stellung habt Ihr hier?"

„Ich bin der Mitmeister. Mein Name ist Zacharias Hildebrandt."

„Dann nehmt erst mal das Regiment in die Hand, Herr Hildebrandt. Bei den wenigen Worten, die der Kranke sprach, ging es immer nur um die Arbeit in der Kirche. Könnt Ihr sie ohne sonderliche Schwierigkeiten fortführen?"

„Selbstverständlich."

„Das wird ihn beruhigen. – So, nun können die Männer gehen, die Frau brauche ich noch. Ich muß mich aber setzen."

Anna führte den Arzt in die Küche.

„Also gebt acht!" nahm Weichardt das Gespräch wieder auf. „Was ich Euch jetzt sage, behaltet für Euch. Und tut auch genau, was ich anordne. Der Meister leidet nicht nur an der Gicht, sondern auch an der Auszehrung. Das braucht er aber nicht zu wissen."

„Herr im Himmel!" stöhne Anna, und sie schlug die Hände vor das Gesicht.

„Jetzt kein Gezeter, bitte!" mahnte der Arzt. „Hört mir gut zu! Er muß ein paar Wochen liegen und besonders nahrhafte Kost bekommen, ich schreibe einiges auf. Gegen Abend laßt Ihr bei mir eine Flasche Medizin abholen, davon geht Ihr ihm früh, mittags und abends jeweils einen Eßlöffel voll. Ehe sie aufgebraucht ist, schickt Ihr wieder zu mir, und so fort. Um die Beingelenke legt ihm laufend kühle Umschläge, daß wir die Hitze rauskriegen. Habt Ihr alles verstanden?"

Unter Tränen nickte Anna.

„Er scheint nicht gerade ein geduldiger Patient zu sein. Setzt Euch bei ihm durch! Macht er Sperenzien, sagt, er verderbe sich sonst die Aussicht, je wieder arbeiten zu können. Ich habe es ihm auch schon gesagt."

„Aber es wird doch wieder werden?"

„Wir können denken und handeln, lenken tut ein andrer. Ich denke, wir haben ihn in vier bis fünf Wochen wieder soweit bei Kräften, daß er in der Nähe spazierengehen kann. In der Nähe, sage ich, vielleicht drüben am Zwinger, da ist es erholsam."

„Geb's Gott!" seufzte Anna. „Und wie ist's mit Besuchern?"

„In der ersten Woche gar keine, dann gelegentlich – und nicht lange."

Während der Arzt einiges auf einen Zettel schrieb, klagte Anna: „Ach, er wußte es ja längst selbst, daß er es mit der Gicht hat. Er hat es uns gegenüber aber immer verborgen gehalten."

„Wie ist es Euch da bekannt geworden?"

„In seinem Schrank in der Kammer hat er ein Buch versteckt, das heißt ‚Hundertmarcks Kur der Gicht und Podagra'. Man kauft sich doch nicht ein solches Buch, wenn man nicht geplagt ist."

„Mag sein. Der beste Wegweiser nützt aber nichts, wenn man nicht nach dem Gewiesenen verfährt. Er hat sich nicht mal geschont, geschweige denn eine Kur gemacht. – So, auf dem Zettel steht alles, was ihm an Kost besonders dienlich ist. Ich sehe in jeder Woche mal nach ihm."

Gewissenhaft verrichtete Anna in den folgenden Wochen, was der Arzt angeordnet hatte. Sie führte aber auch ein strenges Regiment, sonst wäre sie der Aufgaben, die auf sie einstürmten, nicht Herr geworden. Unter „gelegentlichen Besuchen" verstand sie etwas anderes als der Arzt: Alle, die nicht zum Haushalt gehörten, wies sie ab, ausgenommen den Neffen Michel, der in jeder Woche zweimal kommen durfte. Nur mit Kammerrat Thieme und Georg Pisendel hatte sie ein einziges Mal eine Ausnahme gemacht. Die Männer waren schon am Tag nach dem Zusammenbruch gekommen. Sie brachten Blumen mit, Grüße und Genesungswünsche von Bekannten. Thieme hatte den Auftrag, auch die Anteilnahme des Grafen von Hennicke zu bekunden. Anna ließ sie einige Minuten mit dem Kranken sprechen. Höflich, aber nachdrücklich bat sie sie, von weiteren Besuchen abzusehen; wenn der Meister erst wieder bei Kräften sei, könne ja an gutgemeintem Zuspruch alles nachgeholt werden.

Zacharias Hildebrandt weilte jeden Abend bei dem Kranken, um ihm über den Fortgang der Arbeiten in der Kirche und nennenswerte Ereignisse in der Stadt zu berichten. Anna gab acht, daß sie die von ihr festgesetzte Zeit nicht überschritten.

Daniel hatte vorgeschlagen, zur Entlastung Annas einen Hausdienst einzurichten, der in Tätigkeit bleiben sollte, bis sie sich nicht mehr so sehr um den Meister zu kümmern brauchte. Sie wehrte sich zunächst dagegen, gab aber schließlich nach, als alle dringlich auf sie einredeten. Sie brauchte nun nicht mehr zu fegen und zum Krämer zu gehen, das besorgten – einer um den anderen – die Gesellen. Wer an der Reihe war, begann mit der Arbeit in der Kirche erst am Nachmittag.

Langsam zwar, doch beständig besserte sich der Zustand des Meisters. Nach einigen Wochen erlaubte der Arzt den Aufenthalt außerhalb des Bettes, in der Wohnstube. Nach einer weiteren Woche durfte der Kranke längere Gehversuche unternehmen, erst nur im Gang, dann auch auf der Treppe. Jubelnd nahmen es alle auf, als Doktor Weichardt endlich sagte: „Ich glaube, wir haben es geschafft. Ist das Wetter morgen auch so günstig, kann der Meister einen Spaziergang draußen wagen, zum Zwinger hinüber, nicht weiter. Alles in allem höchstens eine Stunde. Zwei von euch müssen ihn aber noch begleiten."

Es war Ende April.

20

„Zwinger! Komischer Name für diesen Komplex! Wie sie bloß daraufgekommen sind!" So überlegte Silbermann, als er mit seinen Neffen Michel und Daniel den zweiten Spaziergang hierher unternahm. Sie hatten die große Anlage zur Hälfte umrundet und standen am Zwingergraben, beobachteten die Schwäne, die in stattlicher Anzahl die breite Wasserfläche belebten. „Der Name erinnert mich an einen Käfig für wilde Tiere, und dabei sieht doch alles so heiter und friedlich aus."

„Auch den Gang zwischen der inneren und der äußeren Mauer einer Burg nennt man so", sagte Daniel. „Doch auch damit können wir hier nichts anfangen. Wirklich eigenartig!"

Michel meinte: „Mit Burg oder Festung muß der Name hier aber etwas zu tun haben, wenn ich nicht irre. Ich werde mich mal befragen. – Nun ist's aber Zeit umzukehren, sonst läßt Anna ein Donnerwetter über uns los."

Schon zwei Tage später konnte Michel den geheimnisvollen Zusammenhang erklären: weil die Gebäudegruppe auf der ehemaligen westlichen Bastion Luna der alten Festung errichtet worden sei. „Zwinger" nenne sich in der Festungsbaukunst der Platz hinter der Mauereinfassung. Bei der Enge der Städte sei dieser Platz für allerlei ritterliche und sonstige Spiele von jeher besonders geeignet gewesen. Und da habe man auch die Verbindung zum ursprünglichen Zweck der hiesigen Anlage.

Michel holte ein Blatt Papier hervor. „Ich habe mir einiges über diesen Ursprung aufgeschrieben. Es ist so:

Schon 1696 gab es einen Plan, eine Art Colosseum zur Abhaltung festlicher Spiele am Reithaus zu bauen. Aber erst 1709 ging man daran, weil der Besuch des Dänenkönigs bevorstand. Man errichtete nur Holzbauten für die Hofgesellschaften, bereitete einen Festplatz vor für Turniere und Spiele, für Jahrmärkte und allerlei Gepränge. Bald führte man aber die Gebäude in Sandstein auf, und zum Zweck der Lustbarkeit kam noch der der Wissenschaft, Kunst und Bildung. Um seine Sammlung südländischer Gewächse, die sich bis zu diesem Zeitpunkt in Leipzig befand, unterzubringen, ließ August der Starke 1710 durch Matthaeus Daniel Pöppelmann am Wall eine Orangerie errichten. Mathematisch-Physikalischer Salon, Französischer Pavillon, Nymphenbad, Kronentor mit Langgalerie und manches andre folgten, dazu die Gartenanlagen, und dann, um 1728, die großen Kunstsammlungen. So ist das geworden, was man heute Zwinger heißt. Auch der Bildhauer Balthasar Permoser hat sich damals einen großen Namen gemacht."

Seufzend sagte Silbermann: „Da läuft man nun seit Jahrzehnten an dem allen vorbei und weiß nichts darüber. Erst muß man krank werden ..."

„Mir ging's nicht anders, und ich wohne seit Jahrzehnten hier. Solange man im Getriebe steht, macht man für so was kaum Augen und Ohren auf. Wir sehen uns in den nächsten Tagen mal alles näher an."

„Denk an deine Arbeit, Michel! Hast meinetwegen schon allerlei versäumt."

„Nicht der Rede wert. Den Innungsobermeister hab' ich kürzlich an den Nagel gehängt, da bleibt mir genug Zeit für meine Werkstatt. Die Stunde hier alle zwei Tage macht die Suppe auch nicht dünner."

Silbermann mußte aber in den folgenden Tagen auf Spaziergänge verzichten. Was der April an sonnigem, warmem Wetter gebracht hatte, schien der Mai verderben zu wollen. Es regnete ununterbrochen, heftige Winde fegten um das Haus.

Den Meister litt es nicht mehr in der Stube. Brummig wanderte er, auf einen Stock gestützt, im Gang oder im Flur des Erdgeschosses auf und ab.

„Aber seid doch vernünftig!" versuchte Anna zum wiederholten Male seine Unruhe zu dämpfen. „Das alles strengt Euch doch mehr an als ein Gang zum Zwinger. Schreibt Eure Briefe nach Freiberg! Oder setzt Euch in den Sessel und lest! Daniel hat Euch so schöne Bücher ..."

Da fuhr er sie an: „Schockschwerenot, laß doch endlich dieses dauernde Querulieren! Tut das nicht – tut dieses nicht – tut nur das und das und das! Ich hab's nun satt, ja, gründlich satt!"

Und wieder besichtigte er die Stuben der Gesellen.

„Fegen müssen die Burschen auch noch lernen!"
knurrte er vor sich hin. „Und ihre Truhen – ha!" Er
ging in die Küche. „Anna, sag den Gesellen, sie sollen
gefälligst ihre Truhen verschließen!"
„Bei uns ist noch nie was weggekommen."
„Es gehört zur Ordnung."
„Dann sagt's ihnen selber! Mein Wort gilt ja nichts –
nicht mal bei ihrem abscheulich launigen Meister."
„Dieses Mundwerk – dieses Mundwerk!" seufzte Silbermann. Er begab sich in seine Stube, verließ sie den
ganzen Tag über nicht wieder. Und er schrieb wirklich
die schon seit langem fälligen Antwortbriefe an seine
Freunde Johann Krauße und Bettmeister Dietze in
Freiberg.
Der Regen hatte nachgelassen, es nieselte nur noch,
doch von der Elbe her drängte dichter Nebel.
Welch ein schwerer Tag wieder für den Meister, ging
es Anna durch den Sinn. Den ganzen Vormittag über
hatte er im Lehnstuhl gesessen und stumm vor sich hin
gestarrt, kaum den Kopf gewandt, wenn sie ihn an-
sprach. Der Arzt hatte gesagt, das seien Anfälle von
Melancholie. Wenn der Meister erst wieder arbeiten
könne, würden sie vergehen. Sie solle nur immer mal
nach ihm sehen und ein paar freundliche Worte sagen,
auch wenn er nicht darauf eingehe.
Es war früher Nachmittag. Nun wollte Anna den Meister wecken, damit er den Mittagsschlaf nicht auf Kosten der Nachtruhe zu lange ausdehne. In seinem
Lehnstuhl saß er nicht. Er würde noch im Bett ...
„Um Gottes willen!" entfuhr es ihr. Das Bett in der
Kammer war unberührt. „Meister!" rief sie erschrok-
ken. „Meister!" Sie jagte den Gang entlang, riß jede Tür
auf, blickte in die Stuben – nichts.
Sie eilte die Treppe hinab, wieder und wieder rufend.
Von irgendwoher kam ein gequältes „Hier!" An einer
Werkstatt-Tür sah sie den Schlüssel stecken, sie rieß sie
auf – und prallte zurück. Unweit kniete Silbermann,

vergeblich versuchend, sich an einem Tisch hochzuzie-
hen, um ihn herum ein Durcheinander von unfertigen
Pfeifenkörpern, Pfeifenblech, Zinnbarren und Werkzeug.

„Hilf mir – hilf mir auf!" ächzte Silbermann.

Sie packte ihn unter den Armen, zog ihn hoch.

Es dauerte unendlich lange, ehe sie, ihn stützend, mit
ihm den Flur durchquert und die Treppe genommen
hatte. „Hab' doch bloß – hab' doch bloß Material sortieren wollen", stöhnte er.

In der Kammer ließ sie ihn vorsichtig auf das Bett nieder. Sie mußte seine Beine anheben, weil er nicht mehr
die Kraft dazu hatte. „Ich hole den Arzt", sagte sie heiser. Als sie sich aufrichtete, taumelte sie an die
Wand.

„Anna ..."

„Ich hole den Arzt", wiederholte sie.

Doktor Weichardt war in der Stadt unterwegs, es dauerte lange, ehe sie ihn fand. Als sie ankamen, lag Silbermann in einer tiefen Ohnmacht.

Es wurde wieder eine lange Untersuchung.

„Bodenlos leichtsinnig hat er gehandelt!" sagte Weichardt zornig, als er aus der Stube kam. „Alles hat er in
Frage gestellt, was wir erreichten. Völliger Zusammenbruch!"

„Ist's – ist's denn wirklich so schlimm?"

„Rückfall schlimmster Art infolge einer für seinen Zustand übermäßigen körperlichen Anstrengung. Ich will
Euch nichts vormachen: Kriegen wir ihn durch, ist's
ein Wunder. Alles noch mal von vorn an, doch verstärkt! Absolute Ruhe! Auch der Mitmeister darf in
den ersten Wochen nicht zu ihm. Und wenn ich Euch
ansehe, Anna, dann möchte ich meinen, daß auch Ihr –
– na! Also Ihr könnt das nicht mehr alleine schaffen.
Ein Mann muß vorläufig ganztägig ins Haus. Ich gehe
jetzt zur Baustatt und rede mit Herrn Hildebrandt. Wir
können nicht warten, bis die Leute am Abend zurück-

kommen. Und Ihr legt Euch jetzt erst einmal hin. Auch
Ihr werdet eine Medizin einnehmen, aber beständig,
verstanden?"

21

In den ersten Wochen dämmerte Silbermann teilnahmslos dahin. Zwar besserte sich sein Zustand zunächst ein wenig, so daß er sich immer einmal für
kurze Zeit mit Hildebrandt, den Gesellen und Michel
unterhalten konnte, mehr aber vermochte die Kunst
des Arztes nicht auszurichten. Weichardt hatte angeordnet, das Bett des Kranken in dessen Wohnzim-
mer zu stellen, weil es hier heller und luftiger
sei.
So verging der Mai, der Juni. An einem Abend im Juli
rief Doktor Weichardt alle, die zum Haushalt gehörten,
in der Küche zusammen, nachdem er längere Zeit bei
dem Kranken geweilt hatte. „Ich wollte, es wäre mir erspart geblieben, euch das zu sagen: Euer Meister wird
sich über nichts und niemand mehr erregen. Laßt deshalb getrost zu ihm, wer will, und erfüllt, was er noch
wünscht."
Betroffen fragte Daniel: „Soll das heißen, daß er nicht
mehr lange ...?"
„Damit müssen wir rechnen."
Sie gingen still auseinander.
Der erste Besucher nach vielen Wochen war Georg Pisendel. Er kam nicht allein, brachte einen älteren Mann
mit. Schöne, der Hausdienst hatte, empfing sie an der
Haustür. „Das ist Meister Ernst Hähnel aus Meißen",
stellte Pisendel seinen Begleiter vor. „Kann man jetzt
zu Herrn Silbermann? Würde der Arzt etwas dagegen
einzuwenden haben?"
Schöne stutzte. Der Name Hähnel war im Haus nie
gern gehört worden. Immerhin, Doktor Weichardt

hatte gesagt ... „Der Arzt meinte, den Meister werde nichts mehr erregen. Drum können wir es wohl riskieren. Aber bitte nicht zu lange!"

„Nichts mehr erregen – du liebe Güte!" stieß Hähnel hervor. „Da komme ich wohl grad noch zur rechten Zeit."

Die tiefliegenden Augen halb geschlossen, die Wangen bleich, hohl, die Schläfen eingefallen – so fanden sie den Kranken vor.

Entsetzt schaute Hähnel Pisendel an. „So hab' ich es mir nicht vorgestellt", flüsterte er ihm zu.

Der Konzertmeister legte mahnend den Zeigefinger auf den Mund. „Ich freue mich, dich wieder mal zu sehen", sprach er Silbermann an. „Heut habe ich jemand mitgebracht. Er hörte, daß du krank bist, und bestand darauf, zu dir zu kommen."

Zitternd hoben sich die Lider des Kranken. Die Augen, auf den Besucher gerichtet, weiteten sich, bekundeten Erstaunen. „Der Hähnel!" murmelte er.

„Ja, ich bin es. Erst gestern, da ich in Dresden zu tun hatte, hörte ich von deinem Mißgeschick, und da wollte ich – –. Es tut mir so leid, Silbermann. Darf ich mit dir sprechen, oder wird es dir zuviel?"

Kaum merklich schüttelte der Kranke den Kopf. „Setzt euch!" sagte er leise.

Pisendel zog zwei Stühle heran. „Es ist wegen – wegen damals", fuhr Hähnel zögernd fort. „Es quält mich noch heute – einmal mußt du es doch wissen."

Der Kranke wurde reger. „Was – was muß ich wissen?"

„Daß ich es nicht so haben wollte, wie es damals gegen dich lief, bei Gott nicht, daß der Hebenstreit es war, der – der – –. Na ja, ich baute dein Klavichord nach, weil ich mich im Elend befand, keinen andern Ausweg wußte. Ich dachte, der Silbermann ist wohlhabend, es drückt ihn nicht, wenn ich mir ein paar Brosamen von seinem Tisch hole. Es waren wirklich nur Brosamen –

drei Instrumente im ganzen. Ich wußte, es war nicht recht, aber – aber ...“

„Weiter!“

„Da machtest du mir den Prozeß. Weißt du, was das Gericht mir auferlegte? Eine Strafe von vierzig rheinischen Gulden und Gerichtskosten von hundert Talern. Wie sollte ich das schaffen! Großer Gott, es wäre mein Ruin gewesen! – – In meiner Not wandte ich mich an Pantaleon Hebenstreit, den ich gut kannte, seit er sein Pantalon auch bei mir hatte bauen lassen. Da er am Hof einigen Einfluß hatte, bat ich ihn, beim König zu erwirken, daß mir Strafe und Gerichtskosten erlassen würden. Das wollte ich erreichen, nichts andres. Hebenstreit nahm sich der Sache auch sofort an. Er riet mir, gegen das Urteil beim König Berufung einzulegen, ihn, eben Hebenstreit, als Zeugen für meine miserable Lage zu benennen. Das tat ich auch. Hebenstreit tat jedoch mehr, das wußte ich aber anfangs nicht: Er fertigte ein Gutachten gegen das deiner drei Sachverständigen an, mit dem du die Klage beim Gericht gegen mich begründet hattest. Und sein Gutachten besagte, daß mein Cembal royal nicht eine Nachahmung deines Instruments sei, sondern eine Erfindung von mir. Hebenstreit hatte einen längeren Arm am Hof als du, sein Gutachten war stärker als das deiner Sachverständigen. So kam es zu dem für dich so bitteren Resultat.

Erst hatte es mich erleichtert, was Hebenstreit beim König für mich erreicht hatte, ich stellte sogar noch zwei Instrumente fertig, die ich vor dem Prozeß schon angefangen hatte. Aber dann begann es mich zu drükken. Mehr und mehr kam mir zum Bewußtsein, daß die ganze Sache ein Unrecht gegen dich war, daß ich Hebenstreits Hilfe nur seinem Ärger gegen dich zu verdanken hatte, daß er nur als Günstling des Königs mit seiner Absicht durchgekommen war. So wie es gegen dich lief, hatte ich es nicht gewollt, wirklich nicht. Ich fertigte auch keines dieser Instrumente mehr an, obgleich es mir im Urteil des Königs freigestellt war. Aber ich wurde die innere Last nicht los. Ich hab' darunter gelitten bis heute. Ich weiß: Es wäre besser gewesen, wenn ich vor Jahren schon zu dir gekommen wäre, um mit dir über alles zu reden. Aber mir fehlte der Mut dazu, selbst noch als Hebenstreit die Augen zugemacht hatte. Bis heute hat er mir gefehlt. Ich bin erst zu Pisendel gegangen, habe ihm alles erzählt, habe ihn auch gebeten, mit mir zu kommen. – Ich bitte dich, Silbermann, verzeih mir!"

Den Blick starr in eine unendliche Ferne gerichtet, hatte der Meister zugehört. Unbewegt war sein Gesicht geblieben. Nach geraumer Zeit erst ließ er erkennen, daß er alles verstanden hatte. „Der Hebenstreit also!" sagt er leise. „So – so sehr hat er mich gehaßt!"

Dringlicher wiederholte Hähnel seine Bitte: „Verzeih mir, Silbermann!"

„Der Hebenstreit! – Aber in seinen alten Tagen hat er wohl – –. Wenn man alt ist, denkt man in – in vielem anders. Da – da wird das Dunkel heller. – – – Plag dich nicht mehr damit, Hähnel. Ist ja alles so – so lange her."

Hähnel legte seine Hand auf die des Meisters. „Danke! Oh, ich danke dir! Du wirst gar nicht ermessen können, was das für mich bedeutet. Ich bin ..."

„Ich bitte die Herren, es nun genug sein zu lassen", kam es von der Tür her. Dort stand Anna. „Gleich wird der Arzt dasein."

Pisendel erhob sich. „Ja, sie hat recht. Kommt, Meister Hähnel! Wir heben alles andre auf für später."

Den Kranken packte am anderen Tag eine seltsame Unruhe. Sein Gesicht hatte sich gerötet, seine sonst so matten Augen glänzten. Anna mußte beide Fenster weit öffnen. Nur mit Mühe konnte sie den Meister von Versuchen abhalten, das Bett zu verlassen. Es war, als lehne sich sein Lebensgeist auf gegen das drohende Ende.

Mittags sprach Anna mit Hildebrandt darüber. Ratlos schüttelte er den Kopf. „Entweder ist's eine Wende zum Besseren – oder er wandert schon. Hältst dich am besten ständig bei ihm auf. Auch Schubert muß in der Nähe bleiben."

Kaum hatten Hildebrandt und die Gesellen das Haus wieder verlassen, gebot Silbermann Anna, das Geschäftsbuch aus dem Schrank zu holen und es so auf seine Brust zu stützen, daß er die letzten Eintragungen lesen könne.

„Ihr müßt aber jetzt schlafen, Meister", wandte Anna ein. „Der Herr Doktor hat ..."

„Mach's! Schlafen kann ich noch genug – lange genug." Geraume Zeit rechnete Silbermann. „Grad die Hälfte haben sie bezahlt", murmelte er. „Da muß Daniel mahnen." Lauter fuhr er fort: „Das Buch wieder in den Schrank! – Dann setz dich zu mir!"

Sie rückte einen Stuhl nahe an das Bett.

„Deine Hand!" forderte Silbermann. Er schloß die Augen. „Wie lange hast du's bei mir ausgehalten, Anna?" fragte er unvermittelt.

Verwirrt entgegnete sie: „An die vierzig Jahre."

„Vierzig Jahre! Nicht zu glauben – diese Courage! Wie ich dich traktiert hab'! – Trag's mir nicht nach."

„Aber Meister! Redet doch nicht so!"

„Schon gut! Hab Dank für alles, Anna. – – Nimm den Schlüssel unter meinem Kissen, schließ die Truhe auf! – – Links stehen zwei Leinensäckchen. Bring sie mir! – Die Truhe schließ gleich wieder ab!"

Anna stellte die Säckchen auf den Stuhl neben dem Bett.

„In jedem sind hundertfünfzig Taler. In dem einen dazu ein Zettel, und darauf – darauf steht, daß die dreihundert Taler dir gehören, dir, Anna, verstanden? – – Nimm's an dich!"

Fassungslos starrte die Frau den Kranken an. „Aber – aber ..."

„Kein Wort! Es braucht niemand zu wissen. Und auch – auch das kleine Legat, das ich dir in meinem Testament ausgesetzt hab', nimm dann ohne Widerspruch. – – Nun geh! Und – und schick heut abend gleich den alten Hildebrandt zu mir!"

„Meister, ich – was Ihr da tut, ist ..."

„Geh! Ich will jetzt schlafen."

Als Zacharias Hildebrandt am frühen Abend von der Baustatt zurückkam, zog er sich gleich um und begab sich zu Silbermann.

„Anna sagte mir, du wolltest mich ..."

„Ja, ich muß dich was – –. Geht's voran in der Kirche?" Der Meister sprach hastiger und lauter als sonst.

„Ja freilich, wie gewohnt", entgegnete Hildebrandt, während er sich setzte. „Es bleibt auch dabei: Am Ende der Woche werden wir mit dem Einbau fertig. Dann geht's an die restlichen Pfeifen."

„Die Pfeifen! – – Ich werde keine mehr bauen. Die Vox humana war – war meine letzte."

„Aber das weißt du doch gar nicht, Gottfried. Wenn du noch ein paar Wochen hinter dir hast ..."

„Mach mir nichts vor, Zacharias, ich weiß es. – – Versprichst du mir was?"

„Ei freilich! Was ist's?"

Klagend fuhr Silbermann fort: „Ich hab' mit dir zusammen weitermachen wollen, wenn – wenn die Arbeit in der Schloßkirche getan wäre, hab' – hab' ein bissel nachholen wollen, was ich in der Vergangenheit versäumte, dir gegenüber – uns gegenüber. Hab's schon verwünscht, dieses Versäumnis. Aber nun – nun ..."

„Reg dich nicht auf, Gottfried! Sag, was ich dir versprechen soll!"

„Daß du – daß du das Werk fertigstellst, wenn ich nicht mehr da bin – du."

„Ich verspreche es dir. Mag kommen, was will."

Der Kranke griff nach Hildebrandts Hand. „Da – da bin ich beruhigt. – – Weißt du, Daniel könnte es nicht, es ist zu groß für ihn. – Du kommst doch gut mit ihm aus?"

„Alle kommen gut mit ihm aus."

„Ja, ein guter Mensch ist er. – – Und was beginnt ihr später, du und dein Sohn?"

„Wir nehmen wahrscheinlich die eigne Werkstatt wieder auf."

„Die eigne Werkstatt! – – Ich hatt' mal dran gedacht, dir die meine anzutragen. So wie's heute ist, wär's – wär's wohl das Beste gewesen. Du noch bei Kraft – ich aber, ich …"

„Laß es gut sein, Gottfried! Ich hätte mich wohl auch gescheut, dein Anerbieten anzunehmen. Da sind nicht nur die Erben, da ist auch dein großer, dauerhafter Name. Du liebe Zeit, wie könnte ich das Maß halten, das man an diesen anlegt! Da ist's wohl besser, ich besinne mich auf meine Grenzen."

„Du könntest es, Zacharias. Das Werk macht doch den Namen, die – die hohe Meisterschaft ist's! Du hast sie. Drum brauchtest – brauchtest …" Ein Hustenanfall zwang Silbermann, den Satz zu unterbrechen.

Hildebrandt hob das Kissen mit dem Oberkörper des Kranken an. Als der Anfall vorüber war, sagte er: „Jetzt lassen wir's genug sein. Ist's dir recht, komme ich nach der Mahlzeit noch mal."

„Ja – ja, komme! – – Und jetzt schick Daniel zu mir. – – Auch mit Schöne muß ich – muß ich noch …" Silbermann verstummte, schloß die Augen.

Hildebrandt lauschte, das Ohr nahe an dem leichtgeöffneten Mund des Kranken. Der Atem ging schwach, aber regelmäßig. Auf einen wiederholten Anruf, auf eine kräftigere Berührung reagierte Silbermann nicht.

„Es wird eine Ohnmacht sein", meinte Hildebrandt, als er den anderen berichtete. „Hole einer den Arzt!"

Schubert, der Hausdienst hatte, übernahm es.

Diesmal wies der Arzt die anderen nicht aus dem Zim-

mer, untersuchte er den Kranken nicht. Er hielt nur seine Finger ständig an dessen Puls, beugte sich ab und zu nieder, um an dessen Brust zu lauschen. Einmal verharrte er so lange Zeit. Als er sich wieder aufrichtete, sagte er: „Vorbei. – Er hat es vollbracht."
Es war am Abend des 4. August 1753, die Uhr hatte noch nicht acht geschlagen.

„Den 8. August wurde allhier der berühmte Königl. Or-
gelbauer, Herr Gottfried Silbermann, so im 71. Jahre an
der Verzehrung gestorben, nach St. Johannis begra-
ben." So lautete eine Meldung in „Kern Dresdner
Merkwürdigkeiten" vom August 1753.
Begraben – und vergessen?
Schon vor rund 140 Jahren suchten Verehrer des großen
Orgelbauers auf dem Johanniskirchhof zu Dresden vergeblich nach seiner letzten Ruhestätte, denn „kein
Denkmal bezeichnete sein Grab", wie Werner Müller
aus einer Quelle von 1837 zitiert. Der Dresdner Organist
August Fischer schrieb am 13. März 1859 an den Rat der
Stadt Frauenstein, daß der Johanniskirchhof aufgehoben werde und damit auch „das letzte Andenken" an
den berühmten Orgelbauer verschwinde. Die Werkstatt
in Freiberg, von dem Universalerben des Meisters, Johann Daniel Silbermann, nicht übernommen, hatte, obwohl zunächst von dem Gesellen Johann Georg Schöne
fortgeführt, keinen Bestand. Verständnislosigkeit und
Gleichgültigkeit in einer der Pflege wahrer nationaler
Kulturwerte abholden Zeit vernachlässigten oder ver-
schandelten gar manche der insgesamt 46 Werke des
Meisters. Und die „Silbermann-Literatur" dieser Zeit
spann mit gleicher Verantwortungslosigkeit haarsträu-
bende Geschichten um den großen Orgelbauer – sie reichen von beinahe kriminellen Jugendstreichen über
eine romantische Nonnenentführung und den Dieb-
stahl von Edelsteinen bis zum Zerhacken eines Kla-
viers, das einer seiner Gesellen gebaut habe, und das
besser gewesen sei als seine eigenen Instrumente.
Wäre solchen Erscheinungen nicht Einhalt geboten
worden, hätten Leben und Werk Gottfried Silbermanns
für die Dauer als Zerrbild der Wirklichkeit vor uns gestanden.

Das zu verhindern, blieb der Forschung und der Denkmalpflege in der Deutschen Demokratischen Republik vorbehalten. Zwei Persönlichkeiten, die sich in dieser Hinsicht besonders verdient gemacht haben, seien hier genannt: Werner Müller in Frauenstein, der in mühevoller Kleinarbeit den Lebensspuren des Meisters nachging, sie der Legende entkleidete und ungezählte bisher unbekannte oder unbeachtete Zeugnisse erschloß – und Dr. Ulrich Dähnert in Dresden, der das Gesamtwerk des Meisters in einer vordem nicht bekannten exakten, übersichtlichen und auch für den Nichteingeweihten verständlichen Weise darstellte. Ihre Arbeiten sind Standardwerke, an denen sich auch die Silbermann-Forschung der Zukunft orientieren wird.

Das Gedenken an Gottfried Silbermann hat in der Deutschen Demokratischen Republik einen beispielhaften, dauerhaften Platz. Das zeigen auch die vom Staat auf das Beste geförderten Rekonstruktionsarbeiten an den Werken des großen Orgelbauers. Erinnert sei an das Werk in der nach der Kriegszerstörung wiederaufgebauten Hofkirche in Dresden, das in der Zeit von 1965 bis 1971 restauriert und wiederaufgestellt wurde.

„Das Werk macht den Namen, die hohe Meisterschaft ist's!" In diesem Sinne lebt Gottfried Silbermann weiter um uns.

ERLÄUTERUNGEN

45 *Rückpositiv* – Werk im Rücken des Organisten, wird auf der untersten Manualklaviatur gespielt

46 *Traktur* – Zugmechanismus (von trahere, lat. = ziehen)

47 *Prospekt* – künstlerisch gestaltete Vorderansicht des Orgelgehäuses

47 *Manubrien* – Registerknöpfe (von manus, lat. = Hand)

52 *Schelmenlöcher* – Bohrungen in den Windstöcken, um den Wind abzuleiten und damit Heuler zu beseitigen

75 *Kammerton* – Kammerton des 17. und 18. Jahrhunderts etwa 1 Halbton tiefer als unser heutiger Stimmton. Im Kammerton standen alle Saiteninstrumente

75 *Quintaden* – Register, bei dem neben dem Grundton der zweite Oberton besonders stark hervortritt. Dieser zweite Oberton ist die Quinte zur Oktave des Grundtons

75 *Mixtur* – gemischte Stimme aus Oktaven und Quinten

75 *Sifflöt, Sifflet, Sufflet* – Obertonstimme, bei Silbermann stets in der höchsten Oktavlage

75 *Einzelaliquoten* – Obertonstimmen. Im Orgelbau versteht man unter Aliquoten bzw. Einzelaliquoten nur Quinten und Terzen (im Orgelbau der Gegenwart auch Septimen, Nonen usw.), nicht dagegen die Oktaven, außer vielleicht Sifflet 1'

75 *Cornet* – gemischte, terzhaltige Diskantstimme aus weit mensurierten Labialpfeifen mit Hornklang (cornu, lat. = Horn), bei Gottfried Silbermann von c^1–c^3 bzw. c^1–d^3

77 *Kanzellenschiede* – „Zwischenwände", welche die Kanzellen in der Windlade voneinander trennen

83 *Obertöne* – den Klang eines Registers bestimmende, schwach wahrnehmbare Töne, die von der schwingenden Luftsäule in der Pfeife neben dem Grundton noch erzeugt werden

93 *Stuhlschreiber* – fest angestellter Schreiber in einer Verwaltung

94 *Schnitger* – Arp Schnitger, bedeutendster norddeutscher Orgelbauer der Barockzeit (1648–1719)

108 *Laudation* – Lobrede

147 *Prinzipalbaß* – offene Pedalstimme in tiefer Tonlage. Die Pedalstimmen befinden sich in den Silbermann-Orgeln,

mit Ausnahme der vorderen Pedalladen der Freiberger Domorgel, stets hinter den Manualwerken

219 *festus amplus* – großes Fest

231 *Positive* – kleine Orgeln ohne Pedale

232 *Klavichord (Clavichord)* – Tasten-Saiteninstrument, dessen Saiten frontal verlaufen und durch Berührung mit auf den Hinterenden der Tasten befestigten Metall- oder Messingtangenten zum Schwingen gebracht werden. Gehäuse rechteckig, Klaviatur an der Breitseite

232 *Viole d'amour (Viola d'amore)* – Viola mit 5 bis 7 Saiten, die gestrichen werden, und 7 oder mehr Resonanzsaiten, die durch den Steg hindurchlaufen und die Obertöne verstärken

233 *Klavecin (Clavecin)* – Cembalo oder Clavicembalo, Kielflügel, in der Barockzeit schlechthin Flügel genannt. Langgestreckte Flügelform, die Saiten verlaufen von vorn nach hinten und werden mit Federkielen angerissen, teils ein-, teils zweimanualig, ganz selten dreimanualig.

Spinett und Virginal sind Kielinstrumente mit frontal verlaufenden Saiten und nur 1 Spiel, ersteres fünfeckig, letzteres rechteckig

233 *Pantaleon Hebenstreit* – zu seiner Zeit berühmter Tanzmeister und Violinist (1667–1750)

236 *Pantalon* – Saiteninstrument, das Pantaleon Hebenstreit um 1700 aus dem Hackbrett entwickelte und dessen Saiten mit Klöppeln geschlagen werden

257 *Cembale royal* – von Johann Ernst Hähnel imitiertes, jedoch in Einzelheiten abgeändertes und mit mehreren Zügen versehenes Cembal d'amour (wie das von Gottfried Silbermann erfundene Klavichord genannt wurde)

363 *Limma* – kleiner (diatonischer) Halbton der pythagoräischen Stimmung

HAUPTSÄCHLICH BENUTZTE LITERATUR

Werner Müller: Auf den Spuren von Gottfried Silbermann, Evangelische Verlagsanstalt Berlin, 2. Auflage, 1969
Dr. Ulrich Dähnert: Die Orgeln Gottfried Silbermanns in Mitteldeutschland, Koehler & Amelang Leipzig, 1953
Ernst Flade: Der Orgelbauer Gottfried Silbermann, VEB Breitkopf & Härtel Musikverlag Leipzig, 1953; Gottfried Silbermann – Leben und Werk, VEB Breitkopf & Härtel Musikverlag Leipzig, 1953
Albert Schweitzer: Johann Sebastian Bach, VEB Breitkopf & Härtel Musikverlag Leipzig, 1969
Werner Neumann: Auf den Lebenswegen Johann Sebastian Bachs, Verlag der Nation, 4. Auflage, 1962
Fritz Löffler: Das alte Dresden – Geschichte seiner Bauten, Sachsenverlag Dresden, 1955

Für erschöpfende Auskünfte dankt der Autor:

Herrn Werner Müller, Museumsleiter, Frauenstein/Erzgeb.
Herrn Dr. Ulrich Dähnert, Musikwissenschaftler, Dresden
Herrn Heinrich Douffet, Denkmalpfleger des Domes zu Freiberg, Freiberg/Sachsen
dem Rat der Stadt Freiberg, Stadtarchiv
dem Rat der Stadt Naumburg, Stadtarchiv
dem Pfarramt Nassau über Freiberg
Herrn Domkantor Konrad Wagner, Dresden
Herrn Superintendenten Maruhn, Naumburg

ISBN 3-374-00912-3

1. Auflage

© Evangelische Verlagsanstalt GmbH Berlin 1989
Lizenz 420. 205-155-89. LSV 6400. H 6145 VA 050
Schutzumschlag, Einband und Illustrationen: Klaus Zürner
Typografische Gestaltung: Cornelia Liebig
Printed in the German Democratic Republic
Gesamtherstellung: Karl-Marx-Werk Pößneck V 15/30
01200